1876

BIBLIOTHÈQUE
LATINE-FRANÇAISE

PUBLIÉE

PAR

C. L. F. PANCKOUCKE.

PARIS. — IMPRIMERIE DE C. L. F. PANCKOUCKE,
Rue des Poitevins, n° 14.

ŒUVRES
COMPLÈTES
D'OVIDE

TRADUCTION NOUVELLE

Par MM. Th. Burette, Chappuyzi,
J. P. Charpentier, Gros, Héguin de Guerle,
Mangeart, Vernadé.

TOME HUITIÈME.

PARIS
C. L. F. PANCKOUCKE
Membre de l'Ordre Royal de la Légion d'Honneur
Éditeur, rue des Poitevins, n° 14.

M DCCC XXXV.

FASTES

TRADUCTION NOUVELLE

PAR M. THÉODOSE BURETTE

PROFESSEUR D'HISTOIRE AU COLLÈGE STANISLAS.

SOMMAIRE DU LIVRE IV.

Ovide met ce nouveau chant sous la protection de la mère des Amours. L'invocation respire une certaine aisance familière que pouvait se permettre un vieux serviteur comme Ovide, toujours fidèle à son drapeau dans la bonne et dans la mauvaise fortune. La déesse sourit à ses efforts, et le couronne du myrte de Cythère.

Le mois de Vénus mérite l'attention de César, puisqu'il rappelle l'origine glorieuse de sa race. Le fils de Mars, en consacrant le premier mois de l'année à son père, ne pouvait oublier la belle déesse, mêlée si souvent à l'histoire de ses aïeux les Troyens. Énée lui doit le jour, Énée dont le fils Iule fut le chef d'une illustre famille. Postumus Sylvius, Latinus, Alba, Épitus, Capys, Calpetus, Tiberinus, Agrippa, Remulus, Aventinus, Procas, Numitor, frère du cruel Amulius, tels sont les rois d'Albe dont le poète nous donne la liste complète dans une quinzaine de vers, remarquables par l'élégance et la précision. Nous arrivons ainsi à la naissance de Romulus, descendant très-reculé de la déesse, mais qui n'en signala pas moins sa piété filiale en joignant Mars et Vénus dans la suite des mois de l'année.

Le poète érudit commence bientôt une dissertation sur le mois d'avril. Selon Ovide, *avril* vient du mot grec ἀφρὸς, écume de la mer, et il rappelle la naissance bien connue de Vénus. Si vous demandez comment Rome put faire cet emprunt à une langue étrangère, on répond que *l'Italie était alors la Grande-Grèce*. Une foule d'aventuriers y avaient conduit des colonies grecques, Évandre, Hercule, Ulysse, les fondateurs de Tibur, et Diomède et Énée et Antenor. Ovide ne saurait oublier Solyme à qui sa chère Sulmone devait son nom. Un douloureux souvenir, promptement écarté, se réveille dans l'âme du poète.

Mais cette étymologie a été contestée. Disputer un honneur à Vénus! Ovide, indigné de ce scandale, venge la déesse par un pompeux éloge de sa puissance et de sa fécondité. Ce qui l'étonne davantage, c'est qu'un tel blasphème sorte d'une bouche romaine. Une déesse, qui, pour défendre Troie, brava les atteintes d'une lance sacrilège, méritait sans doute plus de reconnaissance.

Ce mois d'amour avait sa place naturelle dans la saison du printemps. C'est alors qu'il faut laver la statue de Vénus, dépouillée de ses ornemens d'or : les femmes aussi doivent se baigner dans ces ondes d'où est sortie la déesse.

Vénus *Verticordia* (qui change les cœurs) doit ce surnom à la métamorphose qu'elle opéra parmi les dames romaines, en rappelant la pudeur chassée par leurs désordres.

Cependant le Scorpion à la queue redoutable s'est précipité dans les eaux pour faire place aux Pléiades. Trois jours après on célèbre la fête de la déesse du mont Ida. Les prêtres de Cybèle, déchus de la virilité, parcourent la ville en furieux; l'airain sonore frappe les airs; les tribunaux se ferment : le théâtre seul est ouvert.

La muse Érato, qui porte le nom du tendre Amour, vient au secours du poète, et lui découvre l'antique histoire de Cybèle.

Saturne, père cruel, avait réduit Cybèle à gémir de sa fécondité. Il dévorait tous ses enfans; mais, à la place de Jupiter, l'adresse maternelle présenta une pierre proprement habillée à l'avidité du roi des cieux. Le bruit des casques et des boucliers empêchent les vagisssemens du jeune dieu de parvenir jusqu'aux oreilles de son père. Mais pourquoi ces prêtres eunuques? C'est pour suivre l'exemple d'Atys, le triste amant de Cybèle.

Cette déesse vit sa statue et son culte entrer à Rome cinq siècles après la fondation de la ville. Attale en fit un présent forcé aux Romains. Un prodige rétablit Claudia Quinta dans les honneurs de la chasteté.

En racontant la fondation du temple de la Fortune Publique, Ovide nous apprend qu'il avait été décemvir.

Viennent ensuite les jeux de Cérès, la bienfaitrice des hommes. Le poète s'empare de ce nom comme d'une bonne fortune, et raconte avec son abondance ordinaire l'épisode de l'enlèvement de Proserpine.

Le jour des ides d'avril est consacré à Jupiter Vainqueur : en ce jour aussi s'éleva le portique de la Liberté.

Bientôt les pontifes immoleront la vache Forda, pour appeler sur les troupeaux et sur les terres le bienfait de la fécondité : ce sacrifice remonte jusqu'à Numa.

Le troisième jour après le coucher des Hyades, les coursiers s'élancent dans le Cirque. Le peuple a aussi ses divertissemens : il lâche des couples de renards, sur le dos desquels on attache des matières inflammables. C'est un ancien usage dont Ovide apprit l'origine d'un paysan du territoire de Carséole.

Les *Palilia*, fête de Palès, la déesse des bergers, inspirent au poète une gracieuse prière de villageois. Il se livre ensuite à des recherches critiques sur les usages de cette fête. Le berger le plus illustre, Romulus, mérite qu'on raconte son histoire.

Une fête d'un genre tout particulier se célébrait ensuite : c'était celle des filles de joie, *puellæ vulgares*, appelée *Vinalia*. L'étymologie de ce mot tient à un épisode de la guerre d'Énée en Italie.

La fête de Flore commence en avril, mais comme elle se prolonge en mai, le poète la retrouvera sur son chemin. Pour terminer par un éloge, il parle du jour où Vesta fut reçue dans le sanctuaire du *Palatium*. Là, résident encore deux autres divinités, Apollon et le chef de la maison des Césars.

SOMMAIRE DU LIVRE V.

D'où vient le nom du mois de *mai* ? Ovide est comme un voyageur qui reste indécis au milieu des chemins divers qui s'offrent à ses regards. Il ne sait à quelle origine s'arrêter. Le conseil des Muses vient à son secours. Polyhymnie soutient les droits de la *Majesté* sur le mois de *mai*; la Majesté, déesse de l'ordre et de la hiérarchie, qui fit disparaître d'entre les dieux l'égalité, reste confus du cahos. Selon Uranie, ce mois fut ainsi appelé pour marquer la vénération que l'on portait autrefois à la vieillesse, *majores* : le mois suivant, juin, a reçu un nom analogue, *a junioribus*. L'avis de Calliope est qu'on doit en faire honneur à Maïa, fille d'Atlas et mère d'Apollon.

La constellation de la chèvre d'Olénie se lève à l'horizon : c'est la nourrice du père des dieux. Une de ses cornes brisée contre un arbre, *la Corne d'abondance*, brille aussi parmi les astres. Les calendes de mai virent élever un autel aux Lares *Præstites (præsunt, præsentes, præstant tuta, stant pro)*, gardiens tutélaires du foyer domestique. Les Hyades paraissent ensuite dans les cieux. Ce sont les nourrices de Bacchus, ou, selon d'autres, les sœurs d'Hyas, récompensées de leur amour fraternel.

La brillante Flore paraît aux regards du poète, et lui raconte son histoire, ses exploits et l'origine de ses fêtes. Elles n'étaient point d'abord annuelles; mais Flore avoue que, sensible comme toutes les divinités aux hommages des mortels, elle employa les fléaux les plus redoutables pour amener le sénat de Rome à établir cet usage. Le consul Lénas et son collègue Posthumius accomplirent les premiers le vœu que Rome avait fait alors. Dans cette fête, les libres plaisanteries circulent, le vin fait régner une gaîté folâtre : l'amant, devenu audacieux par l'ivresse, chante à la porte de sa cruelle maîtresse. C'est aussi le jour des courtisanes : Flore est une déesse facile. Hâtez-vous de cueillir les fleurs : on méprise l'épine, lorsque la rose est tombée.

SOMMAIRE DU LIVRE V.

Chiron montre dans les cieux sa tête brillante. L'illustre Centaure ne put être arraché à la mort, suite d'une blessure funeste, ni par les secours de l'art, ni par les plaintes d'Achille, son élève chéri.

Des expiations solennelles aux Mânes silencieux se font au jour des *nocturnes Lemurales*. Au milieu de la nuit, dont il interrompt le repos en frappant sur l'airain, un prêtre s'écrie neuf fois : *Mânes paternels, sortez!* Apollon vient lui-même expliquer l'origine de ces usages.

Au temps où les dieux visitaient encore la demeure des hommes, Jupiter et Mercure furent reçus dans la cabane d'un vieux laboureur, Hyriée. Sa femme n'est plus. Il voudrait être père, sans redevenir époux. Urion ou Orion naquit d'une opération mystérieuse entre les dieux, que la pudeur empêche Ovide de dévoiler. Orion, géant robuste et chasseur intrépide, sauva Latone de la fureur du Scorpion. Sa place dans les cieux est le prix de ce bienfait.

Mars paraît enfin : le bruit retentissant des armes annonce sa présence. Il aime à contempler le temple magnifique élevé par la piété d'Auguste. C'est là qu'il reconnaît avec orgueil les dépouilles vaincues de l'univers entier. Le Parthe, si fier de la défaite de Crassus, oppose en vain ses déserts au génie de César : il rapporte les aigles, et efface la honte de Rome.

Le dernier jour des ides, lorsque toutes les Pléiades montrent leur tête brillante, le règne du printemps finit : celui de l'été commence. Le signe du Taureau rappelle l'enlèvement d'Europe. Cependant quelques-uns croient voir dans cette constellation la génisse de Pharos, devenue femme et bientôt déesse.

Si vous voyez la vestale, du haut du pont de bois, jeter dans le Tibre deux hommes de paille, c'est un souvenir des sacrifices humains institués autrefois en l'honneur de Saturne. Hercule, qui domptait toute espèce de monstres, fit substituer de vains simulacres aux victimes trop réelles de la superstition. Ne serait-ce pas aussi que les jeunes hommes, pour rester maîtres du champ de bataille des comices, précipitaient les vieillards dans le fleuve? Le Tibre lui-même donne une version nouvelle. Quelques Grecs, compagnons d'Hercule, s'étaient séparés de lui après sa victoire sur Cacus. Habitans du Latium, ils regrettaient souvent le beau ciel de la Grèce, et leur dernier vœu ordonnait aux héritiers d'abandonner leurs dépouilles mortelles au cours du fleuve, afin qu'elles parvinssent dans leur patrie à travers les mers. Pour éluder l'exécution de ces ordres, on jeta dans le Tibre des hommes de paille, comme on le fait encore aujourd'hui.

Ensuite paraît le jour consacré au petit-fils d'Atlas, armé du caducée, dieu des arts, de la paix, des orateurs, des marchands et des voleurs. Une branche de laurier à la main, le commerçant vient à la fontaine de Mercure implorer l'assurance du gain, et le pardon de tous les parjures qu'il a commis ou qu'il se propose de commettre. La constellation des Gémeaux, que le soleil va parcourir, est le monument de la piété fraternelle des deux fils de Tyndare, Castor et Pollux.

Les Agonales reparaissent dans ce mois. Le poète se contente, avec raison, de renvoyer au mois de Janus, où il a exposé avec une ostentation d'érudition les origines de cette fête. Le Chien d'Érigone est une constellation dont l'histoire se retrouve également ailleurs.

Le jour suivant, consacré à Vulcain, s'appelle *Tubilustria.* Un temple à la Fortune Publique de Rome fut élevé sur la fin de ce mois. La dernière étoile, celle d'Hyas, a enfin paru.

SOMMAIRE DU LIVRE VI.

OVIDE va chanter un nouveau mois ; il doit donner de nouvelles étymologies. Cette fois encore une forme brillante revêt ses recherches d'érudition dont le fond est toujours le même. La divinité descendra pour l'instruire. Les incrédules douteront de ce commerce du poëte avec l'Olympe. Mais le dieu leur répond :

> Est Deus in nobis, agitante calescimus illo.

Dans l'asile silencieux d'une épaisse forêt, l'auguste épouse de Jupiter, vient réclamer auprès du chantre des mois l'honneur d'avoir donné son nom à celui de juin. Elle plaide sa cause devant le poëte, qui devient l'arbitre suprême de la gloire des dieux. Fille du roi du ciel, épouse et sœur de Jupiter, déesse de la lumière sous le nom de Lucine, Junon ne règnerait pas sur une portion de l'année ; elle serait plus maltraitée que la courtisane Maïa, fille d'Atlas !

Mais voilà que la belle épouse d'Hercule, Hébé, déesse de la jeunesse, élève ses prétentions rivales. Sans doute le combat se serait engagé entre les deux déesses, lorsque survint la Concorde, le front ceint du laurier d'Apollon. Elle veut établir la paix à son profit. C'est pour consacrer l'union qu'elle ménagea entre Tatius et Quirinus, entre les Romains et les Sabins, que le mois de juin (*Junius a junctis*) a été ainsi appelé. Ovide, plus prudent que Pâris, ne croit pas devoir porter de jugement entre les trois prétendantes. Il en aurait toujours deux contre lui, et il se souvient du sort de Pergame.

Carna, déesse des Gonds, qui ouvre ce mois, doit cet attribut bizarre à une aventure non moins singulière. Elle s'était jouée de tous ses amans ; mais elle ne put tromper le clairvoyant Janus.

Carna sauva les jours de Procas encore enfant. Carna est une divinité des premiers âges de Rome, âges de simplesse et de pauvreté. Ennemie d'un vain luxe, elle veut qu'on l'honore en mangeant les mets les plus grossiers : du lard, des fèves avec un peu de farine.

Au commencement de ce mois, des temples ont été élevés à Junon Moneta, au dieu Mars, à la Tempête terrible.

Si de la terre vous portez vos regards sur la route des cieux, vous verrez paraître l'oiseau de Jupiter, et les Hyades donner le signal des pluies.

Regardez maintenant ce temple de Bellone, fondé par Appius l'Aveugle. La petite colonne qui est à côté est celle d'où le fécial lance le javelot fatal qui annonce la guerre aux nations.

Le jour d'après les ides est favorable aux nœuds de l'hymen. Il voit les jeux consacrés au dieu du Tibre. Il a vu autrefois les Romains, pour se défendre contre les ruses des Carthaginois, élever un temple à l'Esprit, à l'Intelligence.

Le poète, plein d'un frémissement religieux, ouvre le sanctuaire de Vesta. Vesta est la même que la Terre. La forme de son temple a été déterminée par cette circonstance. Ovide, en passant, donne une raison singulière de la rotondité de la terre. Vesta ne veut être servie que par des vierges. Elle est vierge elle-même, et préside au feu, d'où l'on ne voit naître aucun corps. Le poète donne l'étymologie de *Vesta* (propria *vi stat.*). *Vestibule* en vient. Une ânesse est immolée en ce jour. Le rubicond Priape donna naissance à cet usage....

Au siège de Rome par les Gaulois, lorsque le Capitole, en proie à la famine, voyait l'armée innombrable des Barbares se dérouler dans les campagnes d'alentour, une résolution généreuse sauva le nom romain d'une entière destruction. Le reste des provisions de bouche que possédaient les Romains fut jeté au milieu du camp des Gaulois, qui, trompés par cette feinte, renoncèrent dès-lors à prendre par la famine l'inexpugnable rocher du Capitole. Comme on devait au maître des dieux l'idée de ce stratagème salutaire, on lui dressa un autel sous le nom de *Jupiter Boulanger*. Aucun détail n'est oublié sur ce qui concerne Vesta, ni le dévoûment du pontife Metellus, ni la punition des vestales sacrilèges, qui descendaient vivantes dans le sein de la terre.

La fête de *Matuta*, la *Leucothoé* des Grecs, la même qu'*Ino*, présente au poète des souvenirs nombreux. Il raconte la faiblesse d'Ino, la vengeance de Junon, et enfin l'apothéose de Matuta et de son fils. Trahie par une esclave, Matuta défend aux esclaves l'approche de son temple.

Dans le sanctuaire de la Fortune, on voyait une image voilée du roi Servius. Cette déesse aveugle ne le fut point pour ce roi de Rome. Chaque nuit elle pénétrait dans son palais. Et l'on dit que, rougissant de sa faute, elle veut dérober aux regards des hommes les traits qui l'ont séduite.

Quelques-uns pensent qu'un tyran ombrageux fit voiler l'image de ce roi chéri, dont la vue réveillait les regrets du peuple. Il existe une troisième opinion. La fille dénaturée de Servius, couverte du sang de son père, avait osé paraître dans le temple de la Fortune, où il était représenté sur le trône. On dit que la statue porta ses mains devant ses yeux, et s'écria : « Qu'on me dérobe l'aspect odieux de ma fille ! »

Tullius était fils de Vulcain et de la belle esclave Ocrésia de Corniculum. Lisez les détails de cette génération merveilleuse.

Le temple de la Concorde est dû à la munificence de Livie, épouse d'Auguste. Aux ides, Jupiter Invincible compta un autel de plus.

Pendant les *quinquatrus minores*, un joueur de flûte court par toutes les rues de la ville, en mémoire de la rentrée triomphale de ces artistes, autrefois expulsés de Rome par une ordonnance consulaire.

Les constellations se succèdent dans les cieux. Le poète raconte en passant, l'histoire d'Hippolyte, le fils infortuné de Thésée.

Les jours s'écoulent : le temps est un coursier rapide qu'aucun frein n'arrête. Sept jours encore, et le mois de juin aura terminé son cours. Ils sont remplis par la fondation de quelques temples. Le jour natal des calendes juliennes, fournit à Ovide le sujet d'une péroraison louangeuse.

LIVRE IV.

PUBLII OVIDII NASONIS

FASTORUM

LIBER IV.

Alma, fave vati, geminorum mater Amorum :
 Ad vatem vultus rettulit illa suos.
Quid tibi, ait, mecum ? certe majora canebas :
 Num vetus in molli pectore vulnus habes ?
Scis, Dea, respondi, de vulnere : risit; et æther
 Protinus ex illa parte serenus erat.
Saucius, an sanus, numquid tua signa reliqui?
 Tu mihi propositum, tu mihi semper opus.
Quæ decuit, primis sine crimine lusimus annis :
 Nunc teritur nostris area major equis.
Tempora cum causis, annalibus eruta priscis,
 Lapsaque sub terras, ortaque signa cano.
Venimus ad quartum, quo tu celeberrima, mensem :
 Et vatem, et mensem scis, Venus, esse tuos.
Mota Cytheriaca leviter mea tempora myrto
 Contigit; et : Cœptum perfice, dixit, opus.
Sensimus; et subito causæ patuere dierum :
 Dum licet, et spirant flamina, navis eat.

FASTES

DE P. OVIDE.

LIVRE IV.

C'est toi que le poète invoque, mère féconde des deux Amours. Vénus tourna la tête et me dit : « Que veux-tu de moi? tes chants avaient besoin naguère d'une plus haute inspiration : une ancienne blessure se rouvre-t-elle en ton cœur trop sensible ? » Déesse, répondis-je, tu connais l'état de mon cœur. Elle sourit, et l'air aussitôt s'embellit alentour d'une sérénité nouvelle. Blessé ou non, ai-je jamais quitté ton étendard? tu fus toujours mon but, toujours le sujet de mes chants. A la fleur de mes ans, j'ai badiné sans crime, ainsi qu'il convient à cet âge; maintenant je m'élance, et mes coursiers foulent aux pieds une plus vaste arène. Je chante les temps écoulés et leurs causes, exhumés des antiques annales ; je chante les signes célestes à leur naissance, à leur déclin. J'arrive au quatrième mois, rempli pour toi de fêtes solennelles ; ô Vénus, je suis ton poète, et ce mois est le tien, tu le sais. La déesse, émue à ces mots, touche légèrement mon front du myrte de Cythère : « Achève ton œuvre, » dit-elle. Aus-

Si qua tamen pars te de Fastis tangere debet,
  Caesar, in Aprili, quo tenearis, habes.
Hic ad te magna descendit imagine mensis;
  Et fit adoptiva nobilitate tuus.
Hoc pater Iliades, quum longum scriberet annum,
  Vidit; et auctores rettulit ipse suos.
Utque fero Marti primam dedit ordine sortem,
  Quod sibi nascenti proxima causa fuit;
Sic Venerem, gradibus multis in gente repertam,
  Alterius voluit mensis habere locum:
Principiumque sui generis, revolutaque quaerens
  Saecula, cognatos venit ad usque Deos.
Dardanon Electra nesciret Atlantide cretum
  Scilicet; Electram concubuisse Jovi?
Hujus Erichthonius: Tros est generatus ab illo:
  Assaracon creat hic: Assaracusque Capyn:
Proximus Anchisen; cum quo commune parentis
  Non dedignata est nomen habere Venus.
Hinc satus Aeneas, pietas spectata per ignes,
  Sacra, patremque humeris, altera sacra, tulit.
Venimus ad felix aliquando nomen Iuli,
  Unde domus Teucros Julia tangit avos.
Postumus huic; qui, quod silvis fuit ortus in altis,
  Silvius in Latia gente vocatus erat.
Isque, Latine, tibi pater est: subit Alba Latinum:
  Proximus est titulis Epitos, Alba, tuis.

sitôt l'influence céleste se manifeste en moi, les causes des jours consacrés se déroulent à mes yeux. A la voile donc, et vogue la galère, pendant que le vent nous seconde.

Mais toi, César, s'il est dans ces fastes rien qui doive te plaire, avril surtout mérite ton attention. Ce mois descend jusqu'à toi d'une grande origine; il t'appartient par ta noblesse d'adoption. Telle fut la pensée du fils d'Ilia, notre père, lorsqu'il composa la longue année; lui-même alors voulut rappeler le souvenir de ses ancêtres. Il donna la première place à l'intrépide Mars, auteur de sa naissance; mais il réserva la seconde place et le mois suivant à Vénus, qu'il trouva dans sa famille à un degré plus éloigné; recherchant ainsi son origine et les siècles écoulés, il remonta jusqu'aux dieux dont il était descendu. Ne sait-on point qu'Électre, fille d'Atlas, mère de Dardanus, avait reçu Jupiter dans sa couche? De Dardanus est issu Erichthonius, à qui Tros dut le jour; Tros fut père d'Assaracus, celui-ci de Capys, et ce dernier d'Anchise, que Vénus ne dédaigna pas d'associer à son titre de mère. De leurs amours naquit Énée, héros pieux, qui, au travers des flammes, ravit sur ses épaules ses images sacrées et son père, fardeau non moins sacré. J'arrive enfin au nom fortuné d'Iule, dont la famille Julia tire son origine troyenne. Postumus fut son fils; né au sein des forêts, il reçut des peuples du Latium le nom de Sylvius; il fut ton père, ô Latinus! puis vient Alba, et son fils Épitos, héritier de son titre. Épitos fit revivre les anciens noms de Troie; il appela son fils Capys, et fut ton aïeul, ô Calpetus! Tiberinus, qui régna après son père, trouva, dit-on, la mort dans les eaux du fleuve Toscan; mais il avait vu naître et son fils

Ille dedit Capyi recidiva vocabula Trojæ;
  Et tuus est idem, Calpete, factus avus.
Quumque patris regnum post hunc Tiberinus haberet,
  Dicitur in Tuscæ gurgite mersus aquæ.
Jam tamen Agrippan genitum, Remulumque nepotem
  Viderat; in Remulum fulmina missa ferunt.
Venit Aventinus post hos; locus unde vocatus,
  Mons quoque : post illum tradita regna Procæ;
Quem sequitur duri Numitor germanus Amuli :
  Ilia cum Lauso de Numitore sati :
Ense cadit patruo Lausus; placet Ilia Marti;
  Teque parit, gemino juncte Quirine Remo.
Ille suos semper Venerem Martemque parentes
  Dixit; et emeruit vocis habere fidem.
Neve secuturi possent nescire nepotes,
  Tempora Dîs generis continuata dedit.
S<small>ED</small> Veneris mensem Graio sermone notatum
  Auguror; a spumis est Dea dicta maris.
Nec tibi sit mirum Graio rem nomine dici :
  Itala nam tellus Græcia major erat.
Venerat Evander plena cum classe suorum;
  Venerat Alcides; Graius uterque genus.
Hospes Aventinis armentum pavit in herbis
  Claviger; et tanto est Albula pota Deo.
Dux quoque Neritius : testes Læstrygones exstant;
  Et, quod adhuc Circes nomina litus habet.
Et jam Telegoni, jam mœnia Tiburis udi
  Stabant, Argolicæ quod posuere manus.
Venerat Atrides fatis agitatus Halesus;
  A quo se dictam terra Falisca putat.

Agrippa, et son petit-fils Remulus ; on raconte que Remulus fut frappé de la foudre. Après eux vint Aventinus, d'où le nom d'Aventin donné au lieu et au mont qui le portent. Procas régna ensuite, puis Numitor, frère du cruel Amulius ; Ilia et Lausus doivent le jour à Numitor ; Lausus tombe sous le glaive de son oncle ; Ilia plaît à Mars, et te donne naissance, ô Quirinus ! frère jumeau de Remus. Toujours Quirinus compta Mars et Vénus parmi les auteurs de sa race, et sa parole mérita confiance ; et de peur que la postérité ne l'ignorât, il consacra deux mois de suite aux dieux de sa famille.

Mais je crois que le mois consacré à Vénus tire son nom de la langue grecque ; c'est à l'écume de la mer que la déesse emprunta le nom d'Aphroditès. Cette étymologie n'a rien d'étonnant ; car l'Italie était la Grande-Grèce. Évandre y aborda avec toute sa flotte ; Alcide y vint ensuite, l'un et l'autre d'origine grecque. Hôte puissant, le dieu qui porte la massue fit paître ses bœufs dans les pâturages de l'Aventin, et se désaltéra aux eaux de l'Albula. Le roi d'Ithaque aussi vit l'Italie ; témoin les Lestrygons, et le rivage qui porte encore le nom de Circé. Déjà s'étaient élevés les murs de Télégone et de l'humide Tibur, construits par des mains argiennes. Halesus, descendant d'Atrée, était venu, poursuivi par la destinée ; les Falisques croient lui devoir leur nom. Ajoutez Antenor, qui conseilla la paix aux Troyens, et

Adjice Trojanæ suasorem Antenora pacis,
  Et generum OEniden, Appule Daune, tuum.
Serus ab Iliacis, et post Antenora, flammis
  Adtulit Æneas in loca nostra Deos.
Hujus erat Solimus, Phrygia comes exsul ab Ida,
  A quo Sulmonis mœnia nomen habent:
Sulmonis gelidi, patriæ, Germanice, nostræ.
  Me miserum! Scythico quam procul illa solo est!
Ergo ego tam longe? sed supprime, musa, querelas;
  Non tibi sunt mœsta sacra canenda lyra.
Quo non livor abit? sunt qui tibi mensis honorem
  Eripuisse velint, invideantque, Venus.
Nam, quia ver aperit tunc omnia, densaque cedit
  Frigoris asperitas, fœtaque terra patet,
Aprilem memorant ab aperto tempore dictum;
  Quem Venus injecta vindicat alma manu.
Illa quidem totum dignissima temperat orbem;
  Illa tenet nullo regna minora Deo;
Juraque dat cœlo, terræ, natalibus undis;
  Perque suos initus continet omne genus:
Illa Deos omnes, longum enumerare, creavit;
  Illa satis causas, arboribusque dedit;
Illa rudes animos hominum contraxit in unum;
  Et docuit jungi cum pare quemque sua.
Quid genus omne creat volucrum, nisi blanda voluptas?
  Nec coeant pecudes, si levis absit amor.
Cum mare trux aries cornu decertat; at idem
  Frontem dilectæ lædere parcit ovis.
Deposita taurus sequitur feritate juvencam,
  Quem toti saltus, quem nemus omne tremit.

Diomède, gendre de l'Appulien Daunus. Plus tard, et après Antenor, Énée apporta sur nos bords ses dieux sauvés de l'incendie d'Ilion. Phrygien exilé de l'Ida, Solimus accompagnait Énée, et donna son nom aux remparts de Sulmo, de la froide Sulmo, notre patrie commune, ô Germanicus! Ma patrie! qu'elle est loin de la Scythie! suis-je donc si loin? malheureux! Mais trève de plaintes, ma muse; une lyre plaintive ne sied point à des chants sacrés.

Que n'ose point l'envie? des esprits jaloux ont voulu t'enlever, ô Vénus! les honneurs de ce mois. Et parce que le printemps développe tout, met un terme à la rigueur du froid, et ouvre le sein de la terre fertilisée, ils veulent qu'avril ait emprunté son nom à la saison où tout germe et s'entr'ouvre. Mais Vénus étend sur ce mois sa main féconde et le revendique. La plus digne entre les déesses, elle tient l'univers entier sous son empire, et règne, l'égale des dieux les plus puissans; elle donne des lois au ciel, à la terre, aux ondes qui l'ont vu naître; elle contient tout, car tout en elle a son origine. Elle a créé tous les dieux, dont l'énumération serait longue. Elle fait germer les arbres, les moissons; elle a rendu sociables les hommes à l'humeur farouche, et appris aux sexes à se rapprocher. Les oiseaux de toute espèce ne sont-ils pas une création de la douce volupté? Plus de rapprochement entre les brutes, si l'amour se retire d'elles. L'opiniâtre bélier, les cornes en avant, lutte avec le bélier, mais se garde bien d'offenser le front de la brebis qui lui est chère. Le taureau, la terreur des forêts et des monts, dépose sa férocité pour

Vis eadem, lato quodcumque sub æquore vivit,
  Servat; et innumeris piscibus implet aquas.
Prima feros habitus homini detraxit : ab illa
  Venerunt cultus mundaque cura sui.
Primus amans carmen vigilatum nocte negata
  Dicitur ad clausas concinuisse fores;
Eloquiumque fuit duram exorare puellam :
  Proque sua causa quisque disertus erat.
Mille per hanc artes motæ; studioque placendi,
  Quæ latuere prius, multa reperta ferunt.
Hanc quisquam titulo mensis spoliare secundi
  Audeat? a nobis sit procul iste furor.
Quid? quod ubique potens, templisque frequentibus aucta,
  Urbe tamen nostra jus Dea majus habet.
Pro Troja, Romane, tua Venus arma ferebat,
  Quum gemuit teneram cuspide læsa manum;
Cœlestesque duas Trojano judice vicit :
  Ah! nolim victas hoc meminisse Deas!
Assaracique nurus dicta est, ut scilicet olim
  Magnus Iuleos Cæsar haberet avos.

Nec Veneri tempus, quam ver, erat aptius ullum :
  Vere nitent terræ ; vere remissus ager :
Nunc herbæ rupta tellure cacumina tollunt;
  Nunc tumido gemmas cortice palmes agit :
Et formosa Venus formoso tempore digna est;
  Utque solet, Marti continuata suo.
Vere monet curvas materna per æquora puppes
  Ire; nec hibernas jam timuisse minas.
Rite Deam Latiæ colitis matresque nurusque,
  Et vos, quîs vittæ longaque vestis abest.

suivre sa génisse. La même force conserve tout ce qui vit dans la vaste étendue des eaux et la remplit d'innombrables poissons. La première, elle dépouilla l'homme de son enveloppe sauvage, elle lui inspira la parure et le soin de lui-même. Un amant rebuté chanta, dit-on, les premiers vers, fruit de sa veille, à la porte que la nuit n'a point vu s'ouvrir. L'éloquence n'était d'abord que l'art de fléchir une cruelle, et chacun était éloquent dans sa cause. Enfin Vénus a mis en mouvement mille industries, et bien des découvertes ne sont dues qu'au désir de plaire. Qui donc oserait lui ravir le patronage du second mois? Loin de nous du moins cette folie! Eh quoi! cette déesse dont la puissance est avouée partout, dont les temples s'élèvent partout, n'a-t-elle pas cependant des droits particuliers sur notre ville? Pour votre Troie, Romains, Vénus a pris les armes, et le fer d'une lance fit à sa douce main une douloureuse blessure. Les deux déesses ses rivales ont été vaincues par elle au jugement d'un Troyen. Ah! puissent ces déesses avoir perdu ce souvenir! Vénus s'unit enfin au petit-fils d'Assaracus, pour qu'un jour le grand César descendît de Jules.

Aucune saison ne convenait à Vénus mieux que le printemps; au printemps la campagne se paré, la terre s'amollit, et son sein, déchiré par les plantes, livre passage à leurs tiges élevées; le bourgeon s'arrondit et perce l'écorce de la vigne. La déesse de la beauté méritait une belle saison; et ainsi encore elle s'unit à Mars qu'elle chérit. Elle invite au printemps les vaisseaux recourbés à voguer sur les ondes maternelles et à ne plus redouter les menaces de l'hiver. Mères du Latium, et vous, jeunes épouses, et vous aussi qui ne portez ni les bandelettes

Aurea marmoreo redimicula solvite collo :
  Demite divitias : tota lavanda Dea est.
Aurea siccato redimicula reddite collo :
  Nunc alii flores, nunc nova danda rosa est.
Vos quoque sub viridi myrto jubet illa lavari;
  Causaque, cur jubeat, discite, certa subest.
Litore siccabat rorantes nuda capillos :
  Viderunt Satyri, turba proterva, Deam.
Sensit, et opposita texit sua corpora myrto.
  Tuta fuit facto ; vosque referre jubet.

Discite nunc, quare Fortunæ tura Virili
  Detis eo, calida qui locus humet aqua.
Accipit ille locus posito velamine cunctas;
  Et vitium nudi corporis omne videt.
Ut tegat hoc, celetque viros, Fortuna Virilis
  Præstat; et hoc parvo ture rogata facit.
Nec pigeat niveo tritum cum lacte papaver
  Sumere, et expressis mella liquata favis.
Quum primum cupido Venus est deducta marito;
  Hoc bibit : ex illo tempore nupta fuit.
Supplicibus verbis illam placate : sub illa
  Et forma, et mores, et bona fama manet.
Roma pudicitia proavorum tempore lapsa est :
  Cumæam, veteres, consuluistis anum.
Templa jubet Veneri fieri : quibus ordine factis,
  Inde Venus verso nomina corde tenet.
Semper ad Æneadas placido, pulcherrima, vultu
  Respice; totque tuas, Diva, tuere nurus.

ni la robe tombante, rendez à la déesse le culte qui lui est dû. Otez à la statue de marbre ses colliers d'or et sa riche parure : il faut la laver tout entière. Rendez ses colliers d'or à son cou bien séché; apportez d'autres fleurs, apportez la rose nouvelle. Vous aussi, il faut vous laver sous les myrtes verts : Vénus ainsi l'ordonne; et la cause de cet ordre, je vais vous l'apprendre. Nue, sur le rivage, Vénus séchait ses cheveux ruisselans; une insolente troupe de Satyres aperçut la déesse. Elle les vit, et, s'enveloppant de myrtes, elle échappa à leurs regards; voilà ce dont elle veut que vous perpétuiez le souvenir.

Apprenez maintenant pourquoi vous offrez de l'encens à la Fortune Virile, au lieu qu'arrose une source d'eaux chaudes. En ce lieu, toutes les femmes déposent leurs voiles et mettent à nu les défauts de leurs corps. La Fortune Virile, au prix d'un peu d'encens, enseigne l'art de dissimuler ces défauts et de les cacher aux hommes. Ne négligez point de prendre une liqueur composée de jus de pavots, de lait blanc comme neige, et de miel qu'on obtient en pressant les rayons. Lorsque Vénus fut amenée à son époux brûlant de désirs, elle en but et devint épouse. Cherchez à la toucher par vos prières ; car la beauté, les mœurs, la bonne renommée sont des bienfaits qu'elle dispense à son gré.

Rome jadis se trouva déchue de sa pudeur : nos aïeux consultèrent la vieille sibylle de Cumes. Elle ordonne d'élever des temples à Vénus; les temples s'élèvent, et Vénus prend son surnom du changement qu'elle opère dans les cœurs. O la plus belle des déesses ! montre toujours aux descendans d'Énée un visage serein, et protège les épouses de tes fils si nombreux.

Dum loquor : elatæ metuendus acumine caudæ
  Scorpios in virides præcipitatur aquas.

Nox ubi transierit, cœlumque rubescere primo
  Cœperit, et tactæ rore querentur aves;
Semustamque facem vigilata nocte viator
  Ponet; et ad solitum rusticus ibit opus :
Pleiades incipiunt humeros relevare paternos;
  Quæ septem dici, sex tamen esse solent.
Seu quod in amplexum sex hinc venere Deorum;
  Nam Steropen Marti concubuisse ferunt;
Neptuno Halcyonen, et te, formosa Celæno;
  Maian, et Electran, Taygetenque Jovi.
Septima mortali Merope tibi, Sisyphe, nupsit :
  Pœnitet, et facti sola pudore latet.
Sive quod Electra Trojæ spectare ruinas
  Non tulit; ante oculos opposuitque manum.

Ter sine perpetuo cœlum versetur in axe;
  Ter jungat Titan, terque resolvat equos :
Protinus inflexo Berecynthia tibia cornu
  Flabit; et Idææ festa parentis erunt.
Ibunt semimares, et inania tympana tundent;
  Æraque tinnitus ære repulsa dabunt.
Ipsa sedens molli comitum cervice feretur
  Urbis per medias exululata vias.
Scena sonat, ludique vocant : spectate, Quirites;
  Et fora Marte suo litigiosa vacent.

Pendant que je parle, le Scorpion, dont la queue élancée est armée d'un aiguillon redoutable, est précipité au sein des ondes verdoyantes.

Lorsque la nuit a passé, que le ciel se dore des premiers feux du jour, que les oiseaux éveillés par la rosée commencent leurs chants plaintifs; lorsque le voyageur dépose le flambeau à demi consumé qui a guidé ses pas pendant une nuit sans sommeil, et que le villageois retourne aux travaux de la veille, les Pléiades commencent à soulager de leur poids les épaules paternelles. On compte sept Pléiades, mais six seulement se montrent d'ordinaire; sans doute parce que seulement six d'entre elles ont reçu les baisers des dieux : car Stérope, dit-on, a vu Mars honorer sa couche; Halcyone et la belle Céleno ont reçu Neptune en la leur; Maïa, Électre et Taygète ont passé tour-à-tour aux bras de Jupiter. Mérope, la septième, a épousé Sisyphe, un simple mortel; elle en rougit, et se cache de honte. Ou bien, peut-être, est-ce Électre qui ne put supporter le spectacle de l'incendie de Troie et mit la main devant ses yeux.

Laissons le ciel tourner trois fois sur son axe éternel; laissons le soleil atteler trois fois ses coursiers, et trois fois les détacher du joug : alors résonnera la flûte de Bérécynthe, au cornet recourbé; c'est la fête de la mère des dieux, de la déesse de l'Ida. Alors iront en frappant leurs tambours, ces hommes sans virilité; la cymbale rendra des tintemens aigus au choc de la cymbale. La déesse, elle-même, portée sur les épaules de ses prêtres efféminés, annoncée par leurs cris, parcourra les rues de la ville. Les instrumens ouvrent la scène, les jeux vous appellent; regardez, ô Romains! trève aux procès, vacance aux tribunaux.

Quærere multa libet : sed me sonus æris acuti
  Terret, et horrendo lotos adunca sono.
Da, Dea, quas sciter, doctas, Cybeleia, neptes.
  Audit; et has curæ jussit adesse meæ.

Pandite, mandati memores, Heliconis alumnæ,
  Gaudeat assiduo cur Dea magna sono.
Sic ego : sic Erato; mensis Cythereius illi
  Cessit, quod teneri nomen amoris habet :

Reddita Saturno sors hæc erat : optime regum,
  A nato sceptris excutiere tuis.
Ille suam metuens, ut quæque erat edita, prolem
  Devorat; immersam visceribusque tenet.
Sæpe Rhea questa est toties fecunda, nec unquam
  Mater, et indoluit fertilitate sua.
Jupiter ortus erat : pro magna teste vetustas
  Creditur : acceptam parce movere fidem.
Veste latens saxum cœlesti viscere sedit :
  Sic genitor fatis decipiendus erat.
Ardua jamdudum resonat tinnitibus Ide,
  Tutus ut infanti vagiat ore puer.
Pars clypeos sudibus, galeas pars tundit inanes :
  Hoc Curetes habent; hoc Corybantes opus.
Res latuit patrem; priscique imitamina facti,
  Æra Deæ comites raucaque terga movent.
Cymbala pro galeis, pro scutis tympana pulsant :
  Tibia dat Phrygios, ut dedit ante, modos.

J'ai beaucoup de questions à faire, mais le bruit aigu de l'airain, et le son retentissant du lotos recourbé m'épouvantent. Permets-moi, ô Cybèle! d'interroger tes doctes filles. La déesse m'exauce, et leur enjoint de venir à mon aide.

Fidèles à cet ordre, ô vous, élèves de l'Hélicon! révélez-moi quel charme un bruit continuel peut avoir pour la grande déesse? J'ai dit. Érato me répond (car le mois de Cythérée appartient à la muse qui tient son nom du tendre Amour):

« Le destin consulté répondit à Saturne : O le meilleur des rois! ton fils arrachera le sceptre de tes mains. Le dieu dévore ses enfans qu'il redoute, aussitôt qu'ils ont vu le jour, et les tient engloutis au fond de ses entrailles. Rhéa, tant de fois féconde, sans jamais être mère, fit souvent entendre ses plaintes et gémit de sa fécondité. Mais Jupiter naquit; il faut croire le grave témoignage de l'antiquité et se garder d'ébranler la croyance reçue. Une pierre, déguisée sous un vêtement, descendit dans les entrailles célestes; ainsi le père devait être trompé et subir son destin. Cependant des bruits retentissent sur la cime élevée de l'Ida, pour que le nouveau-né ne trahisse point sa présence par les vagissemens échappés à sa bouche enfantine : ce sont les Curètes qui, le bâton en main, frappent des boucliers; les Corybantes frappent des casques. Le père ignora tout; c'est en commémoration de cet antique évènement, que les prêtres de la déesse font retentir l'airain et les peaux sonores; les cymbales remplacent les casques, et les tambours les boucliers; la flûte a conservé le mode phrygien. »

Desierat; cœpi : Cur huic, genus acre, leones
  Præbent insolitas ad juga curva jubas?

Desieram; cœpit : Feritas mollita per illam
  Creditur : id curru testificata suo est.

At cur turrita caput est ornata corona?
  An Phrygiis turres urbibus illa dedit?

Annuit : Unde venit, dixi, sua membra secandi
  Impetus? Ut tacui, Pieris orsa loqui :

Phryx puer in silvis, facie spectabilis, Attis
  Turrigeram casto vinxit amore Deam.
Hunc sibi servari voluit, sua templa tueri ;
  Et dixit, Semper fac puer esse velis.
Ille fidem jussis dedit ; et, Si mentiar, inquit,
  Ultima, qua fallam, sit Venus illa mihi.
Fallit ; et in Nympha Sagaritide desinit esse,
  Quod fuit : hinc pœnas exigit ira Deæ.
Naïda vulneribus succidit in arbore factis.
  Illa perit : fatum Naïdos arbor erat.
Hic furit ; et, credens thalami procumbere tectum,
  Effugit, et cursu Dyndima summa petit.
Et modo, Tolle faces ; Remove, modo, verbera, clamat :
  Sæpe Palæstinas jurat adesse Deas.
Ille etiam saxo corpus laniavit acuto ;
  Longaque in immundo pulvere tracta coma est,
Voxque fuit, Merui : meritas do sanguine pœnas.
  Ah pereant partes, quæ nocuere mihi !
Ah pereant! dicebat adhuc : onus inguinis aufert ;

Érato se tut. Je repris : Pourquoi les lions, race féroce, soumettent-ils au joug nouveau, pour eux, leurs crinières indociles ?

Je me tus ; elle reprit à son tour : « On croit que Cybèle adoucit la férocité ; son char atteste ce bienfait. »

Mais pourquoi sa tête est-elle ornée de tours qui forment sa couronne ? serait-ce que la première elle aurait donné des tours aux villes de Phrygie ?

Érato fit un signe de tête affirmatif. D'où vient, dis-je encore, cette rage de se mutiler ? La Piéride répondit :

« Au milieu des forêts, un enfant phrygien, d'une beauté remarquable, enchaîna par un chaste amour la déesse couronnée de tours. Elle voulut se l'attacher à jamais, et lui confier la garde de son temple. « Conserve « toujours, lui dit-elle, ta pureté d'enfant. » Il promit d'obéir à cet ordre ; et, « Si je me parjure, dit-il, que ma « première faute soit aussi la dernière. » Il trompa la déesse, et cessa d'être enfant dans les bras de la nymphe Sagaris. Cybèle, irritée, tira vengeance de son manque de foi. Le sort de la Naïade était attaché à un arbre ; l'arbre tombe sous les coups de Cybèle, et la Naïade périt. Le Phrygien devient fou, il croit voir tomber le toit de sa demeure, et fuit au sommet du Dyndime. Tantôt il s'écrie : « Éloignez « ces flambeaux ; » tantôt, « Écartez ces fouets. » Souvent il jure que les déesses de Paleste sont là devant ses yeux. Il se déchire le corps avec une pierre tranchante, il traîne sa longue chevelure dans une sale poussière. Il s'écrie : « Je l'ai mérité ; que mon sang coule en expiation de mon « crime ; ah ! périssent, périssent les parties qui m'ont été fatales ! » En disant ces mots, il tranche, il arrache, et

Nullaque sunt subito signa relicta viri.
Venit in exemplum furor hinc, mollesque ministri
  Cædunt jactatis vilia membra comis.
TALIBUS Aoniæ facunda voce Camenæ
  Reddita quæsiti causa furoris erat.
Hoc quoque, dux operis, moneas, precor; unde petita
  Venerit : an nostra semper in urbe fuit?

DINDYMON, et Cybelen, et amœnam fontibus Iden
  Semper, et Iliacas mater amavit opes.
Quum Trojam Æneas Italos portaret in agros,
  Est Dea sacriferas pæne secuta rates.
Sed nondum fatis Latio sua numina posci
  Senserat; adsuetis substiteratque locis.
Post, ut Roma potens opibus jam sæcula quinque
  Vidit, et edomito sustulit orbe caput,
Carminis Euboici fatalia verba sacerdos
  Inspicit : inspectum tale fuisse ferunt :

MATER abest; matrem jubeo, Romane, requiras :
  Quum veniet, casta est accipienda manu.

OBSCURÆ sortis patres ambagibus errant,
  Quæve parens absit, quove petenda loco.
Consulitur Pæan; Divûmque arcessite matrem,
  Inquit : in Idæo est invenienda jugo.
MITTUNTUR proceres : Phrygiæ tum sceptra tenebat
  Attalus : Ausoniis rem negat ille viris.
Mira canam : longo tremuit cum murmure tellus;
  Et sic est adytis Diva locuta suis :

toute trace de virilité a disparu. C'est cette folie qu'imitent les prêtres efféminés de Cybèle, et les cheveux épars, ils déchirent aussi leurs membres inutiles. »

Ainsi la Muse d'Aonie, d'une voix mélodieuse, m'expliquait la cause de cette fureur : Encore une prière, ô toi qui me guides et m'éclaires. De quelle contrée Cybèle est-elle venue se rendre à nos vœux? ou bien a-t-elle toujours habité notre ville?

« La mère des dieux a toujours chéri le Dindyme, le Cybèle et l'Ida, qu'embellissent ses sources d'eau vive, et Ilion, la riche cité. Lorsqu'Énée transportait Troie dans les champs d'Italie, peu s'en fallut que la déesse ne suivît les vaisseaux auxquels il avait confié ses dieux. Mais elle comprit que dans l'ordre de la destinée elle ne devait pas encore être invoquée par le Latium, et elle resta aux lieux accoutumés. Plus tard, lorsque Rome, déjà puissante, compta cinq siècles d'existence, et leva fièrement la tête au dessus de l'univers conquis, le prêtre ouvrit les livres Sibyllins, et parmi les vers sacrés lut, dit-on, cet oracle :

« La mère est absente ; Romains, il faut chercher la
« mère, je l'ordonne ; à son arrivée, qu'une chaste main
« la reçoive. »

Les sénateurs se perdent dans les obscurités de l'oracle. Quelle mère est absente? où faut-il la chercher? On consulte Pæan : « Appelez à vous la mère des dieux, répond-il ; vous la trouverez au sommet de l'Ida. »

On députe les premiers du sénat ; Attale, alors roi de Phrygie, répond par un refus à la demande des hommes d'Ausonie. Mais admirez le prodige, la terre tremble avec un long murmure, et la déesse fait entendre ces mots du fond de son sanctuaire : « C'est moi qui ai

Ipsa peti volui : ne sit mora; mitte volentem :
  Dignus Roma locus, quo Deus omnis eat.
Ille soni terrore pavens, Proficiscere, dixit;
  Nostra eris : in Phrygios Roma refertur avos.

Protinus innumerae caedunt pineta secures
  Illa, quibus fugiens Phryx pius usus erat.
Mille manus coeunt : et picta coloribus ustis
  Coelestum matrem concava puppis habet.

Illa sui per aquas fertur tutissima nati :
  Longaque Phryxeae stagna sororis adit;
Rhoeteumque rapax, Sigeaque litora transit;
  Et Tenedum, et veteres Eetionis opes.
Cyclades excipiunt, Lesbo post terga relicta;
  Quaque Carysteis frangitur unda vadis.
Transit et Icarium, lapsas ubi perdidit alas
  Icarus, et vastae nomina fecit aquae.
Tum laeva Creten, dextra Pelopeidas undas
  Deserit; et Veneri sacra Cythera petit :
Hinc mare Trinacrium, candens ubi tingere ferrum
  Brontesque, et Steropes, Acmonidesque solent,
Aequoraque Afra legit, Sardoaque regna sinistris
  Prospicit a remis; Ausoniamque tenet.
Ostia contigerat, qua se Tiberinus in altum
  Dividit, et campo liberiore natat.
Omnis eques, mixtaque gravis cum plebe senatus
  Obvius ad Tusci fluminis ora venit.
Procedunt pariter matres, nataeque, nurusque;
  Quaeque colunt sanctos virginitate focos.

provoqué la demande des Romains ; point de délais ; je veux partir ; Rome est digne de réunir tous les dieux dans son sein. » Attale est saisi de terreur : « Pars, dit-il, et pourtant tu resteras notre déesse. » Rome tire son origine des Phrygiens.

Aussitôt les pins tombent sous les coups multipliés de la hache, les pins, contemporains de ceux que le pieux Énée employa dans sa fuite. Mille mains concourent au même travail, et bientôt un vaisseau renferme la mère des dieux dans ses flancs peints d'un brûlant encaustique.

La déesse vogue en sûreté sur les ondes soumises à son fils ; elle parcourt le long détroit de la sœur de Phryxus ; elle dépasse le vaste port de Rhœté, et les rivages de Sigée et de Ténédos, et l'antique cité d'Eétion. Elle touche aux Cyclades, laisse derrière elle Lesbos, et les eaux qui se brisent sur les bas-fonds de Caryste ; elle traverse la mer où Icare perdit ses ailes détachées, vaste mer qui reçut son nom ; puis elle laisse à sa gauche la Crète, à sa droite les eaux de Pélops, et gagne Cythère consacrée à Vénus. De là elle parcourt la mer de Trinacrie, où les Brontes, les Stéropes et les Acmonides ont coutume de tremper le fer chaud, et les eaux de l'Afrique ; elle aperçoit à sa gauche le royaume de Sardaigne, et aborde en Ausonie. Elle a atteint l'embouchure par où le Tibre vient se perdre dans la mer, et répand plus librement ses eaux. Les chevaliers et le sénat austère, mêlés avec le peuple, viennent aux bouches du fleuve toscan recevoir la déesse. Ensemble marchent les mères et les filles, et les brus, et les vierges consacrées au culte du feu sacré. Les hommes fatiguent vainement leurs bras, animés par le zèle, à tirer la corde

Sedula fune viri contento brachia lassant :
  Vix subit adversas hospita navis aquas.
Sicca diu tellus fuerat ; sitis usserat herbas :
  Sedit limoso pressa carina vado.
Quisquis adest operi, plus quam pro parte laborat ;
  Adjuvat et fortes voce sonante manus.
Illa velut medio stabilis sedet insula ponto :
  Attoniti monstro stantque paventque viri.
CLAUDIA QUINTA genus Clauso referebat ab alto ;
  Nec facies impar nobilitate fuit.
Casta quidem ; sed non et credita : rumor iniquus
  Læserat, et falsi criminis acta rea est.
Cultus, et ornatis varie prodisse capillis,
  Obfuit ; ad rigidos promptaque lingua senes.
Conscia mens recti famæ mendacia risit :
  Sed nos in vitium credula turba sumus.

Hæc ubi castarum processit ab agmine matrum,
  Et manibus puram fluminis hausit aquam,
Ter caput irrorat, ter tollit in æthera palmas ;
  Quicumque adspiciunt, mente carere putant :
Submissoque genu, vultus in imagine Divæ
  Figit, et hos edit, crine jacente, sonos :
Supplicis, alma, tuæ, genitrix fecunda Deorum,
  Accipe sub certa conditione preces.
Casta negor : si tu damnas ; meruisse fatebor ;
  Morte luam pœnas judice victa Dea.
Sed, si crimen abest, tu nostræ pignora vitæ
  Re dabis ; et castas casta sequere manus.
Dixit ; et exiguo funem conamine traxit :
  Mira, sed et scena testificata loquar :

tendue; le vaisseau étranger ne remonte le courant qu'avec peine. Les travailleurs redoublent d'efforts, la voix aide aux mains vigoureuses. Mais le vaisseau reste immobile comme une île au sein de la mer. Les hommes frappés de ce prodige, s'arrêtent effrayés.

Claudia Quinta tirait son origine de l'antique Clausus; et sa beauté ne le cédait en rien à sa noblesse; chaste, elle passait pour ne pas l'être, et victime d'un bruit calomnieux, elle était accusée d'un crime imaginaire. Elle s'était aliéné les esprits par sa parure, par ses cheveux diversement ornés, par ses discours légers devant des vieillards sévères. Une conscience pure se rit des mensonges de la renommée; mais nous sommes tous trop disposés à croire le mal.
Claudia sort de la foule des chastes mères, elle puise dans ses mains l'eau pure du fleuve, s'en arrose trois fois la tête, et trois fois lève les mains au ciel. Les spectateurs la croient privée de la raison : elle tombe à genoux, fixe les yeux sur l'image de la déesse, et les cheveux épars prononce ces paroles : « Bonne et féconde mère des dieux, je t'en supplie, exauce ma prière sous une condition. On accuse ma chasteté : si tu me condamnes, je m'avouerai coupable et je subirai la mort que j'aurai méritée au jugement d'une déesse. Mais, si le crime est imaginaire, tu donneras ici un gage de mon innocence, et chaste, tu t'abandonneras à de chastes mains. » Elle dit, et tire la corde sans effort; c'est un prodige, mais la scène même l'atteste; la déesse touchée suit son guide, et le justifie en le suivant. Un cri

Mota Dea est; sequiturque ducem, laudatque sequendo.
  Index lætitiæ fertur in astra sonus.
Fluminis ad flexum veniunt : Tiberina priores
  Ostia dixerunt, unde sinister abit.
Nox aderat : querno religant a stipite funem;
  Dantque levi somno corpora functa cibo.
Lux aderat : querno solvunt a stipite funem;
  Ante tamen posito tura dedere foco.
Ante coronatam puppim sine labe juvencam
  Mactarunt, operum conjugiique rudem.
Est locus, in Tiberin qua lubricus influit Almo,
  Et nomen magno perdit ab amne minor.
Illic purpurea canus cum veste sacerdos
  Almonis dominam sacraque lavit aquis.
Exululant comites, furiosaque tibia flatur;
  Et feriunt molles taurea terga manus.
Claudia præcedit, læto celeberrima vultu;
  Credita vix tandem teste pudica Dea.
Ipsa sedens plaustro porta ex invecta Capena;
  Sparguntur junctæ flore recente boves.
Nasica accepit; templi tunc exstitit auctor.
  Augustus nunc est; ante Metellus erat.

Substitit hic Erato : mora fit, si cætera quæram.
  Dic, inquam, parva cur stipe quærat opes?
Contulit æs populus, de quo delubra Metellus
  Fecit, ait : dandæ mos stipis inde manet.
Cur vicibus factis ineant convivia, quæro,
  Tum magis, indictas concelebrentque dapes.
Quod bene mutarit sedem Berecynthia, dixit;

de joie s'élève jusqu'aux astres. On arrive au coude du fleuve ; les anciens ont nommé portes du Tibre le lieu où il s'échappe à gauche. Il était nuit ; on attache la corde à un tronc de chêne, et après le repas, on se livre au sommeil. Le jour paraît ; on détache la corde du tronc de chêne ; mais d'abord on brûle l'encens sur l'autel préparé ; devant la poupe couronnée on immole une génisse sans tache, qui n'a connu ni le joug ni l'amour.

Il est un lieu où l'Almon capricieux se précipite dans le Tibre, et perd son nom dans le grand fleuve. Là un prêtre à la tête chenue, à la robe de pourpre, lave la déesse et les objets consacrés à son culte dans les eaux de l'Almon ; ses accolytes poussent des hurlemens, la flûte rend des sons perçans, les tambours résonnent sous leurs mains efféminées. Claudia marche la première, rayonnante de gloire, Claudia dont enfin la chasteté n'est plus méconnue sur la foi de la déesse. La déesse elle-même, portée sur un char, entre par la porte Capène, les génisses qui la traînent sont couvertes de fleurs nouvelles. Nasica la reçut ; il fut le premier fondateur de son temple. Auguste aujourd'hui, et Metellus avant lui ont droit au même titre.

Érato se tut, et attendit d'autres questions. Pourquoi, lui dis-je, la déesse a-t-elle recours à de minces aumônes ? « Parce que le peuple a, par des collectes, fourni les fonds avec lesquels Metellus éleva le temple ; ces aumônes ont ainsi passé en coutume. » Pourquoi, surtout à cette époque, fait-on échange d'invitations et de festins ? « Parce que la déesse de Bérécynthe a heureuse-

Captant mutatis sedibus omen idem.
Institeram, quare primi Megalesia ludi
　Urbe forent nostra : quum Dea, sensit enim,
Illa Deos, inquit, peperit : cessere parenti,
　Principiumque dati mater honoris habet.
Cur igitur Gallos, qui se excidere, vocamus,
　Quum tanto Phrygia Gallica distet humus?
Inter, ait, viridem Cybelen, altasque Celænas
　Amnis it insana, nomine Gallus, aqua.
Qui bibit inde, furit : procul hinc discedite, quîs est
　Cura bonæ mentis : qui bibit inde, furit.
Non pudet herbosum, dixi, posuisse moretum
　In dominæ mensis? an sua causa subest?
Lacte mero veteres usi memorantur, et herbis,
　Sponte sua si quas terra ferebat, ait.
Candidus elisæ miscetur caseus herbæ,
　Cognoscat priscos ut Dea prisca cibos.

Postera quum cœlo motis Pallantias astris
　Fulserit, et niveos Luna levarit equos,
Qui dicet, quondam sacrata est colle Quirini
　Hac Fortuna die Publica, verus erit.

Tertia lux, memini, ludis erat : at mihi quidam
　Spectanti senior, contiguusque loco,
Hæc, ait, illa dies, Libycis qua Cæsar in oris
　Perfida magnanimi contudit arma Jubæ.
Dux mihi Cæsar erat, sub quo meruisse tribunus
　Glorior : officio præfuit ille meo.
Hanc ego militia sedem, tu pace parasti,
　Inter bis quinos usus honore viros.

ment changé le lieu de son séjour ; on cherche le même présage en passant d'une demeure dans l'autre. » Je continuai : Pourquoi les jeux Mégalésiens sont-ils célébrés les premiers dans notre ville ? Érato avait prévu ma demande ; elle me dit : « Les dieux sont les fils de Cybèle ; ils cèdent le pas à leur mère qui reçoit les premiers honneurs. » Mais pourquoi le nom de Galles donné à ceux qui se mutilent, malgré la distance qui sépare la Phrygie de la Gaule ? « Entre le vert Cybèle et la haute Celène, un fleuve, le Gallus, roule son onde insensée ; qui boit à ses eaux devient fou. Fuyez, vous qui voulez conserver la raison : qui boit à ses eaux devient fou. Ne rougit-on pas, repris-je, de servir sur la table de la déesse le moretum, ce ragoût aux herbes ? cet usage a-t-il aussi sa cause ? « On dit que les anciens se nourrissaient de lait pur et d'herbes que la terre portait d'elle-même ; on présente à l'antique déesse, ce mélange de blanc fromage et d'herbes pilées, pour qu'elle reconnaisse les mets antiques. »

Le lendemain, lorsque l'Aurore aura par son éclat chassé les astres du ciel, et que la Lune aura détélé ses blancs coursiers, on dira avec vérité : Jadis en ce jour fut consacré sur le mont Quirinal un temple à la Fortune Publique.

Le troisième jour, il m'en souvient, on célébrait des jeux ; un vieillard placé près de moi parmi les spectateurs, me dit : « C'est en ce jour glorieux que César brisa sur les côtes de la Libye les armes perfides du valeureux Juba. César était mon général, je m'honore d'avoir mérité sous lui la charge de tribun que j'exerçai sous ses ordres. La place que j'occupe ici, je la dois à la guerre, tu dois la tienne à la paix qui t'a placé au

Plura locuturi subito seducimur imbre :
  Pendula coelestes Libra movebat aquas.
Ante tamen, quam summa dies spectacula sistat,
  Ensiger Orion aequore mersus erit.

Proxima victricem quum Romam inspexerit Eos,
  Et dederit Phoebo stella fugata locum,
Circus erit pompa celeber, numeroque Deorum;
  Primaque ventosis palma petetur equis.
Hi Cereris ludi : non est opus indice causae :
  Sponte Deae munus, promeritumque patet.
Messis erant primis virides mortalibus herbae,
  Quas tellus, nullo sollicitante, dabat :
Et modo carpebant vivaci cespite gramen ;
  Nunc epulae tenera fronde cacumen erant.
Postmodo glans nata est : bene erat jam glande reperta ;
  Duraque magnificas quercus habebat opes.
Prima Ceres homini, ad meliora alimenta vocato,
  Mutavit glandes utiliore cibo.
Illa jugo tauros collum praebere coegit :
  Tum primum soles eruta vidit humus.
Aes erat in pretio; chalybeia massa latebat :
  Heu! quam perpetuo debuit illa tegi!
Pace Ceres laeta est : at vos optate, coloni,
  Perpetuam pacem, perpetuumque ducem.
Farra Deae micaeque licet salientis honorem
  Detis, et in veteres turea grana focos :
Et, si tura aberunt, unctas accendite taedas :
  Parva bonae Cereri, sint modo casta, placent.
A bove succincti cultros removete ministri :

rang honorable des décemvirs. » Nous en aurions dit davantage, mais une pluie subite nous sépara; la Balance épanchait les eaux des cieux. Cependant avant que les spectacles aient pris fin avec le jour, Orion, armé du glaive, se sera plongé dans les eaux.

Lorsque l'aurore prochaine éclairera Rome victorieuse, et que les étoiles en fuyant cèderont la place à Phébus, la pompe et le nombreux cortège des dieux resplendiront dans le cirque, et les chevaux rapides disputeront le prix de la course. Ce sont les jeux de Cérès; il n'est pas besoin d'en indiquer la cause ; les dons et les bienfaits de la déesse parlent d'eux-mêmes. Les premiers mortels ne connaissaient pas d'autre moisson que les herbes verdoyantes, produit spontané de la terre. Tantôt ils cueillaient le vivace gazon, tantôt ils se nourrissaient du tendre feuillage qui couronne les arbres. Ensuite naquit le gland; c'était déjà une heureuse découverte, et le chêne dur donnait de magnifiques récoltes. Cérès, la première, convia l'homme à de meilleurs repas, et substitua au gland une nourriture plus utile. Elle força les taureaux à soumettre leur cou au joug; alors, pour la première fois, le sol labouré reçut les rayons du soleil; l'airain seul était en usage; l'acier n'avait pas été découvert, et plût à Dieu qu'il fût toujours demeuré enseveli au sein de la terre! Cérès aime la paix; quant à vous, cultivateurs, faites des vœux pour conserver toujours même paix, même chef. Vous pouvez offrir à la déesse des gâteaux sacrés, un peu de sel, et quelques grains d'encens répandus sur les foyers antiques; si l'encens vous manque, allumez des torches parfumées ; la bonne Cérès se contente de peu, pourvu que l'offrande soit pure. Vous, ministres préparés pour

Bos aret; ignavam sacrificate suem :
Apta jugo cervix non est ferienda securi;
Vivat, et in dura sæpe laboret humo.

Exigit ipse locus, raptus ut virginis edam :
Plura recognosces; pauca docendus eris.

Terra tribus scopulis vastum procurrit in æquor
Trinacris; a positu nomen adepta loci.
Grata domus Cereri : multas ibi possidet urbes,
In quibus est culto fertilis Henna solo.
Frigida cœlestum matres Arethusa vocarat :
Venerat ad sacras et Dea flava dapes.
Filia, consuetis ut erat comitata puellis,
Errabat nudo per sua prata pede.
Valle sub umbrosa locus est, adspergine multa
Uvidus ex alto desilientis aquæ.
Tot fuerant illic, quot habet natura, colores;
Pictaque dissimili flore nitebat humus.
Quam simul adspexit : Comites, accedite, dixit;
Et mecum vestros flore replete sinus.
Præda puellares animos prolectat inanis,
Et non sentitur sedulitate labor.
Hæc implet lento calathos e vimine textos;
Hæc gremium, laxos degravat illa sinus.
Illa legit calthas; huic sunt violaria curæ;
Illa papavereas subsecat ungue comas.
Has, Hyacinthe, tenes : illas, Amarante, moraris :
Pars thyma, pars casiam, pars meliloton amant.
Plurima lecta rosa est; et sunt sine nomine flores :

le sacrifice, éloignez du bœuf vos couteaux : le bœuf laboure ; immolez la truie paresseuse ; une tête propre à porter le joug doit échapper aux coups de la hache ; que le bœuf vive et trace souvent sur la terre un pénible sillon.

C'est ici le lieu de raconter le rapt de la fille de Cérès ; vous connaissez déjà la plupart des faits, vous en apprendrez peu de nouveaux.

Il est une île remarquable par les trois promontoires qu'elle projette dans la vaste mer, la Trinacrie ; elle tient son nom de sa forme. C'est un séjour agréable à Cérès ; elle y possède plusieurs villes, parmi lesquelles s'élève la fertile Henna au sol bien cultivé. La froide Aréthuse avait convié les mères des dieux, et la blonde déesse elle-même était venue au festin sacré. Sa fille, suivie de ses compagnes accoutumées, se promenait nu-pieds au milieu des prairies. Au fond d'une sombre vallée il est un lieu, arrosé par les jets nombreux d'une eau qui se précipite en cascade. Là brillaient toutes les couleurs qui sont dans la nature, et des fleurs variées paraient la terre d'une riche peinture. A cette vue, Proserpine s'écrie : « Accourez, mes compagnes ; remplissons nos robes de fleurs. » Ce frivole butin réjouit le cœur des jeunes filles ; dans l'ardeur de leur zèle elles ne sentent point la fatigue. L'une remplit des corbeilles tressées avec le jonc flexible, l'autre charge son sein, une autre les plis flottans de sa robe ; celle-ci cueille des soucis, celle-là cherche des violettes ; une autre coupe avec l'ongle le pavot chevelu ; l'hyacinthe retient les unes ; l'amaranthe arrête les autres ; le thym, le romarin, le muguet sont préférés tour-à-tour. On cueille surtout abondance de roses, et même des fleurs sans nom. Pro-

Ipsa crocos tenues liliaque alba legit.
Carpendi studio paulatim longius itur;
　Et dominam casu nulla secuta comes.
Hanc videt, et visam patruus velociter aufert;
　Regnaque caeruleis in sua portat equis.
Illa quidem clamabat: Io, carissima mater,
　Auferor! ipsa suos abscideratque sinus.
Panditur interea Diti via; namque diurnum
　Lumen inadsueti vix patiuntur equi.
At chorus aequalis cumulatis flore canistris,
　Persephone, clamant, ad tua dona veni.
Ut clamata silet, montes ululatibus implent;
　Et feriunt moesta pectora nuda manu.

Adtonita est plangore Ceres; modo venerat Hennam;
　Nec mora, Me miseram! filia, dixit, ubi es?
Mentis inops rapitur, quales audire solemus
　Threicias passis Maenadas ire comis.
Ut vitulo mugit sua mater ab ubere rapto,
　Et quaerit foetus per nemus omne suos;
Sic Dea: nec retinet gemitus; et concita cursu
　Fertur; et e campis incipit, Henna, tuis.
Inde puellaris nacta est vestigia plantae,
　Et pressam noto pondere vidit humum.
Forsitan illa dies errori summa fuisset,
　Si non turbassent signa reperta sues.
Jamque Leontinos, Amenanaque flumina cursu
　Praeterit, et ripas, herbifer Aci, tuas:
Praeterit et Cyanen, et fontem lenis Anapi;
　Et te vorticibus non adeunde Gela.
Liquerat Ortygien, Megareaque, Pantagienque,

serpine choisit le safran léger et le lis éclatant de blancheur. Peu à peu l'on s'éloigne dans l'ardeur de cueillir, et par hasard aucune compagne n'a suivi sa maîtresse. L'oncle de Proserpine l'aperçoit, l'enlève rapidement, et, lançant ses chevaux azurés, l'emporte dans son royaume. Elle criait : « Io, mère chérie, l'on m'enlève; » et elle déchirait ses vêtemens. Cependant le chemin des enfers s'ouvre à leur dieu, car ses chevaux supportent à peine la lumière du jour, nouvelle pour eux. Mais le chœur des jeunes filles ayant rempli de fleurs les corbeilles, s'écrie : « Persephone, viens recevoir nos présens. » Leur appel restant sans réponse, elles remplissent les montagnes de leurs cris aigus, et frappent d'une main désespérée leur poitrine découverte.

Cérès est étonnée de ces clameurs; elle venait d'arriver à Henna : aussitôt, « Malheur à moi! dit-elle; ma fille, où es-tu ? » Elle s'élance hors d'elle-même ; telles on nous représente les Ménades de Thrace, courant les cheveux épars. Comme la mère du veau ravi à la mamelle, mugit et cherche son petit par tous les bois : telle la déesse donne un libre cours à ses gémissemens, et précipite sa course. Elle part des champs d'Henna, elle trouve la trace des pas de sa fille, elle en voit l'empreinte connue sur la terre qu'ils ont foulée; et peut-être ce jour-là même eût-il mis un terme à sa recherche, si des porcs n'eussent altéré les traces reconnues. Déjà dans sa course elle a laissé derrière elle les Léontins, et le fleuve Amenanus, et les rives herbagères de l'Acis; elle a dépassé, et Cyane et la source du tranquille Anapus, et le Gélas dont les gouffres défendent l'accès ; elle a laissé Ortygie, et Mégare, et le Pantagias, et l'embouchure du Symèthe, et les antres des

Quaque Symæatheas accipit æquor aquas,
Antraque Cyclopum positis exusta caminis,
Quique locus curvæ nomina falcis habet,
Himeram et Didymen, Acragantaque, Tauromenonque,
Sacrorumque Melan pascua læta boum.
Hinc Camerinan adit, Thapsonque et Heloria Tempe;
Quaque patet zephyro semper apertus Eryx.
Jamque Peloriaden, Lilybæaque, jamque Pachynon
Lustrarat, terræ cornua prima suæ.
Quacumque ingreditur, miseris loca cuncta querelis
Implet; ut amissum quum gemit ales Ityn:
Perque vices, modo Persephone, modo Filia, clamat;
Clamat, et alternis nomen utrumque ciet.
Sed neque Persephone Cererem, neque filia matrem
Audit, et alternis nomen utrumque perit.
Unaque, pastorem vidisset, an arva colentem,
Vox erat, Hac gressus si qua puella tulit?

JAM color unus inest rebus; tenebrisque teguntur
Omnia: jam vigiles conticuere canes.
Alta jacet vasti super ora Typhoeos Ætne,
Cujus anhelatis ignibus ardet humus.
Illic accendit geminas pro lampade pinus;
Hinc Cereris sacris nunc quoque tæda datur.
Est specus exesi structura pumicis asper;
Non homini regio, non adeunda feræ.
Quo simul ac venit, frenatos curribus angues
Jungit; et æquoreas sicca pererrat aquas.
Effugit et Syrtes, et te, Zanclæa Charybdi;
Et vos, Nisæi, naufraga monstra, canes;
Adriacumque patens late, bimaremque Corinthon,

Cyclopes aux fournaises ardentes, et le lieu qui porte le nom d'une faux recourbée, Himère et Didyme, et Acragante, et Tauromène, et le Mélas qui baigne les gras pâturages des bœufs sacrés. De là elle va à Camérine, à Thapsos, à la Tempé des bords de l'Helorus, à Éryx toujours ouvert au souffle du zéphyr. Déjà elle avait parcouru Pélore, et Lilybée, et Pachynus, les trois promontoires de son île. Partout où elle porte ses pas, elle fait entendre ses plaintes douloureuses, semblable à l'oiseau qui déplore la perte d'Itys. Elle appelle tantôt « Persephone ! » tantôt « Ma fille ! » elle appelle et répète alternativement ces deux noms. Mais Persephone n'entend pas Cérès; la fille n'entend pas sa mère, et les deux noms alternativement répétés se perdent dans les airs. Qu'elle rencontre un berger, un laboureur ; à chacun elle fait même question : « Une jeune fille a-t-elle passé par ici ? »

Déjà tous les objets ont revêtu une même couleur ; les ténèbres s'étendent partout ; les chiens vigilans se sont tus. Renversé sur la tête de l'énorme Typhon, l'Etna s'élève, et le sol s'embrase au souffle enflammé du géant. Là, Cérès allume deux pins pour lui servir de flambeaux ; de là vient qu'aujourd'hui encore des torches sont employées dans ses fêtes. Il est une caverne grossièrement creusée par le temps dans la pierre-ponce, inaccessible à l'homme, à la bête sauvage. Arrivée en ce lieu, Cérès attelle à son char deux serpens soumis au frein, et, sans se mouiller, parcourt les eaux des mers. Elle évite et les Syrtes, et Charybde la Sicilienne, et vous, chiens de Nisus, monstres féconds en naufrages. Elle laisse le vaste golfe de l'Adriatique, et Corinthe aux deux mers,

Sic venit ad portus, Attica terra, tuos.
Hic primum sedit gelido mœstissima saxo :
　Illud Cecropidæ nunc quoque triste vocant.
Sub Jove duravit multis immota diebus,
　Et lunæ patiens, et pluvialis aquæ.

Fors sua cuique loco est: quo nunc Cerealis Eleusin,
　Dicitur hoc Celei rura fuisse senis.
Ille domum glandes, excussaque mora rubetis
　Portat, et arsuris arida ligna focis.
Filia parva duas redigebat rupe capellas;
　Et tener in cunis filius æger erat.
Mater, ait virgo, mota est Dea nomine matris,
　Quid facis in solis incomitata jugis ?
Restitit et senior, quamvis onus urget; et orat,
　Tecta suæ subeat quantulacumque casæ.
Illa negat; simularat anum, mitraque capillos
　Presserat; instanti talia dicta refert :
Sospes eas, semperque parens; mihi filia rapta est.
　Heu ! melior quanto sors tua sorte mea !
Dixit: et, ut lacrymæ, neque enim lacrymare Deorum est,
　Decidit in tepidos lucida gutta sinus;
Flent pariter, molles animi, virgoque, senexque.
　E quibus hæc justi verba fuere senis :
Sic tibi, quam raptam quereris, sit filia sospes :
　Surge; nec exiguæ despice tecta casæ.
Cui Dea : Duc, inquit; scisti, qua cogere posses.
　Seque levat saxo, subsequiturque senem.
Dux comiti narrat, quam sit sibi filius æger;
　Nec capiat somnos, invigiletque malis.

et arrive ainsi aux ports de l'Attique. Là, pour la première fois, elle s'assied le cœur navré de tristesse sur un rocher glacé que les fils de Cécrops nomment encore aujourd'hui le Triste ; et elle y demeure immobile, exposée à l'air, à la pluie, pendant plusieurs jours et plusieurs nuits.

Chaque endroit a sa destinée ; aux lieux où s'élève aujourd'hui Eleusis consacrée à Cérès, étaient, dit-on, jadis les champs du vieux Célée. Le vieillard portait à sa cabane des glands, des mûres cueillies sur les buissons, et du bois sec pour chauffer son foyer. Sa fille descendait d'une roche peu élevée, chassant deux chèvres devant elle; son jeune fils était malade dans son berceau : « Mère! dit la jeune fille, et le nom de mère remue le cœur de la déesse, que fais-tu seule sur ces collines désertes? » Le vieillard s'arrête aussi, malgré le fardeau qui le presse, et la prie d'entrer dans sa chaumière, si humble qu'elle soit. Elle refuse ; elle avait pris les traits d'une vieille, une mitre serrait ses cheveux ; il insiste, elle lui répond : « Va, sois toujours heureux, toujours père; quant à moi, l'on m'a ravi ma fille. Hélas! combien ton sort est meilleur que le mien ! » Elle dit ; et comme une larme, car les dieux ne versent point de larmes, une goutte limpide a tombé sur son sein brûlant. La jeune fille et le vieillard, âmes sensibles, répandent aussi des pleurs ; et le bon vieillard prononce ces paroles : « Heureuse soit aussi la fille dont l'enlèvement a causé ta douleur; lève-toi, et ne dédaigne pas l'humble toit de ma pauvre cabane. — Conduis-moi, répond la déesse ; tu as trouvé le chemin de mon cœur ; » et elle se lève du rocher et suit le vieillard. Celui-ci raconte à sa compagne, que son fils est malade, que la

Illa soporiferum, parvos initura penates,
  Colligit agresti lene papaver humo.
Dum legit, oblito fertur gustasse palato,
  Longamque imprudens exsoluisse famem.
Quæ quia principio posuit jejunia noctis,
  Tempus habent mystæ sidera visa cibi.

LIMEN ut intravit, luctus videt omnia plena :
  Jam spes in puero nulla salutis erat.
Matre salutata, mater Metanira vocatur,
  Jungere dignata est os puerile suo.
Pallor abit, subitæque vigent in corpore vires :
  Tantus cœlesti venit ab ore vigor !
Tota domus læta est : hoc est, materque, paterque,
  Nataque : tres illi tota fuere domus.
Mox epulas ponunt, liquefacta coagula lacte,
  Pomaque, et in teneris aurea mella favis.
Abstinet alma Ceres, somnique papavera causas
  Dat tibi cum tepido lacte bibenda, puer.

NOCTIS erat medium, placidique silentia somni ;
  Triptolemum gremio sustulit illa suo :
Terque manu permulsit eum ; tria carmina dixit,
  Carmina mortali non referenda sono :
Inque foco pueri corpus vivente favilla
  Obruit, humanum purget ut ignis onus.
Excutitur somno stulte pia mater ; et amens,
  Quid facis ? exclamat ; membraque ab igne rapit.
Cui Dea : Dum non es, dixit, scelerata fuisti,
  Irrita materno sunt mea dona metu.

souffrance ne lui laisse ni repos ni sommeil. Avant de venir prendre place au modeste foyer de son hôte, Cérès cueille dans la campagne le doux pavot aux fleurs soporifiques. Mais en le cueillant, on dit qu'elle le porta par oubli à sa bouche, et apaisa imprudemment sa longue faim ; et comme ce fut à l'entrée de la nuit qu'elle interrompit son jeûne, les initiés ne prennent leur repas qu'au moment où paraissent les étoiles.

A peine Cérès a-t-elle passé le seuil, elle voit partout l'image de la douleur ; déjà nul espoir de salut pour l'enfant. Elle salue Métanire, c'est le nom de la mère, et daigne coller sa bouche à la bouche de l'enfant. Aussitôt la pâleur disparaît, le corps prend une vigueur nouvelle : tant une bouche céleste laisse échapper de force et de vie ! Toute la famille est dans la joie, et la mère, et le père, et la fille ; car c'est là toute la famille. Bientôt on dresse le repas, du lait caillé, des fruits, de tendres rayons remplis d'un miel doré. La féconde Cérès s'abstient d'y prendre part, et, pour rendre le sommeil à l'enfant, elle lui donne un breuvage composé de pavots et de lait chaud.

Il était minuit, le sommeil paisible avait ramené le silence ; Cérès prend Triptolème sur son sein : trois fois elle le caresse de la main, trois fois elle répète des paroles magiques, des paroles qu'une voix mortelle ne saurait rendre. Elle étend sur le foyer le corps de l'enfant, et le couvre de braises ardentes pour que le feu purge et dévore en lui la lourde enveloppe de l'humanité. Mais la mère, dont la tendresse est aveugle, s'éveille en sursaut ; hors d'elle-même, elle s'écrie : « Que fais-tu ? » et ravit à la flamme le corps de son fils. « Malheureuse ! dit la déesse, sans être criminelle, tu l'es devenue par

Iste quidem mortalis erit; sed primus arabit,
  Et seret, et culta præmia tollet humo.

Dixit: et egrediens nubem trahit, inque dracones
  Transit, et aligero tollitur axe Ceres.
Sunion expositum, Piræaque tuta recessu
  Linquit, et in dextrum quæ jacet ora latus.
Hinc init Ægæum, quo Cycladas adspicit omnes;
  Ioniumque rapax, Icariumque legit.
Perque urbes Asiæ longum petit Hellespontum;
  Diversumque locis alta pererrat iter.
Nam modo turilegos Arabas, modo despicit Indos,
  Hinc Libys, hinc Meroe, siccaque terra subest.
Nunc adit Hesperios, Rhenum, Rhodanumque, Padumque,
  Teque future parens, Tibri, potentis aquæ.

Quo feror? immensum est erratas dicere terras:
  Præteritus Cereri nullus in orbe locus.
Errat et in cœlo; liquidique immunia ponti
  Alloquitur gelido proxima signa polo:
Parrhasides stellæ; namque omnia nosse potestis,
  Æquoreas nunquam quum subeatis aquas;
Persephonen miseræ natam monstrate parenti.
  Dixerat; huic Helice talia verba refert:
Crimine nox vacua est: Solem de virgine rapta
  Consule, qui late facta diurna videt.
Sol aditus: Quam quæris, ait, ne vana labores,
  Nupta Jovis fratri tertia regna tenet.
Questa diu secum, sic est affata Tonantem;
  Maximaque in vultu signa dolentis erant:

le fait ; ta frayeur maternelle a rendu vains mes bienfaits ; ton fils sera mortel ; mais le premier des hommes, il labourera, il sèmera, et moissonnera sur la terre cultivée le prix de son travail. »

Elle dit ; et sortant elle s'environne d'un nuage, arrive à ses dragons, et disparaît sur son char ailé. Elle laisse Sunium exposé aux tempêtes, et le port assuré du Pyrée, et les côtes qui s'étendent sur la droite. De là elle entre dans la mer Égée, d'où elle aperçoit toutes les Cyclades ; elle parcourt l'avide mer d'Ionie et la mer d'Icare ; elle va par les villes d'Asie gagner le long Hellespont ; errante dans les airs, elle suit des routes diverses. Elle voit sous ses pieds tantôt les Arabes qui recueillent l'encens, tantôt les Indiens, ici la Libye, là Meroë et les terres arides. Puis elle marche vers les régions hespériennes, vers le Rhin, et le Rhône, et le Pô, et toi, Tibre, père futur d'une onde qu'illustrera la puissance.

Où me laissé-je emporter? c'est une tâche immense qu'énumérer les contrées parcourues par Cérès ; il n'est pas un lieu dans l'univers qui ait échappé à sa recherche. Elle poursuit sa course même dans les cieux ; elle interroge les astres les plus voisins du pôle glacé qui jamais ne se plongent dans les eaux de la mer : « Étoiles d'Arcadie, vous qui pouvez tout savoir, puisque jamais vous ne descendez sous les ondes, dites à une mère malheureuse où est sa fille Persephone. » Elle dit ; Hélice lui répond en ces mots : « La nuit n'est point complice du crime ; interroge sur l'enlèvement de ta fille le Soleil qui voit au loin tout ce qui se fait à la lumière du jour. » Le soleil à son tour répond à sa question : « Plus de vaines fatigues ; celle que tu cherches est devenue l'épouse du frère de Jupiter, et partage avec lui le troi-

Si memor es, de quo mihi sit Proserpina nata,
  Dimidium curæ debet habere tuæ.
Orbe pererrato, sola est injuria facti
  Cognita : commissi præmia raptor habet.
At neque Persephone digna est prædone marito;
  Nec gener hoc nobis more parandus erat.
Quid gravius victore Gyge captiva tulissem,
  Quam nunc, te cœli sceptra tenente, tuli?
Verum impune ferat; nos hæc patiamur inultæ :
  Reddat, et emendet facta priora novis.

Jupiter hanc lenit, factumque excusat amore;
  Nec gener est nobis ille pudendus, ait.
Non ego nobilior : posita est mihi regia cœlo;
  Possidet alter aquas; alter inane chaos.
Sed si forte tibi non est mutabile pectus,
  Statque semel juncti rumpere vincla tori,
Hoc quoque tentemus, siquidem jejuna remansit;
  Sin minus, inferni conjugis uxor erit.

Tartara jussus adit sumtis Caducifer alis;
  Speque redit citius, visaque certa refert.
Rapta tribus, dixit, solvit jejunia granis,
  Punica quæ lento cortice poma tegunt.
Haud secus indoluit, quam si modo rapta fuisset
  Mœsta parens; longa vixque refecta mora est.
Atque ita, Nec nobis cœlum est habitabile, dixit;

sième royaume. » Cérès gémit long-temps à part soi ; tournant enfin vers le dieu qui lance la foudre son visage altéré par la douleur, elle lui dit : « Si tu n'as pas oublié qui fut père de ma Proserpine, tu dois être de moitié dans ma peine. Après avoir parcouru l'univers, je n'ai rien appris que mon injure ; le ravisseur jouit du prix de son crime. Mais Persephone n'a pas mérité d'avoir un brigand pour époux, et ce n'est pas ainsi qu'un gendre devait obtenir notre alliance. Si Gygès eût vaincu, captive entre ses mains aurais-je subi un plus cruel affront que celui que j'endure, toi tenant le sceptre des cieux ? Mais que le coupable reste impuni ; je ne demande point vengeance : qu'il me rende ma fille, et répare ainsi ses torts passés. »

Jupiter apaise la déesse, il excuse le fait par l'amour qui l'a causé. « Nous n'avons pas d'ailleurs à rougir d'un tel gendre, dit-il. Je ne lui suis point supérieur en noblesse ; mon palais est au ciel ; un de mes frères possède l'empire des eaux ; le troisième a en partage le stérile chaos. Que si pourtant ta résolution ne peut fléchir, si, quoique même lit les ait reçus, tu persistes à rompre les liens qui les unissent, nous chercherons à te satisfaire, pourvu que ta fille soit restée à jeun ; sinon, elle restera liée à son infernal époux. »

Sur l'ordre de Jupiter, le dieu porteur du caducée prend ses ailes et descend au Tartare ; il revient avec une rapidité imprévue, et rapporte ce qu'il a vu. « Proserpine, dit-il, a rompu son jeûne avec trois grains du fruit carthaginois que recouvre une écorce flexible. » Cette nouvelle fut aussi douloureuse pour la mère désolée, que si sa fille lui eût été à l'instant ravie ; il lui fallut un long temps pour se remettre. Et elle dit : « Je ne puis

Tænaria recipi me quoque valle jube.
Et factura fuit; pactus nisi Jupiter esset,
   Bis tribus ut cœlo mensibus illa foret.
Tum demum vultusque Ceres, animumque recepit;
   Imposuitque suæ spicea serta comæ.
Largaque provenit cessatis messis in arvis;
   Et vix congestas area cepit opes.

ALBA decent Cererem; vestes Cerealibus albas
   Sumite: nunc pulli velleris usus abest.

OCCUPAT Apriles Idus cognomine Victor
   Jupiter: hac illi sunt data templa die.
Hac quoque, ni fallor, populo dignissima nostro
   Atria Libertas cœpit habere sua.

LUCE secutura tutos pete, navita, portus:
   Ventus ab occasu grandine mixtus erit.
Sit licet et fuerit, tamen hac Mutinensia Cæsar
   Grandine militia contudit arma sua.

TERTIA post Veneris quum lux surrexerit Idus,
   Pontifices forda sacra litate bove.
Forda ferens bos est, fecundaque, dicta ferendo:
   Hinc etiam fetus nomen habere putant.
Nunc gravidum pecus est; gravidæ nunc semine terræ:
   Telluri plenæ victima plena datur.
Pars cadit arce Jovis: ter denas Curia vaccas
   Accipit; et largo sparsa cruore madet.
Ast ubi visceribus vitulos rapuere ministri,
   Sectaque fumosis exta dedere focis,

plus habiter le ciel ; ordonne que l'on me reçoive dans la vallée du Ténare. » Elle y serait en effet descendue, si Jupiter ne lui eût promis que sa fille passerait au ciel six mois de l'année. Alors, enfin, Cérès reprit ses traits et ses esprits, et posa sur sa chevelure une couronne d'épis. Une abondante moisson s'éleva sur les champs négligés, et les greniers purent à peine contenir de si riches récoltes.

Le blanc sied à Cérès ; prenez des robes blanches pendant les Céréales : l'usage défend alors les vêtemens sombres.

A Jupiter Vainqueur appartiennent les ides d'avril ; c'est en ce jour qu'on lui consacra des temples. C'est aussi en ce jour, si je ne me trompe, que la divinité la plus digne de notre peuple, la Liberté, commença d'avoir ses portiques.

Le jour suivant, entre, matelot, dans un port assuré. Un vent mêlé de grêle soufflera de l'occident. Et pourtant à pareil jour, malgré ce vent et cette grêle, César, à la tête de son armée, mit en déroute les troupes rassemblées devant Modène.

Quand se lèvera le troisième jour après les ides de Vénus, pontifes, sacrifiez la vache *forda*. On appelle ainsi une vache pleine et féconde ; ce nom lui vient de *ferendo* ; de là aussi vient, dit-on, le nom de *fœtus* donné au part des animaux. Alors les troupeaux sont fécondés, alors le sein fécondé de la terre renferme la semence. A la terre pleine on offre une victime pleine. Une partie des victimes tombe au temple de Jupiter ; la Curie en reçoit trente, et est inondée d'un large ruisseau de sang. Mais dès que les prêtres ont arraché les veaux des flancs de leurs mères, et livré les entrailles coupées

Igne cremat vitulos, quæ natu maxima, Virgo;
   Luce Palis populos purget ut ille cinis.

Rege Numa, fructu non respondente labori,
   Irrita decepti vota colentis erant.
Nam modo siccus erat gelidis aquilonibus annus;
   Nunc ager assidua luxuriabat aqua.
Sæpe Ceres primis dominum fallebat in herbis;
   Et levis obsesso stabat avena solo:
Et pecus ante diem partus edebat acerbos;
   Agnaque nascendo sæpe necabat ovem.
Silva vetus, nullaque diu violata securi,
   Stabat, Mænalio sacra relicta Deo.
Ille dabat tacitis animo responsa quieto
   Noctibus: hic geminas rex Numa mactat oves.
Prima cadit Fauno; leni cadit altera Somno:
   Sternitur in duro vellus utrumque solo.
Bis caput intonsum fontana spargitur unda;
   Bis sua faginea tempora fronde premit.
Usus abest Veneris: nec fas animalia mensis
   Ponere; nec digitis annulus ullus inest.
Veste rudi tectus supra nova vellera corpus
   Ponit, adorato per sua verba Deo.
Interea placidam redimita papavere frontem
   Nox venit, et secum somnia nigra trahit.
Faunus adest; oviumque premens pede vellera duro,
   Edidit a dextro talia dicta toro:
Morte boum tibi, rex, Tellus placanda duarum;
   Det sacris animas una necata duas.
Excutitur terrore quies; Numa visa revolvit;

aux brasiers fumans, une vierge, la plus âgée d'entre les vestales, brûle les veaux, pour que leur cendre purifie le peuple au jour de Palès.

Sous le règne de Numa, les produits ne répondaient pas au travail, et le cultivateur, déçu, ne formait que des vœux inutiles ; car tantôt venait une année de sècheresse apportée par les aquilons glacés, tantôt la campagne demeurait inondée par des pluies continuelles. Souvent l'herbe, dès sa naissance, trompait l'espoir du laboureur, et la folle-avoine croissait sur le sol remué ; le bétail produisait avant terme des fruits avortés, et la brebis mourait souvent en donnant naissance à l'agneau. Il était une antique forêt, que la hache n'avait jamais violée, lieu sacré réservé au dieu du Ménale. Ce dieu, pendant le silence des nuits, y rendait ses oracles aux esprits endormis ; là, le roi Numa immole deux brebis, la première à Faune, la seconde au doux Sommeil. Il étend leurs toisons sur la terre durcie. Deux fois il répand sur sa tête chevelue l'eau de la fontaine ; deux fois il ceint ses tempes d'une couronne de hêtre. Il s'est abstenu des plaisirs de Vénus ; la chair d'aucun animal n'a été servie sur sa table ; ses doigts sont sans anneau. Couvert d'un vêtement grossier, il s'étend sur les toisons nouvelles, après avoir adressé au dieu les prières sacramentelles. Cependant la Nuit paisible arrive, le front ceint de pavots, traînant à sa suite les Songes noirs. Faune paraît, et de son rude pied pressant les peaux de brebis, parle en ces termes à la droite du lit : « Roi, il te faut apaiser Tellus par la mort de deux vaches ; qu'une seule victime donne au sacrifice deux existences. » La terreur chasse le sommeil ; Numa se rappelle son rêve, et réfléchit aux aveugles obscurités de l'ordre qu'il

Et secum ambages cæcaque jussa refert.
Expedit errantem nemori gratissima conjux;
  Et dixit, Gravidæ posceris exta bovis.
Exta bovis dantur gravidæ : felicior annus
  Provenit, et fructum terra pecusque ferunt.
HANC quondam Cytherea diem properantius ire
  Jussit, et ætherios præcipitavit equos;
Ut titulum imperii quam primum luce sequenti
  Augusto juveni prospera bella darent.
SED jam præteritas quartus tibi Lucifer Idus
  Respicit : hac Hyades Dorida nocte petunt.

TERTIA post Hyadas quum lux erit orta remotas,
  Carcere partitos circus habebit equos.
Cur igitur missæ vinctis ardentia tædis
  Terga ferant vulpes, causa docenda mihi.

FRIGIDA Carseolis, nec olivis apta ferendis,
  Terra, sed ad segetes ingeniosus ager.
Hac ego Pelignos, natalia rura, petebam,
  Parva, sed assiduis humida semper aquis.
Hospitis antiqui solitas intravimus ædes :
  Demserat emeritis jam juga Phœbus equis.
Is mihi multa quidem, sed et hæc narrare solebat,
  Unde meum præsens instrueretur opus :
Hoc, ait, in campo, campumque ostendit, habebat
  Rus breve cum duro parca colona viro.
Ille suam peragebat humum : sive usus aratri,
  Sive cavæ falcis, sive bidentis erat.
Hæc modo verrebat stantem tibicine villam;

a reçu. Son épouse chérie le rencontre errant dans la forêt, et lui dit : « Ce sont les entrailles d'une vache pleine qu'on te demande. » Il offre les entrailles d'une vache pleine; vient alors une année plus heureuse, et la terre et le bétail portent des fruits.

Autrefois Cythérée donna l'ordre à ce jour de s'écouler plus vite et précipita la course des chevaux célestes, afin que la victoire du lendemain donnât plus tôt au jeune Auguste le titre d'empereur.

Mais déjà quatre fois l'étoile du matin a regardé les ides passées ; c'est cette nuit que les Hyades se plongent dans le sein de Doris.

Quand sera levé le troisième jour après la disparition des Hyades, les coursiers que retiennent également les barrières, s'élanceront dans le cirque. Maintenant je vais raconter pourquoi sont lancés des renards au dos desquels sont attachées des torches ardentes.

Carséole est une terre froide, peu favorable à l'olivier, mais disposée à rendre d'abondantes moissons. Je me rendais par là à Péligne, mon pays natal ; c'est une campagne de peu d'étendue, où les eaux entretiennent une humidité constante. J'entrai dans la demeure connue d'un hôte ancien ; déjà Phébus détachait du joug ses coursiers arrivés au but. Mon hôte racontait d'ordinaire, et parmi beaucoup d'autres récits venaient ceux notamment qui forment la matière de mon présent ouvrage. « Dans cette campagne, me dit-il, et il montrait la campagne, une villageoise économe partageait un champ modeste avec son robuste époux. Celui-ci travaillait la terre, employant tour-à-tour la charrue, ou la faux recourbée, ou la houe. Sa femme, tantôt balayait sa ca-

Nunc matris plumis ova fovenda dabat :
Aut virides malvas, aut fungos colligit albos ;
 Aut humilem grato calfacit igne focum.
Et tamen assiduis exercet brachia telis ;
 Adversumque minas frigoris arma parat.
Filius hujus erat primo lascivus in ævo ;
 Addideratque annos ad duo lustra duos.
Is capit extremi vulpem sub valle salicti :
 Abstulerat multas illa cohortis aves ;
Captivam stipula fœnoque involvit, et ignes
 Admovet : urentes effugit illa manus.
Qua fugit, incendit vestitos messibus agros ;
 Damnosis vires ignibus aura dabat.
Factum abiit; monumenta manent : nam vivere captam
 Nunc quoque lex vulpem Carseolana vetat.
Utque luat pœnas gens hæc, Cerealibus ardet ;
 Quoque modo segetes perdidit, ipsa perit.

Postera quum veniet, terras visura patentes,
 Memnonis in roseis lutea mater equis :
E duce lanigeri pecoris, qui prodidit Hellen,
 Sol abit : egresso victima major adest.
Vacca sit, an taurus, non est cognoscere promtum :
 Pars prior apparet, posteriora latent.
Seu tamen est taurus, sive est hoc femina signum,
 Junone invita munus amoris habet.

Nox abiit, oriturque Aurora : Palilia poscor.
 Non poscor frustra, si favet alma Pales ;
Alma Pales, faveas pastoria sacra canenti,
 Prosequor officio si tua festa pio.

bane soutenue par des étais, tantôt donnait à couver des œufs à la mère emplumée ; elle cueillait des mauves vertes, ou des champignons blancs ; elle attisait dans son humble foyer la flamme bienfaisante ; et cependant elle exerçait sans cesse ses bras à faire de la toile, et préparait une protection contre les menaces du froid. Son fils avait la gaîté folâtre du jeune âge ; à deux lustres il avait ajouté deux années. Il prend sous des saules, au fond de la vallée, un renard qui avait enlevé bien des volatiles à leur basse-cour ; il enveloppe son captif de chaume et de foin, et en approche du feu ; le renard échappe à ses mains brûlantes, et dans sa fuite embrase les campagnes couvertes de moissons ; le vent donnait des forces aux flammes ruineuses. Le fait est passé, mais il en reste des monumens ; car une loi défend à Carséole de laisser vivre un renard qui est pris. En expiation de l'incendie, on brûle dans les Céréales un animal de cette espèce ; et le renard périt ainsi, comme il a détruit les moissons.

Le lendemain, lorsque la pâle mère de Memnon viendra sur ses coursiers couleur de rose visiter le vaste univers, le soleil quittera le chef du troupeau laineux, le bélier qui trahit Hellé ; alors se présente à lui une plus grande victime. Qu'elle soit vache ou taureau, c'est ce qu'il n'est pas facile de décider ; car elle se montre de face ; les parties postérieures demeurent cachées. Quoi qu'il en soit, vache ou taureau, ce signe est, malgré Junon, une récompense de l'amour.

La Nuit a disparu, et l'Aurore se lève : on me demande les Palilies ; on ne me les demandera pas en vain, si la bienfaisante Palès vient à mon aide. Bienfaisante Palès, inspire le poète qui va chanter tes fêtes pastorales, s'il

Certe ego de vitulo cinerem, stipulasque fabales,
  Sæpe tuli plena, februa casta, manu.
Certe ego transilui positas ter in ordine flammas;
  Virgaque roratas laurea misit aquas.
Mota Dea est; operique favet: Navalibus exi,
  Puppis; habent ventos jam tua vela suos.

I, PETE virginea, populus, suffimen ab ara;
  Vesta dabit: Vestæ munere purus eris.
Sanguis equi suffimen erit, vitulique favilla;
  Tertia res, duræ culmen inane fabæ.
Pastor, oves saturas ad prima crepuscula lustra:
  Unda prius spargat, virgaque verrat humum.
Frondibus et fixis decorentur ovilia ramis;
  Et tegat ornatas longa corona fores.
Cærulei fiant vivo de sulphure fumi,
  Tactaque fumanti sulphure balet ovis.
Ure mares oleas, tædamque, herbasque Sabinas;
  Et crepet in mediis laurus adusta focis.
Libaque de milio milii fiscella sequatur;
  Rustica præcipue est hoc Dea læta cibo.
Adde dapes mulctramque suas; dapibusque resectis,
  Silvicolam tepido lacte precare Palen.

CONSULE, dic, pecori pariter pecorisque magistris;
  Effugiat stabulis noxa repulsa meis.
Sive sacra pavi, sedive sub arbore sacra;
  Pabulaque in bustis inscia carpsit ovis;
Seu nemus intravi vetitum, nostrisve fugatæ
  Sunt oculis Nymphæ, semicaperve Deus:

a toujours montré pour ton culte un zèle religieux. Certes j'ai souvent porté à pleines mains les cendres de veau, et les tiges de fèves, chastes offrandes d'expiation. Certes j'ai sauté par dessus les flammes disposées sur trois rangées ; j'ai secoué l'eau lustrale de la branche de laurier. La déesse se laisse toucher, elle favorise mon œuvre : à la mer, mon vaisseau ; déjà tes voiles s'enflent au souffle des vents.

Peuple, va chercher tes offrandes expiatoires à l'autel virginal ; Vesta les donnera : tu te purifieras par les dons de Vesta ; ces offrandes seront le sang de cheval, la cendre de veau, et enfin la tige inutile de la fève desséchée. Berger, purifie tes brebis repues aux premières lueurs du crépuscule ; que l'eau d'abord arrose la terre, et qu'une branche la balaie. Que les bergeries soient ornées de feuillages et de rameaux ; qu'une longue couronne encadre et décore les portes ; que le soufre inflammable jette ses feux azurés, et que l'odeur de sa fumée provoque les bêlemens de la brebis. Brûle le romarin, la torche résineuse, et les herbes sabines ; que le laurier embrasé pétille au milieu du foyer. Que le panier de millet accompagne les gâteaux de millet : c'est là le mets favori de la champêtre déesse ; ajoute le lait écumeux dans le vase même qui l'a reçu ; et quand le repas est prêt, invoque Palès, amie des bois, en lui offrant du lait chaud.

« Protège à la fois, je t'en conjure, le bétail et les maîtres du bétail ; éloigne les accidens de mes étables. Si j'ai conduit mes troupeaux dans un pâturage sacré ; si je me suis assis sous un arbre sacré ; si mes brebis ignorantes ont brouté l'herbe des tombeaux ; si je suis entré dans un bois défendu, et que ma présence ait mis

Seu mea falx ramo lucum spoliavit opaco,
　Unde data est ægræ fiscina frondis ovi :
Da veniam culpæ : nec, dum degrandinat, obsit
　Agresti fano supposuisse pecus.
Nec noceat turbasse lacus : ignoscite, Nymphæ,
　Mota quod obscuras ungula fecit aquas.
Tu, Dea, pro nobis Fontes fontanaque placa
　Numina ; tu sparsos per nemus omne Deos.
Nec Dryadas, nec nos videamus labra Dianæ ;
　Nec Faunum, medio quum premit arva die.
Pelle procul morbos : valeant hominesque gregesque,
　Et valeant vigiles, provida turba, canes.
Neve minus multas redigam, quam mane fuerunt;
　Neve gemam referens vellera rapta lupo.
Absit iniqua fames ; herbæ frondesque supersint ;
　Quæque lavent artus, quæque bibantur, aquæ.
Ubera plena premam ; referat mihi caseus æra ;
　Dentque viam liquido vimina rara sero.
Sitque salax aries ; conceptaque semina conjux
　Reddat : et in stabulo multa sit agna meo.
Lanaque proveniat, nullas læsura puellas,
　Mollis, et ad teneras quamlibet apta manus.
Quæ precor, eveniant ; et nos faciamus ad annum
　Pastorum dominæ grandia liba Pali.

His Dea placanda est : hæc tu conversus ad ortus
　Dic ter, et in vivo perlue rore manus.
Tum licet, apposita, veluti cratere, camella,
　Lac niveum potes, purpureamque sapam :

en fuite les nymphes et le dieu aux pieds de chèvre ; si ma serpe a dépouillé un bois sacré de quelques rameaux touffus, destinés à fournir à ma brebis malade une corbeille de feuillage ; j'implore le pardon de ma faute. Ai-je mis mon troupeau à l'abri de la grêle sous quelque temple champêtre, ai-je troublé les lacs, que l'on ne m'en fasse pas un crime ; nymphes, pardon, si mes troupeaux ont sous leurs pas terni la limpidité des eaux. Et toi, déesse, apaise les fontaines et les dieux des fontaines, apaise les dieux épars dans les bois. Puissions-nous ne point voir les Dryades, ni les bains de Diane, ni Faune quand il dort dans la campagne au milieu du jour ! Éloigne les maladies ; conserve la santé aux hommes et aux troupeaux, conserve-la aux chiens vigilans, troupe prudente. Fais que le soir je ramène au bercail tout ce qui s'y trouvait le matin, et que je ne rapporte pas en gémissant des toisons arrachées aux loups. Loin de nous la cruelle faim ; qu'il y ait abondance d'herbes et de feuillage, et d'eaux bonnes à boire, bonnes à laver le corps. Que ma main presse des mamelles toujours pleines, que mon fromage se vende bien, et que les clayons peu serrés laissent s'écouler le petit-lait. Que le bélier soit ardent, que sa femelle soit féconde ; que de nombreux agneaux remplissent mes étables. Que mes troupeaux me donnent une laine douce, qui ne blesse point les jeunes filles et puisse passer par des mains délicates. Que mes vœux soient exaucés ; et chaque année nous offrirons de grands gâteaux à Palès, la déesse des bergers. »

C'est ainsi qu'il faut se rendre la déesse favorable ; tourné vers l'orient, prononce trois fois cette prière, et purifie tes mains dans une eau vive. Alors, dans une gamelle, au lieu de coupe, bois le lait blanc comme la

Moxque per ardentes stipulæ crepitantis acervos
  Trajicias celeri strenua membra pede.
Expositus mos est : moris mihi restat origo.
  Turba facit dubium, cœptaque nostra tenet.
Omnia purgat edax ignis, vitiumque metallis
  Excoquit : idcirco cum duce purgat oves.
An, quia cunctarum contraria semina rerum
  Sunt duo discordes, ignis et unda, Dii,
Junxerunt elementa patres; aptumque putarunt
  Ignibus et sparsa tangere corpus aqua?
An, quod in his vitæ causa est; hæc perdidit exsul;
  His nova fit conjux : hæc duo magna putant?
Vix equidem credo : sunt qui Phaethonta referri
  Credant, et nimias Deucalionis aquas.
Pars quoque, quum saxis pastores saxa feribant,
  Scintillam subito prosiluisse ferunt :
Prima quidem periit; stipulis excepta secunda est :
  Hoc argumenti flamma Palilis habet.
An magis hunc morem pietas Æneia fecit,
  Innocuum victo cui dedit ignis iter?
Hoc tamen est vero propius, quum condita Roma est,
  Transferri jussos in nova tecta Lares :
Mutantesque domum tectis agrestibus, ignem
  Et cessaturæ supposuisse casæ ;
Per flammas saluisse pecus, saluisse colonos;
  Quod fit natali nunc quoque, Roma, tuo.

Ipse locus causas vati facit : urbis origo

neige, et le vin chaud empourpré. Ensuite expose aux flammes tes membres vigoureux, en passant d'un pied léger à travers les amas embrasés de la paille qui pétille. Tel est l'usage consacré ; il me reste à en exposer les origines. Mais elles se présentent en foule, et leur multitude engendre le doute et me tient en suspens. Le feu dévorant purge tout ; il épure les métaux : c'est pour cela qu'il purifie le troupeau avec le berger. Ou bien, comme il y a deux principes contraires de toutes choses, le feu et l'eau, dieux ennemis, nos pères ont réuni ces élémens, et jugé convenable de livrer le corps au contact des flammes et de l'eau. Ou encore, c'est que les principes de vie sont dans ces élémens : l'exilé perd le feu et l'eau ; le feu et l'eau font la nouvelle épouse? a-t-on considéré leur importance ? J'ai peine à le croire ; mais d'autres voient dans ces cérémonies un souvenir de Phaéthon et du déluge de Deucalion. D'autres encore racontent que des bergers frappant cailloux contre cailloux, en firent tout à coup jaillir une étincelle ; la première périt, mais la seconde tomba sur la paille, qu'elle enflamma. Telle serait l'explication de l'emploi des flammes dans les Palilies. Ou plutôt, cet usage ne serait-il pas dû à la piété d'Énée, auquel les flammes inoffensives livrèrent passage après la victoire des Grecs? Voici pourtant encore une origine qui se rapproche plus de la vérité : quand Rome fut bâtie, l'ordre fut donné de porter les dieux Lares à leurs nouveaux foyers. Alors les émigrans mirent le feu à leurs toits agrestes et aux cabanes qu'ils abandonnaient ; et troupeaux et colons sautèrent à travers les flammes. C'est ce qui se fait encore aujourd'hui au jour natal de Rome.

Ici un autre sujet se présente au poète : la fondation

Venit : ades factis, magne Quirine, tuis.
Jam luerat poenas frater Numitoris ; et omne
 Pastorum gemino sub duce vulgus erat.
Contrahere agrestes, et moenia ponere utrique
 Convenit : ambigitur, moenia ponat uter.
Nil opus est, dixit, certamine, Romulus, ullo,
 Magna fides avium est : experiamur aves.
Res placet : alter init nemorosi saxa Palati ;
 Alter Aventinum mane cacumen adit.
Sex Remus ; hic volucres bis sex videt ordine : pacto
 Statur ; et arbitrium Romulus urbis habet.
Apta dies legitur, qua moenia signet aratro.
 Sacra Palis suberant : inde movetur opus.
Fossa fit ad solidum ; fruges jaciuntur in ima ;
 Et de vicino terra petita solo.
Fossa repletur humo, plenaeque imponitur ara ;
 Et novus accenso finditur igne focus.
Inde premens stivam designat moenia sulco :
 Alba jugum niveo cum bove vacca tulit.
Vox fuit haec regis : Condenti, Jupiter, urbem,
 Et genitor Mavors, Vestaque mater, ades ;
Quosque pium est adhibere Deos, advertite cuncti :
 Auspicibus vobis hoc mihi surgat opus !
Longa sit huic aetas, dominaeque potentia terrae ;
 Sitque sub hac oriens occiduusque dies.

ILLE precabatur : tonitru dedit omina laevo
 Jupiter ; et laevo fulmina missa polo.
Augurio laeti jaciunt fundamina cives ;
 Et novus exiguo tempore murus erat.

de Rome; je t'invoque, grand Quirinus, car je vais chanter tes exploits. Déjà le frère de Numitor avait subi la peine de ses crimes; deux chefs tenaient sous leur loi tout le peuple des pasteurs. Les deux frères conviennent de réunir ces hommes sauvages et de poser les remparts d'une ville; mais lequel des deux posera ces remparts? « Point de débat entre nous, dit Romulus; nous avons grande confiance aux oiseaux : consultons les oiseaux. » La proposition est acceptée; l'un monte sur les rochers du Palatin couvert de bois, l'autre va le matin sur le sommet de l'Aventin. Rémus voit six oiseaux, son frère en voit douze de suite; le pacte est exécuté, et la fondation de la ville est laissée à la volonté de Romulus. Il fait choix d'un jour convenable pour tracer les remparts à la charrue. C'était la fête de Palès; on commence l'ouvrage, on creuse une fosse profonde, on jette au fond des fruits, on la remplit de terre prise dans un lieu voisin; sur cette fosse comblée on élève l'autel; et le foyer nouveau se fend à l'ardeur de la flamme. Alors, pressant le manche de la charrue, Romulus trace les remparts avec le soc; une vache blanche est attelée au joug avec un bœuf blanc comme la neige. Le roi prononce ces paroles : « Jupiter, et toi, Mars, mon père, et toi, mère Vesta, aidez-moi à fonder ma ville; et vous tous, soyez-moi en aide, dieux que la piété doit invoquer; que mon ouvrage s'élève sous vos auspices ! que sa durée soit longue, que sa puissance domine la terre; que l'orient et l'occident fléchissent sous sa loi.

Ainsi priait-il : Jupiter répond par un présage favorable; à gauche gronde son tonnerre, à gauche l'éclair sillonne les cieux. Les citoyens que cet augure a remplis de joie, jettent les fondemens, et bientôt une muraille

Hoc Celer urget opus, quem Romulus ipse vocarat;
  Sintque, Celer, curæ, dixerat, ista tuæ:
Neve-quis aut muros, aut factam vomere fossam
  Transeat; audentem talia dede neci.
Quod Remus ignorans, humiles contemnere muros
  Cœpit; et, His populus, dicere, tutus erit?
Nec mora, transiluit : rutro Celer occupat ausum.
  Ille premit duram sanguinolentus humum.
Hæc ubi rex didicit, lacrymas introrsus obortas
  Devorat, et clausum pectore vulnus habet.
Flere palam non vult, exemplaque fortia servat;
  Sicque meos muros transeat hostis, ait.
Dat tamen exsequias : nec jam suspendere fletum
  Sustinet; et pietas dissimulata patet.
Osculaque applicuit posito suprema feretro;
  Atque ait : Invito frater ademte, vale.
Arsurosque artus unxit; fecere, quod ille,
  Faustulus et mœstas Acca soluta comas.
Tum juvenem nondum facti flevere Quirites;
  Ultima plorato subdita flamma rogo.
Urbs oritur, quis tunc hoc ulli credere posset?
  Victorem terris impositura pedem.
Cuncta regas; et sis magno sub Cæsare semper;
  Sæpe etiam plures nominis hujus habe:
Et quoties steteris domito sublimis in orbe,
  Omnia sint humeris inferiora tuis.

DICTA Pales nobis : idem Vinalia dicam :
  Una tamen media est inter utramque dies.
NUMINA vulgares Veneris celebrate puellæ:
  Multa professarum quæstibus apta Venus.

neuve s'élève. Celer presse les travaux ; Celer, que Romulus lui-même a préposé à ce soin : « Veille, lui a-t-il dit, à ce que personne ne franchisse les murs, ou le sillon creusé par la charrue; mort à celui qui l'oserait ! » Rémus, ignorant cet ordre, se prend à mépriser les murs encore peu élevés : « Ce sera pour le peuple une sûre défense, » dit-il; et à l'instant il saute par dessus. Celer lève sa bêche, et frappe l'imprudent, qui tombe sanglant sur la terre. A cette nouvelle, le roi dévore ses larmes près de lui échapper, et renferme sa douleur dans son sein. Il ne veut pas pleurer en public, il veut donner l'exemple de la force d'âme : « Que l'ennemi, dit-il, passe ainsi nos murailles. » Cependant il rend à son frère les honneurs funèbres ; bientôt il ne peut plus retenir ses larmes, et laisse éclater la tendresse qu'il a voulu cacher. Il donne au cercueil les derniers baisers, et s'écrie : « Adieu, frère, toi que la mort a frappé malgré moi ! » Il parfume le corps que le bûcher réclame ; la triste Acca, les cheveux épars, le seconde avec Faustulus. Alors ceux qui plus tard devaient être les Quirites, pleurent le jeune homme, et la flamme dévore le bûcher arrosé de larmes. La ville naît, alors qui l'aurait cru ? la ville qui devait tenir l'univers sous son pied vainqueur. Gouverne le monde, ô Rome, et reste toujours soumise au grand César ; que ce nom se multiplie dans ton sein ; et tant que tu lèveras la tête sur l'univers dompté, qu'aucune nation n'élève sa taille au niveau de tes épaules.

J'ai chanté Palès; je chanterai les Vinales : un jour pourtant sépare les deux fêtes.

Courtisanes, à vous de célébrer la puissance de Vénus ; Vénus peut enrichir celles qui exercent l'art infini

Poscite ture dato formam, populique favorem;
　Poscite blanditias, dignaque verba joco:
Cumque sua dominæ date grata sisymbria myrto,
　Textaque composita juncea vincla rosa.
Templa frequentari Collinæ proxima portæ
　Nunc decet: a Siculo nomina colle tenent.
Utque Syracusas Arethusidas abstulit armis
　Claudius, et bello te quoque cepit, Eryx:
Carmine vivacis Venus est translata Sibyllæ;
　Inque suæ stirpis maluit urbe coli.

Cur igitur Veneris festum Vinalia dicant,
　Quæritis, et quare sit Jovis ista dies?
Turnus, an Æneas Latiæ gener esset Amatæ,
　Bellum erat: Etruscas Turnus adoptat opes.
Clarus erat, sumtisque ferox Mezentius armis;
　Et vel equo magnus, vel pede major erat.
Quem Rutuli Turnusque suis adsciscere tentant
　Partibus: hæc contra dux ita Tuscus ait:
Stat mihi non parvo virtus mea: vulnera testes;
　Armaque, quæ sparsi sanguine sæpe meo.
Qui petis auxilium, non grandia divide mecum
　Præmia, de lacubus proxima musta tuis.
Nulla mora est operæ: vestrum dare; vincere nostrum est.
　Quam velit Æneas ista negata mihi!
Annuerant Rutuli. Mezentius induit arma:
　Induit Æneas; alloquiturque Jovem:
Hostica Tyrrheno vota est vindemia regi,
　Jupiter, e Latio palmite musta feras.
Vota valent meliora: cadit Mezentius ingens,
　Atque indignanti pectore plangit humum.

des voluptés. Offrez de l'encens à la déesse, et demandez la beauté et la faveur du peuple ; demandez l'art des caresses et des paroles agaçantes. Donnez à votre reine la menthe et les myrtes qu'elle aime, et des guirlandes où le jonc aura fixé la rose. Alors il faut porter ses vœux au temple voisin de la porte Colline ; ce temple a pris son nom d'une colline sicilienne. Quand Claudius eut emporté d'assaut Syracuse qu'Aréthuse baigne, et se fut aussi rendu maître d'Éryx, l'éternelle Sibylle prononça son oracle, et Vénus fut transportée à Rome, car elle préférait être adorée dans la ville de ses enfans.

Mais vous demandez pourquoi l'on appelle Vinales la fête de Vénus, et pourquoi ce jour appartient à Jupiter ?

La guerre devait décider qui de Turnus ou d'Énée serait le gendre d'Amata, reine du Latium. Turnus recherche l'alliance des Étrusques ; Mézence était illustre, et redoutable les armes à la main, à cheval grand guerrier, à pied plus grand encore ! Turnus et les Rutules cherchent à l'attirer dans leur parti ; le roi toscan leur répond en ces termes : « Mon courage n'est pas à dédaigner ; j'en atteste mes blessures, et mes armes tant de fois teintes de mon sang : cependant je ne mettrai pas un trop haut prix au secours que tu me demandes, je ne veux que les premiers vins de tes cuves. Point de délai ; à vous de donner, à nous de vaincre. Celle qu'Énée prétend épouser, m'a été refusée ! » Les Rutules acceptent ces conditions. Mézence revêt son armure ; Énée revêt la sienne et invoque Jupiter : « La vendange ennemie est promise au roi de Toscane ; moi, Jupiter, je te promets les vins des vignes du Latium. » Le plus religieux de ces vœux est exaucé ; l'énorme Mézence tombe, et son sein indigné bat la terre. Cependant l'Automne est

Venerat Autumnus calcatis sordidus uvis :
  Redduntur merito debita vina Jovi.
Dicta dies hinc est Vinalia : Jupiter illam
  Vindicat, et festis gaudet inesse suis.
Sex ubi, quæ restant, luces Aprilis habebit ;
  In medio cursu tempora veris erunt.
Et frustra pecudem quæres Athamantidos Helles ;
  Signaque dant imbres ; exoriturque Canis.
Hac mihi Nomento Romam quum luce redirem,
  Obstitit in media candida pompa via.
Flamen in antiquæ lucum Robiginis ibat,
  Exta canis flammis, exta daturus ovis.
Protinus accessi, ritus ne nescius essem.
  Edidit hæc Flamen verba, Quirine, tuus :
Aspera Robigo, parcas Cerealibus herbis ;
  Et tremat in summa læve cacumen humo.
Tu sata sideribus cœli nutrita secundi
  Crescere, dum fiant falcibus apta, sinas.
Vis tua non levis est : quæ tu frumenta notasti,
  Mœstus in amissis illa colonus habet.
Nec venti tantum Cereri nocuere, nec imbres ;
  Nec sic marmoreo pallet adusta gelu ;
Quantum, si culmos Titan incalfacit udos.
  Tum locus est iræ, Diva timenda, tuæ.
Parce, precor, scabrasque manus a messibus aufer ;
  Neve noce cultis : posse nocere sat est.
Nec teneras segetes, sed durum contere ferrum :
  Quodque potest alios perdere, perde prior.
Utilius gladios, et tela nocentia carpes :
  Nil opus est illis : otia mundus agat.

arrivé tout barbouillé de raisins que son pied a foulés, et Jupiter en reçoit le tribut. De là ce jour prit le nom de Vinales; Jupiter le réclame, et se plaît à le compter parmi ses fêtes.

Quand viendront les six jours qui restent à Avril, la saison du printemps sera parvenue au milieu de son cours : alors on cherchera en vain le bélier d'Hellé, fille d'Athamas; les astres donnent des pluies, et le Chien céleste se lève.

A pareil jour, comme je revenais de Nomente à Rome, je rencontrai au milieu de la route une procession vêtue de blanc. Le flamine allait au bois sacré de l'antique Robigo, livrer aux flammes les entrailles d'un chien, les entrailles d'une brebis. Je m'approchai aussitôt, curieux de connaître cette cérémonie. Ton flamine, ô Quirinus, prononça ces paroles : « Apre déesse, ô Robigo, épargne les herbes de Cérès, et laisse leur tige polie se balancer sur la terre. Permets aux moissons de croître sous l'heureuse influence d'un ciel favorable, jusqu'à ce qu'elles puissent tomber sous la faux. Ta puissance est grande; les blés que tu as marqués sont perdus pour le triste cultivateur. Les vents et les pluies ne nuisent pas tant à Cérès; elle ne pâlit pas tant brûlée par une gelée de marbre, que lorsque les tiges humides s'échauffent aux rayons du soleil: c'est alors, déesse redoutable, que ta colère se manifeste. Grâce ! je te prie; ne mets point sur les moissons tes mains raboteuses; ne nuis point aux champs cultivés : qu'il te suffise de pouvoir nuire. Ronge le fer dur, au lieu des tendres blés, et détruis la première ce qui peut détruire les autres. Il vaut mieux que tu dévores les glaives et les traits nuisibles; on n'en a pas besoin : que l'univers goûte enfin le repos. Puissent

Sarcula nunc, durusque bidens, et vomer aduncus,
    Ruris opes, niteant : inquinet arma situs :
Conatusque aliquis vagina ducere ferrum,
    Adstrictum longa sentiat esse mora.
At tu ne viola Cererem ; semperque colonus
    Absenti possit solvere vota tibi.
DIXERAT : a dextra villis mantele solutis,
    Cumque meri patera turis acerra fuit.
Tura focis vinumque dedit, fibrasque bidentis,
    Turpiaque obscenæ, vidimus, exta canis.

TUM mihi, Cur detur sacris nova victima, quæris ?
    Quæsieram : causam percipe, Flamen ait.
Est canis, Icarium dicunt, quo sidere moto,
    Tosta sitit tellus, præcipiturque seges.
Pro cane sidereo canis hic imponitur aræ ;
    Et, quare pereat, nil nisi nomen habet.

QUUM Phrygis Assaraci Titania fratre relicto,
    Sustulit immenso ter jubar orbe suum :
Mille venit variis florum Dea nexa coronis ;
    Scena joci morem liberioris habet :
Exit et in Maias sacrum Florale Kalendas.
    Tunc repetam ; nunc me grandius urget opus.
Aufert Vesta diem : cognato Vesta recepta est
    Limine : sic jussi constituere patres.
Phœbus habet partem ; Vestæ pars altera cessit :
    Quod superest illis, tertius ipse tenet.
State Palatinæ laurus, prætextaque quercu
    Stet domus : æternos tres habet una Deos.

seulement briller les sarcloirs, le dur hoyau et le soc recourbé, richesses des campagnes ; que la rouille souille les armes, et que, s'efforçant de tirer le glaive du fourreau, l'homme sente qu'un long repos l'y retient attaché. Mais respecte Cérès ; et que le cultivateur puisse toujours acquitter ses vœux à ta divinité absente. »

Il dit : de la main droite il tenait un linge grossièrement tissu, et une cassolette d'encens avec une coupe de vin. Il livra aux flammes l'encens et le vin, et les entrailles d'une brebis, et même, je l'ai vu, les ignobles intestins d'une chienne obscène.

On me demande, pourquoi cette victime inusitée offerte en sacrifice ? Je l'avais demandé au flamine : « En voici la cause, me dit-il : Il est au ciel un chien nommé Icarius ; sous cet astre brûlant la terre se dessèche, et la moisson mûrit avant terme. C'est pour ce chien céleste, qu'un chien est sacrifié sur l'autel ; son nom seul l'a désigné pour victime. »

Quand l'Aurore, laissant le frère du Phrygien Assaracus, aura trois fois promené ses rayons sur le vaste univers, alors s'avancera la déesse des fleurs qu'enlacent mille guirlandes diverses, et la scène se permettra les jeux les plus libres. Mais la fête de Flore s'étend aux calendes de mai ; j'y reviendrai : quant à présent un sujet plus élevé m'appelle. Vesta réclame ce jour ; Vesta fut reçue dans un palais allié : ainsi l'avait ordonné le sénat sur la demande de César ; Phébus occupe une partie du palais, une autre partie appartient à Vesta ; César lui-même habite ce qui reste. Vivez, lauriers du Palatin ; vive à jamais ce palais couronné de chêne ! seul il renferme trois dieux éternels.

PUBLII OVIDII NASONIS

FASTORUM

LIBER V.

Quæritis, unde putem Maio data nomina mensi?
  Non satis est liquido cognita causa mihi.
Ut stat, et incertus qua sit sibi nescit eundum,
  Quum videt ex omni parte viator iter :
Sic, quia posse datur diversas reddere causas,
  Qua ferar, ignoro; copiaque ipsa nocet.
Dicite, quæ fontes Aganippidos Hippocrenes,
  Grata Medusæi signa tenetis equi.

Dissensere Deæ; quarum Polyhymnia cœpit
  Prima : silent aliæ; dictaque mente notant :

Post chaos, ut primum data sunt tria corpora mundo,
  Inque novas species omne recessit opus;
Pondere terra suo subsedit, et æquora traxit;
  At cœlum levitas in loca summa tulit.
Sol quoque cum stellis nulla gravitate retentus,
  Et vos Lunares exsiluistis equi.

FASTES

DE P. OVIDE.

LIVRE V.

L'on me demande d'où le mois de Mai a pris son nom? Je n'ai point sur cette origine d'opinion bien arrêtée. Comme le voyageur en présence de routes diverses s'arrête incertain, et ne sait laquelle il doit choisir; ainsi, en présence des origines différentes que l'on peut indiquer, je ne sais à laquelle m'attacher : leur abondance même cause mon embarras. Éclairez-moi, ô vous qui habitez les sources de l'Hippocrène, vestiges délicieux du cheval né du sang de Méduse.

Les déesses sont d'avis différens : Polymnie parle la première; les autres font silence, et recueillent attentivement ces paroles :

« Après le chaos, quand pour la première fois trois corps distincts composèrent le monde, et que toute la matière se fut divisée en espèces nouvelles, la terre se précipita en bas, emportée par son poids, et entraîna les eaux avec elle : mais le ciel fut porté par sa légèreté vers les régions supérieures; avec lui s'élancèrent le soleil et les étoiles que leur poids ne retenait point, et vous

Sed neque terra diu cœlo, nec cetera Phœbo
  Sidera cedebant : par erat omnis honos.
Sæpe aliquis solio, quod tu, Saturne, tenebas,
  Ausus de media plebe sedere Deus.
Et latus Oceano quisquam Deus advena junxit;
  Tethys et extremo sæpe recepta loco est :
Donec Honos, placidoque decens Reverentia vultu
  Corpora legitimis imposuere toris.
Hinc sata Majestas; hos est Dea censa parentes;
  Quaque die partu est edita, magna fuit.
Nec mora; consedit medio sublimis Olympo
  Aurea, purpureo conspicienda sinu.
Consedere simul Pudor, et Metus : omne videres
  Numen ad hanc cultus composuisse suos.
Protinus intravit mentes suspectus honorum :
  Fit pretium dignis; nec sibi quisque placet.
Hic status in cœlo multos permansit in annos,
  Dum senior fatis excidit arce Deus.
Terra feros partus, immania monstra, Gigantas
  Edidit, ausuros in Jovis ire domum.
Mille manus illis dedit, et pro cruribus angues;
  Atque ait : In magnos arma movete Deos.
Exstruere hi montes ad sidera summa parabant,
  Et magnum bello sollicitare Jovem.
Fulmina de cœli jaculatus Jupiter arce,
  Vertit in auctores pondera vasta suos.
His bene Majestas armis defensa Deorum
  Restat ; et ex illo tempore firma manet.
Adsidet illa Jovi; Jovis est fidissima custos;
  Et præstat sine vi sceptra tremenda Jovi.

aussi, coursiers de la Lune. Mais la terre ne reconnut pas long-temps la suprématie du ciel, ni les autres astres celle de Phébus : l'égalité confondit les rangs. Souvent, ô Saturne, une divinité vulgaire osa s'asseoir sur le trône que tu occupais, un dieu étranger prit place à côté de l'Océan; souvent Téthys elle-même se trouva assise au dernier rang. Cette confusion dura jusqu'à ce que l'Honneur, et la décente Révérence au visage paisible, se soient unis par des liens légitimes. De leur union naquit la Majesté, qui gouverne le monde, et dont la grandeur date du jour même de sa naissance. Aussitôt brillant d'or et de pourpre, la tête haute, elle s'assit au milieu de l'Olympe. A ses côtés prirent place la Pudeur et la Crainte. Alors vous eussiez vu chaque divinité se composer sur son maintien. Le respect des honneurs entra dans les esprits; on estima le mérite; l'amour-propre disparut. Tel fut l'état du ciel pendant longues années, jusqu'au moment où le plus vieux des dieux fut détrôné par les destins. La Terre enfanta une race farouche, les Géans, monstres énormes dont l'audace devait s'attaquer au palais de Jupiter; elle leur donna mille bras, et, au lieu de jambes, des serpens : « Faites, « leur dit-elle, faites la guerre aux dieux puissans. » Déjà ils élevaient montagne sur montagne pour atteindre les astres, et livrer bataille au grand Jupiter; mais Jupiter lance la foudre du haut des cieux, et renverse les masses pesantes sur ceux qui les ont élevées. Ainsi triompha la Majesté, défendue par les armes des dieux, et depuis ce temps rien ne vint ébranler sa puissance. Elle est assise aux côtés de Jupiter, elle est sa plus fidèle compagne, et maintient sans efforts le sceptre dans sa main. Elle est aussi descendue sur la terre; Romulus et Numa l'ont

Venit et in terras : coluerunt Romulus illam
  Et Numa; mox alii, tempore quisque suo.
Illa patres in honore pio matresque tuetur;
  Illa comes pueris virginibusque venit;
Illa datos fasces commendat, eburque curule;
  Illa coronatis alta triumphat equis.
FINIERAT voces Polyhymnia : dicta probarunt
  Clioque, et curvæ scita Thalia lyræ.
Excipit Uranie : fecere silentia cunctæ;
  Et vox audiri nulla, nisi illa, potest :
MAGNA fuit quondam capitis reverentia cani,
  Inque suo pretio ruga senilis erat.
Martis opus juvenes, animosaque bella gerebant;
  Et pro Dîs aderant in statione suis.
Viribus illa minor, nec habendis utilis armis,
  Consilio patriæ sæpe ferebat opem :
Nec nisi post annos patuit tunc curia seros;
  Nomen et ætatis mite senatus erat.
Jura dabat populo senior : finitaque certis
  Legibus est ætas, unde petatur honos.
Et medius juvenum, non indignantibus ipsis,
  Ibat; et interior, si comes unus erat.
Verba quis auderet coram sene digna rubore
  Dicere? censuram longa senecta dabat.
Romulus hoc vidit; selectaque pectora Patres
  Dixit : ad hos urbis summa relata novæ.
Hinc sua majores posuisse vocabula Maio
  Tangor, et ætati consuluisse suæ.
Et Numitor dixisse potest; Da, Romule, mensem
  Hunc senibus; nec avum sustinuisse nepos.

honorée, et d'autres après eux, chacun suivant l'ordre des temps. Elle conserve aux pères et aux mères le respect pieux qui leur est dû; elle est la compagne des enfans et des vierges; elle donne son prestige aux faisceaux et à l'ivoire de la chaise curule; elle triomphe, élevée sur le char attelé de chevaux couronnés. »

Polymnie s'est tu; elle est applaudie par Clio, et par Thalie qui sait toucher la lyre. Uranie prend la parole; toutes les sœurs font silence, et nulle autre voix que la sienne ne se fait entendre :

« Autrefois une tête chenue inspirait un grand respect, et les rides de la vieillesse étaient en honneur. Aux jeunes gens étaient réservés les travaux de Mars, et les guerres acharnées, et la garde des dieux... La vieillesse plus faible, incapable de porter les armes, servait souvent la patrie par ses conseils; alors la Curie ne s'ouvrait pour personne avant le déclin de ses ans; et la vieillesse même donnait au sénat son doux nom. Le vieillard rendait la justice au peuple; et encore aujourd'hui l'on ne peut briguer les honneurs avant un certain âge déterminé par les lois. Avec plusieurs jeunes gens, le vieillard, sans leur faire ombrage, prenait la place du milieu; accompagné d'un seul, il prenait le côté du mur. Qui eût osé en sa présence prononcer des paroles dont on pût rougir? Le grand âge donnait droit de censure. Romulus, qui connaissait ces mœurs, donna le nom de Pères à des hommes choisis, et leur confia la haute administration de sa ville nouvelle. De là, je crois que les vieillards (*majores*) ont donné leur nom au mois de Mai, pour honorer leur âge; peut-être aussi Numitor aura-t-il engagé Romulus à leur donner ce mois, et le petit-fils

Nec leve præpositi pignus successor honoris
  Junius, a juvenum nomine dictus, habet.

Tum sic, neglectos hedera redimita capillos,
  Prima sui cœpit Calliopea chori :
Duxerat Oceanus quondam Titanida Tethyn,
  Qui terram liquidis, qua patet, ambit aquis.
Hinc sata Pleione cum cœlifero Atlante
  Jungitur, ut fama est; Pleiadasque parit.
Quarum Maia suas forma superasse sorores
  Traditur, et summo concubuisse Jovi.
Hæc enixa jugo cupressiferæ Cyllenes,
  Ætherium volucri qui pede carpit iter.
Arcades hunc, Ladonque rapax et Mænalos ingens
  Rite colunt, Luna credita terra prior.
Exsul ab Arcadiis Latios Evander in agros
  Venerat; impositos adtuleratque Deos.
Hic, ubi nunc Roma est orbis caput, arbor et herbæ,
  Et paucæ pecudes, et casa rara fuit.
Quo postquam ventum ; Consistite, præscia mater,
  Nam locus imperii rus erit istud, ait.
Et matri et vati paret Nonacrius heros ;
  Inque peregrina constitit hospes humo.
Sacraque multa quidem, sed Fauni prima bicornis
  Has docuit gentes, alipedisque Dei.
Semicaper, coleris cinctutis, Faune, Lupercis ;
  Quum lustrant celebres vellera secta vias.
At tu materno donasti nomine mensem,
  Inventor curvæ, furibus apte, fidis.

n'aura pu refuser son aïeul. Juin, le mois suivant, qui tient son nom des jeunes gens, est encore un témoignage puissant de cet honneur rendu d'abord à la vieillesse. »

Alors prend la parole la première du chœur des Muses, Calliope, dont les cheveux épars sont couronnés de lierre : « L'Océan, qui entoure de ses flots toute la terre, avait autrefois épousé Téthys, fille de Titan. Leur fille Pléione s'unit, dit-on, avec Atlas, qui porte les cieux, et donna le jour aux Pléiades. On rapporte qu'entre ces sœurs, Maïa fut la plus belle, et reçut dans son lit le grand Jupiter. Elle mit au jour, sur le sommet du Cyllène couvert de cyprès, le dieu qui d'un pied ailé fend les plaines de l'air. C'est lui qu'adorent les Arcadiens, et le rapide Ladon, et le haut Ménale, contrée que l'on croit plus ancienne que la Lune. Évandre, exilé de l'Arcadie, aborda aux champs du Latium, et sa flotte y apporta ses dieux. Ici, où maintenant s'élève Rome, capitale du monde, l'on ne voyait que des arbres, des pâturages, peu de troupeaux, peu de cabanes. Quand on fut arrivé dans ces lieux : « Arrêtez, dit la mère d'É-
« vandre, qui prévoyait l'avenir; car cette campagne sera
« le siège de l'empire. » Le héros Nonacrien obéit à la mère et à la prophétesse, et s'arrêta, hôte nouveau, sur ce sol étranger. Il introduisit chez les peuples de ces contrées le culte de plusieurs dieux, et d'abord le culte de Faune au front armé de cornes, et celui du dieu aux pieds ailés. Faune, dieu à demi bouc, les Luperques en robe retroussée, célèbrent ta fête quand leurs lanières retentissantes sifflent dans les carrefours. Mais toi, inventeur de la lyre, patron des voleurs, tu as doté ce mois du nom de ta mère; et ce n'est pas le premier

Nec pietas hæc prima tua est : septena putaris,
  Pleiadum numerum, fila dedisse lyræ.
Hæc quoque desierat; laudata est voce sororum.
  Quid faciam? turbæ pars habet omnis idem.
Gratia Pierjdum nobis æqualiter adsit;
  Nullaque laudetur plusve minusve mihi.
Ab Jove surgat opus : prima mihi nocte videnda
  Stella est in cunas officiosa Jovis.
Nascitur Oleniæ signum pluviale Capellæ :
  Illa dati, cœlum, præmia lactis habet.
Nais Amalthea, Cretæa nobilis Ida,
  Dicitur in silvis occuluisse Jovem.
Huic fuit hædorum mater formosa duorum,
  Inter Dictæos conspicienda greges,
Cornibus aeriis atque in sua terga recurvis,
  Ubere, quod nutrix posset habere Jovis.
Lac dabat illa Deo : sed fregit in arbore cornu;
  Truncaque dimidia parte decoris erat.
Sustulit hoc Nymphe; cinctumque recentibus herbis,
  Et plenum pomis ad Jovis ora tulit.
Ille, ubi res cœli tenuit, solioque paterno
  Sedit, et invicto nil Jove majus erat;
Sidera nutricem, nutricis fertile cornu,
  Fecit; quod dominæ nunc quoque nomen habet.
Præstitibus Maiæ Laribus videre Kalendæ
  Aram constitui, signaque parva Deûm.
Voverat illa quidem Curius : sed multa vetustas
  Destruit, et saxo longa senecta nocet.
Causa tamen positis fuerat cognominis illis,
  Quod præstant oculis omnia tuta suis.

gage de ta piété filiale, car si tu as donné sept cordes à la lyre, c'est que tel est le nombre des Pléiades. »

Elle se tut, et ses sœurs applaudirent. Que faire maintenant? chacune des Piérides a même autorité sur moi; que chacune d'elles m'inspire donc également, et qu'elles reçoivent de moi un égal tribut de louanges.

C'est par Jupiter que je dois commencer; la première nuit, à nos yeux paraîtra l'étoile dont les soins entourèrent le berceau de Jupiter; l'astre pluvieux de la Chèvre d'Olénie se lève : elle a sa place au ciel pour prix de son lait nourricier. La Naïade Amalthée, célèbre sur l'Ida Crétois, cacha, dit-on, Jupiter au fond des forêts. Une chèvre lui appartenait, mère de deux chevreaux, remarquable par sa beauté parmi les troupeaux de la Crète; une chèvre aux cornes élevées, recourbées sur le dos, aux mamelles dignes de la nourrice de Jupiter. Elle donnait son lait au dieu; mais elle se brisa la corne contre un arbre, et perdit ainsi la moitié de l'ornement de sa tête. La Nymphe ramassa cette corne brisée, et la présenta aux lèvres de Jupiter pleine de fruits et entourée d'herbes fraîches. Quand Jupiter se fut assis sur le trône de son père, et maître invaincu de l'empire des cieux, ne vit rien au dessus de son pouvoir, il mit au rang des astres et la nourrice, et sa corne féconde, qui porte encore aujourd'hui le nom de la Naïade.

Les calendes de Mai ont vu élever un autel aux Lares Prestides, et consacrer les petites statues de ces dieux. C'était un vœu de Curius; mais le temps détruit tout, et la pierre souffre aussi d'une longue vieillesse. Cependant ce surnom leur avait été donné parce qu'ils protègent tout par leurs regards. Ils sont aussi pour nous

Stant quoque pro nobis, et præsunt mœnibus urbis,
　Et sunt præsentes, auxiliumque ferunt.
At canis ante pedes, saxo fabricatus eodem,
　Stabat : quæ standi cum Lare causa fuit?
Servat uterque domum, domino quoque fidus uterque.
　Compita grata Deo; compita grata cani.
Exagitant et Lar, et turba Diania fures;
　Pervigilantque Lares; pervigilantque canes.
Bina gemellorum quærebam signa Deorum,
　Viribus annosæ facta caduca moræ :
Mille Lares, Geniumque ducis, qui tradidit illos,
　Urbs habet; et vici numina trina colunt.
Quo feror? Augustus mensis mihi carminis hujus
　Jus dabit : interea Diva canenda Bona est.

Est moles nativa; loco res nomina fecit :
　Appellant saxum; pars bona montis ea est.
Huic Remus institerat frustra, quo tempore fratri
　Prima Palatinæ signa dedistis aves.
Templa Patres illic, oculos exosa viriles,
　Leniter adclivi constituere jugo.
Dedicat hæc veteris Clausorum nominis hæres,
　Virgineo nullum corpore passa virum.
Livia restituit; ne non imitata maritum
　Esset, et ex omni parte secuta virum.
Postera quum roseam pulsis Hyperionis astris
　In matutinis lampada tollit equis;
Frigidus Argestes summas miscebit aristas,
　Candidaque a calabris vela dabuntur aquis.
At simul inducunt obscura crepuscula noctem,
　Pars Hyadum toto de grege nulla latet.

de vigilantes sentinelles, présidant à la garde des murs, partout présens, portant secours.

Mais à leurs pieds se tenait un chien, fait de la même pierre; pourquoi ce chien avec le Lare? L'un et l'autre gardent la maison, l'un et l'autre sont fidèles au maître. Au dieu plaisent les carrefours; au chien plaisent les carrefours. Le Lare, et la meute de Diane harcèlent les voleurs. Les Lares veillent, et les chiens veillent. Je cherchais les deux statues de ces dieux jumeaux, ruinées par la puissance des années; aujourd'hui Rome possède mille Lares, et le génie du chef qui rétablit leur culte; chaque quartier adore trois divinités. Mais où me laissé-je emporter? C'est un sujet que le mois d'Auguste me donnera le droit de traiter; en attendant, je dois chanter la Bonne-Déesse.

Il est une masse naturelle, qui a donné son nom au lieu qu'elle occupe, le Rocher; c'est une grande partie de la montagne. Là, Remus s'était en vain placé, quand les oiseaux du Palatin donnèrent un augure favorable à son frère. Sur le penchant doucement incliné de ce mont, nos pères ont bâti un temple interdit aux regards des hommes. La consécration en fut faite par l'héritière de l'antique nom des Clausus, dont jamais homme ne toucha le corps virginal. Livie l'a rétabli, pour suivre l'exemple de son époux et marcher en tout sur ses traces.

Quand la prochaine Aurore, chassant les astres de la Nuit, élèvera son flambeau de rose sur ses coursiers matineux, le souffle frais de l'Argeste inclinera la tige des blés, et les blanches voiles seront déployées pour sortir des eaux de Calabre. Mais le sombre crépuscule ramène la nuit; alors paraît tout le cortège des Hyades. Au front

Ora micant Tauri septem radiantia flammis,
  Navita quas Hyadas Graius ab imbre vocat.
Pars Bacchum nutrisse putat; pars credidit esse
  Tethyos has neptes, Oceanique senis.
Nondum stabat Atlas, humeros oneratus Olympo,
  Quum satus est forma conspiciendus Hyas.
Hunc stirps Oceani maturis nisibus Æthra
  Edidit, et Nymphas; sed prior ortus Hyas.
Dum nova lanugo, pavidos formidine cervos
  Terret; et est illi præda benigna lepus.
At postquam virtus annis adolevit, in apros
  Audet et hirsutas cominus ire leas.
Dumque petit latebras fetæ catulosque leænæ,
  Ipse fuit Libycæ præda cruenta feræ.
Mater Hyan, et Hyan mœstæ flevere sorores,
  Cervicemque polo suppositurus Atlas.
Victus uterque parens tamen est pietate sororum :
  Illa dedit cœlum : nomina fecit Hyas.

Mater, ades, florum, ludis celebranda jocosis :
  Distuleram partes mense priore tuas.
Incipis Aprili; transis in tempora Maii :
  Alter te fugiens; quum venit, alter habet.
Quum tua sint, cedantque tibi confinia mensum,
  Convenit in laudes ille vel ille tuas.
Circus in hunc exit, clamataque palma theatris :
  Hoc quoque cum circi munere carmen eat.
Ipsa doce, quæ sis; hominum sententia fallax :
  Optima tu proprii nominis auctor eris.

du Taureau étincèlent sept étoiles brillantes que le navigateur grec appelle Hyades du nom des pluies qu'elles amènent. Les uns pensent qu'elles ont nourri Bacchus; d'autres les croient petites-filles de Téthys et du vieil Océan. Atlas ne se tenait pas encore les épaules chargées de l'Olympe, quand lui naquit un fils, Hyas, remarquable par sa beauté. Il fut mis au jour à terme par Éthra, fille de l'Océan, qui fut aussi la mère des Nymphes; mais Hyas naquit le premier. Tant qu'un léger duvet couvre ses joues, il est la terreur des cerfs timides, et le lièvre lui est une proie facile. Mais quand son courage eut grandi avec les années, il ose attaquer de front les sangliers et les lionnes aux crins hérissés. Mais pendant qu'il cherche la retraite et les petits d'une lionne en gésine, il tombe lui-même sous la dent sanglante du sauvage animal de Libye. Hyas fut pleuré par sa mère, Hyas fut pleuré par ses sœurs désolées, et par Atlas dont les épaules devaient être le support des cieux. Mais la pieuse douleur des sœurs l'emporta sur celle du père et de la mère; cette piété leur ouvrit les cieux : Hyas leur donna son nom.

Tu parais, mère des fleurs, toi qui veux être célébrée par des spectacles joyeux. J'ai différé, le mois passé, à parler de tes fêtes; elles commencent en Avril, et se continuent en Mai : ces deux mois te possèdent, l'un à son déclin, l'autre à sa naissance; comme ils t'appartiennent tous deux par le point où ils se touchent, l'un et l'autre s'accordent à célébrer tes louanges. Dans celui-ci, le cirque s'ouvre encore, la palme est proclamée sur les théâtres; que mes chants aussi accompagnent les prix du cirque. Toi-même, apprends-nous qui tu es; car l'opinion des hommes est trompeuse : personne mieux que

Sic ego ; sic nostris respondit Diva rogatis ;
 Dum loquitur, vernas efflat ab ore rosas :

CHLORIS eram, quæ Flora vocor : corrupta Latino
 Nominis est nostri litera Græca sono.
Chloris eram, Nymphe campi felicis, ubi audis
 Rem fortunatis ante fuisse viris.
Quæ fuerit mihi forma, grave est narrare modestæ ;
 Sed generum matri repperit illa Deum.
Ver erat ; errabam : Zephyrus conspexit ; abibam :
 Insequitur ; fugio : fortior ille fuit ;
Et dederat fratri Boreas jus omne rapinæ,
 Ausus Erechthea præmia ferre domo.
Vim tamen emendat dando mihi nomina nuptæ ;
 Inque meo non est ulla querela toro.
Vere fruor semper : semper nitidissimus annus :
 Arbor habet frondes, pabula semper humus.
Est mihi fecundus dotalibus hortus in agris :
 Aura fovet ; liquidæ fonte rigatur aquæ.
Hunc meus implevit generoso flore maritus ;
 Atque ait : Arbitrium tu, Dea, floris habe.
Sæpe ego digestos volui numerare colores ;
 Nec potui : numero copia major erat.
Roscida quum primum foliis excussa pruina est,
 Et variæ radiis intepuere comæ,
Conveniunt pictis incinctæ vestibus Horæ ;
 Inque leves calathos munera nostra legunt.
Protinus arripiunt Charites ; nectuntque coronas,
 Sertaque cœlestes implicitura comas.

PRIMA per immensas sparsi nova semina gentes :

toi ne peut nous enseigner ton nom. J'avais dit; la déesse répond à ma demande; et sa bouche en parlant exhale un parfum de roses printanières :

« J'étais Chloris, moi qu'on appelle Flore : c'est ainsi que mon nom d'origine grecque a été corrompu par la prononciation latine. J'étais Chloris, nymphe de cette heureuse contrée, où tu as appris qu'autrefois les hommes coulèrent des jours fortunés. Parler de ma beauté, coûterait à ma modestie; mais elle valut à ma mère un dieu pour gendre. C'était au printemps; j'errais au hasard : Zéphyre m'aperçoit, je m'éloigne; il me suit, je fuis : mais il fut le plus fort. Borée avait donné à son frère droit de rapt, lui qui osa porter dans son palais la fille ravie d'Érechthée. Cependant Zéphyre répare les torts de la violence, en me donnant le nom d'épouse, et la plainte n'a point de place en mon lit conjugal. Je jouis toujours du printemps; pour moi l'année toujours est brillante d'éclat, l'arbre toujours conserve son feuillage, la terre sa verdure. Les champs que j'ai reçus en dot, renferment un jardin fertile; un vent doux le caresse, une source d'eau limpide l'arrose; mon époux l'a rempli des plus belles fleurs, et m'a dit : « Règne, déesse, sur les « fleurs. » Souvent j'ai voulu en compter les couleurs; je n'ai pu, car il n'est pas de nombre pour en exprimer la multitude. Quand la froide rosée s'est échappée des feuilles, et que les tiges variées se sont échauffées aux rayons du soleil, alors accourent ensemble les Heures aux robes peintes, remplissant de mes dons leurs légères corbeilles; aussitôt les Grâces s'en saisissent, et tressent des guirlandes et des couronnes destinées à ceindre des chevelures célestes.

« La première, j'ai répandu de nouvelles semences dans

Unius tellus ante coloris erat.
Prima Therapnæo feci de sanguine florem :
  Et manet in folio scripta querela suo.
Tu quoque nomen habes cultos, Narcisse, per hortos :
  Infelix, quod non alter et alter eras!
Quid Crocon, aut Attin referam, Cinyraque creatum;
  De quorum per me vulnere surgit honor?
Mars quoque, si nescis, per nostras editus artes :
  Jupiter hoc ut adhuc nesciat, usque precor.

SANCTA Jovem Juno, nata sine matre Minerva
  Officio doluit non eguisse suo.
Ibat, ut Oceano quereretur facta mariti;
  Restitit ad nostras fessa labore fores.
Quam simul adspexi: Quid te, Saturnia, dixi,
  Adtulit? exponit quem petat illa locum;
Addidit et causam; verbis solabar amicis :
  Non, inquit, verbis cura levanda mea est :
Si pater est factus neglecto conjugis usu
  Jupiter, et nomen solus utrumque tenet :
Cur ego desperem fieri sine conjuge mater;
  Et parere intacto, dummodo casta, viro?
Omnia tentabo latis medicamina terris;
  Et freta, Tartareos excutiamque sinus.
Vox erat in cursu : vultum dubitantis habebam :
  Nescio quid, Nymphe, posse videris, ait.
Ter volui promittere opem, ter lingua retenta est :
  Ira Jovis magni causa timoris erat.
Fer, precor, auxilium, dixit; celabitur auctor :
  Et Stygiæ numen testificatur aquæ.
Quod petis, Oleniis, inquam, mihi missus ab arvis

les vastes contrées de l'univers; auparavant la terre n'avait qu'une teinte uniforme. La première, j'ai fait une fleur du sang d'Hyacinthe, et sur les feuilles sa plainte est demeurée gravée. Et toi aussi, Narcisse, tu as un nom dans les jardins, malheureux, parce que ton image n'avait point de corps! Parlerai-je de Crocus, et d'Attis, et du fils de Cinyre, dont, grâce à moi, l'honneur est né de leurs blessures? Apprends, si tu l'ignores, que Mars aussi a dû le jour au pouvoir de mon art; et puisse Jupiter l'ignorer à jamais!

« Quand Minerve fut née sans mère, la chaste Junon vit avec douleur que Jupiter n'eût pas eu besoin de sa participation. Elle allait se plaindre à l'Océan de cet empiétement sur ses droits; elle s'arrêta fatiguée à ma porte. Dès que je l'aperçus, « Quel sujet t'amène, lui « dis-je, fille de Saturne? » Elle m'apprend alors le but et la cause de son voyage. Je la consolais par des paroles amicales : « Ce n'est point par des paroles, dit-« elle, que l'on peut adoucir mon chagrin; si Jupiter est « devenu père sans épouse, et seul, avec ce nom de père, « s'est réservé celui qui m'appartient, pourquoi n'aurais-« je point l'espoir de devenir mère sans époux, et de « concevoir sans ses embrassemens, en restant néanmoins « chaste épouse? Je veux tenter tous les secrets puissans « que m'offre l'étendue de la terre; je fouillerai les mers « et les détours même du Tartare. » La parole était sur mes lèvres; l'hésitation se peignait sur mes traits. « Nymphe, dit-elle, tu parais pouvoir quelque chose « pour moi. » Trois fois je voulus lui promettre assistance, trois fois ma langue s'arrêta, tant je craignais le courroux de Jupiter! « Prête-moi secours, dit-elle, je « t'en prie; je te promets discrétion; » et elle atteste la

Flos dabit : est hortis unicus ille meis.
Qui dabat, Hoc, dixit, sterilem quoque tange juvencam,
  Mater erit : tetigi ; nec mora, mater erat.

PROTINUS hærentem decerpsi pollice florem :
  Tangitur; et tacto concipit illa sinu;
Jamque gravis Thracen, et læva Propontidos intrat;
  Fitque potens voti; Marsque creatus erat.
Qui memor accepti per me natalis : Habeto
  Tu quoque Romulea, dixit, in urbe locum.

FORSITAN in teneris tantum mea regna coronis
  Esse putes : tangunt numen et arva meum.
Si bene floruerint segetes, erit area dives :
  Si bene floruerit vinea, Bacchus erit :
Si bene floruerint oleæ, nitidissimus annus;
  Pomaque proventum temporis hujus habent.
Flore semel læso pereunt viciæque fabæque;
  Et pereunt lentes, advena Nile, tuæ.
Vina quoque in magnis operose condita cellis
  Florent; et nebulæ dolia summa tegunt.
Mella meum munus ; volucres ego mella daturas
  Ad violam, et cytisos, et thyma cana voco.
Nos quoque idem facimus tunc, quum juvenilibus annis
  Luxuriant animi, corporaque ipsa virent.

TALIA dicentem tacitus mirabar : at illa,
  Jus tibi discendi, si qua requiris, ait.

divinité du Styx. Tes vœux, lui dis-je, seront comblés par une fleur que j'ai reçue des champs Oléniens; elle est unique dans mes jardins. Celui qui m'en fit don, me dit : « Touche avec cette fleur une génisse même sté-
« rile, et elle sera mère; » j'obéis, et déjà la génisse était mère.

« Aussitôt ma main a détaché la fleur de sa tige; Junon en est touchée, et cet attouchement a fécondé son sein. Enceinte, déjà elle parcourt la Thrace, et la gauche de la Propontide; enfin ses vœux sont accomplis : Mars avait vu le jour. Ce dieu se souvenant qu'il me doit sa naissance, m'a dit : « Et toi aussi, prends place dans la
« ville de Romulus. »

« Peut-être crois-tu que mon empire s'étend seulement aux tendres fleurs dont se parent nos têtes. Mais les campagnes aussi relèvent de ma divinité: si les blés ont bien fleuri, riche moisson; si la vigne a bien fleuri, bonne vendange; si les oliviers ont bien fleuri, année très-abondante; la récolte des fruits tient les promesses de la floraison. Que la fleur soit blessée, et les vesces et les fèves périssent, et les lentilles périssent sur les bords étrangers du Nil. Les vins aussi renfermés à grand'-peine dans les vastes celliers se couvrent de fleurs, et des nuages s'élèvent à la surface des tonneaux. Le miel est un de mes présens; c'est moi qui appelle sur la violette et le cytise, et sur les blancs bouquets du thym, la mouche qui donnera le miel. C'est encore moi qui donne à la jeunesse l'effervescence de l'esprit, et la vigueur du corps. »

Ainsi parlait la déesse, j'admirais en silence; mais elle : « Tu peux m'adresser des questions, je suis prête

Dic, Dea, ludorum, respondi, quæ sit origo.
   Vix bene desieram; rettulit illa mihi :
Cetera luxuriæ nondum instrumenta vigebant;
   Aut pecus, aut latam dives habebat humum.
Hinc etiam locuples, hinc ipsa pecunia dicta est :
   Sed jam de vetito quisque parabat opes.
Venerat in morem populi depascere saltus;
   Idque diu licuit, pœnaque nulla fuit.
Vindice servabat nullo sua publica vulgus :
   Jamque in privato pascere inertis erat.
Plebis ad ædiles delata licentia talis
   Publicios : animus defuit ante viris.
Rem populus recipit : mulctam subiere nocentes;
   Vindicibus laudi publica cura fuit :
Mulcta data est ex parte mihi; magnoque favore
   Victores ludos instituere novos.
Parte locant clivum, qui tunc erat ardua rupes :
   Utile nunc iter est; Publiciumque vocant.

Annua credideram spectacula facta; negavit;
   Addidit et dictis altera verba suis :
Nos quoque tangit honor : festis gaudemus et aris;
   Turbaque cœlestes ambitiosa sumus.
Sæpe Deos aliquis peccando fecit iniquos;
   Et pro delictis hostia blanda fuit.
Sæpe Jovem vidi, quum jam sua mittere vellet
   Fulmina, ture dato sustinuisse manum.
At si negligimur, magnis injuria pœnis
   Solvitur, et justum præterit ira modum.

à t'instruire. » Dis-moi, déesse, répondis-je, quelle est l'origine des jeux ? Je me taisais à peine; elle reprit :

« Le luxe n'avait pas encore déployé tout son appareil; la richesse consistait en troupeaux, ou en vastes domaines. De là le mot riche (*locuples*), de là même le mot argent (*pecunia*). Mais déjà chacun pour s'enrichir se permettait des usurpations coupables, chacun s'attribuait droit de pâturage dans les forêts nationales; ces abus durèrent long-temps, sans être réprimés. Le peuple n'appelait aucun défenseur à la garde du domaine public; c'était le fait d'un sot, de mener ses troupeaux sur son propre patrimoine. Cette licence fut enfin dénoncée aux Publicius, édiles du peuple; personne jusque là n'avait eu ce courage. Le peuple fut saisi de la cause; les coupables subirent l'amende; le soin de la chose publique honora ses défenseurs; l'amende me fut attribuée en partie, et, par une faveur insigne, les vainqueurs instituèrent de nouveaux jeux. Avec l'autre partie, on construisit ce chemin en pente qui n'était alors qu'une roche escarpée; c'est maintenant une bonne voie, la voie Publicienne. »

L'institution des jeux était, je crois, annuelle ? « Non, » me dit la déesse, et elle ajoute : « Nous aussi, les honneurs nous flattent; nous aimons les fêtes et les sacrifices; nous sommes aux cieux une foule ambitieuse. Souvent une faute commise excite le courroux des dieux; et une victime agréable est une expiation qui l'apaise. Souvent j'ai vu Jupiter prêt à lancer la foudre, retenir son bras, aux vapeurs de l'encens qu'on lui offre. Mais, si l'on nous néglige, des peines sévères vengent notre injure, et notre colère ne connaît plus de bornes. Vois le petit-fils de Thestius, une flamme absente dévore sa vie,

Respice Thestiaden; flammis absentibus arsit :
　Causa est, quod Phœbes ara sine igne fuit.
Respice Tantaliden; eadem Dea vela tenebat :
　Virgo est; et spretos bis tamen ulta focos.
Hippolyte infelix, velles coluisse Dionen,
　Quum consternatis diripereris equis!
Longa referre mora est correcta oblivia damnis :
　Me quoque romani praeteriere Patres.
Quid facerem, per quod fierem manifesta doloris?
　Exigerem nostræ qualia damna notæ?
Excidit officium tristi mihi : nulla tuebar
　Rura, nec in pretio fertilis hortus erat.
Lilia deciderant; violas arere videres,
　Filaque punicei languida facta croci.
Sæpe mihi Zephyrus, Dotes corrumpere noli
　Ipsa tuas, dixit : dos mihi vilis erat.
Florebant oleæ, venti nocuere protervi;
　Florebant segetes, grandine læsa Ceres :
In spe vitis erat : cœlum nigrescit ab Austris,
　Et subita frondes decutiuntur aqua.
Nec volui fieri, nec sum crudelis in ira :
　Cura repellendi sed mihi nulla fuit.
Convenere Patres; et, si bene floreat annus,
　Numinibus nostris annua festa vovent.
Adnuimus voto : consul cum consule ludos
　Postumio Lænas persoluere mihi.
QUÆRERE conabar, quare lascivia major
　His foret in ludis, liberiorque jocus :
Sed mihi succurrit, numen non esse severum,
　Aptaque deliciis munera ferre Deam.

parce que l'encens a cessé de brûler sur l'autel de Diane. Vois le descendant de Tantale, la même déesse enchaîne ses vaisseaux au rivage; c'est une vierge, et deux fois pourtant elle a vengé ses autels méprisés. Malheureux Hippolyte! tu regrettas de n'avoir point sacrifié à Vénus, lorsque tu fus déchiré par tes coursiers épouvantés! Il serait long de rappeler ici tous les oublis frappés de châtimens. Moi aussi, j'ai été oubliée du sénat romain. Que faire? comment manifester mon ressentiment? Quelle vengeance tirer de mon injure? Dans mon affliction, je renonçai aux soins de mon office, je retirai ma protection aux campagnes, je négligeai les fertiles jardins. Alors les lis tombèrent; tu aurais vu se dessécher les violettes et languir la tige du safran pourpré. Souvent Zéphyre me dit : « Cesse de travailler toi-même « à la destruction de ta dot; » ma dot m'importait peu. Les oliviers fleurissent, des vents furieux les dévastent; les blés fleurissent, la grêle les ravage; la vigne donne de l'espérance, le ciel s'obscurcit au souffle des vents du midi, et la vigne reste dépouillée par un orage subit. Ces maux n'étaient point l'œuvre de ma volonté, car la colère ne me rend pas cruelle; mais je ne pris nul soin d'en détourner l'effet. Le sénat s'assembla, et fit vœu de fêtes annuelles à ma divinité, si l'année était heureuse dans la floraison. J'acceptai ce vœu; et en conséquence le consul Lénas et son collègue Postumius, célébrèrent les jeux en mon honneur. »

Je voulais demander pourquoi dans ces jeux la licence est plus grande et le badinage plus libre; mais il me revint à l'esprit, que Flore n'est pas une divinité sévère, et que ses dons sont favorables aux plaisirs. Les

Tempora sutilibus cinguntur tota coronis :
 Et latet injecta splendida mensa rosa.
Ebrius incinctis philyra conviva capillis
 Saltat, et imprudens utitur arte meri.
Ebrius ad durum formosæ limen amicæ
 Cantat : habent unctæ mollia serta comæ.
Nulla coronata peraguntur seria fronte;
 Nec liquidæ vinctis flore bibuntur aquæ :
Donec eras mixtus nullis, Acheloe, racemis,
 Gratia sumendæ non erat ulla rosæ.
Bacchus amat flores : Baccho placuisse coronam
 Ex Ariadnæo sidere nosse potes.
Scena levis decet hanc : non est, mihi credite, non est
 Illa cothurnatas inter habenda Deas.

Turba quidem cur hos celebret meretricia ludos,
 Non ex difficili causa petenda subest.
Non est de tetricis, non est de magna professis :
 Vult sua plebeio sacra patere choro.
Et monet ætatis specie, dum floreat, uti;
 Contemni spinam, quum cecidere rosæ.

Cur tamen, ut dantur vestes Cerealibus albæ,
 Sic est hæc cultu versicolore decens?
An quia maturis albescit messis aristis;
 Et color et species floribus omnis inest?
Adnuit; et motis flores cecidere capillis,
 Accidere in mensas ut rosa missa solet.

Lumina restabant, quorum me causa latebat;
 Quum sic errores abstulit illa meos :

fronts se couronnent d'un tissu de fleurs, et les tables splendides disparaissent sous une pluie de roses; dans l'ivresse, le convive, les cheveux ceints de fleurs tressées, danse, et d'un pied mal assuré suit les leçons du vin; dans l'ivresse, l'amant chante à la porte inflexible de sa belle maîtresse; sa chevelure parfumée est entourée de guirlandes légères. Ce n'est point le front couronné, que l'on traite des affaires sérieuses; l'eau n'est point le breuvage de ceux qui se parent de fleurs. Tant que ton onde, Acheloüs, ne se mêla point au jus de la treille, la rose n'apportait point de grâces aux festins. Bacchus aime les fleurs; à Bacchus plaisent les couronnes; la constellation d'Ariadne te l'apprend. Le ton léger de la scène convient à Flore; il ne faut point la ranger, croyez-m'en, au nombre des déesses qui chaussent le cothurne.

Mais pourquoi la foule des courtisanes célèbre-t-elle ces jeux? il est facile d'en indiquer la cause. Flore n'est pas une de ces divinités moroses, une de celles qui font profession de grandes choses; elle veut que le chœur plébéien participe à ses fêtes. Elle nous invite à jouir de la beauté de l'âge, tant qu'il est dans sa fleur; car après la chute des roses, on dédaigne l'épine.

Pourquoi convient-il de porter à ces fêtes un costume de diverses couleurs, comme aux Céréales des vêtemens blancs? Serait-ce que la moisson blanchit à sa maturité, et que les fleurs se peignent de toutes sortes de nuances? La déesse fait un signe de tête affirmatif, et ses cheveux, secoués, laissent tomber des fleurs; ainsi sur la table du festin tombe la pluie de roses accoutumée.

Restaient les illuminations dont j'ignorais la cause, lorsque la déesse dissipa ainsi mes doutes : « Les illumi-

Vel quia purpureis collucent floribus agri,
 Lumina sunt nostros visa decere dies :
Vel quia nec flos est hebeti nec flamma colore,
 Atque oculos in se splendor uterque trahit :
Vel quia deliciis nocturna licentia nostris
 Convenit; a vero tertia causa venit.
Est breve praeterea, de quo mihi quaerere restat,
 Si liceat, dixi : dixit et illa, Licet.
Cur tibi pro Libycis claudantur rete leaenis
 Imbelles capreae, sollicitusque lepus?
Non sibi, respondit, silvas cessisse, sed hortos,
 Arvaque pugnaci non adeunda ferae.
Omnia finierat : tenues secessit in auras :
 Mansit odor; posses scire fuisse Deam.
Floreat ut toto carmen Nasonis in aevo,
 Sparge, precor, donis pectora nostra tuis.

Nocte minus quarta promet sua sidera Chiron
 Semivir, et flavi corpore mixtus equi.
Pelion Haemoniae mons est obversus in Austros;
 Summa virent pinu; cetera quercus habet.
Phillyrides tenuit : saxo stant antra vetusto,
 Quae justum memorant incoluisse senem.
Ille manus, olim missuras Hectora leto,
 Creditur in lyricis detinuisse modis.
Venerat Alcides exacta parte laborum;
 Jussaque restabant ultima paene viro :
Stare simul casu Trojae duo fata videres;
 Hinc puer Aeacides, hinc Jove natus erat.
Excipit hospitio juvenem Philyreius heros,
 Et causam adventus hic rogat, ille docet.

nations ont paru convenir à nos fêtes, soit parce que les campagnes rayonnent de fleurs empourprées, soit parce que ni la fleur ni la flamme n'ont de pâles couleurs, et que leur éclat attire également les regards, soit parce que la licence nocturne convient à nos plaisirs; la Vérité indique cette troisième cause.

Me sera-t-il permis, lui dis-je, de faire une courte et dernière question? « Je le permets, » dit-elle. Pourquoi, au lieu de lionnes de Libye, ne tend-on pour toi des filets qu'aux chèvres inoffensives, et au lièvre timide? Elle me répondit « qu'elle n'avait point l'empire des bois, mais celui des jardins et des campagnes, où la bête féroce ne vient point livrer ses combats. » Elle se tut, et s'évanouit dans les airs en laissant après elle un parfum qui trahissait le passage de la déesse. Oh! je t'en prie, verse tes dons sur mon génie, pour que dans tous les âges fleurissent les vers de Nason.

La troisième nuit, Chiron montrera sa constellation, Chiron dont le torse humain se rattache à une croupe de cheval fauve. Le Pélion est une montagne d'Hémonie exposée au midi : à son sommet les pins étalent leur verdure, les chênes couvrent ses flancs. C'était le séjour du fils de Phillyre; un antre creusé dans un antique rocher garde la mémoire du juste vieillard qui l'a habité. On croit qu'il instruisit à toucher la lyre les mains qui devaient un jour arracher la vie à Hector. Alcide était venu après avoir exécuté une partie de ses travaux; à peine lui restait-il à remplir ses derniers ordres. Là, vous eussiez vu réunies deux destinées fatales à Troie : d'un côté l'enfant issu d'Éaque, de l'autre le fils de Jupiter; l'héroïque fils de Phillyre accueille son jeune hôte, il lui demande et apprend de sa bouche la cause

VIII.

Perspicit interea clavam spoliumque leonis,
 Virque, ait, his armis, armaque digna viro.
Nec se, quin horrens auderent tangere setis
 Vellus, Achilleae continuere manus.
Dumque senex tractat squalentia tela venenis,
 Excidit, et laevo fixa sagitta pede est.
Ingemuit Chiron, traxitque e corpore ferrum;
 Adgemit Alcides, Haemoniusque puer.
Ipse tamen lectas Pagasaeis collibus herbas
 Temperat, et varia vulnera mulcet ope.
Virus edax superabat opem; penitusque recepta
 Ossibus, et toto corpore pestis erat.
Sanguine Centauri Lernaeae sanguis Echidnae
 Mixtus ad auxilium tempora nulla dabant.
Stabat, ut ante patrem, lacrymis perfusus Achilles;
 Sic flendus Peleus, si moreretur, erat.
Saepe manus aegras manibus fingebat amicis;
 Morum, quos fecit, praemia doctor habet.
Oscula saepe dedit : dixit quoque saepe jacenti;
 Vive, precor; nec me, care, relinque, pater.
Nona dies aderat; quum tu, justissime Chiron,
 Bis septem stellis corpora cinctus eras.
Hunc Lyra curva sequi cuperet; sed idonea nondum
 Est via : nox aptum tertia tempus erit.

Scorpios in coelo, quum cras lucescere Nonas
 Dicimus, a media parte notandus erit.
Hinc ubi protulerit formosa ter Hesperus ora,
 Ter dederint Phoebo sidera victa locum;
Ritus erit veteris, nocturna Lemuria, sacri;

de sa venue. Cependant il examine la massue et la dépouille du lion. « L'homme, dit-il, est digne des armes, et les armes dignes de l'homme. » Achille aussi ne peut s'empêcher de porter ses mains audacieuses sur cette peau hérissée de longs poils. Mais pendant que le vieillard manie les traits empoisonnés, une flèche tombe et lui perce le pied gauche. Chiron gémit et retire le fer de la plaie; à ses gémissemens répondent Alcide et le jeune Thessalien. Cependant il mélange des herbes cueillies sur les collines de Pagase, et multiplie les ressources de l'art pour adoucir sa blessure : mais l'art est vaincu par la force dévorante du virus; le mal pénètre ses os, et s'empare de tout son corps; le sang de l'Hydre de Lerne mêlé au sang du Centaure ne permettait plus aux remèdes d'agir. Inondé de larmes, Achille se tenait debout, comme devant son père; si Pélée fût mort, c'est ainsi qu'il eût été pleuré. Souvent de ses mains amies il presse les mains malades, douce récompense des soins donnés par le maître à l'éducation de son élève; souvent il couvre le moribond de baisers, souvent il lui répète : « Vis, je t'en conjure, père chéri ; ne m'abandonne pas ! » Mais le neuvième jour a paru, et ton corps, juste Chiron, s'entoure de deux fois sept étoiles.

La Lyre recourbée voudrait suivre le Centaure ; mais la voie n'est pas encore prête : la troisième nuit sera le moment convenable.

La moitié du Scorpion se montrera au ciel, quand nous dirons : « C'est demain le jour des Nones. »

Lorsque ensuite Hesperus aura levé trois fois sa belle tête, et que les astres vaincus auront trois fois cédé la place à Phébus, on célèbrera l'antique cérémonie des

Inferias tacitis Manibus illa dabunt.

Annus erat brevior ; nec adhuc pia februa norant;
　Nec tu dux mensum, Jane biformis, eras :
Jam tamen exstincto cineri sua dona ferebant;
　Compositique nepos busta piabat avi.
Mensis erat Maius, majorum nomine dictus,
　Qui partem prisci nunc quoque moris habet.

Nox ubi jam media est, somnoque silentia præbet;
　Et canis, et variæ conticuistis aves :
Ille memor veteris ritus, timidusque Deorum
　Surgit ; habent gemini vincula nulla pedes ;
Signaque dat digitis medio cum pollice junctis ;
　Occurrat tacito ne levis umbra sibi :
Terque manus puras fontana perluit unda :
　Vertitur, et nigras accipit ore fabis.
Aversusque jacit; sed dum jacit, Hæc ego mitto;
　His, inquit, redimo meque meosque fabis.
Hoc novies dicit, nec respicit : umbra putatur
　Colligere, et nullo terga vidente sequi.
Rursus aquam tangit, Temesæaque concrepat æra;
　Et rogat, ut tectis exeat umbra suis.
Quum dixit novies, Manes exite paterni ;
　Respicit, et pure sacra peracta putat.

Dicta sit unde dies, quæ nominis exstet origo,
　Me fugit : ex aliquo est invenienda Deo.
Pleiade nate, mone, virga venerande potenti;
　Sæpe tibi Stygii regia visa Jovis.

nocturnes Lemures, on fera aux Mânes silencieux des offrandes funèbres.

L'année était plus courte; on ne connaissait pas le religieux Février; et toi, Janus aux deux visages, tu n'étais pas encore le chef des mois. Déjà cependant on portait des offrandes à la cendre des morts, et le petit-fils faisait des expiations au tombeau qui renfermait son aïeul. Ces cérémonies avaient lieu au mois de Mai, ainsi appelé du nom des vieillards (*majores*), et cet ancien usage subsiste encore aujourd'hui en partie.

Lorsque la Nuit déjà au milieu de sa course a ramené le silence favorable au sommeil; que les chiens et tous les oiseaux se sont tus, l'observateur du rit antique, l'homme qui craint les dieux se lève, aucune chaussure n'enveloppe ses pieds. De ses doigts réunis avec le milieu du pouce, il rend un son pour écarter l'ombre légère qui pourrait venir à sa rencontre, s'il ne troublait pas le silence. Trois fois il purifie ses mains dans l'eau d'une fontaine; il se tourne, et prend dans sa bouche des fèves noires; il les jette ensuite derrière lui, en disant : « Je jette ces fèves, et avec elles je rachète et moi et les miens. » Il prononce neuf fois ces paroles sans regarder en arrière. On pense que l'Ombre ramasse les fèves, et suit ses pas sans être aperçue. Il plonge encore ses mains dans l'eau, il frappe l'airain de Témésa, et conjure l'Ombre de quitter sa demeure. Après avoir dit neuf fois : « Mânes paternels, sortez; » il regarde derrière lui, et croit avoir régulièrement accompli la cérémonie.

D'où est venu le nom de ce jour, quelle est son origine? Je l'ignore; mais quelque divinité me l'apprendra. Instruis-moi, fils de la Pléiade, dont la verge puissante inspire le respect; tu as souvent visité le palais du mo-

Venit adoratus Caducifer : accipe causam
  Nominis : ex ipso cognita causa Deo est.

Romulus ut tumulo fraternas condidit umbras,
  Et male veloci justa soluta Remo :
Faustulus infelix, et passis Acca capillis
  Spargebant lacrymis ossa perusta suis.
Inde domum redeunt sub prima crepuscula mœsti,
  Utque erat, in duro procubuere toro :
Umbra cruenta Remi visa est adsistere lecto,
  Atque hæc exiguo murmure verba loqui :
En ego dimidium vestri parsque altera voti,
  Cernite, sim qualis ; qui modo qualis eram !
Qui modo, si volucres habuissem regna jubentes,
  In populo potui maximus esse meo.
Nunc elapsa rogi flammis, et inanis imago ;
  Hæc est ex illo forma relicta Remo.
Heu ! ubi Mars pate rest ? si vos modo vera locuti,
  Uberaque expositis ille ferina dedit ?
Quem lupa servavit, manus hunc temeraria civis
  Perdidit : o quanto mitior illa fuit !
Sæve Celer, crudelem animam per vulnera reddas ;
  Utque ego, sub terras sanguinolentus eas.
Noluit hoc frater : pietas æqualis in illo est :
  Quod potuit, lacrymas in mea fata dedit.
Hunc vos per lacrymas, per vestra alimenta rogate,
  Ut celebrem festo signet honore diem.

Mandantem amplecti cupiunt, et brachia tendunt :
  Lubrica prensantes effugit umbra manus.

narque du Styx. Le dieu porteur du Caducée paraît à ma prière. « Apprends, dit-il, l'origine de ce nom : » ainsi cette origine m'a été révélée par le dieu même.

« Quand Romulus eut renfermé dans le tombeau les mânes de son frère, et que les derniers devoirs eurent été rendus à Rémus, dont la légèreté avait causé la perte, le malheureux Faustulus, et Acca, les cheveux épars, arrosaient de leurs larmes ses os consumés par la flamme. Ils regagnent tristement leur demeure aux premières ombres du crépuscule, et sans apprêt s'étendent sur leur dure couche. Alors leur apparaît l'ombre ensanglantée de Rémus, qui, s'approchant du lit, murmure ces mots d'une voix faible : « Me voici, la moitié jadis, « le second objet de vos vœux: voyez en quel état je suis; « n'étais-je pas bien différent naguère? Moi, qui ai pu, si « les oiseaux m'eussent donné l'empire, marcher le pre- « mier de mon peuple; maintenant je ne suis qu'une om- « bre vaine, échappée aux flammes du bûcher : de Rémus « il ne reste rien que ce fantôme. Hélas! où est Mars mon « père? Si autrefois vous avez dit vrai, s'il a donné à « notre enfance abandonnée une sauvage nourrice, celui « qu'une louve a sauvé est donc tombé sous la main té- « méraire d'un citoyen. Oh! combien la louve a surpassé « l'homme en bonté! Cruel Céler, puisses-tu par des bles- « sures exhaler ton âme inhumaine, et, comme moi, des- « cendre sanglant sous la terre. Mon frère n'a pas voulu ma « mort; sa tendresse égalait la mienne : il a donné des lar- « mes à mon sort; c'est tout ce qu'il pouvait. Mais vous, « par vos pleurs, par vos soins paternels, conjurez-le de « donner à ce jour mémorable les honneurs d'une fête. »

« A cet appel fait à leur tendresse, ils tendent les bras pour embrasser leur élève; mais l'Ombre glisse entre

Ut secum fugiens somnos abduxit imago;
 Ad regem voces fratris uterque ferunt.
Romulus obsequitur, lucemque Remuria dixit
 Illam, qua positis justa feruntur avis.
Aspera mutata est in lenem tempore longo
 Litera, quæ toto nomine prima fuit.
Mox etiam Lemures animas dixere silentum;
 Is verbi sensus, vis ea vocis erat.

FANA tamen veteres illis clausere diebus;
 Ut nunc ferali tempore operta vides.
Nec viduæ tædis eadem, nec virginis apta
 Tempora: quæ nupsit, non diuturna fuit.
Hac quoque de causa, si te proverbia tangunt,
 Mense malas Maio nubere vulgus ait.
Sed tamen hæc tria sunt sub eodem tempore festa
 Inter se nullo continuata die.

QUORUM si mediis Bœotum Oriona quæres;
 Falsus eris: signi causa canenda mihi.
Jupiter, et, lato qui regnat in æquore, frater
 Carpebant socias, Mercuriusque, vias.
Tempus erat, quo versa jugo referuntur aratra;
 Et pronum saturæ lac bibit agnus ovis.
Forte senex Hyrieus, angusti cultor agelli,
 Hos videt, exiguam stabat ut ante casam.
Atque ita: Longa via est, nec tempora longa supersunt,
 Dixit, et hospitibus janua nostra patet:
Addidit et vultum verbis; iterumque rogavit.
 Parent promissis; dissimulantque Deos:

les mains qui veulent la saisir ; elle échappe, et semble, dans sa fuite, avoir emporté le sommeil; tous deux alors vont rapporter au roi les paroles de son frère. Romulus obéit, et nomme Rémures ce jour, où l'on rend les devoirs funèbres aux aïeux descendus au tombeau. Le temps a remplacé par une lettre plus douce la lettre rude qui commençait ce nom ; bientôt aussi les âmes des morts furent appelées Lemures : tel est le sens du mot, telle est sa force. »

Cependant en ces jours les anciens fermèrent les temples, comme aujourd'hui encore on les voit fermer au temps des Férales. Ce n'est point une époque favorable aux veuves ni aux vierges pour allumer les flambeaux de l'hymen; qui se marie alors, n'a pas long-temps à vivre. De là vient aussi ce dicton vulgaire, si vous en croyez les proverbes, Que les méchantes femmes se marient dans le mois de Mai. Cependant, trois jours pris à la même époque, sont consacrés à ces fêtes, mais ils ne se suivent pas entre eux.

Au milieu de ces fêtes, en vain chercheriez-vous le Béotien Orion; je vais chanter l'origine de cet astre.

Jupiter voyageait de compagnie avec son frère le roi des vastes mers et Mercure. C'était le moment où les bœufs ramènent les charrues renversées, et où la brebis rassasiée livre à la soif de l'agneau ses mamelles inclinées. Le vieux Hyriée, cultivateur d'un champ modeste, les aperçoit par hasard, comme il se tenait à l'entrée de son étroite cabane. « La route est longue, leur dit-il, et il vous reste peu de temps; les hôtes trouvent ma porte ouverte. » Son air répond à ses paroles : il réitère son invitation; les dieux l'acceptent sans se faire connaître. Ils entrent sous le toit noirci par la fumée; un

Tecta senis subeunt, nigro deformia fumo;
  Ignis in hesterno stipite parvus erat.
Ipse genu posito flammas exsuscitat aura,
  Et profert quassas comminuitque faces.
Stant calices : minor inde fabas, olus alter habebant;
  Et fumant testu pressus uterque suo.
DUMQUE mora est, tremula dat vina rubentia dextra :
  Accipit æquoreus pocula prima Deus.
Quæ simul exhausit : Da, nunc bibat ordine, dixit,
  Jupiter; audito palluit ille Jove.
Ut rediit animus, cultorem pauperis agri
  Immolat, et magno torret in igne bovem :
Quæque puer quondam primis diffuderat annis,
  Promit fumoso condita vina cado.
Nec mora; flumineam lino celantibus ulvam,
  Sic quoque non altis, incubuere toris.
Nunc dape, nunc posito mensæ nituere Lyæo :
  Terra rubens crater, pocula fagus erant.
Verba fuere Jovis : Si quid fert impetus, opta;
  Omne feres. Placidi verba fuere senis :
Cara fuit conjux, primæ mihi cura juventæ
  Cognita : nunc ubi sit, quæritis? urna tegit.
Huic ego juratus, vobis in verba vocatis,
  Conjugio, dixi, sola fruere meo.
Et dixi, et servo ; sed enim diversa voluntas
  Est mihi : nec conjux, et pater esse volo.
Adnuerant omnes : omnes ad terga juvenci
  Constiterant : pudor est ulteriora loqui.
Tum superinjecta texere madentia terra :
  Jamque decem menses; et puer ortus erat.

peu de feu se conservait dans une souche de la veille.
Le vieillard, à genoux, réveille la flamme avec son souffle,
et l'alimente de menus éclats de bois qu'il casse encore.
Il approche deux vases : le plus petit contient des fèves,
l'autre des herbes potagères ; l'écume se soulève sous le
couvercle qui le presse.

En attendant, d'une main tremblante il présente un
vin rouge à ses hôtes ; le dieu des mers prend la première coupe, et quand il l'a vidée : « Verse, dit-il ; que
Jupiter boive maintenant à son tour. » Au nom de Jupiter le vieillard pâlit. Dès qu'il a repris ses esprits,
il immole le bœuf avec lequel il cultivait son pauvre
champ, et le fait rôtir à grand feu. Il tire d'un baril
enfumé le vin qu'il y a enfermé jadis aux premiers ans
de son enfance. Il s'empresse, et les dieux s'étendent
sur d'humbles lits qui cachent sous le lin les joncs du
fleuve. Alors les mets, alors les vins parent la table ;
la coupe est en terre rouge, le gobelet en hêtre. Jupiter dit : « Formes-tu quelque vœu ? exprime-le, tu
obtiendras tout. » Le paisible vieillard répondit : « J'a-
vais une épouse chérie, l'unique amour de ma première jeunesse ; vous demandez où elle est maintenant ?
une urne renferme ses cendres. Je lui ai juré, en vous
prenant à témoins de ma promesse, que jamais je ne
formerais d'autre union ; je l'ai juré, et je tiens mon serment. Mais un désir contradictoire m'occupe ; je veux
devenir père, sans être époux. » Ils y consentent tous, et
tous se placent près de la peau du bœuf ; la pudeur
veut qu'on taise le reste. Enfin ils recouvrent de terre
cette peau humectée ; dix mois s'écoulent, et un enfant
vient au jour. Hyriée l'appela Urion, à cause des circonstances de sa naissance. La première lettre de ce nom

Hunc Hyrieus, quia sic genitus, vocat Uriona :
  Perdidit antiquum litera prima sonum.
Creverat immensum : comitem sibi Delia sumsit :
  Ille Deæ custos; ille satelles erat.
Verba movent iras non circumspecta Deorum :
  Quam nequeam, dixit, vincere, nulla fera est.
Scorpion immisit Tellus : fuit impetus illi
  Curva gemelliparæ spicula ferre Deæ.
Obstitit Orion : Latona nitentibus astris
  Addidit; et, Meriti præmia, dixit, habe.
SED quid et Orion, et cetera sidera mundo
  Cedere festinant, noxque coartat iter ?
Quid solito citius liquido jubar æquore tollit
  Candida, Lucifero præveniente, dies ?
Fallor, an arma sonant? non fallimur; arma sonabant :
  Mars venit ; et veniens bellica signa dedit.
Ultor ad ipse suos cœlo descendit honores,
  Templaque in Augusto conspicienda foro.
Et Deus est ingens, et opus : debebat in urbe
  Non aliter nati Mars habitare sui.
Digna Giganteis hæc sunt delubra tropæis :
  Hinc fera Gradivum bella movere decet ;
Seu quis ab Eoo nos impius orbe lacesset ;
  Seu quis ab occiduo sole domandus erit.
Prospicit Armipotens operis fastigia summi ;
  Et probat invictos summa tenere Deos.
Prospicit in foribus diversæ tela figuræ,
  Armaque terrarum milite victa suo.
Hinc videt Æneam oneratum pondere sacro,
  Et tot Iuleæ nobilitatis avos.

a perdu son ancienne prononciation. L'enfant devint d'une grandeur énorme; Diane s'en fit un compagnon: il était le gardien, le satellite de la déesse. Mais, par des paroles peu circonspectes, il éveilla la colère des dieux : « Il n'est aucune bête, dit-il, que je ne puisse vaincre. » Tellus créa le Scorpion : ce reptile menaçait de ses dards recourbés la déesse, mère de dieux jumeaux ; Orion se jeta au devant. Latone l'a mis au nombre des astres éclatans : « Reçois, lui dit-elle, le prix de tes services. »

Mais pourquoi Orion et les autres astres se hâtent-ils de disparaître? pourquoi la Nuit presse-t-elle sa course? pourquoi le jour, précédé par l'étoile du matin, élève-t-il plus tôt qu'à l'ordinaire sa tête radieuse sur la plaine liquide? N'est-ce pas une erreur? n'entends-je pas le bruit des armes? Non, je ne m'abuse pas, c'est en effet le bruit des armes. Mars paraît, et par des sons guerriers signale sa venue. Ce dieu vengeur descend du ciel pour contempler ses fêtes, et le temple qu'on admire au Forum d'Auguste. Même grandeur distingue et le dieu et le monument; Mars ne devait pas avoir une autre demeure dans la ville de son fils. Ce temple est digne de recevoir les dépouilles des Géans : c'est de là qu'il sied à Gradivus de déclarer une guerre acharnée, soit au peuple impie qui nous provoquerait sur la terre d'Orient, soit à la nation qui resterait encore indomptée sous le soleil d'Occident. Le dieu des armes aperçoit au faîte du monument les statues des dieux invaincus, et cette vue lui plaît : il aperçoit aux portes des traits de formes différentes, et les armes des nations vaincues par ses soldats. Ici, il voit Énée chargé de son fardeau

Hinc videt Iliaden humeris ducis arma ferentem,
 Claraque dispositis acta subesse viris.
Spectat et Augusto prætextum nomine templum,
 Et visum, lecto Cæsare, majus opus.
Voverat hoc juvenis tunc, quum pia sustulit arma :
 A tantis princeps incipiendus erat.
Ille manus tendens, hinc stanti milite justo,
 Hinc conjuratis, talia dicta dedit :
Si mihi bellandi pater est, Vestæque sacerdos
 Auctor, et ulcisci numen utrumque paro :
Mars, ades; et satia scelerato sanguine ferrum;
 Stetque favor causa pro meliore tuus.
Templa feres; et, me victore, vocaberis Ultor.
 Voverat; et fuso lætus ab hoste redit.

Nec satis est meruisse semel cognomina Marti :
 Persequitur Parthi signa retenta manu.
Gens fuit et campis, et equis, et tuta sagittis,
 Et circumfusis invia fluminibus.
Addiderant animos Crassorum funera genti,
 Quum periit miles, signaque duxque simul.
Signa, decus belli, Parthus Romana tenebat;
 Romanæque aquilæ signifer hostis erat.
Isque pudor mansisset adhuc, nisi fortibus armis
 Cæsaris Ausoniæ protegerentur opes.
Ille notas veteres, et longi dedecus ævi
 Sustulit : agnorunt signa recepta suos.
Quid tibi nunc solitæ mitti post terga sagittæ,
 Quid loca, quid rapidi profuit usus equi,

sacré, et tant d'aïeux de la noble famille des Jules. Là il voit, et le fils d'Ilia portant sur ses épaules les armes du roi vaincu, et les actions d'éclat retracées au dessous des statues des grands hommes. Il lit sur le fronton du temple le nom de César Auguste, et le temple s'agrandit à ses yeux. Ce fut un vœu fait par ce prince, jeune encore, lorsque sa piété lui remit les armes à la main : tant de grandeur devait signaler ses premiers pas. Quand furent en présence, d'un côté, les soldats de la bonne cause, de l'autre, les conjurés, il dit, levant les mains au ciel : « Si c'est pour mon père, pour le prêtre de Vesta, que j'ai entrepris cette guerre ; si je veux venger l'une et l'autre divinité, viens, Mars, rassasier mon fer d'un sang criminel ; favorise la meilleure cause, et tu auras un temple ; et si je suis victorieux, tu recevras le surnom de Vengeur. » Tel fut son vœu ; et il revint triomphant de ses ennemis.

Mais ce n'est pas assez que Mars ait mérité une fois son surnom : Auguste va reconquérir les enseignes restées aux mains des Parthes. Les déserts, les chevaux et les flèches protègent ce peuple inabordable au milieu d'une ceinture de fleuves ; son courage s'était encore enflé par la mort de Crassus, quand périrent à la fois soldats, enseignes et général. Le Parthe retenait les enseignes romaines, l'honneur de la guerre : la main d'un ennemi portait l'aigle romaine. Cette honte durerait encore, si l'empire d'Ausonie n'eût été protégé par les puissantes armes de César. Il effaça les anciennes taches, et le déshonneur de longues années. Les enseignes reconquises reconnurent leurs soldats. Que te servent maintenant ces flèches que tu sais lancer en fuyant ? que servent tes déserts et tes rapides coursiers, Parthe ?

Parthe? refers aquilas : victos quoque porrigis arcus:
 Pignora jam nostri nulla pudoris habes.
Rite Deo templumque datum, nomenque bis ulto,
 Et meritus votis debita solvit honos.
Solemni ludos circo celebrate, Quirites :
 Non visa est fortem scena decere Deum.

Pleiadas adspicies omnes, totumque sororum
 Agmen, ubi ante Idus nox erit una super.
Tum mihi non dubiis auctoribus incipit æstas ;
 Et tepidi finem tempora veris habent.

Idibus ora prior stellantia tollere Taurum
 Indicat : huic signo fabula nota subest.
Præbuit, ut taurus, Tyriæ sua terga puellæ
 Jupiter, et falsa cornua fronte tulit.
Illa jubam dextra, læva retinebat amictus;
 Et timor ipse novi causa decoris erat.
Aura sinus implet ; flavos movet aura capillos.
 Sidoni, sic fueras accipienda Jovi !
Sæpe puellares subducit ab æquore plantas ;
 Et metuit tactus adsilientis aquæ.
Sæpe Deus prudens tergum demittit in undas,
 Hæreat ut collo fortius illa suo.
Litoribus tactis stabat sine cornibus ullis
 Jupiter ; inque Deum de bove versus erat.
Taurus init cœlum : te, Sidoni, Jupiter implet;
 Parsque tuum terræ tertia nomen habet.
Hoc alii signum Phariam dixere juvencam;
 Quæ bos ex homine est, ex bove facta Dea.

tu rapportes les aigles; tu rends aussi tes arcs vaincus; tu n'as plus aucun gage de notre honte.

Au dieu deux fois vengeur l'on consacre et le temple et le surnom, et des honneurs mérités acquittèrent la dette des vœux. Romains, célébrez des jeux solennels dans le Cirque; la scène n'a pas paru convenir au dieu du courage.

Vous apercevrez toutes les Pléiades, tout le groupe des sœurs, lorsqu'il ne restera plus qu'une nuit avant les ides. Alors commence l'été, si j'en crois des autorités certaines; alors prend fin la saison du tiède printemps.

La nuit qui précède les ides montre le Taureau élevant sa tête étoilée. On connaît la tradition relative à cette constellation. Jupiter, sous la forme d'un taureau, prêta sa croupe à la jeune fille de Tyr, et couronna son front de cornes mensongères. De la main droite elle a saisi le cou de l'animal; de la gauche, elle retient ses vêtemens : la crainte même l'embellit d'un charme nouveau. L'air enfle les plis de sa robe, l'air fait voltiger sa blonde chevelure. Fille de Sidon, c'est ainsi que tu méritais d'être offerte aux regards de Jupiter. Souvent elle relève au dessus de la mer ses pieds délicats, et craint l'atteinte de l'eau jaillissante. Souvent le dieu enfonce à dessein sa croupe dans les ondes, pour qu'elle s'attache plus fortement à son cou. Au rivage, plus de cornes menteuses : c'est Jupiter; au lieu d'un taureau, c'est un dieu. Le Taureau prend place aux cieux; et toi, fille de Sidon, Jupiter te rend mère, et l'une des trois parties du monde reçoit ton nom. Quelques autres prétendent que cette constellation est la génisse de Pharos, de femme devenue génisse, de génisse déesse.

Tum quoque priscorum virgo simulacra virorum
  Mittere roboreo scirpea ponte solet.
Corpora post decies senos qui credidit annos
  Missa neci, sceleris crimine damnat avos.
Fama vetus : tum, quum Saturnia terra vocata est,
  Talia fatidici dicta fuere Dei :
Falcifero libata seni duo corpora, gentes,
  Mittite, quæ Tuscis excipiantur aquis.
Donec in hæc venit Tirynthius arva, quotannis
  Tristia Leucadio sacra peracta modo.
Illum stramineos in aquam misisse Quirites :
  Herculis exemplo corpora falsa jaci.

Pars putat, ut ferrent juvenes suffragia soli,
  Pontibus infirmos præcipitasse senes.

Tibri, doce verum : tua ripa vetustior urbe :
  Principium ritus tu bene nosse potes.
Tibris arundiferum medio caput extulit alveo ;
  Raucaque dimovit talibus ora sonis :
Hæc loca desertas vidi sine mœnibus herbas :
  Pascebat sparsos utraque ripa boves.
Et quem nunc gentes Tiberin noruntque timentque,
  Tunc etiam pecori despiciendus eram.
Arcadis Evandri nomen tibi sæpe refertur :
  Ille meas remis advena torsit aquas.
Venit et Alcides, turba comitatus Achiva :
  Albula, si memini, tunc mihi nomen erat.
Excipit hospitio juvenem Pallantius heros :

C'est à cette époque aussi, que la vierge précipite du pont de bois, suivant l'usage, les simulacres en jonc des anciens hommes. Celui qui prétend qu'autrefois, après soixante années, les vieillards étaient mis à mort, porte contre nos aïeux l'accusation d'un crime. Mais voici l'ancienne tradition : Lorsque cette contrée reçut le nom de Saturnie, le dieu des oracles prononça ces paroles : « Peuples, précipitez dans les eaux du fleuve Toscan deux corps humains, en offrande au vieillard qui porte la faux. » Jusqu'à l'arrivée du héros tirynthien dans ces campagnes, ces tristes sacrifices s'accomplirent chaque année, comme à Leucade. Mais lui ne jeta dans les ondes que des hommes en paille : et c'est à l'exemple d'Hercule qu'on précipite encore ces simulacres.

Quelques-uns pensent que les jeunes gens, voulant porter seuls les suffrages, précipitaient des ponts les vieillards infirmes.

Tibre, apprends-moi la vérité : ta rive est plus ancienne que la ville ; tu dois bien connaître l'origine de cette cérémonie. Le Tibre élève du milieu de son lit sa tête couronnée de roseaux, et d'une voix rauque prononce ces paroles : « Ces lieux, je les ai vus sans remparts, pâturages déserts ; des bœufs épars paissaient sur mes deux rives : et ce Tibre, qu'aujourd'hui les nations connaissent et redoutent, était alors dédaigné même des troupeaux. Tu as souvent entendu le nom de l'Arcadien Évandre : il vint, étranger, fendre mes ondes de ses rames. Ensuite vint Alcide, avec les Grecs ses compagnons ; Albula, si je m'en souviens, était alors mon nom. Le héros issu de Pallas, donne l'hospitalité au jeune homme, et Cacus reçoit enfin le

Et tandem Caco debita poena venit.
Victor abit, secumque boves, Erytheida praedam,
   Abstrahit : at comites longius ire negant.
Magnaque pars horum desertis venerat Argis :
   Montibus his ponunt spemque Laremque suum.
Saepe tamen patriae dulci tanguntur amore;
   Atque aliquis moriens hoc breve mandat opus :
Mittite me Tiberi ; Tiberinis vectus ut undis
   Litus ad Inachium pulvis inanis eam.
Displicet haeredi mandati cura sepulcri :
   Mortuus Ausonia conditur hospes humo.
Scirpea pro domino Tiberi jactatur imago,
   Ut repetat Graias per freta longa domos.
Hactenus : ut vivo subiit rorantia saxo
   Antra ; leves cursum sustinuistis aquae.
CLARE nepos Atlantis, ades ; quem montibus olim
   Edidit Arcadiis Pleias una Jovi :
Pacis et armorum superis imisque Deorum
   Arbiter, alato qui pede carpis iter,
Laete lyrae pulsu, nitida quoque laete palaestra;
   Quo didicit culte lingua favente loqui.
Templa tibi posuere patres spectantia circum
   Idibus : ex illo est haec tibi festa dies.
Te, quicumque suas profitetur vendere merces,
   Ture dato, tribuas ut sibi lucra, rogat.
Est aqua Mercurii portae vicina Capenae :
   Si juvat expertis credere, numen habet.
Huc venit incinctus tunicas mercator ; et urna
   Purus suffita, quam ferat, haurit aquam.
Uda fit hinc laurus : lauro sparguntur ab uda

châtiment dû à ses crimes. Le vainqueur part, emmenant avec lui les bœufs, son butin d'Érythie; mais ses compagnons refusent d'aller plus loin : c'était en grande partie des émigrés d'Argos; ils fixèrent sur ces collines leurs Lares et leurs espérances. Mais souvent se réveille en eux, cependant, le doux amour de la patrie, et un mourant donne cet ordre facile : « Jetez-moi dans le « Tibre; que, porté par ses eaux, j'arrive, cendre ina- « nimée, aux rivages d'Inachus. » Mais le tombeau choisi répugne à l'héritier, et la terre d'Ausonie reçoit les dépouilles du mort qui fut son hôte. On jette dans le Tibre en sa place une figure de jonc, pour qu'à travers l'étendue des mers elle retourne aux foyers de la Grèce. » Ici le fleuve se tut; et comme il rentrait dans sa grotte humide et creusée dans le roc, les ondes légères suspendirent leur cours.

Viens m'inspirer, illustre descendant d'Atlas, toi, que jadis une Pléiade donna pour fils à Jupiter sur les monts d'Arcadie, arbitre de la paix et de la guerre entre les dieux du ciel et des enfers, qui fends les airs d'un pied ailé; ami de la lyre, ami de la lutte luisante; toi dont les leçons enseignent l'éloquence. Aux ides de ce mois, le sénat t'a dédié le temple qui regarde le Cirque, et depuis lors ce jour est consacré à tes fêtes. Quiconque fait profession de vendre ses marchandises, t'offre de l'encens, et te prie de favoriser son commerce.

Auprès de la porte Capène, est la fontaine de Mercure; ses eaux ont une vertu puissante, si l'on veut en croire ceux qui l'ont éprouvée : là vient le marchand à la tunique ceinte, et dans un vase purifié il puise, pur lui-même, l'eau qu'il doit emporter. C'est dans cette eau

Omnia, quæ dominos sunt habitura novos.
Spargit et ipse suos lauro rorante capillos;
  Et peragit solita fallere voce preces.
Ablue præteriti perjuria temporis, inquit :
  Ablue præterita perfida verba die.
Sive ego te feci testem, falsove citavi
  Non audituri numina magna Jovis;
Sive Deum prudens alium Divamve fefelli;
  Abstulerint celeres improba dicta Noti.
Et pereant veniente die perjuria nobis :
  Nec curent Superi, si qua locutus ero.
Da modo lucra mihi, da facto gaudia lucro :
  Et face, ut emtori verba dedisse juvet.

TALIA Mercurius poscentem ridet ab alto,
  Se memor Ortygias surripuisse boves.
AT mihi pande, precor, tanto meliora petenti,
  In Geminos ex quo tempore Phœbus eat?
Quum totidem de mense dies superesse videbis;
  Quot sunt Herculei facta laboris, ait.

Dic, ego respondi, causam mihi sideris hujus.
  Causam facundo prodidit ore Deus :
Abstulerant raptas Phœben Phœbesque sororem
  Tyndaridæ fratres, hic eques, ille pugil.
Bella parant, repetuntque suas et frater et Idas;
  Leucippo fieri pactus uterque gener.
His amor, ut repetant; illis, ut reddere nolint,
  Suadet : et ex causa pugnat uterque pari.

qu'il trempe une branche de laurier, et, ainsi trempée, elle arrose tous les objets qui doivent passer à de nouveaux maîtres. Il secoue même sur ses cheveux la rosée de cette branche humide, et prononce cette prière d'une voix accoutumée à tromper : « Efface, dit-il, mes parjures passés ; efface les mensonges de mes discours passés : soit qu'à l'appui d'une imposture, j'aie invoqué ton nom, ou le nom puissant de Jupiter, qui ne m'entendrait pas; soit, qu'à dessein, j'aie trompé quelque autre dieu ou quelque déesse; que les vents légers aient emporté mes paroles coupables. Grâce aussi pour mes parjures à venir ! Si j'en commets encore, qu'ils n'attirent point l'attention des dieux. Donne-moi le gain seulement, donne la joie qui suit le gain, et que toujours je m'applaudisse du marché fait avec mon acheteur.

A cette prière, Mercure sourit du haut des cieux : il se souvient d'avoir volé le troupeau d'Apollon.

Mais, je veux te faire une demande plus convenable : apprends-moi, je te prie, à quelle époque Phébus entre dans le signe des Gémeaux. « Ce sera, dit le dieu, quand il ne restera au mois qu'un nombre de jours égal à celui des travaux d'Hercule. »

Dis-moi, repris-je, l'origine de cette constellation. Et le dieu me l'apprit de sa bouche éloquente. Les deux frères, fils de Tyndare, l'un cavalier, l'autre lutteur, avaient enlevé Phébé et la sœur de Phébé; Idas et son frère prennent les armes et redemandent leurs fiancées ; car ils étaient tous deux destinés à être gendres de Leucippe. L'amour inspire aux uns la poursuite, aux autres la résistance; des deux parts même cause les anime au combat. Les Ébalides pouvaient, par la rapidité de leur

Effugere OEbalidæ cursu potuere sequentes ;
  Sed visum celeri vincere turpe fuga.
Liber ab arboribus locus est, apta area pugnæ.
  Constiterant illic : nomen Aphidna loco.
Pectora trajectus Lynceo Castor ab ense,
  Non exspectato vulnere pressit humum.
Ultor adest Pollux ; et Lyncea perforat hasta,
  Qua cervix humeros continuata premit.
Ibat in hunc Idas, vixque est Jovis igne repulsus :
  Tela tamen dextræ fulmine rapta negant.
Jamque tibi cœlum, Pollux, sublime patebat ;
  Quum, Mea, dixisti, percipe verba, Pater.
Quod mihi das uni, cœlum partire duobus :
  Dimidium toto munere majus erit.
Dixit ; et alterna fratrem statione redemit :
  Utile sollicitæ sidus uterque rati.

AD Janum redeat, qui quærit Agonia quid sint :
  Quæ tamen in Fastis hoc quoque tempus habent.

NOCTE sequente diem canis Erigoneius exit ;
  Est alio signi reddita causa loco.
PROXIMA Vulcani lux es ; Tubilustria dicunt :
  Lustrantur puræ, quas facit ille, tubæ.

QUATUOR inde notis locus est ; quibus ordine lectis,
  Vel mos sacrorum, vel Fuga regis inest.

NEC te prætereo, populi Fortuna potentis
  Publica, cui templum luce sequente datum.

course, échapper à ceux qui se pressaient sur leur trace ; mais il leur parut honteux de devoir l'avantage à la fuite. Il est un lieu dégagé d'arbres, convenable champ de combat. Là s'arrêtèrent les rivaux : Aphidna est le nom de ce lieu. Castor, le cœur traversé par le fer de Lyncée, tombe frappé d'un coup inattendu. Mais Pollux vient le venger, et perce Lyncée de sa lance, à l'endroit où la tête s'attache aux épaules. Idas, marchant à sa rencontre, fut à peine repoussé par le feu de Jupiter : on dit que la foudre ne put arracher le fer à sa main. Déjà, Pollux, le ciel t'ouvrait ses sublimes demeures, quand tu dis : « Écoute mes vœux, ô mon père ; partage entre deux le ciel, que tu donnes à moi seul. La moitié du bienfait me sera plus précieuse que le tout. » Il a dit ; et sa place échangée tour-à-tour avec son frère, a racheté ce dernier de la mort. L'un et l'autre est un astre utile aux vaisseaux en danger.

Retournez à Janus, vous qui cherchez ce que sont les Agonales : cependant elles occupent aussi cette époque dans les Fastes.

La nuit suivante, paraît le chien d'Érigone ; j'ai expliqué ailleurs l'origine de ce signe.

Le jour prochain appartient à Vulcain ; on l'appelle *Tubilustria* ; on purifie les trompettes forgées par ce dieu.

Ensuite se présentent quatre signes, qui, lus par ordre, indiquent ou l'usage des sacrifices, ou la fuite du roi.

Je ne te passerai pas non plus sous silence, Fortune Publique du peuple-roi, toi dont le jour suivant a vu consacrer le temple.

Hanc ubi dives aquis acceperit Amphitrite,
  Grata Jovi fulvæ rostra videbis avis.

Auferat ex oculis veniens Aurora Booten ;
  Continuaque die sidus Hyantis erit.

Dès que le flambeau du jour sera plongé dans les eaux de la riche Amphitrite, on apercevra la tête fauve de l'oiseau agréable à Jupiter.

La prochaine Aurore dérobera le Bouvier à nos regards, et le jour suivant paraîtra la constellation des Hyades.

PUBLII OVIDII NASONIS

FASTORUM

LIBER VI.

Hic quoque mensis habet dubias in nomine causas:
  Quæ placeant, positis omnibus, ipse leges.
Facta canam: sed erunt qui me finxisse loquantur,
  Nullaque mortali numina visa putent.
Est Deus in nobis: agitante calescimus illo;
  Impetus hic sacræ semina mentis habet.
Fas mihi præcipue vultus vidisse Deorum,
  Vel quia sum vates, vel quia sacra cano.

Est nemus arboribus densum, secretus ab omni
  Voce locus, si non obstreperetur aquis.
Hic ego quærebam, cœpti quæ mensis origo
  Esset, et in cura nominis hujus eram.
Ecce Deas vidi, non quas præceptor arandi
  Viderat, Ascræas quum sequeretur oves;
Nec quas Priamides in aquosæ vallibus Idæ
  Contulit; ex illis sed tamen una fuit:

FASTES

DE P. OVIDE.

LIVRE VI.

Ce mois aussi porte un nom auquel on attribue diverses origines; après les avoir toutes exposées, je laisserai la liberté du choix. Mes chants seront un récit fidèle; mais quelques incrédules les traiteront sans doute de fictions, et ne voudront pas croire que jamais divinité soit apparue à un mortel. Et pourtant un dieu vit en nous : son inspiration nous échauffe, et notre enthousiasme est une émanation de l'esprit céleste. A moi surtout, et mon titre de poète, et l'objet sacré de mes chants, ont permis d'envisager les dieux.

Il est un bois épais, lieu retiré dont le silence n'est interrompu que par le murmure des eaux. Là, je méditais sur l'origine du mois que je chante, et son nom occupait ma pensée. Tout à coup j'aperçois des déesses, non celles qui apparurent au chantre de l'art aratoire, lorsqu'il suivait ses brebis d'Ascrée; ni celles dont le fils de Priam compara la beauté dans les humides vallons de l'Ida. L'une d'elles pourtant était devant mes yeux, l'une d'elles, la sœur de son époux, celle, je la

Ex illis fuit una, sui germana mariti :
  Hæc erat, agnovi, quæ stat in arce Jovis.
Horrueram, tacitoque animum pallore fatebar :
  Quum Dea, quos fecit, sustulit ipsa metus ;
Namque ait : O vates, romani conditor anni,
  Ause per exiguos magna referre modos ;
Jus tibi fecisti numen cœleste videndi,
  Quum placuit numeris condere festa tuis.
Ne tamen ignores, vulgique errore traharis ;
  Junius a nostro nomine nomen habet.
Est aliquid nupsisse Jovi, Jovis esse sororem ;
  Fratre magis dubito glorier, anne viro.
Si genus adspicitur, Saturnum prima parentem
  Feci ; Saturni sors ego prima fui.
A patre dicta meo quondam Saturnia Roma est ;
  Hæc illi a cœlo proxima terra fuit.
Si torus in pretio est, dicor matrona Tonantis ;
  Junctaque Tarpeio sunt mea templa Jovi.
An potuit Maio pellex dare nomina mensi ?
  Hic honor in nobis invidiosus erit ?
Cur igitur Regina vocor Princepsque Dearum ?
  Aurea cur dextræ sceptra dedere meæ ?
An faciant mensem luces, Lucinaque ab illis,
  Dicar, et a nullo nomina mense traham ?
Tunc me pœniteat posuisse fideliter iras
  In genus Electræ, Dardaniamque domum.
Causa duplex iræ : rapto Ganymede dolebam ;
  Forma quoque Idæo judice victa mea est.
Pœniteat, quod non foveo Carthaginis arces ;
  Quum mea sint illo currus et arma loco :

reconnus, qui a sa place au Capitole. Je frémissais, et ma pâleur silencieuse trahissait mon trouble, quand la déesse dissipa elle-même la terreur qu'elle avait causée : « Poète, dit-elle, toi qui élèves un monument à l'année romaine, et qui oses traiter de graves sujets sur un mode léger, tu t'es acquis le droit de voir les puissances des cieux, quand tu as entrepris de consacrer leurs fêtes par tes vers. Or, afin que tu ne l'ignores, et que tu ne sois entraîné par l'erreur vulgaire, apprends que Juin a reçu son nom de notre nom.

« C'est quelque chose, d'avoir épousé Jupiter, d'être sœur de Jupiter ; et je ne sais si je dois être plus fière de l'avoir pour frère ou pour époux. Si l'on considère la naissance : la première, j'ai donné à Saturne le nom de père, je suis la fille aînée de Saturne. Du nom de mon père, Rome autrefois fut appelée Saturnie : ce fut son premier asile après qu'il fut chassé des cieux. Si c'est à l'hymen qu'on s'attache : je m'appelle l'épouse du dieu tonnant, et mon temple se marie à celui de Jupiter Tarpéien. Eh! quoi, une concubine aura pu donner son nom au mois de Mai? et l'on m'envierait le même honneur? Pourquoi donc m'appeler reine, et la première des déesses? pourquoi mettre en ma main le sceptre d'or? Les jours composeraient le mois, et je tiendrais des jours le surnom de Lucine, sans qu'aucun mois portât mon nom! C'est alors que je me repentirais d'avoir fidèlement déposé ma colère contre la race d'Électre et la maison de Dardanus; ma colère, deux causes l'animaient pourtant : l'enlèvement de Ganymède, et ma beauté vaincue au jugement du pasteur de l'Ida. Certes, je me repentirais d'avoir retiré ma protection aux murs de Carthage, quoique mon char et mes armes

Pœniteat Sparten, Argosque, measque Mycenas,
  Et veterem Latio supposuisse Samon:
Adde senem Tatium, Junonicolasque Faliscos,
  Quos ego Romanis succubuisse tuli.
Sed neque pœniteat; nec gens mihi carior ulla est:
  Hic colar, hic teneam cum Jove templa meo.
Ipse mihi Mavors : Commendo mœnia, dixit,
  Hæc tibi; tu pollens urbe nepotis eris.
Dicta fides sequitur; centum celebramur in aris:
  Nec levior quovis est mihi mensis honor.
Nec tamen hunc nobis tantummodo præstat honorem
  Roma; suburbani dant mihi munus idem.
Inspice quos habeat nemoralis Aricia Fastos,
  Et populus Laurens, Lanuviumque meum;
Est illic mensis Junonius : inspice Tibur,
  Et Prænestinæ mœnia sacra Deæ;
Junonale leges tempus : nec Romulus illas
  Condidit; at nostri Roma nepotis erat.

FINIERAT Juno; respeximus : Herculis uxor
  Stabat, et in vultu signa dolentis erant :
Non ego, si toto mater me cedere cœlo
  Jusserit, invita matre morabor, ait.
Nunc quoque non luctor de nomine temporis hujus :
  Blandior, et partes pæne rogantis ago;
Remque mei juris malim tenuisse precando :
  Et faveas causæ forsitan ipse meæ.
Aurea possedit socio Capitolia templo
  Mater; et, ut debet, cum Jove summa tenet.
At decus omne mihi contingit origine mensis;

y fussent renfermés; je me repentirais d'avoir mis sous la domination du Latium, Sparte et Argos, et ma chère Mycènes, et l'antique Samos; ajoute le vieux Tatius, et les Falisques, mes adorateurs fidèles, que j'ai laissé subjuguer par les Romains. Mais non, point de regrets, car aucune nation ne m'est plus chère : c'est ici que je veux être adorée, ici que je veux avoir un temple avec mon Jupiter. Mars lui-même m'a dit : « Je te recom-
« mande ces remparts; tu seras toute-puissante dans la
« ville de ton petit-fils. » Il m'a tenu parole; je suis adorée sur cent autels : mais j'estime à l'égal de tout autre l'honneur de présider à ce mois. Cet honneur, je ne le tiens pas de Rome seulement; les peuples de son territoire m'ont attribué le même patronage. Consulte les Fastes de la bocagère Aricie, ceux du peuple Laurentin et de mon Lanuvium : là, ce mois est celui de Junon. Consulte Tibur et les murs consacrés à la déesse de Préneste: tu apprendras que cette époque appartient à Junon; et pourtant Romulus n'a pas fondé ces villes, tandis que Rome est la cité de mon petit-fils. »

Junon se tut; je levai les yeux, et là je vis l'épouse d'Hercule, dont le visage était brillant de jeunesse. « Si ma mère, dit-elle, voulait m'exiler tout-à-fait du ciel, je ne demeurerais pas, malgré ma mère. Je ne prétends donc pas entrer en lutte avec elle au sujet du nom de ce mois; je serai douce et presque suppliante : c'est par la prière que j'aimerais à faire triompher mon droit, et peut-être toi-même seras-tu favorable à ma cause. Ma mère a reçu sa part d'un temple sur le sommet brillant du Capitole; elle y occupe avec Jupiter la place suprême qui lui est dûe. Quant à moi, toute ma gloire dérive de l'origine de ce mois; c'est mon unique

Unicus est, de quo sollicitamur, honor.
Quid grave, si titulum mensis, Romane, dedistis
  Herculis uxori, posteritasque memor?
Haec quoque terra aliquid debet mihi nomine magni
  Conjugis; huc captas adpulit ille boves.
Hic male defensus flammis et dote paterna
  Cacus Aventinam sanguine tinxit humum:
Ad propiora vocor: populum digessit ab annis
  Romulus, in partes distribuitque duas;
Haec dare consilium, pugnare paratior illa est:
  Haec aetas bellum suadet, at illa gerit.
Sic statuit, mensesque nota secrevit eadem;
  Junius est juvenum, qui fuit ante, senum.

Dixit, et in litem studio certaminis issent;
  Atque ira pietas dissimulata foret.
Venit Apollinea longas Concordia lauro
  Nexa comas, placidi numen opusque ducis.
Haec ubi narravit Tatium, fortemque Quirinum,
  Binaque cum populis regna coisse suis;
Et lare communi soceros generosque receptos:
  His nomen junctis Junius, inquit, habet.

Dicta triplex causa est; at vos ignoscite, Divae:
  Res est arbitrio non dirimenda meo.
Ite pares a me; perierunt judice formae
  Pergama: plus laedunt, quam juvet una, duae.

Prima dies tibi, Carna, datur; Dea cardinis haec est:
  Numine clausa aperit, claudit aperta suo.

honneur que je réclame. Où est le mal, si vous avez, Romains, postérité reconnaissante, donné le patronage d'un mois à l'épouse d'Hercule? Cette terre me doit aussi quelque tribut, sans doute, au nom du héros mon époux; il conduisit ici les bœufs qu'il enleva. Ici, Cacus, mal protégé par ses flammes et par les dons de son père, teignit de son sang le sol de l'Aventin. Venons à des temps plus modernes : Romulus divisa son peuple suivant l'âge, et le distribua en deux parties; l'une plus propre aux conseils, l'autre aux combats : aux uns de décider la guerre, aux autres de la faire. Ainsi le voulut Romulus, et il reproduisit dans les mois cette distinction des âges : Juin est le mois des jeunes gens; celui qui précède, est le mois des vieillards. »

Elle dit ; la chaleur du débat les eût engagées dans une contestation sérieuse, et la piété eût été mise en oubli par la colère, quand survint la Concorde, dont la longue chevelure est couronnée du laurier d'Apollon; la Concorde, ouvrage et divinité d'un chef guerrier et pacificateur. Après avoir rappelé Tatius et le courageux Quirinus, et la fusion des deux trônes et des deux peuples, et la réunion des beaux-pères et des gendres au même foyer, « C'est de leur jonction, dit-elle, que Juin a reçu son nom. »

J'ai dit les trois origines ; mais vous, pardonnez, ô déesses : ce n'est pas moi qui trancherai le différent. Je veux vous renvoyer toutes égales; le juge qui donna le prix de la beauté, causa la perte de Pergame : l'inimitié de deux déesses est plus nuisible, que n'est utile la protection d'une seule.

Le premier jour t'est consacré, Carna; c'est la déesse des gonds, celle dont la puissance ouvre ce qui

Unde datas habeat vires, obscurior ævo
  Fama; sed e nostro carmine certus eris.

ADJACET antiqui Tiberino lucus Helerni;
  Pontifices illuc nunc quoque sacra ferunt.
Inde sata est Nymphe, Granen dixere priores,
  Nequidquam multis sæpe petita procis.
Rura sequi, jaculisque feras agitare solebat,
  Nodosasque cava tendere valle plagas.
Non habuit pharetram; Phœbi tamen esse sororem
  Credebant; nec erat, Phœbe, pudenda tibi.
Huic aliquis juvenum dixisset amantia verba,
  Reddebat tales protinus illa sonos:
Hæc loca lucis habent nimis, et cum luce pudoris;
  Si secreta magis ducis in antra, sequor.
Credulus antra subit; frutices hæc nacta resistit,
  Et latet, et nullo est invenienda loco.
Viderat hanc Janus; visæque cupidine captus,
  Ad duram verbis mollibus usus erat.
Nympha jubet quæri de more remotius antrum;
  Utque comes sequitur, destituitque ducem.
Stulta, videt Janus quæ post sua terga gerantur,
  Nil agis, en latebras respicit ille tuas;
Nil agis, en dixi! nam te sub rupe latentem
  Occupat amplexu; teque potitus, ait:
Jus pro concubitu nostro tibi cardinis esto;
  Hac pretium positæ virginitatis habe.
Sic fatus, virgam qua tristes pellere posset
  A foribus noxas, hæc erat alba, dedit.

SUNT avidæ volucres, non quæ Phineia mensis

est fermé, ferme ce qui est ouvert. Quelle est l'origine de son pouvoir? c'est une tradition obscurcie par le temps; mais le doute sera dissipé par mes vers.

Aux bords du Tibre s'élève l'antique bois d'Hélerne, où les pontifes vont encore aujourd'hui offrir des sacrifices. Là naquit une nymphe, les anciens lui donnèrent le nom de Grané, souvent et vainement recherchée par une foule d'amans. Elle parcourait les campagnes, chassait les bêtes fauves le javelot à la main, et tendait ses filets noueux dans les profondes vallées. Elle ne portait pas le carquois; cependant on la croyait sœur de Phébus, et tu n'avais pas à en rougir, ô Phébus. Qu'un jeune homme lui dît d'amoureuses paroles, elle répondait aussitôt : « Trop de jour éclaire ces lieux, le jour alarme la pudeur : si tu veux guider mes pas dans une grotte plus secrète, va, je te suis. » L'amant crédule entre dans une grotte; mais elle reste en arrière, cachée sous des buissons, et brave toutes les recherches. Janus la vit, et à sa vue, enflammé de désirs, il chercha par de douces paroles à fléchir la cruelle. La nymphe, suivant son habitude, lui ordonne de chercher un asile plus écarté; elle le suit comme prête à l'y accompagner, et bientôt se dérobe à son guide. Insensée! Janus voit ce qui se passe derrière lui. En vain tu te caches, car il aperçoit ta retraite ; en vain tu te caches, ai-je dit, car, sous la roche où tu te réfugies, il te saisit, t'embrasse, et, ses vœux comblés, il te dit : « Pour prix du bonheur goûté dans tes bras, pour prix de ta virginité perdue, je soumets les gonds à ton pouvoir. » A ces mots, il lui donne une branche d'aubépine, dont la vertu pût éloigner des portes tous fâcheux accidens.

Il existe des oiseaux avides, non ceux qui enlevaient

Guttura fraudabant, sed genus inde trahunt;
Grande caput, stantes oculi, rostra apta rapinæ :
　Canities pennis, unguibus hamus inest.
Nocte volant, puerosque petunt nutricis egentes,
　Et vitiant cunis corpora rapta suis.
Carpere dicuntur lactentia viscera rostris,
　Et plenum poto sanguine guttur habent.
Est illis strigibus nomen; sed nominis hujus
　Causa, quod horrenda stridere nocte solent.
Sive igitur nascuntur aves, seu carmine fiunt,
　Næniaque in volucres Marsa figurat anus;
In thalamos venere Procæ : Proca natus in illis,
　Præda recens avium, quinque diebus erat :
Pectoraque exsorbent avidis infantia linguis.
　At puer infelix vagit, opemque petit :
Territa voce sui nutrix adcurrit alumni;
　Et rigido sectas invenit ungue genas.
Quid faceret? color oris erat, qui frondibus olim
　Esse solet seris, quas nova læsit hiems.
Pervenit ad Granen, et rem docet; illa, Timorem
　Pone; tuus sospes, dixit, alumnus erit.
Venerat ad cunas; flebant materque paterque :
　Sistite vos lacrymas, ipsa medebor, ait.
Protinus arbutea postes ter in ordine tangit
　Fronde; ter arbutea limina fronde notat;
Spargit aquis aditus, et aquæ medicamen habebant,
　Extaque de porca cruda bimestre tenet :
Atque ita, Noctis aves, extis puerilibus, inquit,
　Parcite; pro parvo victima parva cadit :
Cor pro corde, precor, pro fibris sumite fibras;

à la bouche de Phinée les mets de sa table, mais leur race, à la tête élevée, aux yeux fixes, au bec formé pour la rapine; leur plumage est blanc, leurs serres crochues. Ils volent la nuit; ils cherchent les enfans privés de nourrice, et déchirent leurs corps enlevés de leurs berceaux. On dit qu'ils fouillent avec le bec leurs entrailles nourries de lait, et qu'ils se gorgent de sang. On les nomme striges, et ce nom leur vient du cri strident qu'ils font entendre dans l'horreur des nuits.

Soit donc que ces oiseaux se reproduisent, soit qu'ils naissent par enchantement, et que leur plumage cache le corps de quelques vieilles métamorphosées par un chant marse, ils vinrent s'abattre au berceau de Procas, qui, né depuis cinq jours, leur offrait une proie toute fraîche. De leurs langues avides ils épuisent la poitrine de l'enfant; mais les vagissemens du malheureux appellent du secours: la nourrice, épouvantée, accourt à sa voix, et le trouve les joues sillonnées par des serres cruelles. Que faire? son visage avait la couleur de ces feuilles tardives que le retour de l'hiver a flétries. Elle court trouver Grané, et lui apprend la triste nouvelle. « Bannis tes craintes, dit la nymphe; ton nourrisson sera sauvé. » Elle vient au berceau; le père et la mère pleuraient: « Plus de larmes, dit-elle; je guérirai l'enfant. » Aussitôt, avec ordre, elle touche trois fois les portes d'un rameau, trois fois le seuil; puis elle y verse de l'eau, et cette eau renferme une vertu médicinale; elle prend les entrailles crues d'une truie de deux mois, et, les tenant à la main : « Oiseaux de la nuit, dit-elle, épargnez des entrailles enfantines; une petite victime est sacrifiée pour un petit enfant : prenez, je

Hanc animam vobis pro meliore damus.

Sic ubi libavit, prosecta sub æthere ponit;
  Quique sacris adsunt respicere illa vetat :
Virgaque Janalis de spina ponitur alba,
  Qua lumen thalamis parva fenestra dabat.
Post illud nec aves cunas violasse feruntur;
  Et rediit puero, qui fuit ante, color.

Pinguia cur illis gustentur larda Kalendis,
  Mixtaque cum calido sit faba farre, rogas?
Prisca Dea est, aliturque cibis quibus ante solebat;
  Nec petit adscitas luxuriosa dapes.
Piscis adhuc illi populo sine fraude natabat,
  Ostreaque in conchis tuta fuere suis :
Nec Latium norat, quam præbet Ionia dives,
  Nec, quæ Pygmæo sanguine gaudet, avem;
Et præter pennas nihil in pavone placebat;
  Nec tellus captas miserat ante feras.
Sus erat in pretio; cæsa sue festa colebant :
  Terra fabas tantum, duraque farra dabat.
Quæ duo mixta simul sextis quicumque Kalendis
  Ederit; huic lædi viscera posse negant.

Arce quoque in summa Junoni templa Monetæ
  Ex voto memorant facta, Camille, tuo.
Ante domus Manlî fuerant, qui gallica quondam
  A Capitolino reppulit arma Jove.
Quam bene, Dî magni, pugna cecidisset in illa
  Defensor solii, Jupiter alte, tui !

vous prie, cœur pour cœur, fibres pour fibres; nous vous offrons cette existence, pour une existence plus précieuse. »

Après avoir ainsi fait son offrande, elle expose en plein air les entrailles coupées en morceaux, et défend aux assistans de regarder; puis, elle pose le présent de Janus, la branche d'aubépine sur la petite fenêtre qui donne du jour au berceau. On dit que, depuis lors, les oiseaux respectèrent le lit de l'enfant, et que son teint reprit sa première fraîcheur.

On demande pourquoi, pendant ces calendes, l'on mange du lard gras, et une bouillie mélangée de farine et de fèves? Carna est une déesse antique; elle a conservé l'habitude de ses anciens repas, et ne recherche pas le luxe des mets étrangers. Le poisson nageait encore à l'abri des atteintes de l'homme, les huîtres étaient en sûreté dans leurs coquilles. Le Latium ne connaissait pas l'oiseau qui vient de la riche Ionie, ni celui qui savoure le sang du Pygmée. On n'aimait du paon que son plumage; et la terre n'envoyait pas son tribut de bêtes prises à la chasse. Le porc était estimé, on tuait un porc les jours de fête; les fèves et le blé dur étaient les seuls produits du sol. Ces deux alimens mélangés, et mangés pendant les sixièmes calendes, garantissent, dit-on, de la colique.

On raconte aussi qu'un temple a été consacré à Junon Moneta sur le sommet du Capitole, en exécution de ton vœu, ô Camille. Là s'élevait auparavant la maison de Manlius, qui repoussa les armes gauloises loin de Jupiter Capitolin. Que n'est-il, grands dieux! tombé dans ce combat en défendant ton trône, puissant Jupiter! Il a vécu, pour subir en coupable la peine due à son crime,

Vixit, ut occideret damnatus crimine regni :
　Hunc illi titulum longa senecta dabat.
Lux eadem Marti festa est; quem prospicit extra
　Adpositum Tectæ porta Capena viæ.

Te quoque, Tempestas, meritam delubra fatemur;
　Quum pæne est Corsis obruta classis aquis.

Hæc hominum monumenta patent : si quæritis astra,
　Tunc oritur magni præpes adunca Jovis.

Postera lux Hyadas, Taurinæ cornua frontis,
　Evocat; et multa terra madescit aqua.

Mane ubi bis fuerit, Phœbusque iteraverit ortus;
　Factaque erit posito rore bis uda seges;
Hac sacrata die Tusco Bellona duello
　Dicitur; et Latio prospera semper adest.
Appius est auctor, Pyrrho qui pace negata,
　Multa animo vidit; lumine captus erat.

Prospicit a templo summum brevis area circum :
　Est ibi non parvæ parva columna notæ.
Hinc solet hasta manu, belli prænuntia, mitti,
　In regem et gentes quum placet arma capi.

Altera pars circi custode sub Hercule tuta est :
　Quod Deus Euboico carmine munus habet.
Muneris est tempus, qui Nonas Lucifer ante est :
　Si titulos quæris, Sylla probavit opus.

à l'ambition de régner. Voilà le titre que lui réservait une longue vieillesse.

Le même jour est aussi consacré à Mars ; la porte Capène regarde le temple de ce dieu, situé hors des murs, sur la voie Tecta.

Et toi aussi, Tempête, tu as mérité un temple, nous l'avouons, quand notre flotte fut sur le point d'être engloutie dans les eaux de la Corse.

Tels sont les monumens des hommes ; si vous interrogez les astres, alors se lève l'oiseau de proie, favori du grand Jupiter.

Le jour suivant rappelle les Hyades, qui se groupent sur le front cornu du Taureau ; des pluies abondantes humectent la terre.

Au second retour du matin, au second lever de Phébus, quand la rosée sera deux fois tombée sur la tige humide des blés, en ce jour, dit-on, fut consacré le temple de Bellone, pendant la guerre de Toscane ; et toujours cette déesse protège le Latium. Le fondateur est Appius, ce vieillard aveugle, dont l'esprit clairvoyant apercevait toutes les conséquences du refus qu'il faisait de la paix à Pyrrhus.

Au devant du temple, une place peu étendue regarde l'extrémité du cirque ; là s'élève une petite colonne d'un grand renom : c'est de là que la main du fécial lance le javelot précurseur de la guerre, quand il plaît de prendre les armes contre les rois et les nations.

L'autre extrémité du cirque est sous la garde et la protection d'Hercule, qui doit cet emploi à l'oracle d'Eubée ; c'est la veille des nones qu'il en fut investi : si vous cherchez l'inscription, Sylla reçut et approuva le monument.

Quærebam, Nonas Sanco Fidione referrem,
  An tibi, Semo pater; quum mihi Sancus ait:
Cuicumque ex illis dederis, ego munus habebo:
  Nomina trina fero; sic voluere Cures.
Hunc igitur veteres donarunt æde Sabini;
  Inque Quirinali constituere jugo.

Est mihi, sitque, precor, nostris diuturnior annis,
  Filia, qua felix sospite semper ero.
Hanc ego quum vellem genero dare, tempora tædis
  Apta requirebam, quæque cavenda forent.
Tum mihi post sacras monstratur Junius Idus,
  Utilis et nuptis, utilis esse viris:
Primaque pars hujus thalamis aliena reperta est;
  Nam mihi sic conjux sancta Dialis ait:
Donec ab Iliaca placidus purgamina Vesta
  Detulerit flavis in mare Tibris aquis;
Non mihi detonsos crines depectere buxo,
  Non ungues ferro subsecuisse licet;
Non tetigisse virum; quamvis Jovis ille sacerdos,
  Quamvis perpetua sit mihi lege datus.
Tu quoque ne propera: melius tua filia nubet,
  Ignea quum pura Vesta nitebit humo.

Tertia post Nonas removere Lycaona Phœbe
  Fertur, et a tergo non habet Ursa metum.
Tunc ego me memini ludos in gramine Campi
  Adspicere; et didici, lubrice Tibri, tuos.
Festa dies illis, qui lina madentia ducunt,
  Quique tegunt parvis æra recurva cibis.

Je me demandais à qui rapporter les nones, à Sancus, ou à Fidius, ou à toi, père Semon, lorsque Sancus me dit : « Quel que soit celui auquel tu les rapportes, à moi en reviendra l'honneur; je porte ces trois noms; ainsi l'ont voulu les habitans de Cures. » C'est donc à ce dieu que les anciens Sabins ont consacré un temple sur le mont Quirinal.

J'ai une fille, puisse sa vie dépasser les bornes de la mienne! Mon bonheur dépendra toujours de sa conservation. Résolu à la confier à un gendre, je m'informais des temps propices à l'hymen, et des temps dont il faut se garder. Juin me fut alors indiqué, mais après les ides sacrées, comme une époque favorable aux épouses, favorable aux époux : la première partie de ce mois fut reconnue contraire à la couche nuptiale; car la sainte épouse du flamine Diale me parla ainsi : « Tant que le Tibre paisible n'a point de ses eaux jaunissantes porté à la mer les souillures rejetées du temple de la Troyenne Vesta, il ne m'est permis ni de passer le peigne dans mes cheveux taillés par le ciseau, ni de couper mes ongles avec le fer, ni d'approcher de mon époux, et pourtant il est prêtre de Jupiter, et il m'a été donné par une loi irrévocable. Ne te presse donc point; il vaut mieux marier ta fille lorsque la déesse du feu brillera d'un éclat nouveau dans son temple purifié. »

On dit qu'à son troisième lever après les nones, Phébé chasse le petit-fils de Lycaon, et déjà l'Ourse n'a plus derrière elle la crainte qui la poursuit. Alors, il m'en souvient, j'ai vu des jeux sur le gazon du Champ-de-Mars, et j'ai appris que ces jeux étaient les tiens, Tibre paisible : c'est un jour de fête pour ceux qui traînent les

Mens quoque numen habet : Menti delubra videmus
   Vota metu belli, perfide Pœne, tui.
Pœne, rebellaras : et leto consulis omnes
   Adtoniti Mauras pertimuere manus.
Spem metus expulerat, quum Menti vota senatus
   Suscipit ; et melior protinus illa venit.
Adspicit instantes mediis sex lucibus Idus
   Illa dies, qua sunt vota soluta Deæ.

Vesta, fave : tibi nunc operata resolvimus ora,
   Ad tua si nobis sacra venire licet.
In prece totus eram : cœlestia numina sensi ;
   Lætaque purpurea luce refulsit humus :
Non equidem vidi, valeant mendacia vatum,
   Te, Dea ; nec fueras adspicienda viro.
Sed, quæ nescieram, quorumque errore tenebar,
   Cognita sunt, nullo præcipiente, mihi.
Dena quater memorant habuisse Palilia Romam,
   Quum flammæ custos æde recepta sua est.
Regis opus placidi, quo non metuentius ullum
   Numinis ingenium terra Sabina tulit.
Quæ nunc ære vides, stipula tunc tecta videres ;
   Et paries lento vimine textus erat.
Hic locus exiguus, qui sustinet atria Vestæ,
   Tunc erat intonsi regia magna Numæ.
Forma tamen templi, quæ nunc manet, ante fuisse
   Dicitur : et formæ causa probanda subest.
Vesta eadem est, quæ terra ; subest vigil ignis utrique :

filets humides, et cachent, sous l'appât d'un peu de nourriture, le fer recourbé de l'hameçon.

L'intelligence aussi a son culte ; nous voyons un temple consacré à l'Intelligence, par crainte de la guerre que tu avais recommencée, perfide Carthaginois. Tous les Romains, frappés de stupeur par la mort du consul, redoutaient les armes des Maures. La terreur avait banni l'espérance, quand le sénat fit un vœu à l'Intelligence, et aussitôt elle vint lui donner de meilleures inspirations. Le jour de l'accomplissement de ce vœu fait à la déesse est séparé des ides suivantes par un intervalle de six jours.

Vesta, sois-moi propice ; c'est toi que je vais chanter maintenant, s'il m'est permis d'assister à tes fêtes. J'étais tout à mon invocation, quand je sentis ta présence céleste, et la Terre réjouie brilla d'une lumière purpurine. Je ne te vis pas sans doute, ô déesse ; loin de moi les fictions poétiques ! Tu ne devais point te montrer aux regards d'un homme : mais mon ignorance et mes erreurs s'évanouirent sans que personne m'instruisît.

On raconte que Rome avait quarante fois célébré les Palilies, lorsque la gardienne du feu fut reçue dans son temple ; ce fut l'œuvre du roi pacifique, le plus religieux des enfans du pays sabin. Ce toit que vous voyez d'airain aujourd'hui, alors vous l'eussiez vu de chaume ; les murs étaient tissus d'osier flexible. Cet espace étroit sur lequel reposé le parvis de Vesta, était alors le grand palais du chevelu Numa. On dit cependant que l'antique forme du temple a été conservée ; et la cause de cette forme, la voici : Vesta n'est autre que la terre ; l'une et l'autre a son feu perpétuel, et la position du foyer sacré est modelée sur celle de la terre. Comme

Significant sedem terra focusque suam.
Terra pilæ similis, nullo fulcimine nixa,
  Aere subjecto tam grave pendet onus.
Ipsa volubilitas libratum sustinet orbem,
  Quique premat partes, angulus omnis abest :
Quumque sit in media rerum regione locata,
  Et tangat nullum plusve minusve latus;
Ni convexa foret, parti vicinior esset;
  Nec medium terram mundus haberet onus :
Arce Syracosia suspensus in aere clauso
  Stat globus, immensi parva figura poli :
Et quantum a summis, tantum secessit ab imis
  Terra : quod ut fiat, forma rotunda facit.
Par facies templi; nullus procurrit in illo
  Angulus : a pluvio vindicat imbre tholus.
Cur sit virgineis, quæris, Dea culta ministris ?
  Inveniam causas hac quoque parte suas :
Ex Ope Junonem memorant Cereremque creatas
  Semine Saturni : tertia Vesta fuit.
Utraque nupserunt; ambæ peperisse feruntur :
  De tribus impatiens restitit una viri.
Quid mirum, virgo si virgine læta ministra
  Admittit castas in sua sacra manus ?
Nec tu aliud Vestam, quam vivam intellige flammam :
  Nataque de flamma corpora nulla vides.
Jure igitur virgo est, quæ semina nulla remittit,
  Nec capit; et comites virginitatis habet.
Esse diu stultus Vestæ simulacra putavi :
  Mox didici curvo nulla subesse tholo.
Ignis inexstinctus templo celatur in illo :

une balle sans appui, la terre, masse énorme, se tient suspendue au milieu de l'air qui l'environne. Son globe est maintenu en équilibre par son propre mouvement, et n'a point d'angle qui entraîne la balance. Ainsi, la terre est placée au milieu de l'univers, à distance égale de toutes ses parties; si elle n'était point ronde, elle serait plus voisine d'un point que d'un autre, et ne serait plus le centre du monde. Dans la citadelle de Syracuse est un globe suspendu dans un air renfermé, petite, mais fidèle image de l'immense univers; même distance sépare la terre des points supérieurs et inférieurs : c'est un effet de sa rotondité. Le temple offre un aspect semblable; on n'y voit point de saillie anguleuse : un dôme le protège contre la pluie.

Vous demandez pourquoi la déesse a des vierges pour ministres de son culte? J'en trouverai aussi les causes. Junon et Cérès sont, dit-on, les deux filles qu'Ops ait données d'abord à Saturne; Vesta naquit la troisième. Les deux premières devinrent épouses et mères; une des trois seulement se révolta toujours contre l'hymen. Est-il étonnant qu'une vierge, préférant des vierges pour ministres, confie à de chastes mains les cérémonies de son culte? D'ailleurs, il ne faut voir dans Vesta que la flamme personnifiée, et jamais corps ne naquit de la flamme. C'est donc à bon droit qu'elle est vierge, et qu'elle a des compagnes de virginité, celle qui ne reçoit et ne rend aucun germe fécond.

Long-temps, dans mon ignorance, j'ai cru qu'il existait des statues de Vesta : j'ai appris naguère que le dôme de son temple n'en recouvre aucune; là demeure caché

Effigiem nullam Vesta, nec ignis, habent.

Stat vi terra sua; vi stando Vesta vocatur;
　Causaque par Graii nominis esse potest.
At focus a flammis, et, quod fovet omnia, dictus;
　Qui tamen in primis aedibus ante fuit.
Hinc quoque vestibulum dici reor : inde precando
　Adfamur Vestam : Quae loca prima tenes.
Ante focos olim longis considere scamnis
　Mos erat ; et mensae credere adesse Deos.
Nunc quoque, quum fiunt antiquae sacra Vacunae,
　Ante Vacunales stantque sedentque focos.
Venit in hos annos aliquid de more vetusto :
　Fert missos Vestae pura patella cibos.

Ecce, coronatis panis dependet asellis;
　Et velant scabras florida serta molas.
Sola prius furnis torrebant farra coloni;
　Et Fornacali sunt sua sacra Deae.
Subpositum cineri panem focus ipse parabat;
　Strataque erat tepido tegula quassa solo.
Inde focum servat pistor, dominamque focorum,
　Et quae pumiceas versat asella molas.

Praeteream, referamne tuum, rubicunde Priape,
　Dedecus? est multi fabula plena joci :
Turrigera frontem Cybele redimita corona
　Convocat aeternos ad sua festa Deos;
Convocat et Satyros, et, rustica numina, Nymphas.

un feu toujours entretenu ; ni Vesta, ni le feu n'ont d'image.

La terre se soutient par sa propre force : c'est de là (*vi stando*) qu'est venu le nom de Vesta; son nom grec peut offrir la même étymologie. Quant au foyer, il est ainsi nommé de *flammes*, et de ce qu'il échauffe tout (*fovet*); autrefois il avait sa place dans les premières pièces de la maison. De là aussi est venu, je crois, le mot *vestibule*; de là nous disons à Vesta, dans nos prières : O toi qui tiens les premiers lieux. Autrefois, c'était l'usage de se réunir assis, devant le foyer, sur de longs bancs, et l'on croyait que les dieux assistaient au repas. Aujourd'hui encore, pendant les fêtes de l'antique Vacuna, on se tient, soit debout, soit assis, devant le foyer sacré. Quelque chose de l'ancien usage s'est perpétué jusqu'à nos jours; un vase pur porte à Vesta les mets dont on lui fait offrande.

Mais voilà que le pain pend en couronne au cou des ânesses; des guirlandes de fleurs couvrent les meules raboteuses. Autrefois les cultivateurs ne faisaient cuire au four que le blé dur; et la déesse Fornacale a ses fêtes. Le foyer même préparait le pain sous la cendre; des morceaux de tuiles en composaient l'âtre brûlant. C'est pour cela que le foyer et la déesse du foyer sont fêtés par le boulanger, avec l'ânesse qui tourne les meules de pierre-ponce.

Faut-il taire, ou raconter ta honte, rubicond Priape? l'aventure est fort gaie : Cybèle, dont le front porte une couronne de tours, convie les dieux éternels à ses fêtes; elle convie et les satyres et les nymphes, divinités champêtres; Silène y vient, quoique non invité. Il ne m'appartient pas, et d'ailleurs il serait long de décrire les

Silenus, quamvis nemo vocarat, adest.
Nec licet, et longum est epulas narrare Deorum:
 In multo nox est pervigilata mero.
Hi temere errabant in opacae vallibus Idae:
 Pars jacet, et molli gramine membra levat.
Hi ludunt: hos somnus habet: pars brachia nectit,
 Et viridem celeri ter pede pulsat humum.
Vesta jacet, placidamque capit secura quietem,
 Sicut erat positum cespite fulta caput.
At ruber hortorum custos Nymphasque Deasque
 Captat; et errantes fertque refertque pedes.
Adspicit et Vestam; dubium, Nymphamne putarit,
 An scierit Vestam; scisse sed ipse negat.
Spem capit obscenam, furtimque accedere tentat;
 Et fert suspensos, corde micante, gradus.
Forte senex, quo vectus erat, Silenus asellum
 Liquerat ad ripas lene sonantis aquae.
Ibat, ut inciperet longi Deus Hellesponti,
 Intempestivo quum rudit ille sono.
Territa voce gravi surgit Dea: convolat omnis
 Turba: per infestas effugit ille manus.
Lampsacos hoc animal solita est mactare Priapo:
 Apta asini flammis indicis exta damus:
Quem tu, Diva memor, de pane monilibus ornas.
 Cessat opus: vacuae conticuere molae.

Nomine, quam pretio celebratior, arce Tonantis,
 Dicam, Pistoris quid velit ara Jovis.
Cincta premebantur trucibus Capitolia Gallis:
 Fecerat obsidio jam diuturna famem.
Jupiter, ad solium Superis regale vocatis,

festins des dieux; la nuit se passa en abondantes libations. Les uns errent à l'aventure dans les sombres vallons de l'Ida, les autres se reposent étendus sur le doux gazon; ceux-ci jouent, ceux-là se livrent au sommeil; quelques-uns entrelacent leurs bras, et foulent la verdure au léger trépignement de leur danse. Vesta s'est couchée, et, sans inquiétude, goûte les douceurs du sommeil; sa tête repose sur un banc de gazon. Mais le rubicond protecteur des jardins convoite les nymphes et les déesses, et porte çà et là ses pas errans. Il aperçoit Vesta; la prit-il pour une Nymphe, ou reconnut-il Vesta? c'est un doute. S'il faut l'en croire, il ne la reconnut pas. Il conçoit un espoir lubrique; il essaie d'approcher furtivement, il marche sur la pointe du pied, le cœur lui bat. Mais, par hasard, le vieux Silène avait laissé l'âne qui lui servait de monture aux bords d'un ruisseau au doux murmure. Déjà le dieu du long Hellespont s'apprêtait à satisfaire ses désirs, lorsque la voix de l'animal retentit à contre-temps. La déesse se lève, réveillée en sursaut par ces sons bruyans; la foule accourt; et Priape se dérobe aux mains qui le menacent. Lampsaque a coutume d'immoler un âne à Priape; nous livrons aux flammes les entrailles de l'animal dénonciateur; mais toi, déesse reconnaissante, tu le pares de colliers de pain; le travail cesse, et les meules oisives se taisent.

Je dirai ce que signifie, sur le mont du dieu tonnant, l'autel de Jupiter Pistor, plus recommandable par son nom que par sa richesse. Le Capitole était serré de près par les féroces Gaulois qui l'entouraient; la longueur du siège avait amené la famine. Jupiter appelle les

Incipe, ait Marti; protinus ille refert:
Scilicet ignotum est, quæ sit fortuna meorum,
  Et dolor hic animi voce querentis eget.
Si tamen, ut referam breviter mala juncta pudori,
  Exigis: Alpino Roma sub hoste jacet.
Hæc est, cui fuerat promissa potentia rerum,
  Jupiter? hanc terris impositurus eras?
Jamque Suburbanos Etruscaque contudit arma.
  Spes erat in cursu: nunc Lare pulsa suo est.
Vidimus ornatos, ærata per atria, picta
  Veste, triumphales occubuisse senes.
Vidimus Iliacæ transferri pignora Vestæ
  Sede: putant aliquos scilicet esse Deos.
At si respicerent, qua vos habitatis in arce,
  Totque domos vestras obsidione premi;
Nil opis in cura scirent superesse Deorum,
  Et data sollicita tura perire manu.
Atque utinam pugnæ pateat locus! arma capessant;
  Et, si non poterunt exsuperare, cadant.
Nunc inopes victus, ignavaque fata timentes,
  Monte suo clausos barbara turba premit.

Tum Venus, et lituo pulcher trabeaque Quirinus,
  Vestaque pro Latio multa locuta suo.
Publica, respondit, cura est pro mœnibus istis,
  Jupiter: et pœnas Gallia victa dabit.
Tu modo, quæ desunt fruges, superesse putentur,
  Effice; nec sedes desere, Vesta, tuas.
Quodcumque est Cereris solidæ, cava machina frangat;

dieux autour de son trône royal : « Commence, » dit-il à Mars; aussitôt celui-ci répond : « Tu ignores, sans doute, quel est le sort des miens, et ma douleur doit se manifester par des plaintes. Si pourtant tu veux que j'exprime en peu de mots des malheurs mêlés d'opprobre : Rome est foulée aux pieds d'un ennemi descendu des Alpes; et c'est cette Rome à laquelle fut promis l'empire du monde, ô Jupiter, celle que tu devais élever au dessus des nations! Déjà elle avait vaincu les peuples les plus voisins, et les armes étrusques; l'espoir allait croissant : maintenant, elle est chassée de ses foyers. Nous avons vu tomber sous leurs vestibules brillans d'airain les vieillards parés de leurs robes de pourpre comme aux jours de triomphe. Nous avons vu les attributs de la Troyenne Vesta forcés de déserter son temple. Les Romains, ils croient sans doute à l'existence des dieux; mais s'ils considéraient et le mont où sont vos autels, et le siège qui entoure et menace vos sanctuaires si nombreux, ils sauraient que le culte des dieux ne leur est plus d'aucun secours, et que leurs mains inquiètes brûlent un encens inutile. Si du moins un champ de bataille s'ouvrait devant eux! s'ils pouvaient tenter le sort des armes, et trouver la mort, à défaut de la victoire! Mais non; privés de vivres, réduits à craindre le sort des lâches, ils sont renfermés sur leur mont, pressés par une troupe barbare. »

Vénus, à son tour, et Vesta, et Quirinus, que décorent le lituus et la trabée, parlèrent avec instance en faveur de leur Latium. « Ces remparts nous intéressent tous, répondit Jupiter; la Gaule vaincue expiera ses triomphes. Quant à toi, Vesta, fais seulement que la disette se dissimule sous une abondance apparente, et ne déserte point ton sanctuaire; que le mortier broie

Mollitumque manu duret in igne focus.

Jusserat: et fratris virgo Saturnia jussis
   Adnuit; et mediae tempora noctis erant.
Jam ducibus somnum dederat labor: increpat illos
   Jupiter; et sacro, quid velit, ore docet:
Surgite, et in medios de summis arcibus hostes
   Mittite, quam minime perdere vultis, opem.
Somnus abit, quaeruntque novis ambagibus acti,
   Perdere quam nolint, et jubeantur, opem.
Ecce, Ceres visa est: jaciunt Cerealia dona:
   Jacta super galeas scutaque longa sonant.
Posse fame vinci spes excidit: hoste repulso,
   Candida Pistori ponitur ara Jovi.

Forte revertebar festis Vestalibus illac,
   Qua Nova Romano nunc via juncta Foro est.
Huc pede matronam vidi descendre nudo;
   Obstupui; tacitus sustinuique gradum.
Sensit anus vicina loci; jussumque sedere
   Adloquitur, quatiens, voce tremente, caput:
Hoc, ubi nunc fora sunt, udae tenuere paludes;
   Amne redundatis fossa madebat aquis.
Curtius ille lacus, siccas qui sustinet aras,
   Nunc solida est tellus, sed lacus ante fuit.
Qua Velabra solent in Circum ducere pompas,
   Nil praeter salices, cassaque canna fuit.
Saepe suburbanas rediens conviva per undas
   Cantat: et ad nautas ebria verba jacit.
Nondum conveniens diversis iste figuris

tout ce qui reste de grains, et qu'à la flamme du foyer la farine pétrie devienne un pain solide. »

Il dit; et la fille de Saturne obéit aux ordres de son frère. Il était minuit; déjà les chefs, fatigués, goûtaient les douceurs du sommeil; Jupiter les gourmande, et de sa bouche sacrée leur dicte ses volontés : « Levez-vous, et du haut des remparts lancez au milieu des ennemis le secours que vous voudriez le moins perdre. » Le sommeil fuit, et les chefs, agités par ces obscurités nouvelles, cherchent quel est ce secours qu'ils voudraient conserver et qu'ils ont ordre de perdre. Mais voilà qu'ils songent à Cérès; et ils jettent les dons de Cérès, qui tombent avec bruit sur les casques et les longs boucliers. L'ennemi perdit tout espoir de vaincre par famine; et après sa retraite un autel éclatant de blancheur fut élevé à Jupiter Pistor.

Je revenais un jour des fêtes de Vesta, par l'endroit où la voie Nouvelle se joint maintenant au Forum romain. Là, je vis une matrone descendre pieds nus; surpris à cette vue, je m'arrêtai en silence. Une vieille du voisinage comprit le sujet de mon étonnement; elle me fit asseoir, et, le chef branlant, la voix tremblante, elle me parla en ces termes : « Ici, au lieu du Forum que tu vois, étaient d'humides marais où le fleuve versait le trop plein de ses eaux. C'était le lac Curtius; maintenant des autels y reposent à sec sur un terrain solide, mais pourtant c'était jadis un lac. Le Velabrum, ce chemin qui mène au Cirque le cortège des jeux, n'était qu'un champ de saules et d'inutiles roseaux. Souvent le convive revenait en chantant à la ville à travers les marais voisins, et jetait aux mariniers des propos inspirés par l'ivresse. Le dieu qui porte un nom si convenable à la

Nomen ab averso ceperat amne Deus.
Hic quoque lucus erat, juncis et arundine densus,
  Et pede velato non adeunda palus.
Stagna recesserunt, et aquas sua ripa coercet;
  Siccaque nunc tellus: mos tamen inde manet.
Reddiderat causam: Valeas, anus optima, dixi;
  Quod superest ævi, molle sit omne, tui.

CETERA jam pridem didici puerilibus annis;
  Non tamen idcirco prætereunda mihi.
Mœnia Dardanides nuper nova fecerat Ilus:
  Ilus adhuc Asiæ dives habebat opes.
Creditur armiferæ signum cœleste Minervæ
  Urbis in Iliacæ desiluisse juga.
Cura videre fuit: vidi templumque locumque;
  Hoc superest illi: Pallada Roma tenet.
Consulitur Smintheus; lucoque obscurus opaco
  Hos non mentito reddidit ore sonos:
Ætheriam servate Deam; servabitis urbem:
  Imperium secum transferet illa loci.
Servat, et inclusam summa tenet Ilus in arce;
  Curaque ad hæredem Laomedonta venit.
Sub Priamo servata parum: sic ipsa volebas,
  Ex quo judicio forma revicta tua est.
Seu genus Adrasti, seu furtis aptus Ulixes,
  Seu pius Æneas, eripuisse datur.
Auctor in incerto: res est romana; tuetur
  Vesta, quod adsiduo lumine cuncta videt.
Heu quantum timuere Patres, quo tempore Vesta

diversité de ses formes, ne l'avait pas encore reçu du fleuve détourné dans son cours. Là aussi étaient un bois rempli de joncs et de roseaux, et un marécage impraticable au pied chaussé. Les eaux stagnantes se sont retirées, le fleuve est contenu par ses rives, le sol est maintenant affermi, et pourtant l'usage est resté. » Elle m'avait appris la cause de ce qui m'avait étonné. Adieu, lui dis-je; bonne vieille, puisse s'écouler doucement le reste de ta vie!

J'ai, dès mon enfance, appris ce qui va suivre; mais ce n'est pas une raison pour le passer sous silence. Le petit-fils de Dardanus, Ilus, venait d'élever de nouveaux murs; Ilus, riche encore des trésors de l'Asie. On croit qu'une image de Pallas descendit des cieux sur les collines d'Ilion. J'eus la curiosité de visiter ces lieux : je les ai vus, j'ai vu le temple, seul et dernier vestige du passé; car Rome possède Pallas. Le dieu de Sminthe fut consulté, et, caché au fond du bois épais, son obscure retraite, il rendit cet oracle d'une voix véridique : « Conservez la déesse que les airs vous ont apportée, et vous conserverez la ville; l'empire changera de siège avec elle. » Ilus veille donc à sa garde, et la tient enfermée au haut de la citadelle : Laomédon, son successeur, hérita de ce soin; mais la vigilance se trouva en défaut sous Priam. Ainsi tu le voulais toi-même, ô Déesse, depuis le jugement qui te refusa le prix de la beauté. Elle fut enlevée, dit-on, soit par le petit-fils d'Adraste, soit par Ulysse, habile artisan de surprises, soit enfin par le pieux Énée; mais quelle que soit l'incertitude sur son véritable ravisseur, toujours est-elle devenue propriété romaine; Vesta veille à sa garde, parce qu'elle voit tout à la clarté de son feu éternel. Quelles ne

Arsit, et est adytis obruta pæne suis!
Flagrabant sancti sceleratis ignibus ignes;
   Mixtaque erat flammæ flamma profana piæ.
Adtonitæ flebant, demisso crine, ministræ:
   Abstulerat vires corporis ipse timor.
Provolat in medium, et magna, Succurrite, voce,
   Non est auxilium flere, Metellus ait:
Pignora virgineis fatalia tollite palmis,
   Non ea sunt voto, sed rapienda manu.
Me miserum! dubitatis? ait: dubitare videbat,
   Et pavidas posito procubuisse genu.
Haurit aquas; tollensque manus, Ignoscite, dixit,
   Sacra: vir intrabo non adeunda viro.
Si scelus est, in me commissi poena redundet:
   Sit capitis damno Roma soluta mei.
Dixit, et irrupit: factum Dea rapta probavit;
   Pontificisque sui munere tuta fuit.
Nunc bene lucetis sacræ sub Cæsare flammæ:
   Ignis in Iliacis nunc erit, estque, focis:
Nullaque dicetur vittas temerasse sacerdos
   Hoc duce; nec viva defodietur humo.
Sic incesta perit; quia, quam violavit, in illam
   Conditur; et Tellus Vestaque numen idem est.

Tum sibi Callaico Brutus cognomen in hoste
   Fecit, et Hispanam sanguine tinxit humum.
Scilicet interdum miscentur tristia lætis,
   Ne populum toto pectore festa juvent.
Crassus ad Euphraten aquilas, natumque, suosque
   Perdidit, et leto est ultimus ipse datus.

furent point, hélas! les craintes du sénat, lorsque Vesta vit son temple s'embraser, et fut presque ensevelie sous la ruine de son sanctuaire! Les feux sacrés se ravivaient aux feux impies; une flamme profane se mêlait à la flamme sainte. Les prêtresses pleuraient épouvantées, les cheveux épars; la terreur leur avait ravi les forces. Metellus s'élance au milieu d'elles, et, d'une voix puissante, il leur crie : « Du secours! les pleurs n'en donnent point; de vos mains virginales enlevez les gages de nos destinées : ce ne sont pas des vœux, ce sont vos mains qui peuvent les sauver. Malheureux que je suis! vous hésitez? » dit-il; et il les voyait hésiter, et, tremblantes, tomber à genoux. Il puise de l'eau, et, levant les mains au ciel : « Pardonnez, dit-il, objets sacrés; homme, je vais entrer dans un sanctuaire impénétrable à l'homme; si c'est un crime, que la peine en retombe sur moi, que Rome soit sauvée au péril de ma tête! » Il dit, et s'élance. La déesse, ravie aux flammes, approuva son audace, et dut ainsi sa sûreté à son pontife. Maintenant, flammes sacrées, vous brillez sans trouble sous César; maintenant le feu brûle et brûlera à jamais dans les foyers troyens. Sous ce pontife, aucune prêtresse ne sera accusée d'avoir souillé ses bandelettes, et ne sera enterrée vivante. Ainsi périt celle qui a manqué au vœu de chasteté; la déesse offensée devient elle-même son tombeau; car Tellus et Vesta ne sont qu'une divinité.

A pareil jour, Brutus conquit le surnom de Callaïque, et teignit la terre d'Espagne du sang de l'ennemi vaincu. Cependant quelquefois les désastres se mêlent aux triomphes pour que le peuple n'ait pas le cœur tout entier à la joie des fêtes. Sur les bords de l'Euphrate, Crassus perdit ses aigles, et son fils, et tous les siens; et lui-même

Parthe, quid exsultas? dixit Dea: signa remittes;
　Quique necem Crassi vindicet, ultor erit.

At simul auritis violæ demuntur asellis,
　Et Cereris fruges aspera saxa terunt;
Navita puppe sedens, Delphina videbimus, inquit;
　Humida quum pulso nox erit orta die.

Jam, Phryx, a nupta quereris, Tithone, relinqui:
　Et vigil Eois Lucifer exit aquis.
Ite, bonæ matres; vestrum Matralia festum;
　Flavaque Thebanæ reddite liba Deæ.
Pontibus et magno juncta est celeberrima circo
　Area, quæ posito de bove nomen habet.
Hac ibi luce ferunt Matutæ sacra parenti
　Sceptriferas Servî templa dedisse manus.
Quæ Dea sit; quare famulas a limine templi
　Arceat, arcet enim, libaque tosta petat;
Bacche, racemiferos hedera redimite capillos,
　Si domus illa tua est, dirige navis iter.

Arserat obsequio Semele Jovis; accipit Ino
　Te, puer; et summa sedula nutrit ope.
Intumuit Juno, rapta quod pellice natum
　Educet: at sanguis ille sororis erat.
Hinc agitur furiis Athamas et imagine falsa:
　Tuque cadis patria, parve Learche, manu.
Mœsta Learcheas mater tumulaverat umbras;
　Et dederat miseris omnia justa rogis.
Hæc quoque, funestos ut erat laniata capillos,

tomba le dernier parmi les morts. « Pourquoi t'enorgueillir, Parthe? dit la déesse; tu rendras les enseignes, et la mort de Crassus trouvera un vengeur. »

Mais quand l'animal à longues oreilles perd sa parure de violettes, et que les rudes meules recommencent à broyer les fruits de Cérès, le nocher dit, assis sur la poupe : « Nous verrons le dauphin lorsque la nuit humide aura chassé le jour. »

Fils de la Phrygie, Tithon, déjà tu te plains de l'abandon de ton épouse, et l'astre vigilant du matin sort des mers de l'Orient; allez, bonnes mères, c'est votre fête, les Matralies; allez offrir vos gâteaux dorés à la déesse thébaine. Aux Ponts et au grand Cirque tient cette place si célèbre sur laquelle s'élève le bœuf de bronze dont elle a pris son nom. C'est là, en ce jour, que Servius, dit-on, de ses royales mains a consacré un temple à la mère Matuta. Quelle est cette déesse? pourquoi défend-elle l'entrée de son temple aux servantes? car cette défense existe. Pourquoi veut-elle des gâteaux dorés par le feu? Conduis ma barque, Bacchus, dont les cheveux sont couronnés de pampre et de lierre, si c'est de ta famille qu'il s'agit.

Sémélé avait péri dans les flammes qu'alluma la complaisance de Jupiter. Ino te reçoit enfant, et te nourrit avec un zèle extrême. Junon s'irrite de ces soins donnés au fils de sa rivale morte; mais Ino voyait en lui le sang de sa sœur. Les effets suivirent la colère; Athamas est obsédé par les Furies et par un vain fantôme, et tu tombes, jeune Léarque, sous la main paternelle. La mère, désolée, avait donné la sépulture aux mânes de Léarque, et rendu les honneurs qu'elle devait à son bûcher funèbre; alors elle s'élance, les cheveux encore

Prosilit; et cunis te, Melicerta, rapit.
Est spatio contracta brevi, freta bina repellit,
  Unaque pulsatur terra duabus aquis.
Huc venit insanis natum complexa lacertis;
  Et secum e celso mittit in alta jugo.
Excipit illæsos Panope, centumque sorores,
  Et placido lapsu per sua regna ferunt.
Nondum Leucothee, nondum puer ille Palæmon
  Vorticibus densi Tibridis ora tenent.
Lucus erat: dubium, Semelæ Stimulæne vocetur;
  Mænadas Ausonias incoluisse ferunt.
Quærit ab his Ino, quæ gens foret: Arcadas esse
  Audit; et Evandrum sceptra tenere loci.
Dissimulata Deam, Latias Saturnia Bacchas
  Instimulat fictis insidiosa sonis:
O nimium faciles, o toto pectore captæ,
  Non venit hæc nostris hospes amica choris:
Fraude petit; sacrique parat cognoscere ritum.
  Quo possit pœnas pendere pignus habet.
Vix bene desierat; complent ululatibus auras
  Thyades effusis per sua colla comis;
Injiciuntque manus, puerumque revellere pugnant.
  Quos ignorat adhuc, invocat illa Deos:
Dique, virique loci, miseræ succurrite matri!
  Clamor Aventini saxa propinqua ferit.
Adpulerat ripæ vaccas OEtæus Iberas:
  Audit; et ad vocem concitus urget iter.
Herculis adventu, quæ vim modo ferre parabant,
  Turpia femineæ terga dedere fugæ.
Quid petis hinc, cognorat enim, matertera Bacchi?

abandonnés au désordre des funérailles, et elle t'enlève de ton berceau, ô Mélicerte! Il est une étroite langue de terre battue par les flots de deux mers qu'elle repousse. C'est là qu'elle accourt, hors d'elle-même, tenant son fils dans ses bras, et du haut du rivage elle se précipite avec lui dans les flots. Leur chute est douce et sans blessure; car Panope et ses cent sœurs les reçoivent et les portent à travers leur empire. Celle qui n'était pas encore Leucothoé, l'enfant qui n'était pas encore Palémon, arrivent à l'embouchure du Tibre où se rencontrent tant de gouffres. Là s'élevait le bois de Sémélé ou de Stimulé; le nom est incertain: il était habité, dit-on, par les Ménades d'Ausonie. Ino leur demande quelle nation occupe la contrée; elle apprend que ce sont des Arcadiens, et qu'Évandre est leur roi. Cependant la fille de Saturne, dissimulant sa divinité, excite les Bacchantes du Latium par d'insidieux mensonges: « O cœurs trop faciles, esprits pleins de crédulité! cette étrangère ne vient pas se mêler en amie à nos chœurs; c'est une surprise qu'elle médite; elle veut connaître nos rits sacrés. Mais elle porte un gage dans lequel vous pouvez la punir. » A peine elle s'est tue, les Thyades, les épaules couvertes de leurs cheveux épars, remplissent les airs de hurlemens, portent les mains sur l'étrangère, et s'efforcent de lui arracher l'enfant. Alors elle invoque des dieux qu'elle ne connaît pas encore: « Dieux et hommes de ce pays, dit-elle, secourez une mère infortunée! » Ses cris vont frapper l'Aventin, dont les roches sont voisines. Le héros de l'OEta avait conduit sur ce rivage ses troupeaux d'Ibérie; il l'entend, et s'empresse d'accourir à sa voix. A l'approche d'Hercule, ces femmes, qui préludaient à un acte de violence, tournent

An numen, quod me, te quoque vexat, ait?
Illa docet partim; partim præsentia nati
 Continet: et furiis in scelus isse pudet.

Rumor, ut est velox, agitatis pervolat alis;
 Estque frequens, Ino, nomen in ore tuum.
Hospita Carmentis fidos intrasse penates
 Diceris, et longam deposuisse famem.
Liba sua properata manu Tegeæa sacerdos
 Traditur in subito cocta dedisse foco.
Nunc quoque liba juvant festis Matralibus illam:
 Rustica sedulitas gratior arte fuit.
Nunc, ait, o vates, venientia fata resigna,
 Qua licet: hospitiis hoc, precor, adde meis.
Parva mora est: cœlum vates ac numina sumit,
 Fitque sui toto pectore plena Dei.
Vix illam subito posses cognoscere; tanto
 Sanctior, et tanto, quam modo, major erat.
Læta canam: gaude, defuncta laboribus, Ino,
 Dixit; et huic populo dextera semper ades.
Numen eris pelagi: natum quoque pontus habebit;
 In vestris aliud sumite nomen aquis.
Leucothee Graiis, Matuta vocabere nostris:
 In portus nato jus erit omne tuo.
Quem nos Portunum, sua lingua Palæmona dicet:
 Ite, precor, nostris æquus uterque locis.
Adnuerant: promissa fides: posuere labores;
 Nomina mutarunt; hic Deus, illa Dea est.

le dos et prennent honteusement la fuite. « Que cherches-tu ici, tante de Bacchus ? » dit-il, car il l'avait reconnue ; « es-tu persécutée aussi par la divinité qui me poursuit? » Ino lui raconte une partie de ses malheurs; mais elle tait l'autre partie, retenue par la présence de son fils et par la honte d'avoir cédé à la criminelle impulsion des Furies.

La renommée de ses ailes rapides vole, et ton nom, Ino, passe de bouche en bouche. On dit que tu reçus l'hospitalité au fidèle foyer de Carmente, et que là tu apaisas ta longue faim. On dit que la prêtresse de Tégée te présenta des gâteaux dont sa main avait hâté la subite cuisson; aujourd'hui encore, pendant les Matralies, des gâteaux sont une offrande qui plaît à la déesse; un zèle rustique lui fut plus agréable que les raffinemens de l'art. Cependant elle dit : « O prêtresse, révèle-moi, autant qu'il est permis, mes destinées à venir, et mets ainsi, je te prie, le comble à ton hospitalité. » Il se fait un instant de silence; la prêtresse appelle en soi le ciel et les puissances divines, et bientôt son cœur est rempli du dieu qui l'inspire. A peine est-elle reconnaissable, tant elle est plus sainte et plus grande. « Mes prophéties seront heureuses, dit-elle; réjouis-toi, Ino, tes épreuves sont terminées; que ce peuple te trouve toujours propice; tu seras une divinité de la mer, et la mer aussi possédera ton fils. Changez de nom au sein de vos humides demeures : tu seras Leucothoé pour les Grecs, et pour nous Matuta. Ton fils aura sur les ports un empire absolu. Il recevra de nous le nom de Portunus, et celui de Palémon dans sa langue maternelle. Allez, et soyez tous deux, je vous prie, favorables à nos contrées. » Ils promettent et engagent leur foi; leurs épreuves ces-

Cur vetet ancillas accedere, quæritis? odit;
  Principiumque odii, si sinat ipsa, canam:
Una ministrarum solita est, Cadmei, tuarum
  Sæpe sub amplexus conjugis ire tui.
Improbus hanc Athamas furtim dilexit: ab illa
  Comperit agricolis semina tosta dari.
Ipsa quidem fecisse negat, sed fama recepit:
  Hoc est, cur odio sit tibi serva manus.
Non tamen hanc pro stirpe sua pia mater adoret,
  Ipsa parum felix visa fuisse parens.
Alterius prolem melius mandabitis illi,
  Utilior Baccho quam fuit ipsa suis.
Hanc tibi, Quo properas, memorant dixisse, Rutili?
  Luce mea Marso consul ab hoste cades.
Exitus accessit verbis; flumenque Tolenum
  Purpureo mixtis sanguine fluxit aquis.
Proximus annus erat: Pallantide cæsus eadem
  Didius hostiles ingeminavit opes.
Lux eadem, Fortuna, tua est, auctorque, locusque;
  Sed superinjectis quis latet æde togis?
Servius est: hoc constat enim; sed causa latendi
  Discrepat; et dubium me quoque mentis habet.
Dum Dea furtivos timide profitetur amores,
  Cœlestemque homini concubuisse pudet;
Arsit enim magna correpta cupidine regis,
  Cæcaque in hoc uno non fuit illa viro:
Nocte domum parva solita est intrare fenestra;
  Unde Fenestellæ nomina porta tenet.

sèrent; ils changèrent leurs noms : l'un est un dieu, l'autre une déesse.

Mais vous demandez pourquoi elle refuse tout accès aux servantes? elle les hait; et, si elle le permet, je vais dire le principe de sa haine. Une de tes femmes, fille de Cadmus, se livrait souvent aux embrassemens de ton époux; l'infidèle Athamas l'aimait en secret. Il apprend d'elle que les laboureurs reçoivent des semailles desséchées par le feu. Tu nias le fait, il est vrai; mais la voix publique t'accusa : voilà pourquoi tu as pris en haine les esclaves.

Cependant, que la tendre mère n'invoque pas cette déesse pour ses enfans; elle-même fut une mère malheureuse. Il vaut mieux lui recommander les enfans nés d'une autre; car elle a été plus utile à Bacchus qu'aux siens mêmes.

On raconte qu'elle te dit, ô Rutilius : « Où cours-tu, consul? Tu tomberas, au jour de ma fête, sous les coups du Marse ennemi. » L'évènement justifia ces paroles, et le fleuve de Tolène roula ses flots rougis de sang. L'année suivante, au retour de la même aurore, Didius, taillé en pièces, réitéra le triomphe des ennemis.

Même jour, même fondateur, même lieu, tout cela, Fortune, est à toi; mais qui est caché dans ton temple sous ces toges superposées? C'est Servius, le fait est constant; mais pourquoi est-il caché? Ici commence l'incertitude, et le doute m'a saisi moi-même. Serait-ce que la déesse fait un timide aveu de ses furtives amours, et rougit d'avoir, habitante des cieux, partagé la couche d'un homme? car elle brûla d'une vive ardeur pour ce roi, le seul homme qui ne l'ait point trouvée aveugle. Elle avait coutume d'entrer la nuit dans son palais par une petite fenêtre; d'où est venu le nom de la porte

Nunc pudet, et vultus velamine celat amatos;
　Oraque sunt multa regia tecta toga.

An magis est verum, post Tulli funera plebem
　Confusam placidi morte fuisse ducis?
Nec modus ullus erat : crescebat imagine luctus,
　Donec eam positis occuluere togis.

Tertia causa mihi spatio majore canenda est :
　Nos tamen adductos intus agemus equos.
Tullia, conjugio, sceleris mercede, peracto,
　His solita est dictis exstimulare virum :
Quid juvat esse pares, te nostræ cæde sororis,
　Meque tui fratris, si pia vita placet?
Vivere debuerant, et vir meus, et tua conjux,
　Si nullum ausuri majus eramus opus.
Et caput, et regnum facio dotale parentis :
　Si vir es; i, dictas exige dotis opes.
Regia res scelus est : socero cape regna necato;
　Et nostras patrio sanguine tingue manus.

Talibus instinctus solio privatus in alto
　Sederat : adtonitum vulgus ad arma ruit.
Hinc cruor; hinc cædes; infirmaque vincitur ætas :
　Sceptra gener socero rapta superbus habet.
Ipse sub Esquiliis, ubi erat sua regia, cæsus
　Concidit in dura sanguinolentus humo.
Filia, carpento patrios initura penates,
　Ibat per medias alta feroxque vias.
Corpus ut adspexit, lacrymis auriga profusis
　Restitit; hunc tali corripit illa sono :

Fenestella. Maintenant, elle rougit, elle cache d'un voile les traits qu'elle a chéris; et plus d'une toge recouvre cette tête royale.

Ou serait-il plus vrai, qu'après la mort de Tullius, le peuple fut consterné de la perte de ce prince pacifique? La douleur n'avait point de bornes : elle croissait à la vue de son image; tellement qu'il fallut la cacher sous des toges.

Une troisième cause m'ouvre une plus vaste carrière; cependant, je ne lâcherai pas trop la bride à mes coursiers. Tullie, dont le nouvel hymen avait été le prix du crime, stimulait sans cesse l'ambition de son époux par ces paroles : « Que nous sert d'avoir assorti notre union, toi par le meurtre de ma sœur, moi par celui de ton frère, si une sainte vie devait nous plaire? Il fallait respecter les jours de mon époux et ceux de ton épouse, si nous ne devions pas oser davantage. La dot que je t'apporte, c'est la tête et le royaume de mon père : va, si tu es un homme, et saisis cette riche dot. Le crime est une œuvre de roi; deviens roi par le meurtre de ton beau-père, et que le sang paternel teigne nos mains. »

Cédant à ces criminelles inspirations, il a osé, citoyen privé, s'asseoir sur le trône. Le peuple, étonné, court aux armes. De là du sang, des meurtres, et la vieillesse succombe; le gendre superbe tient le sceptre enlevé à son beau-père; et ce vieillard, frappé aux Esquilies, où était son palais, baigne la terre de son sang. Sa fille allait, conduite sur son char, au foyer paternel, parcourant les rues d'un air fier et hautain. A la vue du cadavre, le cocher s'arrête et fond en larmes; mais elle l'apostrophe en ces termes : « Marcheras-tu? ou attends-tu le fruit amer que tes pieux sentimens auront pour ré-

Vadis? an exspectas pretium pietatis amarum?
 Duc, inquam, invitas ipsa per ora rotas.
Certa fides facti: dictus Sceleratus ab illa
 Vicus, et æterna res ea pressa nota.
Post tamen hoc ausa est templum, monumenta parentis,
 Tangere: mira quidem, sed tamen acta loquar.
Signum erat in solio residens sub imagine Tullî:
 Dicitur hoc oculis opposuisse manum.
Et vox audita est, Vultus abscondite nostros,
 Ne natæ videant ora nefanda meæ.
Veste data tegitur: vetat hanc Fortuna moveri;
 Et sic e templo est ipsa locuta suo:
Ore revelato qua primum luce patebit
 Servius, hæc positi prima pudoris erit.
Parcite, matronæ, vetitas adtingere vestes;
 Solemni satis est voce movere preces:
Sitque caput semper romano tectus amictu,
 Qui rex in nostra septimus urbe fuit.
ARSERAT hoc templum: signo tamen ille pepercit
 Ignis; opem nato Mulciber ipse tulit.
Namque pater Tullî Vulcanus, Ocresia mater,
 Præsignis facie, Corniculana fuit.
Hanc secum Tanaquil, sacris de more paratis,
 Jussit in ornatum fundere vina focum.
Hic inter cineres obsceni forma virilis
 Aut fuit, aut visa est; sed fuit illa magis.
Jussa loco captiva fovet: conceptus ab illa
 Servius, a cœlo semina gentis habet.
Signa dedit genitor tum, quum caput igne corusco
 Contigit, inque coma flammeus arsit apex.

compense? Va, dis-je, et que la face même n'arrête point la roue rebelle. » Il existe un témoignage certain de ce fait; c'est de là qu'est venu le nom du quartier Scélérat : ainsi le crime fut flétri d'une note d'infamie. Cependant, Tullie osa encore entrer dans le temple élevé par son père. Je vais raconter un prodige, et pourtant je serai vrai. Une statue représentait Tullius assis sur son trône : on dit qu'elle porta la main devant ses yeux; et une voix se fit entendre : « Cachez-moi le visage, dérobez-moi la vue de ma fille criminelle! » On donne des vêtemens, on l'en couvre; la Fortune défend de les ôter jamais, et, du fond de son temple, prononce ces paroles : « Du jour où Servius aura montré son front à découvert, la pudeur aura disparu. Matrones, gardez-vous de toucher ces vêtemens défendus; il suffit de prier d'une voix solennelle : que toujours la toge romaine couvre la tête de celui qui fut le septième roi de notre ville! »

Le feu consuma ce temple, mais il épargna la statue; Vulcain lui-même vint au secours de son fils : car Vulcain est le père de Tullius, et sa mère est la belle Ocresia de Corniculum. Tanaquil, ayant avec elle fait les préparatifs ordinaires d'un sacrifice, lui ordonna de répandre du vin sur le foyer décoré pour la cérémonie. Voilà que parmi les cendres se montre le signe obscène de la virilité, en réalité, ou bien en apparence; mais c'était plutôt en réalité. Sur l'ordre de sa maîtresse, la captive le reçoit en son sein; et Servius, ainsi conçu, tint du ciel le germe de son origine. Son père en donna des preuves manifestes, lorsque sa tête se couronna d'un feu brillant, et qu'une étoile de flammes rayonna sur sa chevelure.

Te quoque magnifica, Concordia, dedicat æde
  Livia, quam caro præstitit illa viro.
Disce tamen, veniens ætas, ubi Livia nunc est
  Porticus, immensæ tecta fuisse domus.
Urbis opus domus una fuit; spatiumque tenebat
  Quo brevius muris oppida multa tenent.
Hæc æquata solo est, nullo sub crimine regni,
  Sed quia luxuria visa nocere sua.
Sustinuit tantas operum subvertere moles,
  Totque suas hæres perdere Cæsar opes.
Sic agitur censura, et sic exempla parantur,
  Quum vindex, alios quod monet, ipse facit.

Nulla nota est, veniente die quam dicere possis:
  Idibus Invicto sunt data templa Jovi.

Et jam Quinquatrus jubeor narrare minores.
  Nunc ades ô! cœptis, flava Minerva, meis.
Cur vagus incedit tota tibicen in urbe?
  Quid sibi personæ, quid stola longa, volunt?
Sic ego; sic posita Tritonia cuspide dixit;
  Pace velim doctæ verba referre Deæ:

Temporibus veterum tibicinis usus avorum
  Magnus, et in magno semper honore fuit.
Cantabat fanis, cantabat tibia ludis:
  Cantabat mœstis tibia funeribus.
Dulcis erat mercede labor; tempusque secutum,
  Quod subito Graiæ frangeret artis opus.
Adde quod ædilis, pompam qui funeris irent,

Livie te dédia aussi un temple magnifique, ô Concorde ; c'était un hommage rendu à son époux chéri. Cependant, apprenez, races futures, qu'un immense palais s'élevait aux lieux occupés aujourd'hui par le portique de Livie. Un seul palais avait coûté l'ouvrage d'une ville, et il occupait plus d'espace que l'enceinte de beaucoup de cités. Il fut rasé, non pour crime d'ambition royale, mais pour son luxe, qui parut dangereux. César ne recula point devant la destruction de tant d'énormes travaux, ni devant la perte de tant de richesses dont il était héritier. Ainsi doit s'exercer la censure, ainsi se donnent les exemples, quand le magistrat se soumet lui-même aux préceptes qu'il donne aux autres.

Le jour suivant ne peut donner matière à aucune remarque : les ides ont vu consacrer un temple à Jupiter Invaincu.

Maintenant, il me faut parler des petites Quinquatries. Seconde mes efforts, ô blonde Minerve! Pourquoi le joueur de flûte erre-t-il à l'aventure dans la ville? Que signifient ces masques, cette longue robe? J'avais dit ; la déesse tritonienne déposa sa lance, et me fit cette réponse ; puissé-je fidèlement rapporter les paroles de la docte déesse :

« Au temps de nos antiques aïeux, le joueur de flûte était d'un grand emploi, et fut toujours en grand honneur. La flûte faisait entendre ses sons dans les temples, dans les jeux, dans les lugubres funérailles. L'artiste était content du prix de son labeur ; mais un temps vint où tout à coup cet art grec tomba en décadence. Il faut ajouter qu'un édile avait fixé à dix joueurs seulement le nombre de ceux qui pourraient assister aux

Artifices solos jusserat esse decem.
Exsilio mutant urbem, Tiburque recedunt:
    Exsilium quodam tempore Tibur erat:
Quæritur in scena cava tibia; quæritur aris;
    Ducit supremos nænia nulla toros.
Servierat quidam, quantolibet ordine dignus,
    Tibure; sed longo tempore liber erat.
Rure dapes parat ille suo; turbamque canoram
    Convocat: ad festas convenit illa dapes.
Nox erat; et vinis oculique animique natabant,
    Quum præcomposito nuntius ore venit:
Atque ita, Quid cessas convivia solvere? dixit;
    Auctor vindictæ jam venit, ecce, tuæ.
Nec mora: convivæ valido titubantia vino
    Membra movent; dubii stantque labantque pedes.
At dominus, Discedite, ait; plaustroque morantes
    Sustulit: in plaustro sirpea lata fuit.
Alliciunt somnos tempus, motusque, merumque;
    Potaque se Tibur turba redire putat.
Jamque per Esquilias Romanam intraverat urbem;
    Et mane in medio plaustra fuere foro.
Plautius, ut possent specie numeroque senatum
    Fallere, personis imperat ora tegi;
Admiscetque alios; et, ut hunc tibicina cœtum
    Augeat, in longis vestibus ire jubet.
Sic reduces bene posse tegi; ne forte notentur
    Contra collegæ jussa redîsse sui.
Res placuit; cultuque novo licet Idibus uti;
    Et canere ad veteres verba jocosa modos.
Hæc ubi perdocuit: Superest mihi discere, dixi,

pompes funèbres. Ils s'exilent de la ville, et se retirent
à Tibur; Tibur alors était un lieu d'exil. La flûte manque
à la scène, elle manque aux autels; elle n'accompagne
plus de ses chants le lit suprême où sont couchés les
morts. A Tibur, avait été dans l'esclavage un homme
digne d'un meilleur sort; mais depuis long-temps il était
libre. Il prépare un festin à sa campagne, et invite la
troupe musicale, qui se rend à sa fête. Il était nuit; les
yeux et les esprits nageaient dans le vin, quand arrive
un messager auquel on avait fait sa leçon : « Qu'attends-
« tu, dit-il à l'affranchi, pour congédier tes convives? Ton
« patron va venir; le voici qui arrive. » Aussitôt les convives soulèvent, en chancelant, leurs membres engour-
dis par un vin capiteux; leurs jambes incertaines se rai-
dissent ou se dérobent sous eux. « Retirez-vous, » leur
dit leur hôte; et, comme ils demeuraient, il les dépose
sur un chariot à claire-voie. Le temps, le mouvement et
le vin provoquent le sommeil, et la troupe avinée croit
qu'on la ramène à Tibur. Mais déjà elle était entrée dans
Rome par les Esquilies, et le chariot se trouva le matin
au milieu du Forum. Pour qu'ils puissent tromper le
sénat par la figure et par le nombre, Plautius leur ordonne de se masquer; il mêle parmi eux d'autres personnes, et leur fait porter de longues robes, afin que la
troupe s'augmente des joueuses de flûte. C'est ainsi qu'il
crut pouvoir dissimuler leur retour, et leur éviter le reproche d'être revenus contre les ordres de son collègue.
Cet expédient fut approuvé, et le jour des ides il leur
est permis de reprendre leur déguisement, et d'entonner
de joyeuses chansons sur les modes anciens. »

Elle avait satisfait à ma demande; mais je repris : Il

Cur sit Quinquatrus illa vocata dies.
Martius, inquit, agit tali mea nomine festa;
 Estque sub inventis hæc quoque turba meis.
Prima terebrato per rara foramina buxo,
 Ut daret, effeci, tibia longa sonos.
Vox placuit : liquidis faciem referentibus undis,
 Vidi virgineas intumuisse genas.
Ars mihi non tanti est : valeas, mea tibia, dixi.
 Excipit abjectam cespite ripa suo.
Inventam Satyrus primum miratur; at usum
 Nescit, et inflatam sentit habere sonum.
Et modo dimittit digitis, modo concipit auras;
 Jamque inter Nymphas arte superbus erat.
Provocat et Phœbum : Phœbo superante pependit;
 Cæsa recesserunt a cute membra sua.
Sum tamen inventrix auctorque ego carminis hujus:
 Hoc est, cur nostros ars colat ista dies.

Tertia lux veniat, qua tu, Dodoni Thyene,
 Stabis Agenorei fronte videnda bovis.
Hæc est illa dies, qua tu purgamina Vestæ,
 Tibri, per Etruscas in mare mittis aquas.

Si qua fides ventis; Zephyro date carbasa, nautæ:
 Cras veniet vestris ille secundus aquis.

At pater Heliadum radios ubi tinxerit undis,
 Et cinget geminos stella serena polos;
Tollet humo validos proles Hyriea lacertos:
 Continua Delphin nocte videndus erit.
Scilicet hic olim Volscos Æquosque fugatos

me reste à savoir pourquoi ce jour s'appelle les Quinquatries? « Mars, dit-elle, célèbre mes fêtes sous le même nom. Apprends encore que la troupe musicale me doit l'invention de son art; la première j'ai percé le buis de quelques trous, et tiré des sons de la longue flûte : cette musique me plut; mais, dans le miroir d'une onde limpide, je vis s'enfler mes joues virginales. Fi de l'art, à ce prix! adieu, ma flûte, m'écriai-je; et je la jetai sur la rive, dont le gazon la reçut. Un satyre la trouve, et la regarde d'abord avec étonnement; mais il en ignore l'usage : il découvre que le souffle en tire des sons; alors, tantôt il comprime l'air avec les doigts, tantôt il le laisse échapper, et déjà il s'enorgueillit de son talent auprès des nymphes. Il ose même provoquer Phébus : Phébus, vainqueur, le pendit, et arracha la peau de ses membres écorchés. Mais toujours est-ce à moi qu'est due la découverte et l'invention de cette mélodie; et voilà pourquoi cet art participe à la célébration de mes fêtes. »

Vienne le troisième jour, et l'on te verra, Dodonienne Thyéné, paraître sur le front du taureau qui porta la fille d'Agenor. C'est en ce jour, ô Tibre, que tes ondes étrusques portent à la mer les souillures du temple de Vesta.

Si l'on peut se fier aux vents, nochers, livrez vos voiles au Zéphyr; demain ce vent propice soufflera sur les flots.

Mais quand le père des Héliades aura plongé ses rayons dans les ondes, et que les deux pôles se couronneront d'étoiles brillantes, le fils d'Hyriée lèvera de terre ses bras vigoureux. La nuit suivante, on apercevra le Dauphin. Cette constellation a vu jadis la déroute des

Viderat in campis, Algida terra, tuis.
Unde suburbano clarus, Tuberte, triumpho
　Vectus es in niveis, Postume, victor equis.

Jam sex, et totidem luces de mense supersunt:
　Huic unum numero tu tamen adde diem.
Sol abit e Geminis, et Cancri signa rubescunt:
　Coepit Aventina Pallas in arce coli.

Jam tua, Laomedon, oritur nurus; ortaque noctem
　Pellit; et e pratis cana pruina fugit.
Reddita, quisquis is est, Summano templa feruntur,
　Tum, quum Romanis, Pyrrhe, timendus eras.

Hanc quoque quum patriis Galatea receperit undis,
　Plenaque securæ terra quietis erit,
Surgit humo juvenis, telis adflatus avitis,
　Et gemino nexas porrigit angue manus.
Notus amor Phædræ, nota est injuria Thesei:
　Devovit natum credulus ille suum.
Non impune pius juvenis Troezena petebat:
　Dividit obstantes pectore taurus aquas.
Solliciti terrentur equi; frustraque retenti,
　Per scopulos dominum duraque saxa trahunt.
Exciderat curru, lorisque morantibus artus
　Hippolytus lacero corpore raptus erat;
Edideratque animam, multum indignante Diana.
　Nulla, Coronides, causa doloris, ait:
Namque pio juveni vitam sine vulnere reddam;
　Et cedent arti tristia fata meæ.

Volsques et des Èques dans tes plaines, ô terre d'Algide !
Ce fut cette victoire remportée presque sous les murs
de Rome, qui te valut les honneurs du triomphe, Postumus Tubertus, alors que tu parus, traîné par des
chevaux blancs comme la neige.

Déjà il ne reste plus au mois que deux fois six jours ;
retranchez encore un jour, le soleil quitte les Gémeaux,
et rougit de ses feux le signe du Cancer. C'est à cette
époque que commença le culte de Pallas sur le mont
Aventin.

Voici le lever de ta bru, Laomédon ; elle chasse la
nuit, et l'humide rosée disparaît des campagnes. C'est
en ce jour, dit-on, qu'un temple fut consacré à Summanus, quel que soit ce dieu, au temps où Pyrrhus était
encore l'effroi des Romains.

Mais quand elle aura été reçue par Galathée au sein
des ondes paternelles, et que la terre se sera livrée tout
entière aux douceurs du repos, alors se lève le jeune
homme que la foudre de son aïeul a frappé, étendant
ses mains enlacées par deux serpens. On sait l'amour de
Phèdre ; on sait l'injure de Thésée, dont la crédulité
dévoua son fils à la mort. Victime de sa piété filiale, ce
jeune homme se rendait à Trézène : un taureau paraît
sur les eaux, que sa poitrine fend et repousse. Les chevaux, inquiets, s'épouvantent, et, indociles au frein,
emportent leur maître à travers les pierres et les rochers. Tombé de son char, embarrassé dans les rênes,
Hippolyte avait eu le corps déchiré sur le sol où il était
traîné, et avait rendu l'âme, au grand regret de Diane
indignée. « Tu t'affliges à tort, lui dit le fils de Coronis ;
car je rendrai à ce pieux jeune homme la vie et la santé,
et mon art vaincra sa triste destinée. » Aussitôt il tire

Gramina continuo loculis depromit eburnis:
    Profuerant Glauci Manibus illa prius:
Tunc, quum observatas augur descendit in herbas,
    Usus et auxilio est anguis ab angue dato;
Pectora ter tetigit, ter verba salubria dixit:
    Depositum terra sustulit ille caput:
Lucus eum, nemorisque tui, Dictynna, recessus
    Celat: Aricino Virbius ille lacu.
At Clymenus Clothoque dolent, hæc, fila reneri,
    Hic, fieri regni jura minora sui.
Jupiter exemplum veritus, direxit in illum
    Fulmina, qui nimiæ moverat artis opem.
Phœbe, querebaris. Deus est; placare parenti:
    Propter te, fieri quod vetat, ipse facit.

Non ego te, quamvis properabis vincere, Cæsar,
    Si vetet auspicium, signa movere velim.
Sint tibi Flaminius Trasimenaque litora testes,
    Per volucres æquos multa monere Deos.
Tempora si veteris quæris temeraria damni:
    Quartus ab extremo mense bis ille dies.

Postera lux melior: superat Masinissa Syphacem;
    Et cecidit telis Hasdrubal ipse suis.
Tempora labuntur, tacitisque senescimus annis;
    Et fugiunt, freno non remorante dies.
Quam cito venerunt Fortunæ Fortis honores!
    Post septem luces Junius actus erit.
Ite, Deam læti Fortem celebrate, Quirites;
    In Tiberis ripa munera regis habet.

des plantes de ses cassettes d'ivoire : c'étaient celles qui avaient déjà rappelé Glaucus à la vie, alors qu'un augure recourut à l'observation des herbes, et s'instruisit d'exemple à la vue d'un serpent médecin d'un autre serpent. Trois fois il touche la poitrine du jeune homme, trois fois il prononce des paroles salutaires, et déjà celui-ci a relevé sa tête qui reposait à terre. Il trouve un asile secret dans les sombres détours de ta forêt, déesse de Dictyne ; c'est Virbius au lac d'Aricie. Mais Pluton et Clotho se plaignent, elle, de ce que les fils coupés se renouent, lui, de l'atteinte portée aux droits de son empire. Jupiter, craignant le danger de l'exemple, lança la foudre contre celui dont l'art avait offert de trop puissantes ressources. Tu gémissais, Phébus. Mais il est dieu ; n'accuse plus ton père ; lui-même fait pour toi ce qu'il défend qu'on fasse.

Quel que soit ton impatience de vaincre, je ne te conseillerai pas, César, de marcher au combat, si les augures le défendent. Crois-en Flaminius et les bords du Trasimène ; ils témoignent assez que les avis des justes dieux nous sont souvent transmis par les oiseaux. Si tu cherches l'époque téméraire de cet ancien désastre, c'est le huitième jour avant la fin du mois.

Le jour suivant est plus heureux : Masinissa vainquit Syphax, et Asdrubal tomba percé de ses propres armes.

Les temps s'écoulent ; nous vieillissons au cours silencieux des années, et les jours fuient, sans frein qui les arrête. Combien vite est venue la fête de la Fortune Forte! Dans sept jours Juin sera passé. Allez, Romains, célébrez gaîment la déesse ; c'est un roi qui lui donna son temple aux bords du Tibre. Les uns à pied, les autres sur des barques légères, allez, et ne rougissez

Pars pede, pars etiam celeri decurrite cymba,
  Nec pudeat potos inde redire domum.
Ferte coronatæ juvenum convivia lintres;
  Multaque per medias vina bibantur aquas.
Plebs colit hanc; quia, qui posuit, de plebe fuisse
  Fertur, et ex humili sceptra tulisse loco.
Convenit et servis; serva quia Tullius ortus
  Constituit dubiæ templa propinqua Deæ.

Ecce, suburbana rediens male sobrius æde,
  Ad stellas aliquis talia verba jacit:
Zona latet tua nunc, et cras fortasse latebit;
  Dehinc erit, Orion, adspicienda mihi.
At si non esset potus, dixisset eadem
  Venturum tempus solstitiale die.
Lucifero subeunte, Lares delubra tulerunt,
  Hic ubi fit docta multa corona manu.
Tempus idem Stator ædis habet, quam Romulus olim
  Ante Palatini condidit ora jugi.

Tot restant de mense dies, quot nomina Parcis,
  Quum data sunt trabeæ templa, Quirine, tuæ.

Tempus Iuleis cras est natale Kalendis;
  Pierides, cœptis addite summa meis.
Dicite, Pierides, quis vos adjunxerit isti,
  Cui dedit invitas victa noverca manus?
Sic ego; sic Clio: clari monumenta Philippi
  Adspicis; unde trahit Marcia casta genus:
Marcia, sacrifico deductum nomen ab Anco,
  In qua par facies nobilitate sua.

point de rentrer au logis dans l'ivresse. Que les jeunes convives dressent la table du festin sur les nacelles couronnées, et qu'ainsi portés sur les eaux ils s'abreuvent de flots de vin. Le peuple honore cette déesse, parce que le fondateur de son temple était, dit-on, un plébéien, et, du rang le plus humble, s'éleva sur le trône. Elle convient aussi aux esclaves; parce que c'est Tullius, le fils d'une esclave qui consacra ce temple voisin à l'inconstante déesse.

Voilà que revenant de sa maison située aux environs de la ville, un convive peu sobre jette ces paroles aux étoiles : « Ta ceinture se cache maintenant, Orion, et peut-être se cachera-t-elle demain ; mais ensuite je la verrai. » S'il n'eût pas été ivre, il eût ajouté que ce jour aussi ramenait le temps du solstice.

Le jour suivant, les Lares ont reçu un temple aux lieux où plus d'une couronne est tressée par des mains habiles. Cette époque est aussi celle où fut fondé le temple que Romulus éleva à Jupiter Stator en face du mont Palatin.

Qu'il reste au mois autant de jours que de noms aux Parques, c'est la date de la fondation de ton temple, ô Quirinus ! toi que pare la trabée.

Demain est le jour des calendes Juliennes ; ô Piérides, mettez la dernière main à mon œuvre; dites qui vous associa au héros dont la belle-mère vaincue ne céda enfin qu'à regret; j'avais dit : Clio me répondit : « Tu vois un monument élevé par l'illustre Philippe, dont la chaste Marcia tire son origine ; Marcia ainsi nommée du religieux Ancus ; Marcia, dont la beauté égale la noblesse, dont l'esprit égale la beauté ; noblesse, esprit, beauté, elle réunit tout. Et que des éloges donnés

Par animo quoque forma suo respondet in illa;
  Et genus, et facies, ingeniumque simul.
Nec, quod laudamus formam, tam turpe putaris :
  Laudamus magnas hac quoque parte Deas.
Nupta fuit quondam matertera Caesaris illi.
  O decus, o sacra femina digna domo !
Sic cecinit Clio : doctae adsensere sorores.
  Adnuit Alcides, increpuitque lyram.

aux charmes corporels, ne te paraissent point malséants ; car ces éloges, nous les donnons même aux grandes déesses. Philippe prit autrefois pour épouse la tante de César. O gloire ! ô femme digne de cette famille sacrée ! » Ainsi chanta Clio ; ses doctes sœurs applaudirent, Alcide se joignit à elles, et fit résonner les cordes de sa lyre.

SUPPLÉMENT

AUX SIX DERNIERS LIVRES

DES FASTES.

AVERTISSEMENT.

Quelle que soit l'opinion que l'on adopte sur le nombre des mois qui ont été le sujet des chants d'Ovide, on ne peut trop regretter que son ouvrage s'arrête au milieu de l'année. Que de lumières perdues pour la critique historique et pour la science de l'antiquaire! Nous ne parlons pas des descriptions gracieuses, des tableaux intéressans qui se seraient offerts en foule à la plume féconde d'Ovide.

Un homme d'une érudition dévouée, M. Bayeux, auteur d'une traduction des *Fastes*, publiée sur la fin du dix-huitième siècle, s'est présenté pour remplir cette immense lacune. Ne demandez pas au correspondant de l'Académie des Inscriptions et Belles-Lettres, le style brillant, facile, enjoué de son modèle. Mais tout ce que les recherches les plus scrupuleuses peuvent découvrir sur les usages, les fêtes et les monumens rappelés dans les six derniers mois de l'année romaine, se trouve réuni dans le travail qu'il publia sous le titre de *Supplément aux six derniers livres des Fastes*.

Cet opuscule, qui n'est pas dépourvu de mérite littéraire, est précieux pour l'intelligence des historiens, des poètes et des différens écrivains de Rome. Nous croyons faire un véritable présent aux amis de l'antiquité, en le reproduisant ici avec les suppressions et les changemens nécessaires.

LIVRE VII.

JUILLET.

Lorsque l'année romaine commençait par le mois de Mars, ce mois étant alors le cinquième, était appelé *Quintilis*. Mais Jules César étant né pendant ce mois, Marc-Antoine porta la loi qui lui fit donner le nom de *Julius*[1].

Le jour des calendes de ce mois, où le soleil commençait lui-même à changer la direction de sa course, était à Rome l'époque des changemens de maison[2].

« O honte des calendes de Juillet, s'écrie Martial[3], j'ai vu ton bagage, Vacerra! je l'ai vu; car il ne méritait pas la peine d'être arrêté, quoique après deux années de loyer[4]. Il était porté par ta femme aux sept cheveux roux, et par ta mère au chef blanchi par l'âge, et par ta longue sœur. J'ai cru voir les Furies déloger du nocturne séjour de Pluton, etc. »

Lorsque le jour se lève pour la quatrième fois, la couronne brillante dont le dieu du vin ceignit le front d'une amante désolée, disparaît au milieu des feux du soleil.

Mais la troisième aurore avant les nones vient éclairer une cérémonie qui rappelle le jour fatal où le peuple romain fut forcé de prendre la fuite. Aussi l'appelle-t-on la *Fuite du peuple*. L'histoire est incertaine sur l'origine et la cause de cette solennité. Si l'on en croit quelques auteurs, les ruines

---

1. Macrobe, *Saturn.*, liv. 1, ch. 12. — Dion, liv. XLIV.

2. Cicéron, *Lettres à Quintus son frère*, liv. II, ép. 3; *Lettres Famil.*, liv. XIII, ép. 2.

3. *Épigr.*, liv XII, 32.

4. On ne pouvait arrêter les meubles d'un locataire qu'après deux années de loyer. (Cujas, *ad Novell.* VII.)

de Rome fumaient encore, et des cabanes s'élevaient à peine à la place des édifices renversés sous le fer des Gaulois, lorsque les peuples voisins, voulant profiter de sa faiblesse pour l'asservir à leur tour, se rassemblèrent des campagnes de Fidènes, de Ficulum et de l'Étrurie, et marchèrent contre cette ville sans défense. Alors le peuple effrayé, et croyant voir encore les féroces habitans de la Gaule descendus de nouveau du haut des Alpes, abandonna ses murs détruits et prit la fuite. Des fêtes furent établies pour rappeler ce triste évènement, ou plutôt peut-être pour féliciter les dieux de la victoire qui le suivit; car d'anciens calendriers ont placé au même jour la solennité de la déesse Victoire, ou *Vitula*, dont nous parlerons bientôt.

Mais cette *fuite* a, selon d'autres historiens, une origine bien plus reculée. Elle naquit du désordre et de l'effroi que causa la disparition subite du premier roi de Rome, lorsqu'au milieu d'un orage, Mars l'éleva sur son char et l'emporta jusqu'au pied du trône de Jupiter. Ovide a chanté cet évènement, que quelques auteurs placent au jour même des nones de ce mois.

Un accident funeste marque d'une manière plus certaine le jour qui suit; je veux parler de l'embrasement du Capitole. Sylla apportait la guerre au sein de sa patrie. Des présages sinistres devaient annoncer les malheurs que le destin de Rome lui réservait. Un présage digne de ces grandes calamités fut l'embrasement du Capitole. Un esclave vint au camp de Sylla lui promettre la victoire au nom de Bellone, et lui annoncer que, s'il ne hâtait sa marche, les flammes détruiraient le Capitole. Il annonça que le jour de ce fatal incendie serait la veille des nones, et l'évènement répondit à sa prédiction. La main coupable qui l'embrasa, si pourtant ce ne fut pas la colère des dieux, resta cachée à jamais. Ainsi périt la demeure de Jupiter, et avec elle les livres fameux de la Sibylle.

Mais on s'occupa aussitôt à réparer ce malheur; et, après quatorze années de travaux, ce monument de la gloire de

Rome se releva de ses ruines. Sylla n'eut cependant pas l'honneur d'en faire la dédicace, et l'histoire a remarqué que cette circonstance manqua à son bonheur [1] : ce fut Catulus qui avait présidé à la reconstruction. On vit alors pour la première fois le théâtre tendu de voiles de lin aux couleurs variées et brillantes [2].

Mais de nouveaux spectacles appellent nos regards : le Cirque s'ouvre en l'honneur du dieu de Délos.

Quelle fut l'origine de ces jeux qu'on y célèbre avec tant de pompe? Les succès, dont un sort funeste avait couronné les armes de Carthage, menaçaient de livrer bientôt Rome à son redoutable ennemi. Le dieu des combats veille sur son peuple chéri ; il inspire un de ses prêtres, et l'interprète sacré des volontés célestes vient les révéler au sénat : « Romains, si voulez que la victoire accompagne enfin nos armes, vouez des jeux à Apollon, et célébrez-les annuellement suivant le rit grec. » Il dit : on consulte les livres sacrés ; la réponse est conforme au conseil du prêtre de Mars, et le sénat ordonne que l'on célèbre tous les ans des jeux somptueux en l'honneur d'Apollon. Un second sénatus-consulte règle la nature et le rit de ces jeux. On offrira au dieu des oracles un bœuf et deux chèvres blanches, aux cornes dorées, et à sa mère, à la puissante Latone, une vache, dont le front brillera aussi de l'éclat de l'or. Ainsi le pratiquent les Grecs dans les jeux Pythiens, que le Parnasse voit célébrer sur sa double cime [3].

Telle est l'origine que les annales de Rome ont donnée à l'établissement des jeux Apollinaires. Mais, si l'on consulte les fastes du peuple du Latium, c'est au temps même d'Énée

1. PLINE, liv. VIII, ch. 43. — TACITE, *Hist.*, liv. III, ch. 72.
2. PLINE, liv. XIX, ch. 1. — VALÈRE MAXIME, liv. II, ch. 4.
3. Tite-Live, liv. XXV, ch. 12, place cette institution à l'an de Rome 540, sous le consulat de Q. Fulvius et d'Appius Claudius Pulcher ; mais ce consulat descend à l'an 541, suivant les marbres du Capitole, et à l'an 543, suivant le calcul de Varron.

qu'il faut remonter pour en trouver la première institution. Il venait d'aborder sur les bords de Laurentum. Il y vit ce laurier sacré qui avait donné son nom à la ville [1], et ce bois de lauriers élevé sur le rivage, et consacré à Apollon. On sait que les Troyens honoraient ce dieu et avaient aussi en son honneur un bois de lauriers, où Achille fut tué par Pâris. Alors, se souvenant de l'oracle, et frappé du prodige de voir deux fontaines [2] qui sortirent miraculeusement de la terre pour désaltérer l'armée, il éleva deux autels à Apollon, l'un vers le soleil levant, l'autre vers le couchant, sur lesquels il immola un taureau, et fit une fête le jour même de son arrivée, c'est-à-dire au mois de Juillet, ou au milieu de l'été, suivant Denys d'Halicarnasse. On sait que les peuples latins observèrent avec un scrupuleux respect toutes les cérémonies établies par Énée ; et c'est d'eux que les Romains les apprirent, ainsi que les jeux Apollinaires.

Il ne faut pas croire cependant que ces jeux, établis d'abord sous le consulat de Q. Fulvius et d'Appius Claudius, fussent à un jour fixe ; il dépendait du préteur de les indiquer. Mais l'an de Rome 544, au milieu du plus grand feu des guerres puniques, un triste évènement força de les fixer. Une peste cruelle avait ravagé Rome et les campagnes de l'Italie. Jamais ce fléau n'avait exercé de plus cruels ravages. On eut recours aux dieux, on fit des supplications publiques à tous les temples ; et, comme Apollon fut toujours regardé comme la divinité qui marquait sa colère par cette fatale maladie, on crut pouvoir le désarmer en prescrivant à P. Licinius, préteur de la ville, de porter au peuple une loi qui ordonnait que les jeux Apollinaires seraient célébrés désormais à une époque fixe. Ils le furent donc au 5 de Juillet ; et, depuis cette époque, ce jour est devenu un des plus solennels de la religion romaine [3]. La sérénité se rétablit aussitôt dans l'air ;

1. *Énéide*, liv. vii.
2. Denys d'Halicarnasse, liv. i.
3. Tite-Live, liv. xxvii, ch. 23.

la peste dégénéra en maladies de langueur, et s'éteignit bientôt tout-à-fait.

Mais qu'est-il besoin de chercher des causes historiques, quand le spectacle des cieux nous en présente une si sensible? Dans quel mois, en effet, pouvait-on célébrer plus justement la fête de l'astre du jour, que dans celui où il brille de son plus grand éclat, où sa puissance se développe avec le plus d'activité dans le sein de la nature, dont il colore et murit les richesses !

Aussi tous les exercices des jeux qui lui sont consacrés sont-ils le symbole de son mouvement et de sa force. A peine le préteur, en habit triomphal, a-t-il agité la draperie [1], qui est le signal des jeux, que, sous l'inspection des quindécemvirs, la barrière s'ouvre et les exercices commencent, comme dans les jeux ordinaires du Cirque. D'abord les chars s'élancent de la barrière, et les quatre factions de leurs conducteurs étalant dans leurs livrées les couleurs de l'astre du jour et celles qu'il imprime à la nature, les font voler vers la borne, qu'ils rasent sept fois en tournant sur la gauche, pour imiter le mouvement des sept planètes qui tournent dans les cieux. Des palmes couronnent les vainqueurs, et les chars se retirent pour faire place à un nouveau spectacle.

C'est la gymnastique qui vient présenter ses cinq exercices. D'abord les coureurs déploient l'agilité de leurs jambes et parcourent le long espace du Cirque. Les coups du ceste retentissent ensuite entre les deux pugiles qui frappent tour-à-tour avec mesure. Ici les athlètes luttent l'un contre l'autre, et essaient dans les efforts de la palestre toute la vigueur de leur membre. Là les sauteurs rassemblent toutes leurs forces, et s'élancent pour franchir l'espace ou l'objet donné. Ailleurs enfin le palet rapide vole et atteint le but déterminé.

Le jeu troyen succède aussitôt. Écoutons le chantre d'Énée. « On voit paraître un nombreux escadron d'enfans traversant

---

[1] *Voyez* Pitiscus, au mot *Mappa*.

l'arène sur des chevaux richement équipés, couronnés de feuillages et portant à la main deux javelots garnis de fer; quelques-uns un carquois sur l'épaule, et tous une chaîne de fer en forme de collier qui leur tombe sur la poitrine, ils forment trois brigades de douze cavaliers, commandées par trois officiers.... Ces enfans timides sont reçus au milieu des applaudissemens des Troyens, qui les regardent avec joie, charmés de reconnaître sur leurs visages les traits de leurs aïeux. Lorsqu'ils eurent parcouru l'arène et joui du plaisir d'être regardés de leurs parens, Périphas déploie son fouet, et sa voix donne le signal. A l'instant ils partent en bon ordre, et les brigades se séparent au second signal : ils font une conversion, présentent leurs armes et avancent les uns contre les autres. On les voit s'étendre, puis se replier. On croit à leurs mouvemens, à leurs marches, que c'est un combat réel[1]. »

Mais le théâtre change. Au lieu d'une vaste plaine où s'exerçaient de jeunes cavaliers, l'œil aperçoit une forêt subite, au milieu de laquelle des animaux divers combattent entre eux ou luttent contre les efforts des chasseurs. Par une autre magie, cette forêt fait place à son tour à une large pièce d'eau, où des vaisseaux brillans offrent l'image d'un combat naval. Bientôt l'arène reparaît, et des troupes de gladiateurs s'y répandent pour repaître du spectacle affreux de leurs blessures et de leur mort la multitude assemblée qui les encourage au meurtre. Des jeux plus innocens viennent cependant à la fin écarter ces hideux spectacles. Melpomène et Thalie célèbrent l'héroïsme, ou censurent les vices et les ridicules ; la poésie satirique déployant des décorations champêtres, introduit des divinités agrestes, qui viennent s'égayer en invectives, que leur rusticité excuse et autorise ; et le mime non moins grossier exprime, avec l'éloquence du geste, ce que la décence lui eût défendu de prononcer.

---

1. VIRGILE, *Énéide*, liv. v, v. 5.

Mais quittons le Cirque, la religion nous appelle au temple, On célèbre le sacrifice suivant le rit grec. Car ces jeux solennels ne sont-ils pas les mêmes que ceux du Parnasse, en l'honneur d'Apollon Pythius, du vainqueur du serpent Python, ou du dieu puissant qui s'élève vers le solstice, après avoir dompté et percé de ses rayons l'hiver et la constellation qui en est le symbole? Un bœuf aux cornes dorées, deux chèvres blanches, dont le front brille également de ce métal, tombent au pied des autels d'Apollon, et sa mère reçoit l'offrande d'une vache. Tout le peuple assiste au sacrifice la tête entourée de fleurs ; les femmes, les cheveux épars, supplient. De longs berceaux sont formés le long des rues, et des banquets publics, qu'ils couvrent de leur ombre, célèbrent le dieu de Délos. Ces solennités se renouvellent pendant sept jours.

Lorsque l'aurore viendra dorer les palais de la reine du monde, une nouvelle fête sera préparée pour Junon dans la ville de son fils ; nos fastes nomment ce jour les *nones Caprotines*, jour mémorable où le nombre des dames romaines fut augmenté par des femmes qui, nées au sein de l'esclavage, méritèrent la liberté par leur courage et leur dévoûment. En mémoire de cette conquête glorieuse, des esclaves, brillamment ornées de la stole et des atours de leurs maîtresses, vont sacrifier à l'autel de Junon sous ce figuier sauvage qui s'élève hors des murs. Une multitude de jeunes filles et de femmes libres se mêlent à leur troupe et partagent leur joie.

Nous l'avons dit, les ruines de Rome fumaient encore, et les féroces vainqueurs des bords de l'Allia étaient à peine repoussés, que les voisins de cette ville infortunée vinrent insulter à sa faiblesse. Postumius s'avance à la tête des Fidénates, et demande au sénat que, pour conserver les restes de la république expirante, on lui livre les filles et les femmes. Le sénat balance entre l'opprobre et le danger, lorsqu'une esclave (son nom mérite d'être conservé), Philotis, ou Tutela, demande la permission d'aller vers les ennemis avec ses compagnes, revêtues toutes des habits de leurs maîtresses. Leur dévoûment est agréé. Elles se rendent au camp, suivies d'une multitude qui donne des larmes à leur perte. Postumius les distribue aussitôt à son armée. Mais, profitant adroitement des transports de leurs nouveaux amans, elles les enivrent; et, lorsqu'elle les voit ensevelis dans le sommeil, Philotis monte sur un figuier sauvage[1] qui était près du camp, et donne aux Romains le signal d'accourir. L'ennemi surpris est défait. Le sénat reconnaissant ordonne qu'on affranchisse les généreuses esclaves auxquelles l'état doit sa gloire et son salut. Il les dote aux dépens du trésor public, et leur permet de porter l'habillement qui avait servi à leur heureuse supercherie. Il veut aussi qu'on appelle ce jour les *nones Caprotines*, du nom de cet utile figuier, que chaque année une fête solennelle en rappelle le souvenir, et que le suc laiteux qui découle de cet arbre soit versé sur l'autel de Junon[2]. Des berceaux formés de branches de figuier couvrent les tables où les esclaves joyeuses célèbrent publiquement leurs Saturnales, puis se jouent et s'exercent à de légers combats, qui figurent celui où elles assurèrent la victoire aux Romains.

C'est ainsi que l'histoire raconte l'origine de cette solennité, en y mêlant même la disparition de Romulus[3], que quelques monumens historiques placent cependant au jour du *Populifugium*, comme nous l'avons observé. Mais n'y a-t-il pas quelque rapport secret entre ce figuier, dont le nom signifie aussi une chèvre, et cette chèvre immolée à la reine des cieux par les Phalisques[4], et cette déesse honorée du surnom de *Sospita* (qui sauve), comme l'esclave *Tutela* (protectrice) *Philotis* (favorable), et dont la tête est ornée de la dépouille d'une chèvre? Si je porte mes regards vers les cieux en ce moment où la Vierge céleste se lève pour présider à Juillet, je vois descendre sous l'horizon et périr la chèvre que porte le dieu

---

1. *Caprificus.*
2. ARNOBE, liv. III; MACROBE, *Saturn.* I, ch. 2; PLUTARQUE, *in Parallel.*
3. PLUTARQUE, *de la Fortune de Rome.*
4. OVIDE, *Amours*, liv. III, élég. 13.

Pan, le fécond *Ægiochus*. Et ce Romulus, ce fils du dieu Mars, qui disparaît aussi alors au marais *de la Chèvre*, dont la divinité est annoncée par *Iulus*, comme celle d'Hercule l'est par *Iolas*[1], faudra-t-il aussi demander à l'histoire qu'elle nous instruise de sa mort?

Mais une nouvelle solennité appelle à la joie les enfans de Romulus ; c'est la *Vitulation*, ou la fête de *Vitula*. Quelle est cette divinité? Si l'on en croit les anciens étymologistes, c'est la déesse de la joie et des plaisirs ; elle inspire une gaîté folâtre semblable aux transports de la génisse pétulante qui bondit dans les prairies, lorsque la chaleur du printemps fait germer sous ses pas l'herbe verdoyante : et de là vient le nom de la déesse[2]. On la fête, disent les auteurs qui ramènent encore à ce jour l'apothéose de Romulus, parce que le peuple fut transporté d'allégresse quand il apprit que son roi était élevé dans les cieux[3]. L'allégorie, de son côté, peut aussi bien que l'histoire qu'elle enveloppe de son voile magique, expliquer ces trois jours relatifs à la mort du fils de Mars. Il disparaît le jour des nones au marais *de la Chèvre* ; le lendemain, le peuple éperdu le pleure et s'agite au milieu du trouble et du désordre dans la solennité symbolique du *Populifugium*; enfin, le troisième jour, il est ressuscité, il est monté dans l'Olympe : ce n'est plus un homme égorgé par des frénétiques, c'est un dieu qui jouit, dans les bras de son père, de la plénitude de sa gloire. Il faut donc célébrer son apothéose par des fêtes joyeuses ; car il est des auteurs qui rangent ainsi ces trois cérémonies, dont nous n'avons changé l'ordre que pour nous conformer aux calendriers.

On entrevoit dès-lors que ceux qui prétendent que *Vitula* est la déesse de la Victoire, n'ont pas une opinion étrangère au sens que présente sa fête. Le dieu vainqueur a dompté la

---

1. *Monde primitif*, tome IV, page 268.
2. *Lætans gaudio ut prato Vitulus*. FESTUS, au mot *Vitulans*.
3. MACROBE, *Saturn.*, liv. III, ch. 3.

mort et les ténèbres ; il s'avance triomphant dans les cieux. C'est encore par une suite des mêmes idées que d'autres ont voulu que *Vitula* présidât à la vie, à l'entretien de l'existence, et que ce fût sous ce rapport qu'on l'invoquait pour les fruits de la terre[1]. N'est-ce pas, en effet, au mois que nous décrivons que la terre va livrer les trésors sortis de son sein pour nourrir tous les êtres qui vivent sur sa surface ? La même déesse était donc à la fois le génie de la gaîté, de la victoire et de l'existence.

Lorsqu'à la fin du second jour qui suit les nones, le soleil descendra au fond de l'Océan, on verra briller, sur le sombre voile de la nuit, les étoiles du père d'Andromède, qui s'élève alors sur l'horizon.

Mais le troisième jour sera celui qui éclaira la naissance de César. Des féries consacrent ce jour à jamais mémorable.

Encore deux jours, et les jours consacrés à Mercure commenceront ; ils durent jusqu'au 14 des calendes d'août, c'està-dire pendant six jours, et se renouvellent encore au 12 des calendes d'octobre et au 14 de celles du dernier mois. Ces jours sont-ils des solennités où la religion honore particulièrement le fils de Maïa ? ne sont-ce pas plutôt des jours où ce dieu protecteur du commerce, dont ses talens divers animent l'industrie, voit les marchands se réunir dans un même lieu pour exciter un concours particulier ? N'est-ce pas au contraire de l'astronomie qu'il faut apprendre la destination de ces jours ? et ne faut-il pas y voir tout simplement ces portions de temps intercalaires et mercédoniennes calculées par Numa, pour concilier l'année solaire avec celle que composent les cercles parcourus par le char de Phœbé ? L'antiquité est muette sur cette question.

Mais elle daigne nous instruire sur une autre particularité du premier de ses jours, sur la fondation du temple de la Fortune, distinguée par la dénomination de *Femme* ou *Fémi-*

---

[1]. Macrobe, *Saturn.*, liv. III, ch. ?

nine. Profanes indiscrets, n'allez pas penser que le titre sous lequel elle était honorée en ce mois lui ait été donné, par une critique irréligieuse, pour caractériser son inconstance et sa légèreté. Un des plus beaux évènemens des fastes de la république, un mémorable exemple du pouvoir de la nature et de l'amour sur une grande âme lui a valu et ce nouvel hommage et ce nouveau surnom. Coriolan marchait contre Rome; déjà il était arrivé au quatrième mille sur la voie Latine. En vain des ambassadeurs, en vain des pontifes saints ont essayé de le désarmer. Mais Véturie paraît, et, avec elle, son épouse et ses enfans. Son cœur ne résiste plus. « Patrie ingrate, s'écrie-t-il, tu as attaqué et vaincu ma colère en empruntant les prières d'une femme, au sein de laquelle, malgré tes injustices, j'accorde ton pardon et ton salut[1] ! » Il dit, et fait retirer son armée. En reconnaissance de cet évènement heureux, on éleva en cet endroit un temple à la Fortune Féminine, dont la statue parla même plus d'une fois le jour de sa consécration[2].

Mais quelle est cette pompe que je vois briller aussitôt que l'aurore annonce le jour des ides? c'est la procession des chevaliers, noble institution de Fabius[3], selon quelques-uns, ou témoignage de piété, selon d'autres[4]. Les Romains venaient de triompher enfin de leurs voisins confédérés pour rétablir les Tarquins sur le trône. Mais Rome tremblait encore sur le sort de son armée, dont elle ignorait le succès, lorsque tout à coup on aperçoit deux jeunes cavaliers couverts de sueur et de poussière, se lavant à la fontaine que l'on voit encore au milieu du Forum[5], où la religion l'a consacrée, annonçant la vic-

---

1. Val. Max., liv. v, c. 4.
2. *Id.*, liv. i, ch. 9. — Tite-Live, liv. ii. — Denys, liv. v. — Plut., *Vie de Coriol.* — Lactance, *Instit.*, liv. ii, ch. 8. — St. Augustin, *Cité de Dieu*, liv. iv, ch. 19.
3. Tite-Live, liv. ix.
4. Denys d'Halicarnasse, liv. vi.
5. *Romanum.*

toire et disparaissant tout à coup. Déjà on les avait vus aussi aux bords du lac Régille, combattant pour les Romains. On ne douta pas que ce ne fussent les fils de Léda; aussitôt on leur voua un temple et on institua cette procession annuelle des chevaliers au jour même de leur apparition. Un sacrifice pompeux ouvre la cérémonie. La troupe brillante se met ensuite en marche, divisée par tribus et par curies, le front couronné d'olivier, vêtue de la trabée triomphale, et montée sur les coursiers qu'elle tient des bienfaits de la république; elle part du temple de l'Honneur, traverse la ville éternelle, salue en passant dans la place publique le temple des divinités tutélaires de Castor et Pollux, et monte au Capitole pour rendre grâces au maître des dieux; cérémonie auguste et imposante, où plus de cinq mille chevaliers romains, les vainqueurs et les appuis du monde, offrent le spectacle le plus digne de la majesté et de la grandeur de l'empire[1]!

Mais si ce jour brillant rappelle un des évènemens les plus heureux pour la république, celui qui le suit fut marqué dans ses fastes des plus sinistres caractères. Jour noir, jour à jamais funeste, où Rome vit périr toutes ses espérances sur les bords sanglans de l'Allia! Les féroces habitans des Gaules, descendus comme un torrent du haut des Alpes, vont étendre leurs ravages jusqu'à la ville du dieu Mars; Rome, sans armée, sans appui, va être la proie des flammes et des brigands! Quel jour fut jamais plus lamentable? quel jour dut laisser à la postérité un plus long deuil? Que les temples soient fermés, que toute occupation cesse! Rome doit se livrer tout entière au douloureux souvenir que lui rappellent ses fastes! Le même jour, l'astre qui précède la Canicule, brille dans les cieux et annonce cette brûlante constellation.

Cependant le règne de la tristesse est passé, la gaîté renaît; je vois le peuple accourir en foule dans les bocages sacrés pour y fêter les dieux sous leur ombrage frais et religieux; on cé-

---

1. Denys d'Halicarnasse, liv. vi.

lèbre les Lucaries. Ce bois antique et vaste qui s'élève sur le bord du Tibre, près la voie Salaire, hors des murs de Rome [1], est surtout le sanctuaire de la fête. C'est, dit-on, parce qu'il servit de retraite aux Romains vaincus, le jour précédent, par les Gaulois [2]. Mais une équivoque trompa nos aïeux ; ce jour n'est la fête des Bocages que parce qu'il est celle de la Lumière [3]. Dans quel mois en effet l'astre du jour développe-t-il une plus grande magnificence, une lumière plus vive, plus pure et plus durable ? Où pouvait-on mieux célébrer le triomphe du dieu de la lumière, les plus longs et les plus beaux jours de l'année, que dans le fond des bois, sous le dôme épais et verdoyant du feuillage développé dans toute son étendue, sur le gazon dont il entretient la fraîcheur ?

Mais, que vois-je ? la hache fait tomber les rameaux de ce bois sacré. Privé de sa parure, il n'offrira, jusqu'au printemps nouveau, que des troncs stériles et nus, où l'oiseau trompé cherchera vainement ces voûtes touffues qui cachèrent ses amours et retentirent de ses chants. Et qui profitera du produit de ces vertes dépouilles des bocages ? ceux qui, chaussant le cothurne et le brodequin, étalent sur la scène, ou l'héroïsme de la tragédie, ou le ridicule de la scène comique ; c'est aux dépens des bois sacrés que l'état paie les histrions qui l'amusent [4] !

Le lendemain de cette solennité, des jeux se célèbrent avec pompe et prolongent le règne de la joie et des fêtes. C'est en ce jour qu'Octave a voulu consacrer le grand prétexte qui lui mettait les armes à la main, pour écarter tous ses concurrens

---

[1]. La *Via Salaria* commençait, en effet, à la porte Colline, et était fort éloignée du Tibre dans Rome. Il fallait donc que ce bois fût hors de Rome, parce qu'alors le Tibre et cette voie se rapprochent, et que ce n'est que de cette manière qu'on peut entendre ces mots de Festus : *Inter viam Salariam et Tiberim.*

[2]. Festus. *A Lucis.*

[3]. *Lucaria a Luce.* Varro.

[4]. Plut., *Quest. rom.* — Festus, aux mots *Lucar* et *Pecunia.*

à la souveraine puissance. A peine arrivé d'Apollonie, où César, son oncle, l'avait envoyé, il veut qu'on le reconnaisse publiquement pour son vengeur ; et afin de se préparer dignement à remplir ce sanglant ministère, il veut véveiller par un mouvement public le souvenir des victoires du dictateur. Les magistrats, obligés de donner les jeux institués en mémoire de ces victoires, n'osaient s'en charger. Octave les donna lui-même à leur place [1]. Ce fut donc en ce jour que l'on rappela, par des jeux, le souvenir de cette triste victoire, où Rome avait déchiré ses propres entrailles dans les champs ensanglantés de Pharsale !

Ce même jour, le Lion de Némée voit le char du Soleil commencer à éclairer sa brûlante demeure.

Le jour suivant, on retourne en foule aux bosquets sacrés, où les fêtes de la Lumière recommencent. Jour brillant ! tu fus pour l'Égypte le premier des jours ! tu marquas la plus belle saison de son année, s'ouvrant avec l'ardente constellation de Sirius ; et, dès-lors, tu dus être pour ses peuples le jour de la naissance du monde [2] : car le monde fut vraiment créé pour chaque peuple, à l'époque où la nature se manifeste pour lui dans sa plus grande puissance ; et c'est ainsi que la bonté du grand être renouvelle les créations, et, par cette succession de périodes semblables, roule perpétuellement l'univers dans le cercle de l'éternité.

Mais déjà l'aurore a versé deux fois sur les campagnes la rosée qui jaillit en perles brillantes. On célèbre la fête du dieu Mars, qui recommence encore après quatre jours. Des treilles, des cabanes de feuillages bordent les deux rives du Tibre, et voilent de leur ombre les plus folâtres orgies. Des nacelles volent sur ses eaux, théâtre de la joie et des plaisirs des mariniers de ses bords. De ce moment, jusqu'au dernier du mois, le Cirque déploie aussi la pompe de ses jeux. Mais ce n'est point en l'honneur de Neptune que les

---

1. SUÉTONE, *Vie d'Aug.*, ch. XI, XII, XIII.
2. SOLIN, ch. XXXV. — ADR. JUN., *Animad.*, liv. III, ch. 8, etc.

chars y volent sur l'arène et disputent le prix ; c'est dans un autre mois que Neptune est fêté comme dieu des coursiers et des sages conseils, et rappelle l'alliance antique de Rome avec ses voisins [1].

Une autre solennité suit la fête de la déesse Furina, déesse dont le culte fut jadis célèbre, mais dont maintenant on ignore presque jusqu'au nom [2]. Quelle est cette divinité? l'obscurité qui l'enveloppe ne nous permet pas de le dire, et le malheureux Gracchus n'éprouva que trop que la religion n'en protège plus le sanctuaire [3]. Est-ce la première des Furies vengeresses des crimes, l'aînée des cruelles Euménides, image redoutable de cette divinité plus sensible, dont l'âme est le temple, du Remords, qui suit partout le coupable et qui fait son premier supplice? Les monumens qui nous restent du culte de cette antique déesse célébrée autrefois dans tout le Latium, nous portent à le croire [4].

Enfin une dernière solennité nous appelle ; solennité champêtre, fête joyeuse où la piété va demander à la blonde Cérès qu'elle daigne veiller sans cesse sur ces moissons jaunissantes que le zéphyr agite et roule en longs flots au fond de nos vallées. Les Ambarvales commencent : ce n'est plus pour prier les dieux de faire croître heureusement les semences confiées aux sillons, mais pour amener à une heureuse maturité les grains qui enrichissent et couronnent le front de Cybèle. Les douze frères, dont le sacerdoce est consacré à l'agriculture [5],

---

[1]. Aut duplicem cultum quem *Neptunalia* dicunt,
   Et quem de Conso consiliisque vocant.
   Festa hæc navigiis ; aut quæ celebrata quadrigis
   Jungunt Romanos finitimosque duces.
                    (Auson., *Eclog.* XVII.)

[2]. Festus, au mot *Furinalia.*

[3]. Plut., *Vies de Tib. et C. Gracchus.*

[4]. Cicéron, *de la Nat. des dieux*, liv. III. On a trouvé un autel sur lequel était écrit d'un côté *Furinæ sacrum*, et de l'autre *Erinnysios locus sacer.*

[5]. *Fratres Arvales.*

s'avancent à la tête de la troupe rustique qui cultive les campagnes ; trois fois cette troupe religieuse se promène autour des champs, ornée de couronnes de chêne, formant des danses, répétant alternativement les refrains joyeux de l'hymne champêtre, et traînant, avec des liens de fleurs, la truie lente et grondeuse qui va arroser de son sang l'autel de gazon où l'on honore Janus et Jupiter [1]. Sacrifice *précurseur de la coupe* des moissons, le chantre des bergers, des campagnes et des héros, t'a prescrit au laboureur comme un des premiers devoirs que lui impose le retour du printemps. Il lui a dit :

> Quand l'ombrage au printemps invite au doux sommeil,
> Lorsque l'air est plus doux, l'horizon plus vermeil,
> Les vins plus délicats, les victimes plus belles,
> Offre des vœux nouveaux pour des moissons nouvelles ;
> Choisis pour temple un bois, un gazon pour autel,
> Pour offrande du vin et du lait et du miel.
> Trois fois autour des blés *promène* la victime,
> Et trois fois enivré d'une joie unanime,
> Qu'un chœur nombreux la *suive* en invoquant Cérès.
> Même avant que le fer dépouille les guérêts,
> Que tous entonnent l'hymne, et couronnés de chêne,
> *D'un pied lourd et sans art* frappent gaîment la plaine [2].

Lorsqu'il ne restera plus au mois qu'un seul jour, on cherchera dans les cieux l'oiseau qui porte la foudre du maître des dieux, et qui cessa un jour d'être le ministre de sa vengeance pour devenir celui de ses plaisirs.

N. On lit dans le fragment d'Amiterne ces trois indications :

Entre le 6 et le 3 des nones : *Fer. ex. S. C. quod ara Pacis Aug. in Camp. Mart. constitut. fax si Nerone et Varro Cos.*

---

[1]. Varron, ch. cxli.

[2]. *Géorgiques*, liv. 1, traduction de M. l'abbé Delille. Les légers changemens que nous nous sommes permis, uniquement pour notre application, rendent plus fidèlement le sens des vers latins.

La veille des nones : *Feriæ Jovi. Ludi ad Ol. in Comit.*
Le 17 des calendes d'août : *Dii Saliensis.*

1. On doit lire ainsi la première note : *Feriæ ex senatus-consulto, quod ara Pacis Augustæ in Campo Martio constituta fax sit, Nerone et Varro consulibus.*

Il est vraisemblable qu'il s'agit d'un autel élevé par ordre du sénat, en l'honneur d'Auguste, dans le Champ-de-Mars, lorsque, après la défaite d'Antoine et des autres conjurés, il eut donné la paix à l'univers. Elle reçut de lui le surnom d'*Auguste*, et les monumens offrent fréquemment cette inscription : *Paci Augusti, Paci Augustæ.*

2. La seconde note est relative à un sacrifice fait à Jupiter chez plusieurs peuples du Latium. On fêtait ce dieu et Junon au premier jour du mois. Chez les Amiterniens, ce n'était qu'au quatrième[1].

3. La troisième note est mal imprimée ; il faut lire : *Dies Alliensis*, jour de la bataille d'Allia.

1. FESTUS.

LIVRE VIII.

AOUT.

Le sixième mois commence ; une loi du sénat a changé son ancien nom [1]. « C'est dans le mois jusqu'à présent nommé *sextilis*, que l'empereur César Auguste a pris possession de son premier consulat ; qu'il a triomphé trois fois ; qu'il a reçu le serment de fidélité de la part des légions qui occupaient le mont Janicule ; qu'il a subjugué l'Égypte et mis fin à toutes les guerres civiles : il paraît donc que ce mois a toujours été très-heureux pour l'empire. C'est pourquoi le sénat ordonne qu'il soit dorénavant nommé Auguste. »

Bienfaisante Cérès, toi dont la divinité veille particulièrement sur ce mois [2], viens m'inspirer pour que je chante dignement ces beaux jours de ton règne ! Écarte ces dragons furieux qui emportaient ton char à travers les airs, et ces torches funèbres qui éclairaient ta course vagabonde, lorsque tu cherchais le tendre fruit de tes amours, qu'un dieu ravisseur avait caché dans le sombre empire ! Mais viens telle qu'on te vit lorsque, calme et paisible, tu donnais des leçons au jeune Triptolème, l'air serein, le front ceint d'épis qu'enlacent le bluet, le voluble et le pavot des champs, mêlant à l'or de ta couronne leurs nuances d'azur, d'albâtre et de vermillon ; ou telle qu'unie à l'amoureux Iacchus, tu te manifestes aux initiés dans le sanctuaire d'Éleusis, lorsque le voile des mystères s'est levé pour eux ! C'est ainsi que tu dois assister aux travaux de ce mois.

1. Macrobe, *Saturn.*, liv. 1, ch. 12.
2 *Calendrier rustique.*

Mois de richesses, les solennités dûrent commencer par un sacrifice à l'espérance! Les promesses dont elle a flatté le laboureur vont enfin se réaliser. Elle accompagnait l'homme des champs lorsqu'il confia ses semences à la terre; elle doit recevoir le premier tribut des fruits qu'il en récolte. On va donc, au premier jour de ce mois, sacrifier à l'Espérance dans le *marché aux légumes*.

Mais, tandis que j'indique une solennité paisible et champêtre, le spectacle des jeux vient rappeler le souvenir de la guerre et de ses ravages. Il rappelle cependant aussi le triple triomphe de César.

Le flambeau des guerres civiles était éteint; mais une étincelle s'en conservait encore en Espagne, où elle produisit un nouvel incendie. Les deux fils de Pompée, restes infortunés de la famille de ce grand homme, rallumèrent la guerre dans l'Espagne Citérieure, pour venger la mort de leur père. César, honoré d'un quatrième consulat, vole de nouveau à la victoire, et l'obtient sous les murs de Munda; victoire lamentable, qui manqua de coûter la vie au vainqueur, et qui livra à l'opprobre et à la mort les enfans d'un des plus grands des Romains! Le dernier de ces infortunés, après avoir été long-temps encore la terreur des ennemis de son père, périt enfin sous le fer d'Antoine, et Didius vint faire à César la cruelle offrande de la tête de l'aîné! Mais les dieux semblaient avoir arrêté le sort de cette journée; on vit sortir du milieu du champ de bataille un rameau de palmier. Ce n'était pas pour couronner ton front, immortel Jules, que les dieux firent ce prodige, mais pour orner celui du jeune Octave, qui combattait alors sous tes enseignes [1]. Enfin tu vainquis! concours étrange des circonstances arrangées par le destin, tu vainquis! et le jour où tu versas les dernières gouttes du sang de Pompée, fut celui-là même où, quatre années auparavant, ce hé-

---

[1]. Dion.

ros était sorti de Rome pour combattre contre Rome[1]! Hélas! le triple triomphe dont on honora les succès ne fut pas le prix d'une victoire contre les nations rivales de la capitale du monde! ce fut la triste récompense des Romains vainqueurs des Romains!

Mais un sacrifice au Salut public vient détourner mes pensées de ces sinistres images! Aimable fille du dieu d'Épidaure, ce n'est pas ton culte que le Quirinal voit célébrer[2]! c'est toi que les Romains vont fêter, divinité des vrais citoyens, auguste Salut de la patrie! Veille sans cesse du haut de cette colline aux prospérités du peuple romain! Tu dus le temple où tu reçois son encens au succès de ses armes contre les féroces Samnites, et Bubulcus en ajouta la dédicace à la pompe de son triomphe[3]! La main de l'illustre Fabius avait orné ses murs des chefs-d'œuvre de son pinceau. Mais, hélas! l'affreux incendie qui ravagea ce temple sous le règne de Claude, n'a pas permis que nous en admirassions les merveilles[4]!

La même colline où le Salut public reçoit notre hommage, voit aussi fumer l'encens en l'honneur du Soleil *Indigète*. Bienfaisante divinité de la nature, ce surnom te viendrait-il du besoin qu'ont tous les êtres de ta chaleur vivifiante[5], ou de l'universalité du culte[6] que tu reçois sous tant de noms différens? Serait-ce parce que chaque contrée te regarde comme son dieu particulier[7], parce qu'en effet tu es celui de toutes les parties du monde? Nous reconnaissons une classe de divinités locales et indigènes; le pieux Énée, le digne fils de la mère

---

1. Dion.
2. *Salus* ne signifie pas ici la santé. On a donné jusqu'à présent dans cette erreur.
3. Tite-Live, liv. ix, ch. 43.
4. Pline, *Hist. Nat.*, liv. xxxv, ch. 4.
5. *Quod eorum* indigeamus.
6. *Quod* indigito *est precor et invoco*.
7. *Patrios deos indigetes* dici debere tradunt. (Servius, *ad Æneid.*, lib. xii.)

des Amours, reçut le premier ce titre sacré, lorsque, du milieu des roseaux de Numice[1], il fut reçu dans l'Olympe, et devint le Jupiter du Latium[2]. Ne serait-il que ton image? et ton temple placé sur le Quirinal, sur la colline Agonale de Janus, ne te montrerait-il pas encore sous les doubles traits de cette divinité vraiment indigène du Latium?

Cependant les clairons guerriers retentissent de nouveau! Rome célèbre encore une fête en mémoire du triomphe de César sur l'Espagne Citérieure. Hispalis supportait avec peine la domination de son vainqueur : elle égorge les soldats romains préposés à sa garde. Mais bientôt elle en est sévèrement punie. César laisse, à ses habitans assiégés, l'espérance et la facilité de fuir; puis il les enveloppe dans des embûches, et pénètre au milieu des murs dépouillés de leurs habitans.

Lorsque l'étoile du matin annoncera le règne de la lumière, Ops et Cérès recevront l'encens des Romains dans le quartier qui prend son nom de la déesse qui joint les amans sous le joug conjugal. Dans quel mois ces sacrifices pouvaient-ils être mieux placés que dans celui où Cérès et la déesse des richesses vont enrichir la terre par la maturité des fruits qui parent sa surface?

Le lendemain, c'est au cirque Flaminien que l'on court en foule pour adorer Hercule, qui en est le gardien[3].

Mais que signifient ces feux qui brillent de toutes parts[4]? c'est l'annonce de la fête qui, le lendemain, doit célébrer la naissance de Diane.

Le jour des ides se lève, jour brillant consacré à la chaste fille de Latone! On court en foule au bois d'Aricie; les femmes, armées de flambeaux, vont suspendre les bandelettes sacrées aux autels que le frère d'Iphigénie emporta de la Tauride. Souvent aussi l'Amour profite de ces courses religieuses. « Cette

---

1. TIBULLE, liv. I, élég. 5, v. 45.
2. TITE-LIVE, liv. II.
3. Livre VI.
4. Les Lycnapsies, fêtes des flambeaux, courses la veille des ides.

divinité, toute vierge qu'elle est, tout ennemie qu'elle se montre des feux de l'amour, a souvent fait dans ces lieux de profondes blessures aux cœurs sensibles [1]. » C'est là que Cynthie, éclairant ses pas avec des torches ardentes, courait sacrifier au fils de Vénus, sous prétexte d'aller célébrer Diane [2]. Une foule de chasseurs accourt aussi menant à sa suite ses chiens ornés de guirlandes; les doubles javelots, les dards sont offerts à la déesse au milieu des fleurs qui ornent son sanctuaire bocager [3]; elle couronne l'animal fidèle, nettoie les armes des chasseurs, et permet aux habitans des bois de s'égayer, sans craindre ni le fer meurtrier, ni le son de la trompe [4].

Une autre divinité champêtre reçoit aussi en ce jour l'hommage des Romains : c'est le dieu des fruits et de l'automne. On plaçait le commencement de l'automne quatre jours après les ides, dont les trésors naissans commencent à nourrir l'espérance du laboureur. L'amant de Pomone est orné de festons et honoré d'un sacrifice particulier au milieu *du grand bois de lauriers* [5].

Quelle est encore cette cérémonie, ces espèces de Saturnales, où les esclaves des deux sexes se confondent avec leurs maîtres, et chantent la liberté au milieu de l'orgie qui les rassemble? C'est la fête de la naissance de Servius, que quelques annales placent en ce mois. Ce bon roi, né d'une esclave, se plaît encore du haut des cieux à voir soulever un jour, en son honneur, le joug si pesant de la servitude. Les lotions fréquentes qui accompagnent la fête sont un rit introduit dans le culte par les esclaves, et qui, depuis, a été consacré par une loi commune à tous ceux qui approchent des autels et célèbrent un jour de fête [6].

---

1. OVIDE, *Art d'aimer*, liv. I, v. 259.
2. PROPERCE.
3. GRATIUS, *de la Chasse*.
4. STACE, *Sylv.*, liv. III, 1.
5. Les interprètes expliquent ainsi le *Loretum*, ou *Lauretum majus*.
6. PLUTARQUE, *Quest. rom.*

Mais quoi! Rome célèbre aussi le jour funeste où César vainquit dans les champs de Pharsale, théâtre funeste de la guerre civile [1], « de cette guerre sacrilège qui mit les lois aux pieds du crime; où l'on vit un peuple puissant tourner ses mains victorieuses contre ses entrailles, l'aigle s'exercer contre l'aigle, deux camps unis par les liens du sang, diviser l'empire et se disputer le coupable honneur de hâter sa ruine, avec toutes les forces du monde ébranlé [2]. »

Deux jours après les ides, le Dauphin, qui porta le chantre de Lesbos, disparaît dans les feux dont l'astre du jour vient embraser l'horizon.

Le lendemain on célèbre sur les bords du Tibre la fête du dieu des Ports, de *Portumnus*, dans le petit temple que la piété lui éleva sur la rive d'un fleuve, près du pont Émilien. Ce dieu fut le fils du malheureux Athamas et de la triste Leucothoé, devenus tous deux des divinités marines. Mais la fête du jeune Palémon n'est à Rome qu'une fête joyeuse où les mariniers du Tibre chantent, dans leurs barques entourées de guirlandes, le dieu bienfaisant qui entretient le calme des eaux qu'ils sillonnent, et amène dans le port les vaisseaux nombreux qui les enrichissent; tandis que, sur le double promontoire de l'Isthme, de lugubres cérémonies rappellent l'aventure tragique de la mère et du fils. « Toutes les fois que Leucothoé, désolée de la perte de son cher Palémon, s'approche du rivage de Corinthe, et que, pendant les jours consacrés à son culte, elle fait entendre les accens de son désespoir, alors les deux isthmes retentissent de gémissemens, et Thèbes y répond par des clameurs lamentables [3]. »

Deux jours se passent, et les secondes Vinales, ou la fête des vendanges arrive. Nous avons vu les premières au mois con-

---

[1]. Quelques auteurs croient qu'il s'agit ici d'une fête en mémoire de la victoire d'Auguste sur Sextus Pompée, fils du grand Pompée, dans les champs de Macédoine, près de Pharsale.

[2]. Lucain, liv. i, traduction de Marmontel.

[3]. Stace, *Théb.*, liv. vi, au début.

sacré à Vénus ; elles appartenaient à cette déesse, dont la fécondité, répandue dans le sein de la nature, fait germer la vigne et pousser les bourgeons dont doit naître un jour la grappe pourprée. Mais aujourd'hui Bacchus vient recueillir ses trésors que les brûlans soleils de l'été ont mûris. C'est à Jupiter, au génie du monde, que ces secondes Vinales, ces Vinales Rustiques sont consacrées. Il recevra la libation du premier vin qui jaillira des tonneaux qui vont le renfermer[1].

Le flamine[2] commence par faire l'ouverture de la vendange ; un agneau femelle est immolé, et, avant que d'en offrir les entrailles fumantes[3], le pontife prend une grappe de raisin, la pressure dans une coupe, et consacre ainsi les prémices du vin. On prépare ensuite tous les instrumens, on se met à l'ouvrage, et la religion exige encore la première liqueur exprimée de la grappe avant qu'elle ait reçu la préparation qui doit en faire le vin[4]. Des plantes odorantes sont embrasées et pétillent quelques instans sur les autels ; elles servent à parfumer les tonneaux où le vendangeur va verser la liqueur de Bacchus[5].

On chante alors, dans une joyeuse orgie, les louanges de Jupiter et de Vénus ; car quelques auteurs prétendent que Vénus partage aussi le culte de ce jour. Toute la ville retentit des accens de la joie et du tumulte des Bacchanales.

Lorsque le soleil revient ensuite pour la seconde fois éclairer le monde, un autre spectacle appelle nos regards : ce sont les fêtes de Consus. Dans l'origine, ces fêtes ne consistaient qu'en des courses qui se faisaient sur le gazon du Champ-de-Mars. Bientôt elles furent transformées en des jeux du Cirque.

---

1. On appelait ce premier vin *Calpar*.
2. Diale, ou, selon d'autres, le flamine de Mars.
3. *Inter cæsa et porrecta flamen vinum legit.*
4. C'est la dégustation du *mustum*. On nommait cette première liqueur en libation, *Sacrima*.
5. Scal., *ad Festum*.

Quel est ce dieu? pourquoi l'épithète de *cavalier* donnée au dieu des mers? et pourquoi cette divinité mixte porte-t-elle le nom de *Consus*, ou de dieu des conseils? Faudrait-il dire, avec Plutarque, que les chevaux et les mulets sont sous la protection de Neptune, parce que ces animaux furent bien soulagés, quand on eut trouvé le moyen des transports par eau et de la navigation [1]? Faudra-t-il croire, avec d'autres, que si le culte de ce dieu était lié avec celui de la terre, si son autel était tiré mystérieusement du sein de la terre, c'est parce que l'eau de la mer contribue souvent aux tremblemens qui agitent le globe [2]? Dirons-nous enfin que le dieu des mers fut changé en cavalier, parce que le mot qui signifiait *cheval* désigna, par métaphore, les vaisseaux; et que, quant à l'épithète de *Consus*, elle n'avait, dans l'origine, aucun rapport au mot et à l'idée de conseil, mais qu'elle se forma de la préposition *cum* (avec), et du verbe *suo* (coudre, assembler), parce que les vaisseaux sont des assemblages d'ais [3]? Nous pensons que ces attributs de Neptune sont dus à des idées plus simples. Les premières notions mythologiques nous apprennent que Neptune est l'emblème de la mer. On sait que le cheval figure à chaque scène de son histoire : quand il naît, Rhéa fait croire à Saturne qu'elle est accouchée d'un cheval, et lui en donne un à dévorer; dispute-t-il avec Minerve pour savoir à qui appartiendra l'Attique, cette déesse fait naître l'olivier, et le dieu fait sortir un cheval de la terre. Est-il amoureux de Cérès; il prend la forme d'un cheval pour obtenir ses faveurs; l'est-il d'Alopé, le fruit de leurs amours est nourri par une jument. Volage amant, est-il épris des charmes de Méduse, c'est un cheval qui naît de leurs amours; cheval à jamais célèbre, placé au rang des constellations; en un mot Pégase!

Que penser de tant de fables où l'on voit figurer le cheval

---

[1]. *Probl.*, XLVII.
[2]. Voyez *Lotium vetus Corradini*, t. 1, p. 275.
[3]. *Monde primitif*, t. IV, p. 400.

avec Neptune? On sait que ce dieu a souvent été représenté sous l'emblème du Verseau, le génie des pluies et des eaux. Si l'on s'attache à cette allégorie, il suffit de jeter les yeux sur la sphère pour que tout s'explique. On y verra le signe du Verseau presque uni à celui du Cheval ou de Pégase, placé même sur le petit cheval dont la tête semble se confondre avec la sienne; explication bien simple de la supercherie faite à Saturne. Minerve est la lumière éthérée : elle lutte avec le Verseau, puisque ce signe précède presque immédiatement celui du Bélier, où réside le grand empire de la lumière; et le Verseau produit alors le Cheval, qui, avec les Poissons, autre symbole de Neptune, occupe en effet tout l'espace entre le Verseau et le Bélier. S'il est vrai, comme on l'a prétendu, que Méduse soit un des poissons célestes, la naissance de Pégase se conçoit alors tout naturellement. Observez ensuite les cieux, lorsque le soleil entre au signe de Cérès, ou de la Moissonneuse, ou de la Vierge, les signes les plus brillans en opposition avec elle, sont le Verseau et Pégase, etc., etc. Telles peuvent être les raisons qui auront établi tant de rapports entre Neptune et le cheval. Quant à l'épithète de *Consus*, elle est relative tout simplement à la supercherie de Romulus, qui, ayant imaginé d'appeler les peuples ses voisins aux jeux de Neptune Équestre, feignit d'avoir trouvé, dans la terre, l'autel d'un certain dieu, et donna à ce dieu, qui n'était autre que Neptune, l'épithète de *Consus*, dieu du conseil, par allusion à l'idée qu'il avait eue de faire servir les jeux de ce dieu à l'enlèvement des Sabines. Le culte de Neptune Équestre existait depuis long-temps dans le Latium [1].

Le même jour le soleil entre au signe de la Vierge.

Un jour se passe, et ce jour, dont la moitié est une férie, précède et prépare les fêtes de Vulcain. Et dans quel mois, le dieu du feu pouvait-il être célébré plus convenablement, que

---

1. Denys d'Halicarnasse.

dans celui où, donnant à la terre cette chaleur interne, si propre à développer les derniers principes de la maturité de ses productions, il l'enrichit des trésors de l'été et prépare ceux de l'automne?

Le temple de ce dieu avait été consacré dans le cirque Flaminien, le jour où depuis on célébra sa fête. On dit que ses gardiens étaient des chiens fidèles qui dévoraient les sacrilèges. Le jour de sa fête on commençait toujours quelque ouvrage [1], comme aux calendes de janvier, mais seulement par forme d'auspice et comme pour établir un heureux présage pour les travaux du reste de la saison. Il paraît aussi que l'on rappelait alors d'anciens sacrifices où l'on brûlait des hommes en l'honneur de Vulcain : car Festus dit que le peuple jetait alors aux flammes des bestiaux pour victimes de substitution ; circonstances qui semblent se rapporter à l'époque où l'année commençait avec le mois de septembre Nous avons vu, dans tout le cours de notre ouvrage, que les fins de période semblaient annoncer la fin du monde, soit par une inondation, soit par un incendie, et que ces idées apocalyptiques entraînaient toujours des sacrifices humains.

Quoi qu'il en soit, il était d'usage que ce jour-là chacun laissât consumer entièrement ses victimes au milieu des flammes, sans en rien conserver. Quelques-uns appelaient cette pratique *protervia*, qui était proprement un genre de sacrifice où l'on jetait dans le feu tous les restes du repas, comme Moïse ordonna qu'on le fît de l'Agneau pascal ; cérémonie également apocalyptique. Aussi Caton voulant faire une épigramme sur un certain Albidius, qui avait aliéné toute sa fortune, à l'exception d'une maison à laquelle il avait mis le feu, disait-il plaisamment, qu'il avait fait le sacrifice *protervia*, où l'on brûle ce qu'on n'a pu manger [2].

On offrait à Vulcain, dans ces fêtes, un veau roux et un

---

[1]. Pline le Jeune, liv. iii, lett. 5.
[2]. Macrobe, *Saturn.*, liv. ii, ch. 2.

verrat ; c'est ce que prouve cette inscription assez curieuse, trouvée à Rome et rapportée par Gruter [1] :

> HÆC. AREA. INTRA. HANC. DEFINITIONEM. CIPPORVM.
> CLAVSA. VERVBVS. ET. ARA. EST. INFERIVS.
> DEDICATA. EST. EX. VOTO. SVSCEPTO. QVOD. DIV.
> ERAT. NEGLECTVM. NEC. REDDITVM. INCENDIORVM.
> ARCENDORVM. CAVSA. QUANDO. VRBS. PER. NOVEM.
> DIES. ARSIT. NERONIANIS. TEMPORIBVS. ET. HAC.
> LEGE. DEDICATA. EST. NEC. VI. LICEAT. INTRA. HOS.
> TERMINOS. AEDIFICIVM. EXSTRVERE. MANERE.
> NEGOTIARI. ARBOREM. PONERE. ALIVDVE. QVID.
> SERERE. ET. VT. PRÆTOR. CVI. HÆC. REGIO. SORTI.
> OBVENERIT. LITATVRVM. SE. SCIAT. ALIVSVE. QVIS.
> MAGISTRATVS. VOLCANALIBVS. X. KAL. SEPT. OMNIBVS.
> ANNIS. VITVLO. ROBIO. ET. VERRE.

Terminons cet article par observer que le culte de Vulcain était fort ancien dans le Latium. « On vit aussi parmi les guerriers de l'Ausonie, dit Virgile [2], le fondateur de Préneste, le jeune prince *Céculus,* que tous les âges ont cru né de Vulcain, dans les champs, au milieu des troupeaux, et trouvé dans un foyer. » Le commentateur Servius, dont l'ouvrage est si précieux par les antiques traditions qu'il a conservées et les connaissances qu'il avait puisées dans des ouvrages de l'antiquité, que nous n'avons plus, rapporte cette histoire sur *Céculus* : « Préneste, dit-il, a ses prêtres et ses dieux indigètes, ainsi que Rome. Il y avait deux frères que l'on nommait *Dieux (Divi).* Leur sœur étant assise auprès du foyer, une étincelle qui jaillit sur elle, frappa son sein, et l'on dit qu'elle en devint enceinte. Elle accoucha ensuite d'un fils, près du temple de Jupiter. Des vierges, en allant puiser de l'eau, le trouvèrent près d'un foyer qui n'était pas loin de la

---

1. Page 61, n° 3.
2. *Énéide,* liv. VII, v. 678.

fontaine; ce qui le fit nommer fils de Vulcain. On le surnomma *Céculus*, parce qu'il avait les yeux petits, effet assez ordinaire de la fumée. Après avoir fait long-temps le métier de brigand, à la tête d'une troupe nombreuse, il bâtit Préneste sur les montagnes; et ayant invité à des jeux les peuples voisins, il commença à les exhorter d'habiter dans sa ville naissante, leur y promettant l'honneur d'être associés à un fils de Vulcain. Comme on n'ajoutait pas foi à ses discours, il pria son père de faire voir qu'il était son fils; et aussitôt une flamme étincelante environna toute cette multitude, qui, touchée de ce prodige, ne balança pas à habiter avec lui et à le regarder comme fils de Vulcain. »

Ce conte a tant de ressemblance avec celui de Romulus et avec celui de Servius (*Tullius*), qu'on peut dire hardiment qu'ils ont été jetés dans le même moule, et que *Céculus* est une allégorie relative à la divinité primitive de Préneste, le feu ou Vulcain, emblème de la divinité suprême... Quant aux deux personnages appelés *Dieux*, on ne peut y méconnaître les *Dioscures*, ou le Soleil d'été et le Soleil d'hiver, qui ont la Lune pour sœur [1].

Le lendemain de cette solemnité, on va sacrifier à la Lune dans le *Græco-Stasis*, c'est-à-dire au portique attenant les *Comices*, et sous lequel on recevait les ambassadeurs des nations étrangères.

Lorsque l'aurore amènera le jour suivant, on célèbrera les *Opiconsives*. C'est la fête d'Ops ou la terre, à laquelle on donnait, à cette époque, l'épithète de *Consiva*, parce qu'on commençait alors à faire différentes semailles. « Le lieu consacré à *Opiconsiva*, dit Varron [2], était dans la *Regia*; ce qui avait été ainsi déterminé pour que personne n'y entrât, excepté les vestales et le grand-prêtre. Lorsque ce dernier y entre, il ne doit pas avoir de ceinture. »

---

[1]. M. DE GÉBELIN, *Calendriers*, p. 401.
[2]. Liv. v, n° 3, de *L. L.*

Deux jours se passent, et une nouvelle solennité est préparée : c'est la fête de Vulturne. Quel est ce dieu? est-ce le dieu du Tibre [1]? N'est-ce pas plutôt un surnom d'Apollon, adoré sur le mont Lissus, près d'Éphèse, en Ionie, et honoré de ce surnom par un berger que des vautours [2] avaient retiré d'une caverne par l'intercession de ce dieu? Les monumens du Latium ne nous permettent pas de décider cette question.

Les calendriers marquent ainsi le jour qui suit : *Le 5 des calendes on dédia un autel à la Victoire dans la Curie.* Après avoir célébré par tous ces triomphes son entrée dans Rome, Auguste éleva à Minerve un temple nommé *Chalcidicum*, dédia la curie *Julia*, bâtie en l'honneur de son père, et y plaça une statue de la Victoire, que l'on y voit encore aujourd'hui. Cette statue avait été apportée de Tarente : elle fut ainsi placée par Auguste et ornée des dépouilles de l'Égypte, pour témoigner qu'il devait son empire à la Victoire [3].

Les Volcanales recommencent [4]; on ouvre le sanctuaire secret de Cérès [5]; Andromède brille dans les cieux le soir du jour heureux qui vit naître Germanicus ; et ce jour termine le mois qui s'honore du nom d'Auguste.

N. Quelques calendriers contiennent d'autres fêtes.

Le calendrier de Constant : le 5, fête du Soleil et de la Lune.

Le fragment d'Amiterne : la veille des ides, sacrifice à Hercule Invaincu au grand Cirque, à Vénus Victorieuse, à l'Honneur, à la Vertu, à la Félicité au Théâtre de marbre [6]. Le 19

---

1. Varron semble l'indiquer, liv. IV, ch. 5, de *L. L.*
2. *Vultures.*
3. Hérodien, liv. VII, parle d'un autel à la Victoire dans la Curie.
4. Le 3 des calendes.
5. Le 2 des calendes. Nous en parlerons au mois d'octobre.
6. C'est le théâtre de Pompée. Avant lui on les bâtissait en bois.

des calendes de septembre, fête de Castor et Pollux, au cirque Flaminien.

Fragment des Capranici : le 14 des calendes, à Vénus, près du grand Cirque.

Le 8, à Ops, au Capitole.

LIVRE IX.

SEPTEMBRE.

Ce mois reçut le nom qu'il a conservé jusqu'à nos jours, de ce qu'il était le *septième* de l'ancienne année qui commençait en mars. Quelques étymologistes ont cru que ce mot était composé de *septem*, pour l'ordre du mois, et de *imber*, parce que les pluies commencent dans ce mois et continuent dans les autres, qui ont la même terminaison, *octo-imber*, *november*, *dec-ember*.

Quoi qu'il en soit, la flatterie lui donna les noms de plusieurs empereurs. Ainsi le sénat voulut le nommer le mois *Tiberius*, en l'honneur de Tibère, qui eut le bon sens de se refuser à cet honneur [1]. Dion Cassius [2] dit que ce fut le mois de novembre que l'on voulut consacrer à Tibère, parce qu'il était né le 16 des calendes de décembre. Domitien ayant pris le surnom de *Germanique*, le donna également à ce mois [3]. Le sénat, sous le règne d'Antonin le Pieux, voulut qu'il fût appelé le mois *Antonin*, et octobre le mois *Faustin*; mais l'empereur philosophe ne le permit pas [4]. Commode, après avoir changé tous les noms des mois et leur avoir donné tous les nouveaux surnoms qu'il avait pris lui-même, l'appela le mois *Herculéen* [5]. Enfin l'empereur Tacite voulut qu'il prît ce nom,

---

1. Suét., *Vie de Tiberius*.
2. Liv. vii.
3. *Vie de Domit.*
4. Jul. Capitol., *Vie d'Ant.*
5. Æl. Lamprid., *Vie de Commode;* Hérod., liv. i.

parce qu'il était le mois de sa naissance [1]. Mais tous ces surnoms ont disparu, avec les flatteurs et les tyrans, et il n'est resté que celui qui tenait à l'ordre de l'année.

Ce mois est sous la protection de Vulcain ou Phtas, adoré à Préneste et chez les Sabins, qui lui élevèrent un temple à Rome, sous Titus Tatius, du temps de Romulus [2]. Un ancien hymnographe s'exprime ainsi sur le dieu présidant à ce mois : « Je te salue, dieu puissant, qui règnes sur l'élément du feu, puissant fils de Junon, triste époux de la belle Vénus, grand Ephaïstos, inépuisable Phtas, toi qui, précipité du ciel dans l'île de Lemnos, y établis ton empire ; rival de Prométhée, qui formas la première femme, la belle Pandore, épouse d'Épiméthée, dont la curiosité fatale ouvrit la boîte d'où s'échappèrent tous les maux qui affligent les mortels ; amant de Minerve, qui pourtant rendit vaines tes bouillantes caresses ; amant d'Aglaé, père de Cupidon et d'Ocrisia, fais suspendre, à ma voix, les marteaux qui retentissent dans les antres de l'Etna, et viens seconder mes chants ! C'est par toi que s'entretient l'activité de la nature ; principe créateur du monde et qui dois aussi le dévorer un jour, c'est toi qui allumes les volcans et entretiens, au sein de la terre, un réservoir intarissable de feux, restes de l'embrasement primitif ! Mais déposant tes forces, c'est toi qui, divinité bienfaisante, circules dans le sein de la terre, cuis ses métaux, peins ses marbres, montes avec la sève jusqu'aux derniers rameaux, et colores insensiblement les fruits de l'automne, etc., etc. »

Au premier jour de ce mois on élève un temple à Jupiter Tonnant au bas du Capitole. Ce fut un ouvrage d'Auguste. Dans son expédition contre les Cantabres, la foudre tomba au milieu de la nuit sur sa litière, et étouffa un de ses esclaves. Jupiter veillait pour le prince et sauva sa tête [3].

---

1. Flav. Vopisc., *Vie de Tacite*.
2. Denys d'Halicarnasse, liv. i.
3. Suét., *Vie d'Aug.*, ch. xxix.

Le 4 des nones était un jour mémorable, où l'on célébrait le souvenir de la victoire d'Actium, et le lendemain celle d'Octave sur Lépide, en Sicile [1]. Alors on allait en procession aux *reposoirs* (*ad pulvinaria*). Le calendrier d'Amiterne porte cette indication, et elle ne signifie pas autre chose qu'un lectisterne, cérémonie qui n'avait lieu que pour rappeler le souvenir des évènemens, ou très-affligeans, ou très-heureux.

On couchait les statues des dieux sur des lits (*pulvinaria*) magnifiquement dressés dans leurs temples, on leur servait à manger, et chacun prenait part au festin.

La veille des nones et les huit jours suivans, les *jeux Romains* se célèbrent avec toute leur solennité. Ces jeux, surnommés aussi *grands Jeux*, *jeux du Cirque*, furent institués sous les rois de Rome. Tite-Live en rapporte l'origine à Tarquin l'Ancien : « Sa première expédition, dit-il, fut contre les Latins. Elle lui valut la ville d'Apioles et beaucoup plus de butin qu'on n'aurait dû le présumer d'une expédition si peu importante. A son retour, il fit célébrer des jeux à Rome, avec plus d'ordre et de magnificence qu'aucun de ses prédécesseurs n'avait encore fait. On y destina dès-lors et pour toujours la place que nous nommons le *grand Cirque* (*Circus maximus*). On y marqua des places distinguées pour les sénateurs et les chevaliers. Ils y firent construire des loges (qu'on appelait *Fori*) élevées à douze pieds du rez-de-chaussée, sur une charpente qui les soutenait. Ces jeux, qu'on a continué de célébrer tous les ans sous le nom de *grands Jeux* ou *jeux Romains*, consistaient en courses de chevaux et en combats d'athlètes, que Tarquin faisait venir la plupart d'Étrurie [2]. »

Dans la suite on y mêla les représentations théâtrales, et ils furent également appelés *jeux Scéniques* [3]. D'abord ils ne durèrent qu'un jour, puis deux, et jusqu'à trois, enfin un plus

---

1. App., *de la Guerre civile*, liv. v.
2. Liv. i, n° 35.
3. *Id.*, liv. xxxiii.

grand nombre. On voit, dans les anciens calendriers, qu'ils se continuaient depuis le jour qui nous occupe ici jusqu'à la veille des ides du même mois ; et qu'ensuite, deux jours après, on célébrait d'autres *jeux Romains* dans le Cirque, pendant cinq jours.

Le jour des ides était celui de la fameuse cérémonie du Clou sacré. « Sous le consulat de C. Genutius et de L. Émilius Mamercus, qui exerçaient cette magistrature l'un et l'autre pour la seconde fois, les Romains, moins sensibles à leurs maladies qu'à l'inquiétude de n'avoir pu trouver encore le secret d'apaiser les dieux, apprirent de leurs vieillards qu'une fois la contagion avait cessé dans Rome aussitôt qu'un dictateur eut attaché un clou au Capitole. Le sénat se détermina là dessus à demander un dictateur pour réitérer cette cérémonie.....

« Il était dit, par une loi conçue en vieux termes et écrites en caractères antiques, que le premier des magistrats en exercice devait attacher ce clou le jour des ides de septembre. On l'enfonçait au côté droit du temple de Jupiter, du côté où est celui de Minerve. Il servait, dit-on, à marquer le nombre des années dans un temps où les lettres numérales n'étaient pas encore en usage, et l'on avait choisi pour cet effet le mur du temple de Minerve, parce que l'art de compter était réputé de son invention. Cincius, très-versé dans ces sortes d'antiquités, assure que l'on voyait de son temps de pareils clous dans le temple de la déesse Nortia [1]. Après le bannissement des rois, Horatius, consul, avait ainsi marqué son consulat dans le temple de Jupiter, qu'il avait dédié. Le dictateur, quand il y en avait un, faisait la cérémonie préférablement aux consuls, parce que sa magistrature était supérieure à la leur. L'usage s'en était perdu, lorsque, pour le renouveler, on s'imagina qu'il ne fallait rien moins qu'un dictateur [2]. »

---

[1]. Ou *Nurtia*, nom sous lequel la Fortune était honorée à Sutrium en Étrurie. *Voyez* MART. CAP., *Philol.*, liv. 1; JUVÉN., *Sat.* X, v. 74.

[2]. Liv. VII, n°. 3.

On a cru, comme on voit, que ce clou était destiné à marquer le nombre des années, et on a regardé cette cérémonie comme une preuve de l'ignorance et de la barbarie des Romains. *Voyez*, à ce sujet, M. l'abbé Couture, *Mémoires des Inscriptions*, tome viii, in-12, et *Journal Britannique*, nov. 1751, où M. Maty rend compte de la dispute élevée à ce sujet entre Mrs de Beaufort, dans son ouvrage sur l'*Incertitude de l'histoire romaine des cinq premiers siècles*, et M. Hooke, dans son *Histoire romaine*, in-4°. M. Maty accompagne son extrait de réflexions intéressantes. M. de Pouilly, dans ce même volume huitième des *Inscriptions*, soutient le sentiment de M. de Beaufort, et s'appuie également du *Clou sacré*. Voyez tous les détails de cette querelle dans une compilation imprimée à Paris, en 1784, en trois volumes in-12, sous le titre de *Discours et Réflexions critiques sur l'histoire et le gouvernement de l'ancienne Rome*. C'est une traduction de l'ouvrage de M. Hooke, avec quelques réflexions où l'on désirerait peut-être une critique plus judicieuse, et une connaissance plus approfondie des auteurs anciens que l'on s'avise d'y juger [1].

Le même jour fut dédié le temple de Jupiter Capitolin. Ce temple, voué par Tarquin l'Ancien, avait été bâti par Tarquin le Superbe; mais il n'avait pu le dédier, parce que peu de temps avant qu'il fût achevé, ce prince fut chassé de Rome. Il fut enfin terminé sous le troisième consulat de Publicola. Ce fut son collègue Horatius qui obtint la faveur d'en faire la dédicace ou consécration, que Plutarque place aussi au jour des ides de septembre. Tout le monde étant assemblé au Capitole, Horatius, après avoir achevé toutes les autres cérémonies, tenait déjà un des poteaux [2]; tous les assistans, attentifs à son action, gardaient un religieux silence, et il allait prononcer la prière solennelle de la consécration, lorsque Marcus Valerius, frère de Publicola, jaloux de ce que son frère n'avait pas obtenu

---

[1]. Nous avons conservé ces détails, parce qu'ils se rapportent à une querelle encore pendante. (*Note de l'Éditeur*.)

[2]. Cérémonie particulière de la consécration.

cet honneur, et qui s'était tenu fort long-temps à la porte pour épier le moment, lui cria : *Horatius, votre fils est mort de maladie dans le camp……* Mais le consul ne fit que répondre ce peu de paroles : *Qu'on jette son corps où l'on voudra; je ne prends point de part à cette nouvelle* [1] ; et il acheva la consécration. C'était une ruse de Valerius pour l'empêcher de l'achever. Mais, observe Plutarque, on n'en doit pas moins admirer la fermeté de cet homme, soit qu'il se fût aperçu de l'imposture, ou que, croyant vraiment son fils mort, il eût eu le courage de commander à son émotion [2].

Ce même jour, on célèbre des féries pour la découverte de la conjuration de Libon contre Tibère. Drusus Libon, de la famille des Scribonius, trompé par de faux amis qui lui exaltaient l'illustration de ses ancêtres, et livré aux magiciens et aux astrologues, qui berçaient sa crédulité des chimères d'une fortune et d'une élévation prochaines, conçut un projet contre l'état. Quand les perfides qui l'avaient abusé le virent dans le piège et entouré de témoins, ils le dénoncèrent. L'accusation se poursuivit sévèrement devant Tibère. Libon, voyant qu'il ne pouvait échapper, se tua lui-même au milieu d'un festin. « Ses biens furent partagés entre ses accusateurs; et, sans attendre les comices, on donna la préture (qu'il occupait) à ceux qui étaient membres du sénat. Défenses aux parens de Libon de faire porter son image aux pompes funèbres : ce fut l'avis de Messalinus Cotta. Le surnom de Drusus interdit à la famille Scribonia; ce fut l'avis de Cnéus Lentulus. Prières solennelles, en actions de grâces, pendant plusieurs jours; Pomponius Flaccus les proposa. Gallus Asinius, Papius Mutilus, L…… et L. Apronius ajoutèrent qu'on offrirait des dons à Jupiter, à Mars, à la Concorde, *et qu'on fêterait désormais les ides de septembre, jour où Libon s'était donné la mort.* — Je rapporte

---

[1]. Celui que regardait le présage n'avait qu'à le rejeter, et déclarer qu'il ne le prenait pas pour lui : le peuple croyait qu'il n'avait plus rien de funeste et qu'il était détruit.

[2]. *Vie de Publicola.*

à dessein ces avis et ces bassesses, dit Tacite ; il est bon de savoir que la flatterie est un mal ancien parmi nous [1]. »

Le lendemain des ides, on faisait la revue de la cavalerie. Nous avons vu qu'il faut bien distinguer cette cérémonie, de la procession des Chevaliers, qui se faisait aux ides de juillet [2]. Il paraît qu'il ne s'agissait ici que d'une simple revue. Nous ne trouvons absolument rien dans les auteurs anciens, au sujet de cette cérémonie, qui se remettait en octobre.

Quelques calendriers placent au même jour la naissance d'Esculape.

Le 8 des calendes d'octobre était le jour de la naissance d'Auguste [3], et les trois jours précédens il y avait marché, foire, ou cérémonie en l'honneur de Mercure [4]. Le calendrier romain indique ainsi ce jour : *H. D. Augusti Nat. Lud. Circ.* Les chevaliers romains célébraient cette fête pendant deux jours [5]. Les autres empereurs affectèrent aussi le même honneur pendant leur vie, et souvent le sénat ordonnait qu'ils en jouiraient, quoiqu'ils ne le demandassent pas. Ainsi nous avons vu qu'au 4 des ides de juillet on célébrait la naissance de Jules César ; au 6 des calendes de novembre, on fêtait celle d'Adrien ; au 4 des calendes de décembre, celle de Nerva ; au 18 des calendes du même mois, celle de Septimianus ; au 13 des calendes de janvier, celle de Gordien ; le 9 des calendes du même mois, celle de Titus ; au 4 des calendes de février, celle de Constantin-le-Grand, etc.

Le lendemain était le jour de la naissance de Romulus et Rémus.

Le 5 des calendes d'octobre était la fête de Vénus Génitrix dans le forum de César. On connaît l'histoire fabuleuse des

---

1. *Quorum auctoritates adulationesque retuli, ut sciretur vetus in id republica malum.* (Tacit., *Annal.*, lib. ii, cap. 27-32.)

2. Ci-dessus.

3. Suét., *Vie d'Auguste*, ch. v. — Dion, liv. lv.

4. *Voyez* ci dessus.

5. Suét., *Vie d'Auguste*, ch. lvii.

amours de Vénus et d'Anchise, si accréditée chez les Romains, qu'elle est représentée sur plusieurs monumens. Cette fable fit donner à la déesse le surnom de *Génitrix*, à cause d'Énée, de qui les Romains tiraient vanité de descendre. Jules César affectait d'avoir pour elle une vénération singulière, et la tête de Vénus se trouve souvent répétée sur ses médailles [1]. Il lui fit élever un temple l'an de Rome 708, et le consacra par des jeux magnifiques, comme il en avait formé le vœu avant la bataille de Pharsale. Elle y portait aussi le surnom de *Victorieuse*.

Ce temple était de marbre, et situé dans le huitième quartier; c'était un superbe édifice pycnostyle [2], et près duquel César fit également bâtir un forum, c'est-à-dire un lieu où l'on rendait la justice. « Les sanctuaires même de la justice, qui le croirait? peuvent servir à l'amour; et souvent sa flamme a pris naissance au milieu du tumulte du barreau, sous les murs du temple somptueux de Vénus, près de ces lieux où la nymphe de la fontaine Appienne élance dans les airs ses eaux long-temps comprimées. Là, plus d'un jurisconsulte s'est laissé séduire par l'amour; chargé de défendre les autres, il n'a pu se défendre lui-même. Là, plus d'une fois la parole a manqué au plus éloquent. Le voilà chargé d'une nouvelle affaire; c'est sa propre cause qu'il s'agit de soutenir. Du haut de son temple, voisin de ces lieux, Vénus sourit malignement, en voyant le défenseur des autres briguer lui-même le rôle de client [3]. »

César dédia dans ce temple cinq écrins de pierres précieuses [4], une cuirasse ornée de perles de la Grande-Bretagne [5], et le tableau de Vénus Anadyomène par Apelles [6]. Il fit placer aussi,

---

[1]. *Voyez* la Dissertation de M. l'abbé de la Chau, sur Vénus.

[2]. M. Larcher, *Dissert. sur Vénus*, dit : *avec un pycnostyle*; ce qui semblerait désigner une partie d'édifice, tandis qu'il ne faut entendre par ce mot qu'une des manières d'espacer les colonnes. *Voyez* Vitruve, trad. de Perrault, page 74.

[3]. *Art d'aimer*, liv. I, v. 80 et suiv.

[4]. Pline, *Hist. Nat.*, liv. XXXVII.

[5]. *Id.*, liv. IX, ch. 35.

[6]. *Id.*, liv. XXXV, ch. 10.

à côté de la statue de la déesse, la statue d'or de Cléopâtre, que l'on y voyait encore du temps d'Appien [1]. Auguste avait dessein de l'ôter de ce temple, si l'on en croit Plutarque [2]; mais Archibius, qui avait été ami de Cléopâtre, donna à ce prince mille talents [3], pour l'en détourner [4]. Enfin, comme ce fut pendant la célébration des jeux de Vénus Génitrix que parut la fameuse comète, *l'astre de César*, dont parlent les auteurs contemporains, Octave, pour en perpétuer le souvenir, fit placer dans ce temple une statue de bronze de César, avec la comète sur sa tête [5].

Nous voyons que César avait aussi fait placer devant ce temple la statue du cheval qu'il avait coutume de monter [6]. Pline nous apprend encore qu'il dédia devant le même temple deux tableaux d'Ajax et de Médée, de Timomachus, contemporain de ce prince, qui les avait achetés quatre-vingts talents [7].

Terminons ces détails par observer que si la flatterie fit donner à Vénus le surnom de *Génitrix*, la philosophie le lui avait appliqué long-temps avant César, comme la déesse de la génération et de la reproduction de la nature.

---

1. *De la Guerre civile*, liv. II. — Dion Cass., liv. LI, § 22.
2. *Vie d'Antoine*.
3. 4,668,750 liv. de notre monnaie.
4. *Voyez* M. Larcher, *Dissert. sur Vénus*, p. 233.
5. Dion Cass., liv. XLV, § 7.
6. Pline, liv. VIII, ch. 42.
7. *Id.*, liv. XXXV, ch. 4; liv. VII, ch. 38.

LIVRE X.

OCTOBRE.

Ce mois prit son nom, de ce qu'il était le huitième de l'année commençant avec le mois de mars, *octo-imber*. Domitien, né en octobre, lui donna son nom, comme il avait donné celui de *Germanicus*, un de ses surnoms, au mois de septembre. « Mais lorsqu'on crut devoir effacer le nom funeste de ce prince de l'airain même et du marbre sur lesquels on l'avait tracé, les mois furent aussi dépouillés de l'usurpation tyrannique de la dénomination qu'ils avaient reçue : grande leçon, qui, apprenant aux autres princes à éviter les choses de funeste présage, fit rendre leurs anciens noms à tous les mois depuis septembre jusqu'à décembre [1] ! » Le sénat ordonna dans la suite, par un décret solennel, que ce même mois porterait le nom de *Faustine*, en l'honneur de l'épouse d'Antonin. Commode lui donna aussi le surnom d'*Invictus*, qu'il n'avait pas rougi de prendre lui-même. Mais aucun de ses surnoms ne put subsister.

Le 3 des nones d'octobre on faisait la solennité indiquée dans les anciens calendriers par ces mots, *Mundus patet*. L'auteur du *Monde primitif*, qui en cela a copié l'abbé de Marolles, paraît ne pas avoir bien connu le sens de ces mots, lorsqu'il les a traduits par : « Les premières beautés de Cérès se découvrent [2]. »

On appelait *mundus*, une chapelle ou sanctuaire de figure

---

1. Macrobe, *Saturn.*, liv. 1, ch. 12.
2. Tome IV, p. 55.

ronde, comme le monde, ou la voûte céleste, consacrée à Dis ou Pluton, et à Proserpine. Ce sanctuaire était impénétrable au vulgaire et ne s'ouvrait que trois fois l'année, après les *Volcanales*, ou le 3 des calendes de septembre, le 3 des nones d'octobre, et le 6 des ides de novembre. Caton semble dire, cependant, que la seule partie qui fût ouverte en ces jours, fut la partie inférieure, comme consacrée aux dieux Mânes; ce qui ferait croire que cette partie était une fosse creusée aussi en forme circulaire et formant le second hémicycle, qui, avec la voûte de la chapelle, composait le globe ou monde. Peut-être même y avait-il dans cette partie inférieure quelque autel secret, ou quelques objets de culte, que l'on montrait au grand jour, comme l'autel de Pluton et de Proserpine que l'on retirait de la terre pour la célébration des jeux Séculaires. Caton semble l'indiquer : « Pendant cette solennité, dit-il, on ne pouvait faire aucune opération publique, parce qu'en ces jours regardés comme religieux, on produisait au grand jour des objets consacrés à la religion secrète et au culte des Mânes[1]. »
« Il semblait alors, dit Macrobe d'après Varron, que le gouffre, la gueule de Pluton, la porte des divinités tristes et infernales fût ouverte[2]. »

Peut-être faut-il comprendre dans la même désignation ce qu'on appelait *mundus Cereris*. On sait que *mundus* signifie aussi un ajustement; *mundus muliebris*, dans le style des lois, exprime la toilette d'une femme. Or, on trouve un fragment de Festus ainsi conçu : *Mundus etiam mulieris..... atque etiam in æde Cereris. Qui mundus appellatur, qui ter in anno solet patere. 3 Kal. Sept., et 4 Non. Octobr., et 3 Id. Novembr.*

L'antiquité ne nous a rien laissé qui puisse fournir quelques notions pour expliquer cette cérémonie superstitieuse.

Le 5 des ides on célébrait les *Méditrinales*. C'était la fête de la dégustation du vin nouveau, considéré comme médicament,

---

1. Festus, au mot *Mundus*.
2. *Saturn.*, liv. 1, ch. 19.

breuvage utile à la santé, suivant les vieux étymologistes. « *Meditrinalia*, dit Festus, dicta hoc de causa : mos erat Latinis populis quo die quis primum gustaret mustum, dicere, ominis gratia ; *Vetus novum bibo, veteri morbo medeor*. A quibus etiam *Meditrinæ Deæ* nomen captum, ejusque sacra *Meditrinalia* dicta sunt. » Varron s'explique plus clairement encore : « *Meditrinalia* dies dictus a *medendo*, quod, ut Flaccus flamen Martialis dicebat, hoc die solitum vinum novum et vetus libari et degustari medicamenti causa, quod facere solent etiam nunc multi, quum dicunt : *Novum, vetus vinum bibo, novo, veteri morbo medeor*. » Nos chansons bachiques ont conservé l'esprit de cette vieille formule. Mais M. de Gébelin[1], plus sévère, conteste l'étymologie fondée sur le jeu de mots qu'elle présentait, et il veut que le mot *Meditrina* vienne des mots grecs μεθυ, vin, et ῥεειν, couler[1].

Cette fête était une sorte de secondes *Vinales*, une offrande aux dieux, des premiers vins.

A cette solennité succédait celle des *Augustales*. Elles furent instituées pour perpétuer le souvenir du retour d'Auguste à Rome, lorsqu'il eut heureusement pacifié la Sicile, la Grèce, la Syrie, l'Asie et les Parthes. On éleva pour ce sujet un autel à la Fortune qui ramène, *Fortunæ Reduci*, et l'on institua des jeux appelés *Augustaux*, qui consistaient en courses du Cirque et en représentations théâtrales. On connaît les médailles d'Auguste avec la légende *Fortuna Redux*.

Le 3 des ides était la fête des *Fontaines*. En ce jour on allait en pompe à la fontaine située près la porte Capène ; on ornait les puits de festons et de guirlandes, et l'on jetait dans toutes les sources et dans toutes les fontaines des bouquets et des couronnes de fleurs. Nous ne savons rien de plus de cette fête intéressante. Mais écoutons M. de Gébelin : « Les Arcadiens, les Celtes même avaient déjà regardé, long-temps avant les Romains, les sources, les fontaines, les fleuves même, comme

---

[1]. *Monde primitif*, p. 404.

des divinités ; et ils s'assemblaient tous les ans sur les bords de quelque fleuve, de quelque lac ou de quelque fontaine, pour leurs fêtes solennelles..... Tel fut un des plus anciens cultes. Bientôt on environna d'arbres ces fontaines, pour y être à l'abri des chaleurs, etc. ; et de là le culte des chênes (il pouvait dire des bosquets, des bois sacrés) : et ce fut une seconde espèce de culte. Ensuite, à côté de ces fontaines et de ces chênes, on éleva des temples : ce fut le troisième culte, celui des Romains et des peuples civilisés.... Cette fête fut aussi placée avec raison en automne, ajoute-t-il, ou dans la saison des pluies, qui rétablit les fontaines desséchées, affaiblies par la chaleur de l'été [1]. »

Quoi qu'il en soit, ce furent les Arcadiens qui introduisirent dans le Latium le culte des fontaines, des prairies et de tous les lieux verdoyans consacrés aux nymphes [2].

Le jour des ides était une fête du dieu Mars. Il se pratiquait alors une cérémonie très-singulière : « on immolait à Mars, dans le champ qui portait son nom, un cheval, le plus excellent des vainqueurs à la course des biges [3]. Il s'élevait alors un grand débat entre les habitans du quartier Suburre et ceux de la voie Sacrée, relativement à sa tête, pour savoir si les uns l'attacheraient au mur de la Regia [4], ou les autres à la tour Mamilia; et il fallait que sa queue fût transportée avec tant de vitesse à la Regia, que le sang en dégoutât encore sur le foyer de l'autel, pour établir la participation du sacrifice. Quelques-uns croient que ce sang tient lieu d'hostie au dieu Mars : loin de croire, comme le vulgaire, que c'est une espèce de peine qu'on fait subir à cet animal, parce que les Romains sont descendus des Troyens, et que Troie fut prise avec un simulacre de cheval [5]. » Plutarque propose la question de sa-

---

1. *Monde primitif*, p. 404 et 405.
2. Denys d'Halicarnasse, liv. i.
3. Chars à deux chevaux.
4. Ancien palais de Numa, habité par le grand-prêtre et les vestales.
5. Festus, aux mots *October, Equus.*

voir si le rit dont il s'agit et qu'il décrit comme Festus, quoiqu'il le place, par erreur, en décembre, avait vraiment pour objet une sorte de punition relative à la prise de Troie, ou était déterminé par la nature du cheval, qui, étant un animal colère, fier et belliqueux, convenait pour cela au dieu des batailles ; ou parce qu'on sacrifie aux dieux les victimes qui leur sont les plus agréables, et que la victoire et la force appartenant au dieu Mars, on doit lui sacrifier un coursier victorieux[1], etc..... Mais Festus semble donner une meilleure raison : « Aux ides d'octobre, dit-il, on ornait de pains la tête d'un cheval immolé dans le Champ-de-Mars, parce que le sacrifice avait pour objet la prospérité des fruits de la terre ; et que l'on sacrifiait plutôt un cheval qu'un bœuf, parce que le bœuf sert à la culture des fruits de la terre[2]. »

M. de Gébelin a imaginé une raison *plus profondément allégorique*, mais bien moins naturelle : « Mars, protecteur du mois d'octobre, dit-il, correspondait à Typhon, auquel ce même mois était consacré en Égypte, et qui était le mauvais principe, le dieu des dévastations, ainsi que Mars. Mais ce Typhon avait été vaincu par Horus, au moyen du cheval. C'était donc pour vaincre Mars, pour désarmer le mauvais principe, qu'on offrait en sacrifice un cheval, et qu'on l'appelait *October*, afin de représenter d'une manière adoucie, le dieu qui présidait à ce mois, au lieu de l'appeler le destructeur, le mauvais principe, l'ennemi du genre humain..... C'est par le même motif qu'on exposait la tête de ce cheval sacrifié, en la clouant aux murs de la ville, afin qu'elle fût comme un préservatif contre les suites funestes de ce mois[3]. »

Cette cérémonie se désignait aussi par cette formule : *Equus adnixas fit*.

Le 14 des calendes de novembre on faisait la cérémonie de

---

1. *Quest. rom.*, XCVII.
2. Liv. XIV.
3. *Monde primitif*, p. 405.

l'*Armilustrium*. Comme on faisait un sacrifice purificatoire pour l'armée, avant d'aller au combat, de même on la purifiait après la bataille. Cette dernière purification était aussi une espèce de service funèbre pour ceux qui avaient été tués. Peut-être son origine, chez les Romains, vient-elle d'une pareille cérémonie pratiquée autour du tombeau de l'ancien roi Tatius, et que l'on arrêta de renouveler tous les ans. Varron la définit ainsi : « *Armilustrium* ab eo quod in Armilustrio armati sacra faciunt; nisi locus potius dictus ab eis, sed quod de his prius; id ab luendo, aut lustro, id est quod circum ibant ludentes ancilibus armati. » Festus, ou plutôt Paul, son abréviateur, dit : « *Armilustrium* festum erat apud Romanos, qui res divinas armati faciebant, et dum sacrificarent, tubis canerent. »

Quelques savans ont pensé que cette cérémonie s'exécutait par les Saliens, qui dansaient alors la Pyrrhique; l'emploi des boucliers Anciles, qui ne pouvaient être agités que par ces prêtres de Mars, l'a fait croire avec beaucoup de raison. Quelques-uns ont cru le contraire ; mais c'est qu'ils ont mal-à-propos imaginé qu'il faudrait alors confondre la fête des *Anciles* au mois de mars, avec cette solennité ; comme si les Anciles n'eussent pas également pu être employés à deux lustrations, qui avaient un objet tout différent !

Quant à l'endroit nommé *Armilustrium*, qui incontestablement, comme l'a soupçonné Varron, tire sa dénomination de la cérémonie, c'était une place sur le haut de l'Aventin, destinée à cette purification des armes. Le tombeau de Tatius était auprès [1].

Le 5 des calendes de novembre et les cinq jours suivans on célébrait des jeux en l'honneur de la Victoire. Sylla les institua pour perpétuer le souvenir de la défaite des Samnites et de Télésinus; il établit des jeux du Cirque à ce dessein, et l'on y célébrait, en termes génériques, les victoires de Sylla, dit Velleius Paterculus [2].

---

1. Plut., *Vie de Romulus.*
2. Liv. 1.

L'ancien calendrier nous apprend que l'on célébrait aussi en ce mois une fête de Bacchus : c'était probablement une espèce de Bacchanales; et dans quel temps plus convenable aurait-on pu fêter ce dieu? Rien n'était plus gai et plus brillant que ces folâtres orgies, qu'accompagnaient des danses, des festins, des figures mystérieuses suspendues aux arbres, des sauts sur des outres huilées, des farces champêtres, qui depuis ont fait naître la tragédie, des processions de *phallus*, ornés de guirlandes, l'immolation d'un bouc, etc.

> Un bouc était le prix de ces grossiers acteurs
> Qui, de nos jeux brillans barbares inventeurs,
> Sur un char mal orné promenaient dans l'Attique
> Leurs théâtres errans et leur scène rustique ;
> Et, de joie et de vin à la fois enivrés,
> Sur des outres glissans bondissaient dans les prés.
> Nos Latins, à leur tour, ont des fils de la Grèce
> Transporté dans leurs jeux la bachique allégresse :
> Ils se forment d'écorce un visage hideux,
> Entonnent pour Bacchus des vers grossiers comme eux ;
> Et de l'objet sacré de leurs bruyans hommages,
> Suspendent à des pins les mobiles images,
> Soudain l'aspect du dieu fertilise les monts,
> Les arides coteaux, les humides vallons.
> Gloire, honneur à ce dieu ! célébrons ses mystères ;
> Chantons pour lui les vers que lui chantaient nos pères ;
> Qu'un bouc soit par la corne entraîné vers l'autel ;
> Préparons de ses chairs un festin solennel ;
> Et que le coudrier, de ses branches sanglantes,
> Perce de l'ennemi les entrailles fumantes [1].

Enfin les derniers jours du mois étaient consacrés à Isis. A cette époque la déesse affligée avait perdu son époux, le principe de la fécondité, l'âme de la nature ; et ce n'était que dans le mois suivant, mois de la verdure pour l'Égypte, que l'on fêtait solennellement *Osiris retrouvé*.

---

[1]. VIRGILE, *Géorgiques*, liv. II, traduction de M. l'abbé Delille.

LIVRE XI.

NOVEMBRE.

Commode, ce tyran aussi vain que cruel, voulut aussi imposer à ce mois le nom d'*Exsuperatorius*, l'une des qualifications qu'il avait prises dans son orgueil. Mais l'usage fut encore une fois vainqueur de la flatterie. Novembre reprit le nom que lui assignait son rang dans l'ordre des mois, en commençant l'année au mois de mars, comme on faisait dans les temps anciens.

Ce mois était consacré à Diane. On a observé que Diane, toujours vierge et par conséquent stérile, désignait d'une manière sensible l'état de la terre, lorsqu'elle ne produit rien, n'enfante rien. Diane, qu'on représentait presque nue, était bien propre à caractériser les campagnes dépouillées.... Enfin, Diane, déesse des forêts, armée de l'arc et du carquois, méritait de commander à la saison, où les animaux plus nombreux et les différentes productions de la terre recueillies invitent les hommes au plaisir de la chasse [1].

En Égypte, ce mois était consacré à la déesse Athyr, ou Vénus, déesse de la reproduction ; parce que c'était en ce mois que, pour le climat d'Égypte, la nature commençait à développer sa fécondité.

Nous aurons peu de détails à rapporter sur les cérémonies religieuses du mois de novembre.

La première qui s'offre est la troisième ouverture du *mundus* de Cérès, le 7 des ides.

Le 9 des ides on commençait à célébrer des jeux, qui dureraient pendant six jours.

---

[1]. *Les Mois*, poëme : *Remarques sur novembre*.

Le 3 des ides, la navigation était solennellement défendue jusqu'au 6 des ides de mars. C'est ce qui s'indiquait par ces mots : *Maria clauduntur*.

Le jour des ides était remarquable par une cérémonie très-importante, appelée le *Banquet de Jupiter*. Écoutons du Boulay, qui a décrit cette solennité, comme toutes celles de la religion romaine, avec beaucoup d'érudition, et surtout avec une naïveté piquante, non-seulement dans le style, mais encore dans certaines applications fort délicates. « Les festins qui se faisaient aux dieux étaient doubles : l'un pour Jupiter, appelé proprement *Epulum Jovis*; l'autre pour les autres dieux, appelé *Lectisternium*. Celui de Jupiter se faisait ordinairement au Capitole, où l'on parait pour ce dieu un lit magnifique, sur lequel il était couché tout de son long et appuyé sur le coude, ayant à ses deux côtés Junon et Minerve assises sur de petits sièges, et tous en posture d'aller manger ce qu'on leur servait sur table. Voilà la compagnie ordinaire qu'on lui donnait quand on le traitait ; car lui, qui était le roi des cieux et de la terre, n'eût pas été bien aise de se familiariser avec d'autres que ces deux-là, dont l'une était sa femme et l'autre sa fille. Quant aux autres dieux, ils étaient quelquefois traités plusieurs ensemble, deux ou trois en chaque lit, et quelquefois aussi chacun sur le sien.

« Ceux qui avaient le soin de préparer ces festins-là dans les temples, étaient certains prêtres appelés de cet office *epulones*, qui dressaient les lits, *lectos sternebant*, et avaient l'intendance de tout le festin, si ce n'est qu'il en fût autrement ordonné, ou que des personnes de considération l'entreprissent par piété et dévotion, ainsi que nous voyons avoir été fait par les sénateurs, au temps de la seconde guerre punique[1]. (Ces prêtres étaient au nombre de sept ; de là leur nom de *septemviri epulones*.)

« Quant aux frais du festin, c'était le public qui y fournis-

---

[1]. Tite-Live, liv. ii de la troisième décade.

sait; c'est pourquoi nous voyons assez souvent cette façon de parler dans Tite-Live : *publice convivium*, ou *epulum apparatum est*, et autres semblables ; ce qui se peut entendre de telle sorte que le public l'eût fait dresser, et que chacun y pouvait aller manger s'il voulait. Il est bien certain encore que quelquefois les particuliers mêmes dressaient en leurs maisons des festins publics, où toutes personnes étaient reçues, même les étrangères et inconnues.

« Outre cela, il se faisait là quantité de présens et d'offrandes, par les particuliers, en vin, viandes et autres choses nécessaires à la vie, qui servaient, comme tous les restes du festin précédent, à nourrir et entretenir les *épulons* : de la même façon qu'il se pratique encore aujourd'hui à la campagne, où les paysans portent sur l'autel des pains entiers, des coins de beurre, du miel, vin et viandes, et telles autres choses, lesquelles, en quelques endroits, s'appliquent à l'entretien des fabriques, et en d'autres pour les curés[1]. »

Il semble que l'on trouve déjà une idée de ces repas dans le festin célébré par Évandre, en mémoire d'Hercule, auprès de l'*Ara Maxima*, et auquel il admit Énée et ses compagnons[2]. Ovide parle aussi des festins anciens que l'on faisait auprès des foyers, et auxquels on croyait que les dieux assistaient[3]. M. de Gébelin, en parlant du festin de novembre, dit : « on y était conduit par la saison ; on venait de faire ses récoltes et ses semailles. Le temps des féries était expiré, et chacun de ceux que les vendanges et les semailles avaient attirés aux champs revenaient à la ville..... Il était donc naturel de faire de ce temps un temps de réjouissances. Ces fêtes, ajoute-t-il, étaient donc indépendantes de la religion ; mais on la leur associa dans tous les temps, afin qu'elles fussent plus décentes,

---

1. *Trésor des antiquités romaines*, p. 558.
2. *Énéide*, liv. VIII.
3. *Fastes*, liv. VI.

et parce qu'il était juste de témoigner au ciel sa reconnaissance pour les biens dont on jouissait alors [1]. »

Le lendemain des nones on faisait une seconde revue de la cavalerie.

Le 17 des calendes de décembre et les deux jours suivans on célébrait les jeux *Plébéiens* dans le Cirque. Ces jeux, bien différens des jeux Romains, étaient ainsi nommés en mémoire de la délivrance du peuple par l'expulsion des rois, ou de sa réconciliation avec les patriciens, après sa retraite sur le mont Sacré [2]. L'ordonnance en appartenait aux édiles plébéiens, qui étaient toujours tenus de donner un festin public avant qu'ils commençassent.

Le 14 des calendes de décembre et les deux jours suivans sont désignés *Merk*, dans les calendriers; *Mercatus* ou *Mercurialia*.

Le 8 des calendes on célébrait les *Brumales* C'étaient des fêtes en l'honneur de Bacchus, appelé aussi *Bromius* ou *Brumius*; les Grecs les nommaient *Ambrosia*. Mais l'étymologie de ces fêtes ne venait pas de Bacchus, dont le surnom *Brumius* ne s'écrivait jamais *Brumus*; elle venait tout naturellement à *Bruma*, du temps hiémal, de la brume, du règne de l'hiver qui commençait. Cette fête fut instituée par Romulus. On y observait d'apporter chacun son plat, et de ne manger rien qui fût fourni par autrui. Les vieilles traditions disaient que cette pratique avait pour objet d'effacer le souvenir honteux de ce que Romulus et Rémus avaient été nourris par une femme étrangère. On traitait alors le sénat et les principaux officiers de l'armée, parce que, disait-on, il était juste qu'on les nourrît pendant l'hiver, époque où il n'y avait pas de service. Il est infiniment plus simple de ne voir dans ces solennités, qui s'introduisirent jusque dans les usages chrétiens, que des fêtes joyeuses, qui rapprochaient tous les citoyens au

---

1. *Monde primitif*, t. IV, p. 407.
2. Ascon. Pedian., sur *Cicér.*

commencement de l'hiver et les consolaient des rigueurs de la saison. Cet usage n'a pas eu besoin de la sotte raison prêtée à Romulus, son instituteur, pour durer jusqu'à nos jours et jeter encore quelque gaîté parmi les hommes, au milieu des images de la destruction et du deuil de la nature.

Nous trouvons encore dans ce mois une cérémonie purement allégorique ; elle est désignée par le mot *Hévrésis*, qui, en grec, signifie l'action de retrouver. Cette fête était celle de Cérès retrouvant Proserpine, sa fille ; c'est-à-dire dans l'allégorie secondaire de ces deux divinités, les grains qui, déposés dans le sein de la terre, et cachés, perdus pendant plusieurs mois, paraissent enfin et font le charme de leur mère. C'est ainsi qu'en ce mois les Égyptiens fêtaient *Osiris retrouvé*, comme nous l'avons vu.

Enfin ce mois se termine par une férie « instituée, dit du Boulay, à cause des Grecs et des Gaulois qu'ils enterrèrent tout vifs dans le marché aux Bœufs, dont Plutarque touche le sujet en la LXXXIII⁰ *Question romaine*. Il dit qu'une vestale nommée Helbia, allant à cheval, fut atteinte d'un coup de foudre, et que le cheval fut trouvé tout étendu et elle aussi à la renverse, ses robes retroussées, qui l'exposaient toute nue, ses souliers, ses anneaux et sa coiffe jetés l'un deçà, l'autre delà, et la langue tirée hors de la bouche : ce que les devins dirent signifier qu'il devait arriver un insigne désordre et opprobre aux vierges vestales, et que partie de cette honte retomberait sur l'ordre des chevaliers. Sur ces entrefaites le serviteur d'un chevalier étranger vint découvrir aux pontifes que trois vestales avaient en même temps forfait à leur honneur : savoir, Émilia, Licinia et Martia ; et qu'entre ceux qui les avaient débauchées était un nommé Brutetius, chevalier étranger, son maître. Aussitôt le procès fut fait à ces vierges, et elles furent punies selon la coutume. Mais parce que de tels désordres n'arrivaient jamais sans être suivis de beaucoup d'autres, le sénat ordonna que l'on visiterait les livres de la Sibylle, dans lesquels on trouva une prophétie qui déclarait la chose comme elle était arrivée, et ajoutait que, pour détourner les malheurs qui menaçaient l'état, il fallait maudire et livrer aux déités infernales deux Grecs et deux Gaulois, et les enterrer tout vifs : ce qui fut fait; et à pareil jour, tous les ans, l'on faisait un sacrifice pour eux[1]. »

[1]. *Trésor des antiquités romaines*, p. 542. Ce fut à cette même occasion que l'on éleva un temple à Vénus Verticordia, *qui change les cœurs.*

LIVRE XII.

DÉCEMBRE.

Ce mois, comme les précédens, a toujours conservé le dixième rang qu'il avait dans l'année de Romulus. Il est vrai que les vils flatteurs de Commode lui donnèrent le nom d'*Amazonius*, en l'honneur d'une courtisane qu'il aimait éperdûment et qu'il avait fait peindre en Amazone; mais après la mort de ce tyran, le mois reprit le nom de *dixième*, qu'il avait auparavant.

La première fête que nous trouvons est celle de la Fortune Féminine, c'est-à-dire que cette fête fut célébrée, pour la première fois, le jour des calendes de décembre, et qu'elle fut ensuite transférée à la veille des nones de juillet. « Le sénat, conjointement avec le peuple, fit une ordonnance par laquelle il était porté qu'on achèterait des deniers publics la place où se ferait le temple de la Fortune Féminine; qu'on y élèverait un temple et un autel sous la direction des pontifes; que l'on y ferait des sacrifices, et qu'une des matrones, à leur choix, commencerait la fête et serait censée la modératrice de ce glorieux ministère. Par cet arrêt du sénat, Valérie, qui avait engagé l'ambassade vers Coriolan, et qui avait déterminé la mère de ce dernier à s'en faire le chef, fut déclarée la première prêtresse de cette sainte cérémonie. Revêtue de cette dignité, elle fit le premier sacrifice sur un autel placé dans le lieu où l'on devait bâtir le temple et dresser la statue de la déesse: ce fut dans le mois de décembre de l'année suivante, en la nouvelle lune, que les Grecs appellent νουμηνίαν, et les Romains *calendes*, parce que c'était ce jour-là qu'on avait mis fin à la guerre. L'année suivante, le temple fut achevé et consacré le 6 du mois de juillet, selon le cours de la lune, qui est pour les Romains le jour avant les nones de juillet[1]. »

Aux nones de ce mois on célébrait la fête de Faune dans les bois et dans les prés, et on lui sacrifiait un chevreau largement arrosé de vin. « Amant redouté des Nymphes timides, s'écrie Horace[2], Faune, parcours mes champs avec bonté, et que ta présence ne soit pas funeste aux petits de mes troupeaux!

« Rappelle-toi qu'à la fin de chaque année un tendre chevreau tombe en ton honneur, que les coupes amies, et compagnes de Vénus, ne manquent pas d'être largement remplies, et que l'encens brûle abondamment sur ton vieil autel.

« Lorsque les nones de décembre ramènent ta fête, tout le troupeau bondit dans les champs fleuris, et les bœufs oisifs se jouent dans la prairie, avec tout le hameau en fête.

« Le loup se promène parmi les agneaux, qu'il n'épouvante plus; la forêt jonche pour toi les chemins de ses rameaux agrestes, et le vigneron aime à frapper de ses cadences et de ses sauts joyeux la terre qui cause ses peines. »

Cette fête était beaucoup plus ancienne que Rome, et se célébrait dans tout le Latium. « Les Romains, observe M. de Gébelin, disaient que Faune arrivait d'Arcadie en Italie le 13 février, et qu'il s'en retournait le 5 décembre: ils lui faisaient des sacrifices à son retour et à son départ. Ces dates sont trop remarquables, ajoute-t-il, et trop voisines l'une de l'autre, puisqu'elles ne sont éloignées que de neuf semaines, pour n'avoir pas un motif puisé dans la nature même. Ces deux jours étaient des jours de fête pour les troupeaux, pour ces troupeaux qui habitent les campagnes, et qui étaient aussi sous la protection de Faune. On peut donc assurer, conclut-il, que l'un de ces jours est celui où les troupeaux reviennent des pâturages éloignés, qui ne sont plus praticables à cause du

---

1. DENYS D'HALICARNASSE, liv. VIII.
2. Liv. III, *Od.* 18.

froid, et que le 15 février est celui où on les ramène dans ces pâturages. La campagne n'étant pas praticable pendant ce temps-là, on disait, en plaisantant, que Faune les abandonnait pour se rendre en Arcadie [1]. »

Le 5 des ides on célébrait les *Agonales*, c'est-à-dire des courses en l'honneur de Janus ou du Soleil.

Le 18 des calendes de janvier on célébrait les *Consuales*, dont nous avons parlé ailleurs [2].

Enfin le 16 de ces mêmes calendes commençait la fameuse solennité des *Saturnales*. Elles duraient sept jours et se divisaient en trois parties : les Saturnales proprement dites, les Opales et les Sigillaires.

Les Saturnales étaient beaucoup plus anciennes dans le Latium que la fondation de Rome.

Les légendes du Latium racontaient que Saturne s'étant retiré auprès de Janus, roi des Aborigènes, gouverna avec lui ces peuples presque sauvages, régla leurs mœurs, leur donna des lois, et leur enseigna l'agriculture. La paix et l'abondance dont ils jouirent pendant son règne, firent donner à ces heureux temps le nom de siècle d'or ; et ce fut pour en retracer la mémoire qu'on institua la fête des Saturnales.

On s'attacha particulièrement à y représenter l'égalité, qui du temps de Saturne régnait parmi les hommes soumis aux seules lois de la nature, sans diversité de conditions. En effet, la puissance des maîtres sur leurs esclaves était suspendue : ils mangeaient ensemble ; les esclaves avaient la liberté de dire et de faire tout ce qu'il leur plaisait : leurs maîtres se faisaient un divertissement de changer d'état et d'habit avec eux. Tout le monde se livrait aussi aux réjouissances et aux festins. On quittait la toge, et l'on paraissait en public en habit de table. On s'envoyait des présens comme aux étrennes. Les jeux de hasard, défendus en tout autre temps, étaient alors permis : le sénat vaquait ; les affaires du barreau cessaient ; les écoles

---

1. *Loco citato*, p. 408.
2. *Voyez* ci-dessus.

étaient fermées. On ne pouvait faire aucun acte public ou d'administration. Les enfans annonçaient la fête en courant par les rues de la ville, et criant : *Jo Saturnalia!* On voit encore des médailles sur lesquelles ces mots sont gravés.

Quant aux cérémonies religieuses qu'on y observait, d'abord on ne pouvait sacrifier à Saturne que la tête découverte. Plutarque en donne pour raison, que le culte qu'on rendait à ce dieu était plus ancien que la coutume de se couvrir la tête en sacrifiant, qu'il attribue à Énée. Mais ce qui paraît plus vraisemblable, c'est qu'on ne se couvrait la tête que pour les dieux célestes, et que Saturne était mis au nombre des dieux infernaux.

Sa statue, qui, toute l'année, était liée de bandelettes de laine, en était aussi dégagée tant que durait la fête, soit pour marquer sa délivrance, soit pour représenter la liberté qui régnait au siècle d'or, et celle dont on jouissait pendant les Saturnales.

On offrait au dieu des figures de forme humaine, comme pour assouvir l'avidité du temps, qui dévore tout; et à ce sujet les légendes du Latium faisaient un conte, pareil à cent autres qu'on trouve chez d'autres peuples. Elles disaient qu'avant Hercule on offrait à Saturne des victimes humaines; mais que lorsque ce héros passa en Italie, en revenant d'Espagne, avec les vaches de Géryon qu'il avait conquises, il détermina les Latins à n'offrir que des figures, et à substituer aux têtes d'hommes des flambeaux de cire. En faisant de ce héros un subtil grammairien, elles rapportent qu'il fit voir à ces peuples que le mot κεφαλὰς, *têtes*, dont l'oracle s'était servi pour ordonner cette fête, ne désignait que des têtes en figures; et que le mot φῶτα, qu'ils prenaient dans le sens d'*hommes*, ne signifiait que des *lumières* [1]. On offrait effectivement à Saturne des flambeaux de cire; c'était aussi le présent que les pauvres

---

1. Denys d'Halicarnasse, liv. I, ch. 17. — *Monde primitif*, t. IV, p. 292. — *Mém. de l'Acad. des Inscript.*, t. II, in-12.

faisaient aux riches : *Cereos Saturnalibus muneri dabant humiliores potentioribus, quia candelis pauperes, locupletes cereis utebantur*[1].

Telle était la solennité des Saturnales proprement dites. S'il en faut croire l'auteur du *Monde primitif*, « cette fête fut établie en réjouissance de ce que les travaux de la campagne venaient d'être entièrement terminés ; de ce que toutes les récoltes étaient faites, le blé battu et renfermé.... Le motif des Saturnales n'avait pu échapper aux anciens..... C'est, dit Philochore, afin que les pères de famille goûtassent, avec tous leurs gens, ces récoltes et ces fruits qu'ils avaient fait venir en se livrant tous ensemble aux travaux des champs. Rien n'était donc plus naturel que cette fête : il était très-naturel, après avoir soutenu les travaux de l'année entière, de se livrer à la joie, lorsqu'on était parvenu à la fin de ces travaux, et qu'on jouissait de leurs fruits. Rien n'était en même temps plus naturel, plus humain, mieux vu, que de permettre à tous ceux qui avaient concouru à ces travaux, de se livrer également à la joie, et d'avoir part aux mêmes plaisirs, puisqu'ils avaient eu part aux mêmes peines. D'ailleurs cette fête peignait très-bien l'égalité qui renaissait en quelque sorte entre les hommes à la fin des travaux, où il n'y avait plus personne appelé à commander et à être commandé[2]. »

L'auteur de *l'Antiquité dévoilée* n'a pas à ce sujet des idées aussi riantes. Selon lui, Saturne était le grand juge, le dieu *Sabaoth*, ou le dieu de *la Fin*; c'est lui qui devait amener la grande révolution de la fin du monde. La solution de la plupart des Saturnales est donc l'esprit alarmé de l'antiquité qui s'attendait à cette destruction à la fin de chaque période. Par une suite de ce dogme et des usages qui en dérivaient, on se comportait dans ces fêtes comme si l'on ne comptait plus sur l'avenir : tous les soins étaient bannis ; on menait une vie bi-

---

[1]. Festus, au mot *Cereos*.

[2]. *Loco citato*, p. 290, 291.

DÉCEMBRE.

zarre; les états étaient confondus; tout se prodiguait en présens, etc.[1].

Les *Opalia* se célébraient le 14 des calendes de janvier. Cette fête était consacrée à Ops ou la Terre, femme de Saturne, parce qu'on regardait également les deux époux comme les inventeurs de l'art de cultiver la terre. Ainsi, toutes les productions de la nature étant à cette époque renfermées dans les greniers ou dans le sein de la terre, on devait honorer ces deux divinités d'un culte particulier. Lorsqu'on adressait des vœux à Ops, il fallait être assis et la toucher de la main, pour annoncer que tous les mortels devaient l'embrasser comme leur mère. Philochore dit que Cécrops fut le premier qui éleva dans l'Attique un autel à Saturne et à Ops; qu'on y adora ces divinités comme Jupiter et la Terre, et que l'on établit, qu'après que tous les fruits de la culture étaient resserrés, les maîtres devaient partager le repos et les fêtes avec les serviteurs qui avaient contribué avec eux aux travaux de l'année[2].

Les *Sigillaires* commencent le 13 des calendes de janvier. On les appelait ainsi *a Sigillis*, petites images d'or, d'argent, de terre, de plâtre ou d'autres matières qu'on présentait à Saturne. Macrobe attribue cette institution au même fait que nous avons vu donner lieu à la cérémonie des *Argées*. On substitua donc des effigies aux vrais corps des défunts. Pendant tout ce temps on pouvait s'envoyer des présens les uns aux autres. *Ex illo traditum*, dit Macrobe[3], après avoir rapporté comment Hercule expliqua les vers de l'oracle, *ut Cerei Saturnalibus missitarentur, et Sigilla arte fictili fingerentur ac vinalia pararentur : quæ homines pro se atque suis piaculum pro Dite Saturno facerent. Ideo Saturnalibus talium commerciorum celebritas cœpta, septem occupata dies, quos tantum feriatos facit esse, non festos omnes.* Ces présens s'appelaient *Sigillaria* et *Sigillaritia*.

---

1. Liv. I, ch. 5.
2. Macrobe, *Saturn.*, liv. I.
3. *Saturn.*

Il ne faut pas croire cependant qu'on ne s'envoyait alors que ces petits simulacres. On peut voir dans le livre de Martial intitulé *Apophoreta*, toutes les espèces de cadeaux que l'on y joignait ; des tablettes, des boîtes à jetons, des dés, des cornets, des damiers, des noix, des écritoires, des cure-dents, des cure-oreilles, des aiguilles, des éventails, des couteaux de chasse, des rasoirs, des écrins, des lampes, de la bougie, des candelabres, des balles de paume, des parfums, des cosmétiques, des oiseaux, des cages, des vases, des vêtemens, des tableaux, des livres, des esclaves, etc.

La fête appelée *Divalia* ou *Angeronalia*, d'*Angerona*, déesse qu'on invoquait pour une espèce d'esquinancie, en latin *angina*, et en grec ἀγχόνη, se trouve encore renfermée dans la solennité des Saturnales ; car on la met au 11 du mois. Macrobe dérive le mot *angina* du verbe *angor*, qui signifie être en angoisse, dont cette déesse délivrait. Son image avait la bouche cachetée ou enveloppée, pour montrer que si dans les douleurs on peut contenir ses plaintes, on parvient plus facilement à les vaincre : c'est ce qui avait donné sujet de croire qu'elle était aussi déesse du silence. C'est ce que Pline semble dire : *Nam alienum videtur esse inserere hoc loco exemplum religionis antiquæ ob hoc maxime silentium institutæ. Namque Diva Angerona cui sacrificatur ad diem* xii *kal. januarii, ore obligato, obsignatoque simulacrum habet*[1]. On croyait que cette fête avait été instituée particulièrement pour faire cesser la maladie *angina* qui s'était répandue parmi les bestiaux[2] : mais on devait voir qu'elle n'était évidemment pour le Latium que la fête d'Harpocrates, ou le dieu du Silence, en Égypte ; ce dieu étant, d'après l'opinion de plusieurs savans, l'image de l'année expirante.

Le même jour on sacrifiait à Hercule et à Cérès du moût, ou vin nouveau, et une truie pleine[3].

---

1. Liv. iii, ch. 5.
2. Festus, au mot *Angina*.
3. Macrobe, *Saturn.*, liv. iii, ch. 11.

Le 16 des calendes on célébrait en l'honneur des Lares une fête autre que celle que nous avons vue au mois de mai. Émilius Regillus leur bâtit une chapelle au Champ-de-Mars, au temps de la guerre d'Antioche.

Le lendemain étaient les *Larentinales*, cette fête qu'Ovide avait annoncé devoir chanter. Varron et Festus la définissent la fête d'Acca Laurentia et du berger Faustulus, qui prirent soin des jours de Romulus et de Rémus. On la célébrait dans le Vélabre, à l'endroit où l'on prétendait qu'était le tombeau d'Acca. C'était aussi la fête de Jupiter, auquel on sacrifiait en même temps qu'aux mânes d'Acca, parce que, dit Macrobe, les anciens pensaient que les âmes étaient un présent de Jupiter, et qu'elles retournaient à lui. Ces mots indiquent assez quel était l'esprit de la fête, surtout si l'on observe que dans le même temps on sacrifiait aussi à *Summanus*, que l'on sait être le génie de l'hiver et des ténèbres. Cette fête était donc évidemment une cérémonie lugubre et apocalyptique, peignant la fin de l'année, la mort de la *Louve* ou de la lumière.

Enfin l'octave des Saturnales se terminait par la cérémonie des *Juvénales* ou *jeux Juvénaux*. Ils furent institués par Néron, lorsque, pour la première fois, il se fit couper la barbe, dont les poils enfermés dans un globe d'or furent consacrés à Jupiter Capitolin [1]. Ces jeux consistaient surtout en représentations théâtrales, et n'étaient pas publics; Néron voulant, par ce moyen, suivre son goût pour jouer la comédie, sans se déshonorer publiquement [2]. Mais bientôt il brûla de plus en plus de se livrer en spectacle à tout le peuple. Les *jeux de la Jeunesse*, les seuls où il eût chanté jusqu'alors, ne s'étaient célébrés que dans son palais ou ses jardins, théâtre trop peu fréquenté, trop resserré pour une si belle voix [3]. Il enrôla dans

---

1. Xiphilin, LXI.
2. Tacite, *Annales*, liv. xiv, ch. 15.
3. *Ibid.*, liv. xv, ch. 33.

ces jeux des personnes de tout état : l'âge, la noblesse, les dignités dont on avait été revêtu ne garantirent personne de se former à l'art des histrions de Rome et de la Grèce, jusque dans leurs manières efféminées : des rôles indécens furent étudiés par des femmes illustres[1]. Il y introduisit aussi des vieillards consulaires et des femmes de distinction, même chargées de vieillesse[2]. On raconte qu'on y vit danser Élia Catula, femme de très-haute qualité, quoiqu'elle fût âgée de quatre-vingts ans. Ceux qui, par leur âge trop avancé ou par maladie, ne pouvaient faire un rôle particulier, chantaient dans les chœurs[3].

Ce jour célèbre arrive, et il est marqué dans les calendriers par *natale invicti Solis,* « le Noël, le jour natal du Soleil invaincu ; » et alors on célébrait des jeux en l'honneur de cette grande divinité. Tous les peuples s'accordent à placer à ce jour la naissance du principal personnage de leur culte. Les Perses célébraient alors la naissance de Mythra, et les Égyptiens celle d'Osiris. Les Grecs appelaient la nuit du solstice la *triple nuit,* et ils y plaçaient la naissance d'Hercule. « Ce concours unanime n'est point étonnant : c'est de par la nature que ce jour est devenu un jour de solennité pour tous les peuples. Alors les nuits cessent de croître, et les jours de diminuer. Alors il y a une fin aux ténèbres qui menaçaient de couvrir l'univers ; et le soleil qui nous abandonnait commence à revenir vers nos contrées, et acquiert chaque jour plus de vigueur. On célébra donc partout, ce jour-là même, le jour de la renaissance du soleil, et même celui du renouvellement de la nature, des hommes eux-mêmes que les glaces de cette saison jettent dans cet engourdissement qu'offre la nature entière. »

Enfin, la dernière fête que nous offre l'année est celle du *Septimontium,* ou fête des sept Collines de Rome, instituée

---

1. Tacite, *Annales,* liv. xiv, ch. 15.
2. Suét., *Vie de Néron,* ch. xi.
3. Xiphilin., *in Neron.*

quand la septième colline fut enfermée dans la ville, comme le dit Plutarque. On faisait alors un sacrifice à sept endroits, sur le Palatin, dans le quartier Suburre, dans la Vélie, dans le Fagutal, sur le Célius, l'Oppius et le Cespius. Il était défendu alors d'aller en voiture par la ville, et même d'aller à la campagne. Plutarque[1] se propose ces deux raisons de cet usage : « ou parce que les Romains estimèrent avoir achevé un grand ouvrage quand ils eurent fait et parfait l'enceinte de leur ville, et pensèrent qu'elle ne procéderait jamais plus outre en grandeur ; à l'occasion de quoi ils se reposèrent eux, et firent semblablement reposer les bêtes de voiture qui leur avaient aidé à faire leur clôture, et voulurent qu'elles jouissent du repos de la fête et solennité commune. Ou bien, c'est qu'ils voulurent que leurs citoyens solennisassent et honorassent de leur présence toutes autres fêtes de la ville, mais spécialement celle qui était ordonnée et instituée pour le peuplement et agrandissement d'icelle[2]. »

1. *Quest. rom.*, LXIX.
2. Traduction d'Amyot.

NOTES

DU LIVRE QUATRIÈME.

1. *C'est toi... mère féconde des deux Amours* (Page 3). C'est à tort, selon nous, que la plupart des traducteurs se sont abstenus de rendre l'expression du texte, *geminorum*. On sait que l'amour jouait le plus grand rôle dans les religions de l'antiquité. Suivant Hésiode (*Théog.*, v. 120), l'amour agitait déjà la masse informe du cahos avant la création de l'univers. Sanchoniaton veut que les ténèbres, le cahos et l'amour aient formé la matière. Platon (*in Conviv.*) rappelle le sentiment d'Empédocle, d'après lequel l'amour et la discorde, les deux principes contraires, auraient présidé ensemble à l'arrangement du monde. Il y a, dans les *Oiseaux* d'Aristophane, une tradition dont l'origine est évidemment orientale. La Nuit, au commencement des âges, avait déposé un œuf au vaste sein de l'Érèbe, son époux. De cet œuf, après une longue suite de siècles, était sorti l'Amour aux ailes dorées, portant en sa main le flambeau qui éclaire et vivifie le monde.

On distingua plus tard deux amours, l'amour *physique*, *terrestre*, *vulgaire*, et l'amour plus pur de l'âme, l'amour que célébra Platon, extases divines auxquelles le corps ne prend aucune part. C'est pourquoi Ovide reconnaît dans Vénus, *geminorum mater Amorum*. Cicéron lui-même en compte trois (*de la Nat. des dieux*, liv. III). Apulée et Plutarque confirment ce sentiment. Platon (*loco citato*) reconnaît deux Vénus et deux amours, qui sont *l'amour* et le *désir*. « L'un, dit Lucien (*Éloge de Démosth.*), nous attire avec une chaîne d'or; l'autre est orageux comme la mer, d'où il est sorti. »

On pourrait facilement trouver dans les ouvrages d'Ovide des peintures de l'*amour physique*. Essayons plutôt de venger, avec Malfilâtre, *l'amour honnête* des injustes accusations qui pèsent sur lui :

> Pourquoi faut-il qu'au lieu de ces délices
> Qu'on nous promet dans l'empire amoureux,
> Nous y trouvions, près des Ris et des Jeux,
> Les faux soupçons, suivis des injustices,
> La jalousie et ses tourmens honteux,
> Les vains sermens, le dégoût, les caprices,
> Et que l'Amour soit un dieu dangereux !
> Que dis-je ? hélas ! c'est le meilleur des dieux :
> Il nous aimait, et, par ses soins propices,
> Il ne voulait que prévenir nos vœux.
> N'en doutez point, le bonheur suit ses feux :
> Le siècle d'or coula sous ses auspices.
> Après ce temps, fait pour nos bons aïeux,
> Bientôt l'Amour, exilé par nos vices,
> Les yeux en pleurs, s'envola dans les cieux.
> . . . .
> Pleurez, ingrats, gémissez dans vos chaînes ;
> Mais à l'Amour n'imputez point vos peines.
> Depuis qu'aux cieux l'Amour est retenu,
> De son beau nom vous abusez encore ;
> Et, parmi vous, le maître que j'adore
> Est blasphémé, sans vous être connu.

2. *A la fleur de mes ans, j'ai badiné sans crime* (p. 3). Ovide, dans plusieurs endroits des *Tristes* et des *Pontiques*, s'accuse pourtant avec amertume d'avoir composé l'*Art d'aimer*, qui fut sinon la cause, au moins le prétexte de son exil.

3. *J'arrive au quatrième mois, rempli pour toi de fêtes solennelles* (p. 3).

Roucher a imité ce début :

> Des plaines que ton astre embellit de ses feux,
> Descends, et, s'il est vrai qu'un poète amoureux
> De ta féconde ivresse échauffe son délire,
> Prête un charme plus doux aux accords de ma lyre.
> J'invoquais en ces mots la riante Cypris.
> La nuit régnait : soudain, à mes regards surpris,
> Dans un nuage d'or brille un rayon de flamme ;
> Je vois la déité que ma muse réclame,

Parle : eh ! quelle faveur dois-je au chantre des *Mois ?*
Mais le printemps, lui dis-je, est soumis à tes lois ;
Mais je veux peindre avril, dont les beaux jours reviennent,
Et tu sais que le peintre et le mois t'appartiennent.
La déesse sourit ; et, propice à mes vœux,
D'un myrte verdoyant elle orne mes cheveux :
« Jeune navigateur, poursuis ta longue route,
Dit-elle en remontant vers la céleste voûte ;
Ta nef, que désormais Cypris va diriger,
Sur les flots aplanis voguera sans danger. »
Elle fuit, le jour naît, et les cieux, qu'elle épure,
De rayons plus brillans colorent la nature.

(BOUCHER, *les Mois.*)

Il nous semble qu'on ne retrouve point dans ce morceau toute la grâce et la délicatesse d'Ovide. *La nuit régnait :* ce n'est point ainsi que l'auteur des *Fastes* représente la puissance de Vénus. Le jour était serein ; mais le sourire de Vénus le rend plus pur encore.

M. Desaintange, dans une note de sa traduction d'Ovide, juge Roucher avec une sévérité qui n'est peut-être pas exempte de jalousie. Il ne voit dans son poëme qu'un *fatras fastidieux dont il est impossible de soutenir la lecture.* Il se plaît à raconter l'anecdote suivante :

« J. Delille étant à Chanteloup, demandait un jour au duc de Choiseul s'il avait lu le poëme *des Mois.* — Une pareille envie ne m'a jamais pris, répondit le duc ; je n'en aurais pas eu la patience. — Il est vrai, répartit Delille, qu'un poëme de dix mille vers est une lecture longue et un peu pénible. — Dix mille vers de Roucher ! s'écria le duc, il faudrait dix mille hommes pour les lire. — Ce que vous dites-là, reprit le poète, sent les dépêches du ministre de la guerre. »

4. *La déesse... touche légèrement mon front du myrte de Cythère* (p. 3). Le myrte était l'arbuste consacré à Vénus. Ainsi Énée préside aux jeux, le front ceint du myrte de sa mère (liv. v).

Ainsi on voit dans les enfers les ombres des amans errantes sous des bosquets de myrte (*Énéide*, liv. VI). C'est à cet arbuste que les amantes infortunées attachèrent un jour le fils de Vénus. (Aus., *Amor cruci aff.*) La muse Érato et tous les poètes élégiaques se couronnaient du feuillage du myrte. Telle était aussi la couronne que l'on voit sur les médailles singulières, appelées spintriennes, prix accordé à l'heureux libertin qui avait su remplir, dans l'attitude exprimée sur la médaille, le nombre qui y était marqué.

On n'est pas d'accord sur la raison qui fit consacrer le myrte à Vénus. Athénée dit qu'un marchand de Naucrate, abordant à Paphos, y acheta une petite statue de Vénus, et qu'étant arrivé sur les côtes d'Égypte, il s'éleva une tempête furieuse; alors les matelots effrayés eurent recours à la statue de la déesse : elle fit croître aussitôt autour du vaisseau des myrtes verts, le soleil reparut sur l'horizon, et l'équipage arriva à Naucrate. Le marchand consacra la statue et les myrtes, et couronna ses compagnons de cet arbuste. D'autres ont cru que c'est parce que Vénus, en naissant, se cacha sous des myrtes ; ceux-ci, parce qu'il croît aisément sur le bord de la mer ; ceux-là, parce que la déesse, ayant été aperçue par des satyres, lorsqu'elle séchait ses cheveux sur le rivage, se déroba à leurs regards en se cachant sous des myrtes. Quelques autres ont pensé que c'est parce qu'elle se couronna de myrtes après sa victoire sur Junon et sur Pallas. Peut-être est-ce plutôt parce que le myrte est dans la classe des aphrodisiaques.

5. *J'arrive enfin au fortuné nom d'Iule* (p. 5). C'est un tour de force poétique assez remarquable, que d'avoir soumis à la mesure cette généalogie des rois d'Albe ou des Énéades, qui remonte à la première dynastie des rois de Troie.

Au reste, cette généalogie n'est pas la même chez tous les auteurs; on peut les comparer,

Selon Denys d'Halicarnasse (liv. I):

1. Énée.
2. Ascagne.
3. Sylvius.
4. Énée Sylvius.
5. Latinus Sylvius.
6. Alba Sylvius.
7. Capetus Sylvius.
8. Capys Sylvius.
9. Calpetus Sylvius.
10. Tiberinus Sylvius.
11. Agrippa Sylvius.
12. Alladius Sylvius.
13. Aventinus Sylvius.
14. Procus Sylvius.
15. Amulius Sylvius.

Suivant Ovide (*Mét.*, liv. XXIV; *Fastes*, liv. IV) :

1. Énée.
2. Ascagne.
3. Sylvius.
4. Latinus.
5. Alba.
6. Égyptus.
7. Capys.
8. Capetus.
9. Tiberinus.
10. Rémulus.
11. Agrippa.
12. Aventinus.
13. Procas.
14. Numitor.

Suivant Eusèbe (*Chronolog.*) :

1. Énée.
2. Ascagne.
3. Sylvius.
4. Énée.
5. Latinus.
6. Alba.
7. Sylvius Athis.
8. Capys.
9. Calpetus.
10. Tiberinus.
11. Agrippa.
12. Rémulus.
13. Aventinus.
14. Procas.
15. Amulius.

6. *Énée.... ravit sur ses épaules ses images sacrées et son père, fardeau non moins sacré* (p. 5). Il y a dans le texte :

Sacra, patremque humeris, altera sacra, tulit.

Ovide affectionne tellement ce vers, qu'il le répète jusqu'à trois fois dans les *Fastes*.

7. *Le mois consacré à Vénus tire son nom de la langue grecque; c'est à l'écume de la mer que la déesse emprunta le nom d'Aphrodités... L'Italie était la Grande-Grèce* (p. 7). Il est inutile d'avertir que l'expression *Itala tellus Græcia major erat*, est une simple métaphore. On reproche à Ovide quelques inexactitudes géographiques ; mais ce n'est pas ici le lieu de lui adresser ce reproche.

La naissance de Vénus a été chantée par un grand nombre de poètes. Hésiode, Homère, Virgile, Ovide dans plusieurs de ses ouvrages, Tibulle, l'ont ornée à l'envi de traits gracieux. D'après les anciennes théogonies, les parties génitales de Cœlus étant tombées dans la mer après avoir été coupées par Saturne, son fils, il s'en forma une écume qui donna l'être à Vénus. De là son nom Ἀφροδίτη, du grec Ἀφρὸς, *écume*, et toutes ses épithètes, *pelagia, marina, etc.* Cette fiction orientale est peut-être le voile allégorique du système des philosophes, qui ont fait naître le monde de l'élément aqueux.

Après ces détails d'érudition, on lira avec plaisir le morceau de l'*Uranie* de Pontanus, sur l'apparition brillante de Vénus aux yeux étonnés des habitans de la mer :

> Tempore quo genita es, conchaque imposta nitenti,
> Nos Paphon, et caræ provectam ad litora Cypri
> Detulimus, salsos et juncti enavimus amnes,
> Cœrula verrentes sinuatis æquora caudis.
> Interea nos ipsa manu mulcere, jugalesque
> Appellare tuos, nobis et amaracon ipsa
> Porrigere et blandum ambrosiæ instillare liquorem.
> Quin etiam mutis voces et verba dedisti
> Reddere, et ingentem fando lenire laborem.
> Ipsa loquebaris : tumidi subsidere montes,
> A tergo spirare auræ atque impellere fluctus.
> Crispabat tibi tum molles levis aura capillos;
> Illi perque humeros volitant, perque ora recurrunt :
> Colligis ipsa levi digito, frontique reponis.
> Tum passim læti ex oculis afflantur honores,
> Scintillantque genis ignes, tremulumque per æquor
> Irradiat niveo fusus de pectore candor,
> Ipsaque sub teneris spumas agit artibus unda.
> Visendi studio incinctæ funduntur ab antris
> Nereides. Stupet hæc teretes mirata lacertos,
> Illa manum insignem digitis, pars oscula; at omnes
> Torpescunt, placidos flectis quum lenis ocellos.
> Tritonum occurrunt illico chorus omnis, et omnis
> Æquoreus grex, dulcisonum dum sedula carmen
> Concinis, argutæque favent concentibus auræ.
> Dulce melos taciti excipiunt stupefacta juventus,
> Immotosque tenent modulata ad carmina vultus.
> Mox incensa oculis, roseis incensa labellis,
> Concipiunt flammas venis, certantque canenti
> Quis roseis pedibus, quis cruribus oscula libet.
> Risisti, teneraque manu jaculata sagittam
> Certantes fixisti, atque ipso vulnere transfers
> Conceptum in nymphas juvenili ardore furorem.
> Ilicet invadunt socias fusique per æquor
> Ille suam rupit, illa suum complexa, per undas
> Ludit, et argutis resonant vada salsa cachinnis;
> Ipsa inter medios veheris placidissima lusus.
>
> (*Urania*, lib. III.)

8. *Que n'ose point l'envie? Des esprits jaloux...* (p. 9). Ovide convient lui-même que tous les auteurs n'ont pas adopté l'étymologie qu'il donne au mois d'avril. Cincius, au rapport de Macrobe, avait accusé d'ignorance ceux qui pensaient que le mois d'avril était consacré à Vénus, parce que, selon lui, il n'y avait en ce mois aucun sacrifice, aucune fête en son honneur. « Varron, ajoute Macrobe, paraît avoir adopté ce sentiment ; il dit que le nom de Vénus n'était connu du temps des rois de Rome ni en grec ni en latin ; que, par conséquent, elle ne pouvait avoir donné son nom au mois d'avril : mais qu'alors la nature sortant de l'engourdissement où elle a été plongée pendant l'hiver, et ouvrant son sein aux influences qui doivent la rendre féconde, ce changement subit démontre que le mot *avril* vient du verbe *aperire* (ouvrir). » Cependant l'étymologie d'Ovide est fort ingénieuse. Elle flatte les Romains et surtout les Césars.

Horace (*Odes*, liv. IV) confirme le sentiment de notre poète :

Qui dies mensem veneris marinae,
Findit *Aprilem.*

Au reste, les deux opinions que nous venons de rapporter n'ont rien de contradictoire. On sait que Vénus est un symbole allégorique de la fécondité de la nature. Les hommes de tous les temps ont senti le pouvoir de cette influence bienfaisante, qui anime l'univers et qui invite à la reproduction par les jouissances qu'elle y attache, et les poètes l'ont célébrée à l'envi sous le nom de Vénus, mère de l'Amour et des plaisirs. Cette puissance éclate surtout au printemps. Le mois où commence cette saison devait donc naturellement porter le nom de Vénus, ainsi qu'Ovide va bientôt nous le dire.

9. *Elle tient l'univers entier sous son empire* (p. 9). Il faut rapprocher de ce passage la belle invocation que Lucrèce a placée en tête de son poëme *de Rerum natura* :

Æneadum genetrix, hominum Divumque voluptas,
Alma Venus, cœli subter labentia signa
Quæ mare navigerum, quæ terras frugiferentes
Concelebras ; per te quoniam genus omne animantum
Concipitur, visitque exortum lumina solis :
Te, Dea, te fugiunt venti, te nubila cœli,

Adventumque tuum; tibi suaves dædala tellus
Summittit flores; tibi rident æquora ponti,
Placatumque nitet diffuso lumine cœlum.
Nam simul ac species patefacta est verna diei,
Et reserata viget genitabilis aura Favoni,
Aeriæ primum volucres te, Diva, tuumque
Significant initum, perculsæ corda tua vi.
Inde feræ pecudes persaltant pabula læta,
Et rapidos tranant amnes; ita capta lepore
Illecebrisque tuis, omnis natura animantum
Te sequitur cupide, quo quamque inducere pergis :
Denique, per maria ac montes, fluviosque rapaces
Frondiferasque domos avium, camposque virentes,
Omnibus incutiens blandum per pectora amorem,
Efficis ut cupide generatim sæcla propagent.

(Lucret., *de Rerum natura*, lib. 1, v. 1 sqq.)

Et Virgile (*Géorg.*, liv. III, v. 242) :

Omne adeo genus in terris hominumque ferarumque,
Et genus æquoreum, pecudes, pictæque volucres,
In furias ignemque ruunt : amor omnibus idem.

Voltaire, dans un poëme qu'il est inutile de nommer, a imité les principaux traits du tableau de Lucrèce :

O Volupté, mère de la nature,
Belle Vénus, seule divinité
Que dans la Grèce invoquait Épicure,
Qui, du chaos chassant la nuit obscure,
Donnes la vie et la fécondité,
Le sentiment et la félicité
A cette foule innombrable, agissante
D'êtres mortels, à la voix renaissante ;
Toi que l'on peint désarmant dans tes bras
Le dieu du ciel et le dieu de la guerre ;
Qui d'un sourire écartes le tonnerre,
Calmes les flots, fais naître sous tes pas
Tous les plaisirs qui consolent la terre !

Citons encore Malfilâtre, ce poète si digne de nos éloges et de nos regrets, comme s'expriment M. Bayeux et M. Desaintange :

Tendre Vénus, où ne portes-tu pas
Et le bonheur et l'innocente joie ?

En quelque endroit que se tournent tes pas,
Sur tous les fronts la gaîté se déploie.
La paix te suit : les flots séditieux,
Quand tu parais, retombent et s'apaisent ;
L'Aquilon fuit, les tonnerres se taisent,
Et le soleil revient, plus radieux,
Dorer l'azur dont se peignent les cieux.
A ton aspect la nature est émue.
En rugissant, le lion te salue ;
L'ours, en grondant, t'exprime ses plaisirs ;
L'oiseau léger te chante dans la nue ;
Et l'homme enfin, par la voix des soupirs,
Te rend honneur et t'offre ses désirs.
Rien ne t'échappe, et l'abîme des ondes
S'embrase aussi de tes flammes fécondes ;
Et sous tes traits, sous tes brûlans éclairs,
Pleins d'allégresse, en leurs grottes profondes,
Tu vois bondir tous les monstres des mers.
C'est toi par qui sont les êtres divers :
C'est toi, Vénus, qui rajeunis les mondes,
Et dont le souffle anime l'univers.

10. *Un amant rebuté chanta, dit-on, les premiers vers* (p. 11). C'est ainsi que Saint-Lambert a dit :

Le chant des premiers airs exprima *je vous aime*.

On a rapporté aussi l'origine de la peinture à une jeune Sicyonnienne inspirée par l'amour. Lemierre l'adopte dans son poëme :

Toi qui près d'une lampe, et dans un jour obscur,
Vis les traits d'un amant vaciller sur un mur,
Palpitas et courus à cette image sombre,
Et de tes doigts légers, traçant les bords de l'ombre,
Fixas avec transport, sous ton œil captivé,
L'objet que dans ton cœur l'amour avait gravé ;
C'est toi dont l'inventive et fidèle tendresse
Fit éclore autrefois le dessin dans la Grèce.

11. *Mères du Latium, et vous, jeunes épouses, et vous aussi qui ne portez ni les bandelettes, ni la robe tombante...* (p. 11). Ces dernières sont les courtisanes. Elles furent long-temps distinguées des femmes honnêtes par la différence des vêtemens. Tertullien (*de Femin. cultu*) se plaint de la corruption de son siècle qui a vu disparaître cet usage.

12. *Otez à la statue... ses colliers d'or... : il faut la laver* (p. 13). C'était une coutume générale chez les peuples de l'antiquité, de couvrir les statues de vêtemens divers. Denys, tyran de Syracuse, fit enlever à la statue de Jupiter son manteau d'or, sous prétexte qu'il ne valait rien en hiver ni en été. Plusieurs passages de Pausanias, de Plutarque, de Sénèque, d'Apulée, de Tertullien et de saint Augustin, nous apprennent encore que chaque divinité avait sa toilette complète. Jupiter avait ses linges et ses éponges, Junon son miroir, ses vases et ses bassins; des femmes les coiffaient, tandis que d'autres tenaient le miroir. De là les noms de *Dearum ornatrices, vestitores*, que l'on trouve sur les monumens. Cet usage a subsisté long-temps, puisque Gresset, au dix-huitième siècle, trouvait à peindre plus d'une dévote,

> Qui met du rouge à quelque bienheureux,
> Frise et bichonne une vierge aux yeux bleus,
> Ou passe au fer le toupet d'un archange.
> (*Fragm. de l'Ouvroir des nones*.)

On pourrait citer des autorités aussi nombreuses sur l'usage de laver les statues des dieux. Au reste, Ovide nous fournira bientôt le moyen de reprendre ce sujet.

13. *Apportez d'autres fleurs, apportez la rose nouvelle* (p. 13). La rose partageait avec le myrte l'honneur d'être consacrée à Vénus, et de parer le front de l'Amour. Cette rose était chère à Vénus, soit parce qu'elle est la plus belle des fleurs, ou qu'elle fut produite au moment où Vénus sortit du sein des ondes, soit enfin parce qu'elle naquit du sang d'Adonis.

14. *Vous aussi, il faut vous laver sous les myrtes verts* (p. 13). L'hymne de Callimaque *le Bain de Pallas*, fut fait pour une solennité dans laquelle les femmes d'Argos devaient laver la statue de Minerve; mais il leur était défendu de se baigner en même temps ou de boire des eaux du fleuve.

C'était le contraire chez les Romains. Les femmes ne craignaient pas de suivre l'exemple de la déesse. Un traducteur d'Ovide, M. Bayeux, avocat au parlement de Normandie, fait un singulier rapprochement :

« Cette cérémonie voluptueuse, bien digne de la déesse, n'a

pas cessé tout-à-fait avec la religion des Romains. Il s'est introduit dans notre culte austère et saint plusieurs pratiques qui en rappellent le souvenir. Nous avons vu, dans une petite ville de province, un pèlerinage fameux, qui rassemble tous les cantons d'alentour pour une cérémonie où plus d'un tableau peut représenter les bains de la fête de Vénus. C'est vers le commencement de juin que commence la solennité, et elle dure jusqu'au mois d'octobre, c'est-à-dire tant que la chaleur permet les religieuses lotions. Au pied d'un large amphithéâtre de gazon, où sont entassés spectateurs et pèlerins, est une fontaine claire et fraîche. On commence par y baigner avec pompe la sainte à laquelle elle est consacrée; puis aussitôt hommes et femmes, vieillards et enfans, de s'y précipiter, la plupart dans la nudité de la nature. Là vous verriez la jeune fille s'avancer presque nue jusqu'au bord de l'eau bienfaisante, étendre et plonger son pied, qu'elle retire en frissonnant; puis, enhardie et poussée par une mère dévote, pénétrer par degrés et s'enfoncer plus avant. Le voile léger dont l'enveloppe la pudeur, s'étend sur la surface de la fontaine, et permet à l'œil curieux de voir, à travers le cristal de l'eau limpide, ce qu'il lui dérobait. Trois fois la jeune fille plonge sa tête dans l'onde purificatoire, et trois fois elle offre au spectateur les plus voluptueuses attitudes, en se courbant pour passer sous une pierre posée sur quatre pivots. Elle s'échappe ensuite pour reprendre ses vêtemens, et le voile que l'humidité unit étroitement à son corps, en fait ressortir le nu, et n'en dérobe plus la moindre forme, le plus léger contour. Un fossé couvert d'une haie épaisse, des buissons touffus, tels sont les cabinets de toilette où l'on voit les pèlerins de tout sexe et de tout âge, répandus en groupes, arracher la chemise mouillée et reprendre les habits villageois. On se pare ensuite de fleurs, et une verte pelouse sert à la fois et de lit de repos et de théâtre, aux danses et aux concerts champêtres qui suivent la cérémonie expiatoire.

« Ce serait une histoire bien intéressante aux yeux du philosophe et de l'homme instruit, que celle de tous les pèlerinages et autres pratiques, qu'une dévotion peu éclairée entretient encore parmi nous. »

15. *Vénus prend son surnom du changement qu'elle opère dans les cœurs* (p. 13). On sent que l'expression du texte,

   Inde Venus *verso* nomina *corde* tenet,

qui désigne si bien le surnom de Vénus, *Verticordia*, ne pouvait être reproduite dans une traduction.

16. *Les Pléiades commencent à soulager de leur poids les épaules paternelles* (p. 15). Si notre traduction a besoin ici de commentaires, la faute en est à Ovide. La pensée renfermée dans ces mots *humeros relevare paternos*, est subtile et d'assez mauvais goût. En quittant le ciel, les Pléiades allègent d'autant le fardeau de leur père Atlas.

17. *C'est la fête de la mère des dieux* (p. 15). Ces jours s'appelaient les *Mégalésies*.

Pour bien saisir l'esprit de cette fête et la raison qui l'avait fait placer au mois d'avril, il faut savoir qu'elle était relative à la terre et aux premiers efforts qu'elle fait pour produire. En effet, la divinité qu'on y célébrait n'était autre chose que la terre rendue fertile, après l'établissement des sociétés. Suivons d'abord son histoire chez les différens peuples.

En Égypte, Athys, la même que Rhéa, a trois époux, le Soleil, Hermès et Saturne. Du premier elle enfante Osiris, le bon principe; du second, Isis, le monde visible, qui, subsistant avec les deux principes, est l'effet de l'harmonie et de l'ordre; du troisième, Typhon, le mauvais principe. Ces cinq enfans naquirent dans cinq jours (les cinq jours *épagomènes* de l'année égyptienne), formés de la soixante-dixième partie des clartés de la lune, que Hermès ou Mercure lui gagna en jouant aux dés avec elle. Le premier jour était celui d'Osiris, l'inventeur de l'agriculture; le deuxième, celui de l'ancien *Horus*, ou de l'état du monde avant la découverte du labourage; le troisième était celui de Typhon, parce qu'en ce jour on offrait des sacrifices pour détourner les fléaux qui nuisent à la fertilité des champs. Isis naquit le quatrième, dans des lieux marécageux, parce qu'alors on célébrait la fécondité des productions de l'Égypte, occasionée par les inondations du Nil. Enfin le cinquième était consacré à Nephtys ou à la Victoire, parce qu'en ce jour l'agriculteur était venu à bout de ses travaux. Cette fable allégorique avait passé dans la Syrie. L'auteur du traité *de la Déesse de Syrie*, attribué à Lucien, y décrit absolument ainsi le même culte de Cybèle, adopté par les Grecs et les Romains.

La Grèce s'appropria bientôt la fable que l'Égypte avait imaginée, pour expliquer les effets physiques de la culture des terres et de l'établissement des sociétés ; mais elle l'accommoda à son génie, et l'enveloppa de nouvelles fictions.

Rhéa, de l'oriental *Rhœe*, ou *Rhaé* (paître, nourrir), fut la seule femme de Saturne, et fut distinguée de *Ghé*, sa mère, toutes deux désignant la terre ; mais celle-ci représentant la terre telle qu'elle sortit des mains de la nature, et celle-là cette même terre cultivée et mise en valeur par l'agriculteur, dont elle devint la chose propre, et comme l'épouse qu'il féconde tous les ans. Elle en a sept fils, dont le plus jeune fut consacré en naissant. Ainsi les Grecs ajoutèrent à cette fable l'histoire de la naissance de Jupiter, que nous examinerons ailleurs. Ils appelèrent encore cette déesse *Cybèle*, du mont Cybèle, en Phrygie, selon quelques-uns, ou, selon d'autres, de *Ku* (mère), d'où vient *Kuein* (devenir mère), des Grecs, et de *Bal*, *Bel*, *Fal*, *Wal* (grand, élevé). Souvent elle était prise chez ce peuple pour la nature entière : elle était appelée tantôt Diane d'Éphèse, lorsqu'on voyait en elle la nature; tantôt Vénus, lorsqu'on la considérait comme le principe de la fécondité des êtres ; tantôt Isis ou Cérès, lorsqu'on voulait représenter les productions de la terre ; tantôt Vesta, lorsque l'on voulait désigner le feu, principe des êtres ; et enfin Rhéa, Cybèle et la grand'mère, lorsqu'on avait dessein d'exprimer la terre elle-même, comme elle le dit à Apulée au moment de son initiation.

Mais ce fut en Phrygie que le culte de Cybèle fut le plus solennellement établi, parce que, dit Lucrèce (*de Rerum natura*, lib. II), le genre humain doit à l'industrie de ces peuples la culture des terres. C'est là que l'on ajouta aux idées primitives de l'Égypte et de la Syrie, et aux autres fictions venues de la Grèce, l'histoire d'Atys et celles des Corybantes et des Dactyles.

Aussi tous les surnoms dont elle fut honorée étaient pris de quelque endroit de leur pays : on l'appelait *Dindymène*, d'une montagne de la Troade ; *Idœa*, du mont Ida, en Phrygie ; *Berecynthia*, d'une forteresse de Phrygie, sur le bord du fleuve Sangaris ; *Mygdonia* et *Pessinuntia*, de deux villes de ce nom dans le même pays, où elle était particulièrement adorée. Aussi la tête de Cybèle est-elle le type de la plupart des médailles frappées en Phrygie, et dans les pays voisins. Il paraît qu'on la regardait, dans ces contrées, comme la même que la déesse de Syrie.

Les Romains ne connurent que fort tard le culte de la mère des dieux, puisque ce ne fut que l'an de Rome 545 ou 548 que la statue de cette divinité fut apportée de Phrygie, comme nous le verrons ailleurs : on ne l'y compta même presque jamais au nombre des grandes divinités. Les Étrusques honoraient déjà depuis long-temps Rhéa, à laquelle ils avaient donné le surnom d'*Opis*, qui annonçait que la terre est la source de toutes les richesses. Les Romains adoptèrent cette idée, et donnèrent à la Cybèle des Phrygiens le surnom d'*Ops* ; et son culte, sous ce nom, remontait chez eux au temps de celui de Saturne. De là leur mot d'*opes* (richesses), et tous ses composés. Ils particularisèrent même ce surnom, en y joignant celui de *Consiva*, qui annonçait que ces richesses venaient des semences confiées à la terre. En effet, sans adopter toutes les fables des nations étrangères sur Cybèle, ils se contentèrent, dans leur mythologie simple, d'honorer sous ce nom la terre, nourrice de tous les êtres. Varron disait, dans un endroit qui nous a été conservé par saint Augustin : *Tellus* est appelée *Ops*, pour désigner la fécondité qu'elle acquiert par les travaux des hommes ; mère des dieux et grand'mère, parce qu'elle est la source de toute nourriture.

Ainsi donc Cybèle était pour la Phrygie et l'Asie Mineure la même qu'Athyr et Astarté pour la Phénicie, la grande déesse pour la Syrie, Isis pour l'Égypte, Basilée, fille d'Uranus, pour les Atlantes, Cérès pour l'Attique, et Rhéa pour le reste de la Grèce ; c'est-à-dire, la terre fécondée par l'agriculture. Sous ce point de vue, il n'y avait point de mois qui fût plus propre à la célébration de sa fête que celui où elle commence à ouvrir son sein à la fécondité, et à développer le germe des trésors qu'elle doit produire.

18. *La déesse, elle-même, portée sur les épaules de ses prêtres efféminés, parcourra les rues de la ville* (p. 15). Lucrèce a célébré la mère des dieux dans son poëme *de Rerum natura*, lib. II, v. 600. Nous citons ce morceau, qui offre plusieurs traits de ressemblance avec la description d'Ovide :

>Hanc veteres Graium docti cecinere poetæ
>Sublimem in curru bijugos agitare leones....
>Adjunxere feras; quia, quamvis effera, proles
>Officiis debet molliri victa parentum :
>Muralique caput summum cinxere corona,
>Eximiis munita locis, quod sustinet urbes :
>Quo nunc insigni per magnas prædita terras
>Horrifice fertur divinæ matris imago.
>Hanc variæ gentes, antiquo more sacrorum,
>Idæam vocitant matrem; Phrygiasque catervas
>Dant comites, quia primum ex illis finibus edunt
>Per terrarum orbem fruges cœpisse creari.
>Gallos attribuunt; quia, numen qui violarint
>Matris, et ingrati genitoribus inventi sint,
>Significare volunt indignos esse putandos,
>Vivam progeniem qui in oras luminis edant.
>Tympana tenta tonant palmis, et cymbala circum
>Concava, raucisonoque minantur cornua cantu,
>Et Phrygio stimulat numero cava tibia mentes....
>Ergo quum primum, magnas invecta per urbes,
>Munificat tacita mortales muta salute,
>Ære atque argento sternunt iter omne viarum,
>Largifica stipe ditantes; ninguntque rosarum
>Floribus, umbrantes matrem comitumque catervas.
>Hic armata manus, Curetas nomine Graii
>Quos memorant Phrygios, inter se forte catenas
>Ludunt, in numerumque exsultant, sanguine læti; et
>Terrificas capitum quatientes numine cristas,
>Dictæos referunt Curetas, qui Jovis illum
>Vagitum in Creta quondam occultasse feruntur :
>Quum pueri circum puerum pernice chorea,
>Armati, in numerum pulsarent æribus æra,
>Ne Saturnus eum malis mandaret adeptus,
>Æternumque daret matri sub pectore volnus.
>Propterea, magnam armati matrem comitantur,
>Aut, quia significant Divam prædicere, ut armis,
>Ac virtute velint patriam defendere terram,
>Præsidioque parent, decorique, parentibus esse.

19. *Le dieu dévore ses enfans... Une pierre, déguisée sous un vêtement, descendit dans les entrailles célestes* (p. 17). On voit, dans les antiques traditions des Phéniciens, *Ouranos* détrôné par Saturne et mutilé dans la partie constitutive de son être. Mais il n'est point question de la naissance de Jupiter. Le reste de la fable est une invention du génie grec. Hésiode, après avoir raconté ces détails, ajoute que Saturne, lorsque Jupiter fut devenu grand, se vit forcé de le laisser reparaître, et succomba bientôt sous ses efforts; qu'il vomit d'abord la pierre qu'il avait avalée, et que Jupiter la planta et l'enfonça dans la terre auprès de Pytho, dans un endroit retiré du mont Parnasse, pour servir de monument et de spectacle aux hommes. Saturne fut ensuite chargé de chaînes.

« Au commencement de mon ouvrage, dit Pausanias (liv. VIII, ch. 8), après avoir parlé de la naissance de Jupiter, lorsque j'avais à raconter de ces sortes de fables rapportées par les Grecs, je les trouvais ridicules et pitoyables; mais, à présent, je n'en juge pas de même : je crois que les sages de la Grèce nous ont caché d'importantes vérités sous des énigmes, et que ce que l'on dit de Saturne est de ce nombre. »

Il faut voir les érudits modernes, acceptant comme un défi la remarque de Pausanias, se perdre dans des efforts inouïs de critique et d'imagination.

Suivant l'abbé Bernier (*Explicat. hist. des Fabl.*, tome I), Saturne était un roi de la Grèce et de l'Asie Mineure, qui, par un traité avec Titan, faisait mourir tous ses enfans mâles.

Saturne, dévorant ceux qui lui sont le plus chers, est un symbole de la justice, dit l'abbé Pluche.

Bergier ne voit dans Rhéa que les exhalaisons de la terre; Jupiter est la pluie; les Curètes, de hautes montagnes, et Saturne un gouffre.

Voici comment s'exprime M. Bayeux : « Saturne, ou l'agriculteur, a Rhéa pour femme, c'est-à-dire la terre cultivée; idée juste et simple. Jupiter est leur fils, parce que le principe actif de la nature se développe dans le sein de la terre par les travaux de l'agriculture. Saturne dévore et fait renaître ses enfans, belle image de la reproduction des êtres et du cercle éternel de la décomposition et de la renaissance de toutes les substances de la nature. Saturne veut dévorer Jupiter, c'est-à-dire épuiser le principe de fécondité de la terre ensemencée. Elle offre à sa voracité un autre objet. On a représenté cet objet sous la figure d'une pierre ; mais ce n'est qu'une allégorie purement orientale. Dans les langues de l'Orient, le même mot signifie *enfant* et *pierre*, *bâtir* et *produire;* ce sont des *pierres* fécondées qui reproduisent l'espèce humaine d'après le déluge de Deucalion.

« Cependant le principe fécondant se développait et agissait secrètement à l'abri de la voracité de l'agriculteur. Celui-ci rend bientôt la pierre dévorée, parce que rien ne s'anéantit, rien ne se perd dans la nature. Il est enchaîné à son tour par Jupiter, et ne reprend sa liberté qu'au commencement de l'hiver, aux Saturnales ; parce qu'en effet, lorsque le principe actif agit et se développe dans les productions de la terre, les travaux de l'agriculteur sont enchaînés : ils ne recommencent, relativement au principe fécondant, que lorsqu'il s'agit de confier de nouvelles semences à la terre, aux approches de l'hiver. »

D'autres ont vu simplement dans Saturne le temps qui dévore tout ce qu'il produit, et c'est là sans doute une explication plus raisonnable.

Au reste, Ovide ne se perd pas dans ces vaines allégories. Moins profond, il est plus amusant, et il y a une teinte fort agréable de plaisanterie dans ces vers :

> Veste latens saxum cœlesti viscere sedit :
> Sic genitor fatis decipiendus erat.

Demoustier, qui prend souvent à Ovide sa manière, et quelquefois ses expressions, a fait aussi son profit de cette légende :

« Saturne avalait à leur naissance tous les enfans mâles que sa femme lui donnait.

> « Mais, voyant qu'il était bonhomme,
> La jeune Cybèle, un beau jour,
> A son appétit fit un tour
> Assez plaisant, et voici comme :

« Étant accouchée de Jupiter et de Junon, elle mit à la place du premier une pierre qu'elle habilla en poupée. Le bon Saturne, qui avait la vue basse apparemment, l'avala sans cérémonie. Il fallait qu'il eût l'estomac meilleur que les yeux; car, à la naissance de Neptune et de Pluton, il fit encore deux repas semblables sans être incommodé. »

20. *Au milieu des forêts, un enfant phrygien d'une beauté remarquable* (p. 19). La fable d'Atys a été racontée de bien des manières. Suivant le récit de l'empereur Julien (*Orat.* V, *in hon. matr. Deor.*), la terre eut pour fils Atys, dont elle devint éprise; elle lui accorda les dernières faveurs et le couronna d'un bonnet orné d'étoiles. Il parvint ensuite en dansant jusqu'à la grotte d'une nymphe dont il obtint ce qu'il désira. La Terre, jalouse, voulut le retenir auprès d'elle; mais il s'enfuit. Alors Corybas chargea un lion roux de veiller sur sa conduite. Cet animal devint aussitôt le rival de la nymphe avec laquelle il lutta. Le malheureux Atys se rendit alors eunuque, et ne quitta plus la Terre, sa mère.

« Ce qu'était Atys, dit Pausanias (liv. VII, ch. 17), c'est un mystère que l'on tient si secret que je n'en ai pu rien apprendre. Mais voici ce qu'Hermesianax, poète élégiaque, en a écrit. Il était fils d'un Phrygien nommé Calaüs, et naquit impuissant. Quand il fut grand, il alla en Lydie, et y enseigna le culte de la mère des dieux: ce qui le rendit si cher à cette déesse, que Jupiter en fut indigné, et suscita un sanglier qui ravagea les terres des Lydiens et tua Atys. Suivant les Galates de Pessinunte, continue le même auteur, Jupiter ayant eu un songe impur, la terre mouillée de la substance de ce dieu devint féconde, et produisit un génie de figure humaine, nommé Agdystis. Les dieux épouvantés de cet être monstrueux, ne lui laissèrent que le sexe féminin, et du retranchement de l'autre naquit l'amandier. Cet arbre, ayant porté du fruit dans la saison, une nymphe, fille du fleuve Sangar, voulut en manger; elle en cueillit des amandes et les mit dans son sein: aussitôt les amandes disparurent, et la nymphe se sentit grosse. Elle accoucha d'un fils que l'on exposa dans les bois, et qui fut nourri par une chèvre; il eut nom Atys. Cet enfant, devenu grand, parut d'une beauté plus qu'humaine.

« Agdystis l'ayant vu, conçut une passion violente pour lui. Dans la suite, les parens d'Atys l'envoyèrent à Pessinunte, pour lui faire épouser la fille du roi. Déjà l'on chantait l'hyménée, lorsque arrive Agdystis, qui, par ses enchantemens, trouble tellement l'esprit d'Atys et du roi, son beau-père, que, tournant l'un et l'autre leurs mains contre eux-mêmes, ils se rendirent eunuques. »

Arnobe raconte la même histoire, avec quelques différences, et ajoute au récit de Pausanias : « Atys s'étant saisi d'un fragment de vase, se retira sous un pin, et se priva des marques de son sexe, en disant : *Reçois, cruelle Agdystis, reçois le fatal objet de tes fureurs.* Sa vie s'écoule avec les flots de son sang. Mais la mère des dieux ramasse la partie qu'avait coupée Atys, l'enveloppe d'un voile, et la cache sous la terre. Du sang d'Atys naît la violette. La mère des dieux l'enterra, et sur sa tombe on vit croître l'amandier, qui désigne l'amertume de la mort. Alors elle porta dans son antre le pin sous lequel Atys s'était dépouillé de la qualité d'homme, et, avec Agdystis, elle se frappa le sein à coups redoublés. Jupiter, invité par Agdystis de rendre la vie à Atys, ne le voulut pas. Cependant, ce que le destin pouvait accorder, il le permit; c'est-à-dire qu'il accorda sans peine que son corps ne pourrît pas, que sa chevelure crût sans cesse, que le dernier de ses doigts eût de la vie, et qu'il fût le seul qu'agitât un mouvement perpétuel. Contenté de ces bienfaits, Agdystis conserva son corps à Pessinunte, établit en son honneur de grands sacerdoces et des cérémonies annuelles. »

Nous ferons grâce aux lecteurs des allégories savantes que l'on a trouvées dans cette histoire. Il y a de grands érudits qui ne peuvent pas se figurer que l'imagination seule entre dans ces légendes singulières.

Catulle termine ainsi son ode sur le supplice d'Atys, imitée par Chaussard sous la forme d'un dithyrambe :

> De l'inconstance Atys fut le modèle.
> Cybèle, mère auguste, ô déesse éternelle,
>   Cette victime vous suffit.
>   Épargnez à tout infidèle
>   L'état où vous l'avez réduit.

21. *La mère est absente, Romains...* (p. 21). L'an de Rome 545 ou 548, sous le consulat de P. Corn. Scipion et P. Licinius

Crassus, pendant la seconde guerre punique, les décemvirs consultèrent l'oracle de la Sibylle de Cumes, pour délivrer l'Italie d'Annibal.

La Sibylle répondit qu'il fallait faire venir *la Mère*. Les Romains, peu instruits alors de la langue et de la religion des Grecs, ne comprirent pas qu'il s'agissait de Cybèle, appelée souvent dans les poëmes et les légendes grecques du nom de *Mère*. Ils envoyèrent consulter l'oracle d'Apollon. Tite-Live n'est pas d'accord ici avec Ovide, et fait la réponse d'Attale antérieure à la consultation de l'oracle.

Attale régnait alors en Phrygie. Ce prince, car il y en eut plusieurs de ce nom en Asie, fut Attale *Philométor*, qui prêta du secours aux Romains contre Philippe, dans la guerre des Galates, et institua le peuple romain son héritier. Ovide dit qu'il refusa les envoyés. C'est sans doute pour avoir occasion de raconter le prodige dont il parle; car tous les historiens attestent *qu'il les conduisit aussitôt à Pessinunte, en Phrygie, et qu'il leur livra* la pierre qu'ils disaient être la mère des dieux.

Telle était, en effet, la seule représentation de cette déesse, comme nous le verrons bientôt. Alors on rapporte à Rome cette singulière image si désirée, et les Romains, à leur tour, battirent Annibal. Mais les prudentes temporisations de Fabius et le courage actif de Scipion y contribuèrent sans doute un peu plus que la *pierre noire* de la mère des dieux.

Ce fut à l'arrivée de Cybèle à l'embouchure du Tibre, que se passa l'évènement prodigieux que chante Ovide. Au nombre des vestales était Claudia Quinta, qui descendait d'Appius Clausus, nommé auparavant Atta Clausus par les Sabins, tige de la famille Claudia. Un extérieur de coquetterie avait fait suspecter ses mœurs, qui cependant étaient pures. Elle pria la déesse de céder à ses efforts, si elle était chaste, et aussitôt le vaisseau, immobile jusqu'alors, s'avança dans le Tibre, et suivit sans résistance la corde tirée par la vestale. Claudien et Sidoine Apollinaire donnent même encore plus de merveilleux à cet évènement; car, selon eux, ce fut avec un cheveu qu'elle attira le vaisseau. « Je me rapporte à ce qu'il faut en croire, dit à ce sujet le bon abbé de Marolles; mais je sais bien qu'il n'y a point de religion ni de superstition qui ne compte ses miracles, dont tous les livres sont pleins. »

Tertullien croit que ce fut le démon qui opéra ce miracle, et l'abbé Bannier observe finement que d'autres pensent que la vestale profita du vent qui commençait à souffler.

22. *Pourquoi.... la déesse a-t-elle recours à de minces aumônes* (p. 27)? Phèdre (liv. III, fab. 20) représente les prêtres de Cybèle allant à la quête avec un âne qui portait leur bagage :

> Galli Cybeles circum quæstu ducere
> Asinum solebant, bajulantem sarcinas.

Apulée, dans son *Ane d'or*, en fait un portrait semblable.

Clément d'Alexandrie nous a conservé un fragment de Ménandre, qui critique cet usage avec beaucoup de finesse : « Je n'aime point ces deux vagabonds, qui vont hors de leurs temples, ni ces coureurs qui entrent dans toutes les maisons avec un tableau de la mère des dieux, pour demander l'aumône. »

Quand on lit les descriptions de Phèdre et d'Apulée, on se représente ces moines mendians qui, en Italie surtout, vont promener leurs madones de village en village, et mettre à contribution la crédulité publique.

Le bon historien de Belleforêt, qui a commenté le livre de la *Cité de Dieu*, après avoir rapporté le passage de saint Augustin sur la mendicité des prêtres de Cybèle, et la loi citée par Cicéron à ce sujet, ajoute, dans son style naïf, « et que diraient saint Augustin et Cicéron, s'ils voyaient maintenant (en 1585) des compagnies fort riches et opulentes qui demandent la pièce de monnaie à ceux à qui il faudrait plutôt départir de leurs biens, desquels ils en ont abondance? et cependant celui qui la donne ronge du pain bis tout sec, etc., et le riche mendiant qui la prend se saoule de pain blanc de froment, et de perdrix et chapons, et de bon vin et délicat ! »

23. *En ce jour un temple fut consacré.... à la Fortune Publique* (p. 29). Ovide (liv. V des *Fastes*) parle encore d'un temple élevé à la Fortune Publique dans le mois de mai. Il n'est pas de peuple, dit M. Bayeux, qui ait autant sacrifié à la Fortune que les Romains. Chaque quartier de Rome avait des temples en l'honneur

de cette déesse. Ce culte venait de l'opinion qui faisait regarder le Destin, père de la Fortune, comme l'arbitre de tous les évènemens. On peut voir à cet égard Pline le Naturaliste, liv. VII, ch. 2.

« Mais la sublime imagination du Dante, dit M. Desaintange, a surpassé tous les anciens dans son portrait de la Fortune. Je ne connais pas de conception plus grande, plus poétique, et en même temps plus philosophique.

« Quelle est cette Fortune qui agite ainsi la balance des biens et des maux ? Celui dont le regard embrasse les mondes, lorsqu'il entrelaça jadis leurs orbes dans les cieux, dit à ses ministres de régler la course des tourbillons de lumière et l'harmonie des sphères. A sa voix, une déesse puissante vint ici-bas s'asseoir au trône des grandeurs humaines. C'est elle dont la main promène de peuple en peuple et de race en race la honte ou la gloire, et qui trouble à son gré les conseils de l'humaine prudence. Elle distribue aux enfans des hommes les chaînes et les couronnes ; et les soupirs de l'ambition n'arrivent pas jusqu'à elle. Collègue du destin, elle prévoit, juge et règne à jamais. L'inflexible nécessité, qui la devance, sème les évènemens devant elle, et sollicite sans relâche son infatigable vicissitude. La voix mensongère des peuples a souvent flétri son nom ; souvent, après des bienfaits, elle a reçu la plainte outrageuse de l'homme : mais, heureuse dans sa sphère et sourde à ces vaines clameurs, elle agite sa roue, et poursuit son éternité tranquille. »

24. *Un vieillard placé près de moi parmi les spectateurs, me dit....* (p. 23). Chez les Grecs et chez les Romains, les différens ordres de citoyens avaient des places particulières dans les spectacles et dans les jeux publics. Les vers d'Ovide nous apprennent que les tribuns militaires et les décemvirs occupaient la même partie de la salle. On sait que les juges décemvirs formaient un tribunal où les causes se portaient en première instance, et par appel devant les centumvirs. C'est ce qu'expriment très-bien ces vers du *Panégyrique de Pison* :

Seu trepidos ad jura decem citat hasta virorum,
Et firmare jubet centeno judice causas.

Ovide dit positivement qu'il était décemvir. Différens passages de ses élégies des *Pontiques* ont fait croire aussi qu'il fut centumvir. Mais Burmann démontre que cette assertion est sans fondement.

25. *Les armes perfides du valeureux Juba...* (p. 29). *Perfides...* car il porta les armes contre la bonne cause; il préféra Caton aux dieux:

Victrix causa Diis placuit, sed victa Catoni.

Mais, du moins, sa résistance énergique et le courage de sa mort méritaient l'épithète *magnanimi*.

26. *Dans le Cirque... les chevaux rapides disputeront le prix de la course. Ce sont les jeux de Cérès* (p. 31). Dès les premiers siècles de Rome, le culte de Cérès fut établi dans cette ville; mais les jeux en l'honneur de la déesse ne remontaient pas à une aussi haute antiquité. Ce fut le consul Memmius, qui, le premier, fit célébrer les *Céréales*. C'étaient les mêmes cérémonies que les Thesmophories de la Grèce. Les prêtresses ne pouvaient approcher de l'autel, si elles ne s'en étaient rendues dignes par la continence. On sacrifiait des truies, et l'on brûlait des renards. Il était défendu, par les livres des pontifes, de faire des libations de vin à la déesse, dans les cérémonies relatives au mariage de Proserpine. Un prêtre ou une prêtresse que l'on faisait disparaître du milieu du temple, représentait l'enlèvement de cette dernière; mais la tristesse, les cris et les gémissemens n'étaient pas en usage à Rome comme dans la Grèce, parce que la plupart des cérémonies religieuses y étaient gaies. Les Thesmophories romaines se célébraient aussi la nuit, et les désordres qui s'y introduisirent à la faveur des ténèbres les firent proscrire.

Quant aux jeux du Cirque, il paraît qu'ils avaient été institués à l'occasion de la fête de Cérès, et qu'ils se célébraient pendant sa solennité: c'est ce qui résulte d'une remarque de Néapolis, en réfutation d'une autre de Marsus. Ils duraient huit jours, suivant tous les calendriers.

On y portait en pompe les statues des dieux. Ovide, assis auprès de sa maîtresse, dans un spectacle de ce genre, fait avec beaucoup de grâce et d'esprit, le dénombrement de toutes les divinités qui passent devant ses yeux :

> Sed jam pompa venit; linguis animisque favete :
>   Tempus adest plausus : aurea pompa venit.
> Prima loco fertur passis Victoria pennis :
>   Huc ades; et meus hic, Dea, vincat amor.
> Plaudite Neptuno, nimium qui creditis undis :
>   Nil mihi cum pelago; me mea terra capit.
> Plaude tuo miles, Marti : nos odimus arma.
>   Pax juvat, et media Pace repertus amor.
> Auguribus Phœbus, Phœbe venantibus adsit :
>   Artifices in te verte, Minerva, manus.
> Ruricolæ Cereri, teneroque assurgite Baccho :
>   Pollucem pugiles, Castora placet eques.
> Nos tibi, blanda Venus, puerique potentibus armis
>   Plaudimus : inceptis annue, Diva, meis.
>
>   (*Am*. lib. III, eleg. 2, v. 43.)

27. *Éloignez du bœuf vos couteaux* (p. 33). « N'égorgez pas, dit Varron, le bœuf nourricier attelé à la charrue, le compagnon des travaux rustiques, l'associé du laboureur, le ministre de Cérès. » (*de Re rustica*, lib. II, cap. 5.)

28. *Sa fille, suivie de ses compagnes accoutumées, se promenait nu-pieds au milieu des prairies* (p. 33). On peut comparer ici Ovide avec lui-même, et avec Claudien, dont le poëme, sans intérêt et sans invention, brille souvent par des beautés de détail. Écoutons d'abord l'auteur des *Métamorphoses* :

> « Haud procul Hennæis lacus est a mœnibus altæ,
> Nomine Pergus, aquæ : non illo plura Caystros
> Carmina cycnorum labentibus audit in undis.
> . . . .
> Frigora dant rami, Tyrios humus humida flores,
> Perpetuum ver est : quo dum Proserpina luco
> Ludit, et aut violas, aut candida lilia carpit;
> Dumque puellari studio calathosque sinumque
> Implet, et æquales certat superare legendo ;
> Pæne simul visa est, dilectaque, raptaque Diti :
> Usque adeo properatur amor ! Dea territa mœsto
> Et matrem, et comites, sed matrem sæpius, ore
> Clamat; et, ut summa vestem laniarat ab ora,

VIII.   18

> Collecti flores tunicis cecidere remissis :
> Tantaque simplicitas puerilibus adfuit annis ;
> Hæc quoque virgineum movit jactura dolorem.
> Raptor agit currus, et nomine quemque vocatos
> Exhortatur equos ; quorum per colla jubasque
> Excutit obscura tinctas ferrugine habenas ;
> Perque lacus altos, et olentia sulfure fertur
> Stagna Palicorum, rupta ferventia terra ;
> Et qua Bacchiadæ, bimari gens orta Corintho,
> Inter inæquales posuerunt mœnia portus.
> Est medium Cyanes, et Pisææ Arethusæ,
> Quod coit angustis inclusum cornibus æquor.
> Hic fuit, a cujus stagnum quoque nomine dictum est,
> Inter Sicelidas Cyane celeberrima Nymphas ;
> Gurgite quæ medio summa tenus exstitit alvo,
> Agnovitque Deum : « Nec longius ibitis, inquit :
> « Non potes invitæ Cereris gener esse ; roganda,
> « Non rapienda fuit : quod si componere magnis
> « Parva mihi fas est, et me dilexit Anapis :
> « Exorata tamen, nec, ut hæc, exterrita nupsi »
> Dixit ; et, in partes diversas brachia tendens,
> Obstitit : haud ultra tenuit Saturnius iram ;
> Terribilesque hortatus equos, in gurgitis ima
> Contortum valido sceptrum regale lacerto
> Condidit : icta viam tellus in Tartara fecit ;
> Et pronos currus medio cratere recepit. »
>
> (Lib. v, v. 385.)

Dans Claudien, ce n'est pas au milieu de ses compagnes, c'est avec les déesses Minerve, Diane et Vénus, que Proserpine, échappant à la surveillance de sa mère, s'égare dans la prairie qu'elle dépouille de ses fleurs :

> Quas inter Cereris proles, nunc gloria matris,
> Mox dolor, æquali tendit per gramina passu,
> Nec membris nec honore minor ; potuitque videri
> Pallas, si clypeum, si ferret spicula, Phœbe.
> ....
> Tali luxuriat cultu : comitantur euntem
> Naides ; et socia stipant utrinque corona,
> Quæ fontes, Crinise, tuos, et saxa rotantem
> Pantagiam, nomenque Gelan qui præbuit urbi,
> Concelebrant : quas pigra vado Camerina palustri,

Quas Arethusæi latices, quas advena nutrit
Alpheus. Cyane totum supereminet agmen.
....
Forma loci superat flores : curvata tumore
Parvo planities, et mollibus edita clivis
Creverat, in collem; vivo de pumice fontes
Roscida mobilibus lambebant gramina rivis;
Silvaque torrentes ramorum frigore soles
Temperat, et medio brumam sibi vindicat æstu.
....
Huc elapsa cohors gaudet per florea rura ;
Hortatur Cytherea legant : « Nunc ite, sorores,
Dum matutinis præsudat solibus aer,
Dum meus humectat flaventes Lucifer agros,
Roranti prævectus equo. » Sic fata, doloris
Carpit signa sui. Varios tum cætera saltus
Invasere cohors : credas examina fundi
Hyblæum raptura thymum, quum cerea reges
Castra movent; fagique cava dimissus ad alvo
Mellifer electis exercitus obstrepit herbis.
   Pratorum spoliatur honos : hæc lilia fuscis
Intexit violis ; hanc mollis amaracus ornat :
Hæc graditur stellata rosis; hæc alba ligustris.
....
Æstuat ante alias avido fervore legendi
Frugiferæ spes una Deæ : nunc vimine texto
Ridentes calathos foliis agrestibus implet;
Nunc sociat flores, seseque ignara coronat,
Augurium fatale tori. . . . .
....
Talia virgineo passim dum more geruntur,
Ecce repens mugire fragor, confligere turres,
Pronaque vibratis radicibus oppida verti.
Causa latet : dubios agnovit sola tumultus
Diva Paphi, mistoque metu perterrita gaudet.
   Jamque per anfractus animarum rector opacos
Sub terris quærebat iter, gravibusque gementem
Enceladum calcabat equis : immania findunt
Membra rotæ; pressaque gigas cervice laborat
Sicaniam cum Dite ferens, tentatque moveri
Debilis, et fessis serpentibus impedit axem.
....
Diffugiunt Nymphæ; rapitur Proserpina curru,
Imploratque Deas : jam Gorgonos ora revelat

Pallas, et intento festinat Delia cornu ;
Nec patruo cedunt : stimulat communis in arma
Virginitas, crimenque feri raptoris acerbat.
....
Telaque missa forent, ni Jupiter æthere vulso
Pacificas rubri torsisset fulminis alas,
Confessus socerum : nimbis Hymenæos hiulcis
Intonat, et testes firmant connubia flammæ.

(*De Raptu Proserp.*, lib. II, v. 36.)

29. *Comme la mère du veau ravi à la mamelle, mugit et cherche son petit par tous les bois : telle la déesse...* (p. 35). Cette image touchante, que la plupart des poètes latins ont reproduite, appartient, pour le fond et pour les détails, à Lucrèce, qui n'a pas été surpassé. L'imitation de Delille, néanmoins, ne manque pas de beauté, quoiqu'on puisse y relever une expression bizarre, la *génisse, inconsolable mère :*

> Voulez-vous un tableau d'un autre caractère ?
> Regardez la génisse, inconsolable mère :
> Hélas ! elle a perdu le fruit de ses amours.
> De la noire forêt parcourant les détours,
> Ses longs mugissemens en vain le redemandent.
> A ses cris, que les monts, que les rochers lui rendent,
> Lui seul ne répond point ; l'ombre, les frais ruisseaux,
> Roulant sur des cailloux leurs diligentes eaux,
> La saussaie encore fraîche et de pluie arrosée,
> L'herbe où tremblent encore les gouttes de rosée,
> Rien ne la touche plus : elle va mille fois,
> Et du bois à l'étable, et de l'étable au bois ;
> S'en éloigne plaintive, y revient éplorée,
> Et s'en retourne enfin seule et désespérée.

30. *Elle part des champs d'Henna.......* (p. 35). A propos de l'itinéraire de Cérès, il est bon d'observer que les anciens ne se piquaient pas d'une grande exactitude dans les détails géographiques. Cependant on peut supposer, avec la plupart des commentateurs, qu'Ovide aura tracé sans ordre et sans suite cet itinéraire de Cérès, pour exprimer le trouble et le désordre de sa course vagabonde.

31. *Cérès prend Triptolème sur son sein... Elle étend sur le foyer*

le corps de l'enfant, et le couvre de braises ardentes pour que le feu purge et dévore en lui la lourde enveloppe de l'humanité (p. 41). La reconnaissance élevait autrefois des autels aux bienfaiteurs du genre humain. Nul n'avait plus de droits à cet honneur que Triptolème : il partagea avec Cérès les hommages des mortels et les louanges des poètes.

Il y a plusieurs traditions sur l'histoire de cet illustre inventeur de l'agriculture.

L'auteur d'un ancien hymne, dit que Callidice et Cleisidis, Démò et Callithoé, rencontrèrent Cérès assise près d'un puits, à l'ombre d'un olivier, où elle leur apprit que son nom était Déô. Les filles de Célée allèrent aussitôt avertir leur mère de la rencontre qu'elles venaient de faire. Cette femme se nommait *Métanire ;* et c'est ce nom qu'il faut lire dans Ovide, suivant le témoignage des plus respectables auteurs de l'antiquité, et non *Ménaline*, ou *Mélanire*, ou *Mélania*, comme portent quelques éditions. On lit aussi dans Pausanias, *Meganira*, et dans Hygin, *Cothonea*.

Métanire vint vers Cérès, et l'engagea à s'asseoir ; mais il fallut qu'Iambé lui préparât un siège. On lui donna aussi le soin du jeune Démophoon. Le jour elle le frottait d'ambroisie, et la nuit elle le mettait dans le feu pour en consumer toutes les parties mortelles. Métanire, qui s'en aperçut, jeta un grand cri, et accabla Cérès de reproches. La déesse se manifesta alors, et fit les promesses les plus flatteuses au jeune enfant.

Suivant Apollodore, Cérès, après s'être reposée sur la pierre *triste*, entra dans le palais de Célée, roi d'Éleusie, et elle y trouva la vieille servante Iambé, qui, par ses plaisanteries, suspendit un peu sa douleur. Elle fut chargée de nourrir Démophoon, fils du prince ; mais ayant été découverte par la mère, lorsqu'elle le mettait dans les flammes, elle le laissa tomber, et il fut consumé. Pour s'en consoler, elle prit avec elle l'aîné de ses frères, lui donna un char attelé de dragons, et l'envoya enseigner partout aux hommes l'art de l'agriculture. Saint Clément d'Alexandrie et Arnobe ajoutent une singulière circonstance à ce récit. Dysauses, Triptolème, Eumolpe, Euscube, berger de profession, et Baubo, habitaient Éleusie, lorsque Cérès y arriva.

Baubo la reçut chez elle, et lui offrit la boisson appelée *cycéon*, composée, selon quelques-uns, avec de l'orge. La déesse ayant refusé, Baubo, pour s'en venger, leva ses vêtemens, et lui montra la marque de son sexe. Cérès ne s'irrita point de cet indécent procédé, et elle avala la boisson présentée. De là, dans les mystères, la formule sacrée : *J'ai bu du cycéon, j'ai pris de la ciste, etc.*; de là encore, dans les Thesmophories, le *steis*, ou le signe représentatif des parties qui distinguent le sexe féminin, formant l'objet de la vénération publique, comme le *phallus* dans les mystères d'Éleusis.

32. *Elle poursuit sa course même dans les cieux ; elle interroge les astres les plus voisins du pôle glacé qui jamais ne se plongent dans les eaux de la mer* (p. 43). Hélice et Cynosure, ou les deux Ourses, ne se couchent point par rapport à nous, et paraissent toujours sur notre hémisphère, tandis que le soleil et les autres astres, lorsqu'ils se couchent et passent d'un hémisphère à l'autre, semblent se plonger dans l'Océan. L'imagination féconde d'Ovide sait mettre à profit les détails les plus arides, et en apparence les plus insignifians. Au reste, il fallait que le goût de l'astronomie fût bien plus généralement répandu chez les anciens que parmi nous. En effet, nous voyons tous les poètes les plus populaires de l'antiquité emprunter à cette science des images continuelles, faire à chaque instant des allusions que nous comprenons à peine aujourd'hui avec des commentaires, et employer même les mots techniques.

33. *Si Gygès eût vaincu, captive entre ses mains aurais-je subi un plus cruel affront que celui que j'endure* (p. 45)? Gygès était frère de Briarée, et l'un des Géans qui escaladèrent le ciel.

Claudien a emprunté cette pensée d'Ovide ; mais, comme l'observe M. Desaintange, il n'a pas su l'employer à propos. Il la met dans la bouche d'Électre, qui apprend à Cérès son infortune :

.... Acies utinam vesana Gigantum
Hanc dederit cladem................

34. *Proserpine, dit-il, a rompu son jeûne avec trois grains du fruit carthaginois que recouvre une écorce flexible* (p. 45). Le *fruit*

carthaginois, pour exprimer une grenade, est une périphrase qui renferme un singulier anachronisme dans la bouche de Mercure. Mais les Romains, et même les Grecs, n'y regardaient pas de si près. Ne sait-on pas que Tite-Live applique aux *sénateurs* de Carthage le nom de *patres conscripti?*

Xénophon (*Cyrop.*, liv. III) rapporte que Cyrus donna pour mot d'ordre à ses troupes : *Jupiter Secourable et Conducteur.* Sur quoi, le bon Rollin va jusqu'à se permettre une nuance de scepticisme :

« Je ne sais, dit-il, si Xénophon ne donne point ici aux dieux persans le nom des dieux de son pays. » (*Hist. anc.*, tome II, page 127.)

Quant à cette tradition de la grenade mangée par Proserpine, on en retrouvait des traces dans les mystères et les initiations. Le prêtre demandait aux adeptes : « Avez-vous mangé du pain ? » et on répondait : « Non, j'ai bu du *cycéon*, j'ai pris de la *ciste*. » Or, dans cet aliment mystique, il entrait du sésame, de la farine de blé, des grains de sel, des grenades, etc.; mais les initiés devaient veiller soigneusement à ne pas toucher à ce dernier fruit, sans doute en mémoire de la douleur qu'il avait causée à Cérès.

35. *Elle y serait en effet descendue, si Jupiter ne lui eût promis que sa fille passerait au ciel six mois de l'année* (p. 47). Ce dénoûment est adopté dans toutes les traditions; mais il n'en est pas de même de la circonstance qui découvrit à Cérès la retraite de sa fille. Ici Ovide prétend que ce fut par la déposition du dieu du jour; une autre tradition plus accréditée en fait honneur à la nymphe Aréthuse.

« Après mille recherches inutiles, dit Demoustier, la mère de Proserpine allume un flambeau au feu du mont Etna, pour chercher sa fille jusque dans les entrailles de la terre.

« Aréthuse aperçut Cérès dans ses courses souterraines; elle l'appela, et lui dit : « Rassurez-vous, je connais le sujet de vos
« alarmes. Je suis Aréthuse, autrefois nymphe de Diane. Je
« l'accompagnais sur le bord du fleuve Alphée : celui-ci me vit,
« et m'aima. J'étais jeune; vous devinez que j'étais sensible. Al-
« phée me poursuivait : hélas! je le fuyais comme on fuit ce qu'on
« aime. Mais les dieux, protecteurs de la vertu, me changèrent en

« fontaine pour me soustraire à ses poursuites. Que devint-il
« alors ?

>Furieux, il rentra dans ses grottes profondes ;
>Mais l'Amour dirigea la course de nos ondes !
>Et, plaignant mon amant, permit, pour l'apaiser,
>   A nos flots de se caresser.

« C'est en allant m'unir à mon cher Alphée que j'ai vu passer
« Proserpine dans les bras de Pluton. Votre fille est aux en-
« fers. »

« A ces mots, Cérès vole à l'Olympe, accuse Pluton, etc. »
(*Lettres sur la Mythol.*, lettre VIII.)

36. *Le blanc sied à Cérès ; prenez des robes blanches pendant les
Céréales* (p. 47). Des caractères bien différens marquaient les
Céréales à Rome et les *Éleusines* dans la Grèce, quoique le même
culte les eût inspirées. Ici les prêtres devaient être vêtus de
pourpre ; les lits des initiés entourés de bandelettes de la même
couleur, etc., parce qu'elle était celle de la mort et le présage
d'une vie heureuse aux enfers. A Rome, au contraire, on devait
être vêtu de blanc, parce que cette solennité était particulièrement consacrée à la joie. Aussi voyons-nous qu'après la bataille
de Cannes on ne célébra point la fête anniversaire de Cérès,
« parce que, dit Tite-Live, il n'est pas permis aux personnes af-
fligées de la célébrer, et qu'alors il n'y avait aucune femme
exempte de tristesse. »

Tertullien parle aussi de l'usage des vêtemens blancs aux fêtes
de Cérès : « Quum ob cultum omnia canditatum, et ob notam
vittæ, et privilegium galeri, Cereri initiantur. »

L'abbé de Marolles dit sur ce passage d'Ovide : « Voilà des
robes blanches *aux mystères de Cérès*, lesquelles nous appelons
aulbes, dont nous nous servons *aux mystères du pain sacré.* »

37. *A Jupiter Vainqueur appartiennent les ides d'avril... C'est aussi
en ce jour... que la divinité la plus digne de notre peuple, la Liberté,
commença d'avoir ses portiques* (p. 47). Le temple de Jupiter Victor
avait été voué par Q. Fabius Rullianus, dans la guerre contre les
Samnites, l'an de Rome 458. Ce vœu était bien magnifique en
comparaison de celui de Papirius, qui, au rapport de l'historien

romain, promit à Jupiter, s'il remportait la victoire, un petit verre de vin miellé.

Ovide, ordinairement si prodigue d'épisodes, devient tout à coup d'un laconisme merveilleux, lorsqu'il parle de la liberté.

On croit que ce fameux portique fut élevé sur les débris de la maison de Cicéron. Il fut détruit ensuite. Plutarque dit qu'il fut dédié, pour la première fois, par Tiberius Gracchus, et rétabli par le fameux Asinius Pollion : c'est de cette reconstruction que l'on pense qu'il s'agit ici. Tout ce que l'on sait de plus certain, c'est qu'il y avait une bibliothèque publique, ornée des portraits des hommes célèbres.

38. *A pareil jour... César, à la tête de son armée, mit en déroute les troupes rassemblées devant Modène* (p. 47). La guerre de Modène est le premier exploit du jeune Octave, alors à peine âgé de vingt ans. Le sénat, dont Octave fit triompher la cause sur les prétentions d'Antoine, eut néanmoins à déplorer la mort des deux consuls Hirtius et Pansa. On peut voir dans Cicéron (*Lettr. famil.*, liv. x, lettr. 30 ; *Philipp.* XIV), qui appuyait alors le fils adoptif de César, plusieurs circonstances du siège de Modène, l'un des plus mémorables de l'antiquité.

39. *Le troisième jour après les ides de Vénus, pontifes, sacrifiez la vache* FORDA. *On appelle ainsi une vache pleine et féconde* (p. 47). Les *Ford-icides*, établies en l'honneur de la vache *forda*, se célébraient le 17 des calendes de mai. C'était une fête agricole, où l'on appelait la protection des dieux sur les fruits de la terre, fête qui, comme celle des *Amb-arvales*, a été adoptée et sanctifiée dans notre cérémonie des *Rogations*.

En suivant l'étymologie que les anciens auteurs donnèrent du mot de *Ford-icides*, c'était le sacrifice de la vache *forda* ou *horda* : car anciennement ou prononçait l'*f* pour l'*h*, *fostia* pour *hostia*, *ferctum* pour *herctum*, etc. Le mot *forda* venait, suivant l'étymologie d'Ovide, du mot *ferre*, et signifiait *vache qui porte*, *vache pleine*. De là, suivant le même auteur, venait aussi le mot *fœtus*.

Au reste, Varron dit : « Quæ sterilis est vacca, *taura* appellata ; quæ prægnans, *orda*. Ab eo in fastis dies *Hordicia* nominatur. » Ailleurs il dit : « Bos *forda*, quæ fert in ventre. » Festus dit aussi : « Boves *fordæ*, id est gravidæ, dictæ a fœtu. »

On ne sait pas combien on immolait de vaches pleines ce jour-là. Il paraît que l'on en immolait un certain nombre au temple de Jupiter, sur le Capitole, et une dans le temple de chacune des curies, qui étaient au nombre de trente.

Une pratique bien singulière, c'est que les ministres des sacrifices étaient obligés de tirer des vaches qu'ils immolaient le veau qu'elles renfermaient, et de le remettre à la plus ancienne des vestales. Cette prêtresse brûlait tous ces veaux, puis recueillait leurs cendres qu'elle gardait soigneusement dans le sanctuaire de Vesta, pour servir d'objet de purification aux Palilies, six jours après.

Cette cérémonie paraît avoir beaucoup de rapport avec celle de la vache rousse des Hébreux. Nous lisons aux *Nombres*, que le Seigneur ordonna d'immoler une vache rousse, de la brûler, et qu'un homme pur en ramassât les cendres, pour faire une eau d'aspersion. La couleur de cette vache tenait à l'*égyptianisme*, suivant lequel on n'immolait que des taureaux roux, en haine de Typhon.

Qu'on nous dise par quelle communication secrète les légendes et les rits se sont ainsi rapprochés, malgré l'intervalle des lieux et des temps ?

Dans notre culte, le laurier qui servit à orner le triomphe du soleil de justice, au jour des *Rameaux*, vers l'équinoxe du printemps, est brûlé, et ses *cendres* servent à nous purifier, et à nous préparer aux jours de la pénitence.

40. *Le roi Numa immole deux brebis.... Il étend leurs toisons sur la terre durcie... Il s'est abstenu des plaisirs de Vénus ; la chair d'aucun animal n'a été servie sur sa table ; ses doigts sont sans anneau* (p. 49). Tout ce que fait Numa pour se mettre en état de recevoir l'oracle de Faune, est l'image de la préparation qui était nécessaire avant les sacrifices.

Les prêtres devaient faire l'*ablution* ; ils devaient aussi ceindre leur front d'une couronne. Les auteurs disent que ces couronnes étaient de *verveine* : ici c'est de hêtre que Numa se couronne, parce que cet arbuste était dédié aux divinités champêtres, comme Pan, Faune, etc.

L'abstinence des plaisirs de l'amour était encore une loi indispensable pour se préparer aux sacrifices.

Les prêtres étaient obligés de s'abstenir de la chair des animaux, et même d'observer un jeûne rigoureux avant d'approcher des autels. Quelquefois ces jeûnes étaient de dix jours, où même d'un mois. Festus les appelle *Denarias* et *Tricenarias*, et les prêtres *Purimenstrio* : « Purimenstrio, dicuntur, qui sacrorum causa toto mense in cærimoniis sunt, id est puri sunt certis rebus carendo. »

Apulée dit que cet usage était sévèrement prescrit chez les Égyptiens. On y jouait encore la veille de toutes les fêtes.

On sait aussi que ces pratiques religieuses existaient dans le culte hébraïque, et que le nôtre, qui exige bien plus particulièrement la pureté et l'abstinence, les a également adoptées.

Enfin les prêtres ne devaient point porter d'anneaux pendant les sacrifices, soit par privation, et pour offrir aux dieux un aspect simple et modeste, soit pour présenter à la divinité une âme *libre* et dégagée de tous liens, sous l'emblème du corps affranchi de toute contrainte : *In sacris nihil solere esse ligatum.*

Les anciens regardaient comme un des moyens les plus sûrs d'obtenir les oracles des divinités, d'aller se coucher dans leurs temples, sur les peaux des victimes qu'on leur avait immolées. Cette pratique superstitieuse s'exprimait par *pernoctare in pellibus*, *incubare*, etc.

Virgile présente un tableau de ce genre :

> At rex, sollicitus monstris, oracula Fauni
> Fatidici genitoris adit, lucosque sub alta
> Consulit Albunea : nemorum quæ maxima sacro
> Fonte sonat, sævamque exhalat opaca mephitim.
> Hinc Italæ gentes, omnisque Œnotria tellus
> In dubiis responsa petunt. Huc dona sacerdos
> Quum tulit, et cæsarum ovium sub nocte silenti
> Pellibus incubuit stratis, somnosque petivit :
> Multa modis simulacra videt volitantia miris,
> Et varias audit voces, fruiturque Deorum
> Colloquio, atque imis Acheronta affatur Avernis.
> Hic et tum pater ipse petens responsa Latinus
> Centum lanigeras mactabat rite bidentes,
> Atque harum effultus tergo stratisque jacebat
> Velleribus. Subita ex alto vox reddita luco est.
>
> (*Æneid*. lib. vii, v. 81.)

41. *Cythérée donna l'ordre à ce jour de s'écouler plus vite,..... afin que la victoire du lendemain donnât plus tôt au jeune Auguste le titre d'empereur* (p. 51). Ce fut le 16 des calendes d'avril que César Auguste, vainqueur d'Antoine et de Cléopâtre, consacra un autel à la Victoire, ferma le temple de Janus, et prit le titre d'*imperator*.

42. *Je vais raconter pourquoi sont lancés des renards au dos desquels sont attachées des torches ardentes* (p. 51). C'était au dernier jour des Céréales qu'on lâchait dans le Cirque des renards avec des torches enflammées.

Ovide, pour exposer la raison légendaire de ce singulier usage, suppose qu'elle lui fut racontée par un hôtelier de Carséole, chez lequel il avait coutume de s'arrêter lorsqu'il allait de Rome à Sulmone, sa ville natale. Cette tournure est si naturelle, qu'elle ne paraît pas une fiction ; mais, inventée ou non, elle n'en est pas moins heureuse, et n'en prouve pas moins les ressources variées de son imagination dans l'art de narrer. Nous aurons plus d'une fois encore à faire remarquer dans Ovide cette admirable variété de style.

Au reste, ce spectacle d'un genre particulier a exercé l'érudition de plusieurs manières. D'abord il présente un singulier rapprochement avec les renards de Samson. « Serarius et Bochart, dit Dom Calmet, s'inscrivent en faux contre l'opinion d'Ovide sur l'origine de cette cérémonie : ils soutiennent que c'est une imitation de ce que fit Samson contre les Philistins. Leurs principales raisons, c'est que le temps auquel on célébrait ces jeux ne revient pas à celui auquel on faisait la moisson à Rome et dans l'Italie, mais se rapporte au temps de la moisson dans la Palestine ; que d'ailleurs le renard enveloppé de foin à Carséole ne ressemble pas aux flambeaux dans le Cirque. »

Ces raisons ne sont pas bien concluantes ; mais Calmet les attaque par une autre qui ne l'est pas davantage. « Comment prouvent-ils, dit le savant bénédictin, que les Orientaux et les Juifs n'ont jamais pensé à faire une fête pour consacrer la mémoire de l'action de Samson ? » Il serait possible que l'évènement seul eût donné lieu par la suite à une fête, sans qu'il eût été consacré ainsi originairement. Mais comment un évènement consigné dans la légende d'un peuple aussi étranger à l'Italie, sera-t-il devenu l'objet d'une fête du Cirque ? Le récit d'Ovide ne présente rien de plus satisfaisant. Il n'est pas présumable que, parce qu'il serait arrivé qu'un renard eût embrasé la moisson d'un petit canton de province, on en eût fait une scène à représenter au milieu des jeux les plus brillans de la capitale. C'était tout au plus quelque tradition de Carséoles. Peut-être voulait-on représenter par là, d'une manière plaisante, les courses de Cérès, armée de flambeaux ; peut-être encore était-ce une imitation des fêtes *Sacœa* ou *Sesacœa* des Perses et des Babyloniens. Ces fêtes, comme on le sait, se célébraient dans la plus longue nuit de l'année, en l'honneur de la Lune, souvent confondue avec Cérès et Proserpine, en allumant des feux et des bûchers sur les coteaux. On prenait des bêtes sauvages et des oiseaux, auxquels on attachait des herbes sèches et allumées, qui allaient porter le feu dans les bois et les campagnes.

Au reste, dans toute l'antiquité il ne se trouve sur cet usage aucun monument, soit des lettres, soit des arts.

Il ne serait pas difficile de retrouver des traces de ces anciens usages dans les *brandons*, *les feux de Saint-Jean*, *etc.*, qui subsistent encore dans quelques-unes de nos provinces. Nous reviendrons sur ce sujet.

43. *Carséole est une terre froide* (p. 51). C'était une petite ville du territoire des Péligniens : Sulmone, ville principale de ce canton, fut la patrie d'Ovide. Il la portait toujours dans son cœur, et ne laisse échapper aucune occasion d'en rappeler le souvenir.

44. *Qu'elle soit vache ou taureau, c'est ce qu'il n'est pas facile de décider; car elle se montre de face : les parties postérieures demeurent cachées. Quoi qu'il en soit... ce signe est une récompense de l'amour* (p. 53). M. Desaintange traduit ainsi :

> Est-ce bien un taureau ? n'est-ce pas une vache ?
> On ne sait : son front luit ; tout le reste se cache.
> Mais ou vache ou taureau, sa place dans les cieux
> Est le prix d'un amour à Junon odieux.

En reproduisant ces vers, nous croyons devoir mettre aussi sous les yeux du lecteur la remarque qui les accompagne.

« Le 17 du mois, 15 des calendes de mai, le soleil passe du Bélier dans le signe du Taureau. Ovide, à ce sujet, se permet un badinage qui ne va guère à la délicatesse orgueilleuse de notre langue. J'entends d'ici des critiques chagrins se récrier avec humeur contre ce passage ; mais Voltaire s'est permis quelquefois des familiarités de ce genre. Ce mélange du badin et du sérieux a du moins l'avantage de détendre le style, de l'assoupir, et d'en varier les tons, pourvu qu'il soit employé à propos et avec retenue. Or, il est à remarquer que cette badinerie d'Ovide est encadrée dans des vers descriptifs de la poésie la plus noble et la plus gracieuse : d'ailleurs mon devoir est d'être son interprète fidèle. Ceux qui entendent le latin me sauront quelque gré de mon exactitude, et ceux qui ne l'entendent pas me jugeront avec quelque indulgence, en lisant dans M. Bayeux ce que j'avais à mettre en vers. Le voici : « Il n'est pas aisé de savoir si c'est une vache « ou un taureau ; on ne voit que sa partie antérieure : le derrière « est caché. » Au surplus, vache est ici le mot nécessaire. Boileau ne s'en fût pas abstenu, lui qui a écrit avec indulgence :

L'une chauffe un bouillon, l'autre apprête un remède.

Ovide ajoute :

Mais ou vache ou taureau, sa place dans les cieux
Est le prix d'un amour à Junon odieux.

« En effet, dans le premier cas, c'est Io que Jupiter métamorphosa en vache pour tromper les soupçons de Junon, et la soustraire à sa fureur jalouse : dans le second, c'est le taureau dont ce dieu prit la forme pour enlever Europe. »

45. *Bienfaisante Palès, inspire le poète qui va chanter tes fêtes pastorales* (p. 53). Les *Palilies* étaient une des plus anciennes fêtes de Rome : elles remontaient jusqu'à son origine.

On sait que Palès était la déesse des pâturages et des bergeries ; c'est du moins l'opinion commune, quoique Servius et Varron la rejettent. Ses fêtes, appelées Palilies (*a Palea*), ou Parilies (*a partu pecorum*), se célébraient dans le Latium long-temps avant la fondation de Rome, puisque leur célébration se trouva au jour où Romulus jeta les fondemens de cette ville :

Romulus æternæ nondum formaverat Urbis
Mœnia, consorti non habitanda Remo.
Sed tunc pascebant herbosa palatia vaccæ,

Et stabant humiles in Jovis arce casæ.
Lacte madens illic suberat Pan ilicis umbræ,
Et facta agresti lignea falce Pales.
(Tibul., lib. ii, eleg. 5, v. 23.)

On ne doit pas être surpris qu'une troupe de pâtres eût choisi la fête de sa divinité protectrice pour la cérémonie de la fondation de sa ville : tous les ans on célébrait à Rome les Palilies, le 11 des calendes de mai.

Tibulle la peint comme une fête champêtre :

Tunc operata Deo pubes discumbet in herba,
Arboris antiquæ qua levis umbra cadit.
Aut e veste sua tendent umbracula sertis
Vincta: coronatus stabit et ante calix.
At sibi quisque dapes, et festas exstruet alte
Cespitibus mensas, cespitibusque torum.
Ingeret hic potus juvenis maledicta puellæ,
Postmodo quæ votis irrita facta velit.
(Lib. ii, eleg. 5, v. 95.)

Après tous ces préparatifs, les bergers offraient à leur déesse des gâteaux de millet, du fromage dans un panier et du lait dans un vase.

46. *Peuple, va chercher les offrandes expiatoires à l'autel virginal....; ces offrandes seront le sang de cheval, la cendre de veau, et enfin la tige inutile de la fève desséchée* (p. 55). Tous ces objets, indiqués par Ovide, étaient unis ensemble sur le feu, et formaient une fumée expiatoire. On leur donnait le nom de *suffimenta*.

Dans les campagnes, la cérémonie était plus simple. Dès que la nuit commençait à paraître, les bergers arrosaient la terre et la balayaient avec des branches ; les bergeries étaient ornées de rameaux, et les portes entourées de guirlandes. On faisait passer ensuite les brebis à travers une fumée de soufre, et l'on brûlait le romarin, des arbres résineux, des herbes sabines et des lauriers.

Le christianisme a conservé quelques-unes des pratiques du polythéisme ; mais comme il leur communique sa haute moralité ! Ce n'est pas un vain spectacle pour les yeux, que cette cérémonie du mercredi des *Cendres*, qui rappelle l'homme à son néant par ces graves paroles : « Memento homo quia pulvis es, et in pulverem reverteris. » Cette idée a inspiré Lemierre, lorsqu'il dit dans ses *Fastes* :

> Homme à l'insecte égal devant le premier Être,
> Atome qu'anima le souffle de ton maître,
> Poussière encore laissée au nombre des vivans,
> Qu'attend déjà la terre et réclament les vents,
> Assez l'enchantement d'une saison frivole
> T'a ravi sans retour le moment qui s'envole.
> Sous le jong de Circé c'est ramper trop long-temps :
> Debout! reprends ta forme, et saisis les instans
> Assignés à ta course, hélas! trop passagère.
> Sur la tombe des morts lis ton itinéraire;
> Profite des momens où le soleil te luit.
> L'heure fuit, le jour baisse ; avance, et crains la nuit.

Nous reprocherions seulement à cette pièce le souvenir mythologique de Circé.

47. *Quand le repas est prêt, invoque Palès, amie des bois* (p. 55). Comparons à cet hymne champêtre l'imitation que Delille en a faite dans son poëme de *l'Imagination* :

> A peine blanchissait la rive orientale,
> Le berger, secouant un humide rameau,
> D'une onde salutaire arrosait son troupeau.
> O Palès! disait-il, reçois mes sacrifices;
> Protège mes brebis, protège mes génisses,
> Contre la faim cruelle et le loup inhumain :
> Que je trouve le soir le nombre du matin.
> Qu'autour de mon bercail, exacte sentinelle,
> Sans cesse, en haletant, rôde mon chien fidèle.
> Que mon troupeau connaisse et ma flûte et ma voix;
> Que le lait le plus pur écume sous mes doigts.
> Rends mon bélier ardent, rends mes chèvres fécondes.
> Puissent de frais gazons, puissent de claires ondes,
> Dans un riant pacage arrêter mes brebis!
> Que leur fine toison compose mes habits!
> Et quand le fuseau tourne entre leurs mains légères,
> Ne blesse pas les doigts de nos jeunes bergères!
> Il dit; et tout à coup un faisceau pétillant
> S'allume, et dans les airs s'élève un feu brillant,
> Que trois fois, dans sa vive et folâtre allégresse,
> D'un pied léger franchit une ardente jeunesse.

Delille rend avec beaucoup de grâce et d'élégance des détails de la vie pastorale, lieux communs souvent insipides que son expression rajeunit; mais on cherche en vain dans cette imitation les souvenirs religieux qui ont tant de charmes dans Ovide. « Si j'ai conduit mes troupeaux dans un pâturage sacré... si mes brebis ignorantes ont brouté l'herbe des tombeaux, nymphes des bois, pardon... » La délicatesse du poète français a reculé aussi devant la franchise du poète latin : *Referat mihi caseus œra*.

48. *C'est ainsi qu'il faut se rendre la déesse favorable; tourné vers l'Orient, prononce trois fois cette prière* (p. 57). C'était un usage généralement observé, de regarder, en priant, le point d'où le soleil, cette grande image de tous les dieux, commençait sa carrière. Aussi Virgile, si bien instruit des rits de la religion de son pays, dit-il :

 Illi ad surgentem conversi lumina solem, etc.

Apulée se tourne aussi vers le soleil pour prier. On lit dans Valerius Flaccus cette description d'un sacrifice :

 Delius hic longe candenti veste sacerdos....
 Imperat; hinc altæ Phœbi surgentis ad orbem
 Ferre manus, etc.

Cet usage est encore celui de tous les peuples de l'Orient, et il était fidèlement observé par les premiers chrétiens, qui avaient reçu à cet égard des Apôtres une tradition contraire à la pratique des Juifs. C'est dans les mêmes principes que les exécrations se faisaient en se tournant vers l'Occident : ainsi les prêtres d'Éleusis maudirent Alcibiade.

Plusieurs de nos temples rappellent encore par leur position cette tradition antique. Ainsi les grandes images de la poésie populaire ont été recueillies et transmises par toutes les religions célèbres.

49. *Tel est l'usage consacré; il me reste à en exposer les origines. Mais elles se présentent en foule* (p. 59). Suivons le poète dans son excursion savante. Il ne propose pas moins de sept conjectures.

La première, c'est que le feu purifie tout, et consume jusqu'aux vices des métaux. C'est évidemment cette propriété du feu comme celle de l'eau, d'enlever les taches, qui fit croire que les vices de l'âme ne résisteraient pas plus que ceux du corps, au pouvoir de l'eau et à celui du feu. De là les lotions religieuses et les purifications par le feu.

La deuxième, c'est que ces deux élémens sont les deux premiers principes de la nature.

La troisième conjecture est tirée de l'utilité de ces deux élémens, non plus dans l'ordre de la nature, mais dans l'ordre civil. Ils sont en effet interdits aux exilés, et entrent dans la cérémonie des noces. Festus dit aussi : « Aqua et ignis interdici solet damnatis, quam accipiunt nuptæ. Videlicet quia hæ duæ res humanam vitam maxime continent. »

Dans le droit public romain, lorsqu'il s'agissait de chasser un mauvais citoyen, on ne portait pas précisément une loi d'expulsion contre lui ; mais on lui défendait la communication de l'eau et du feu, ce que l'on appelait *aquæ et ignis interdictio*. C'est ce que Cicéron explique clairement : « Id autem ut esset faciendum, non ademptione civitatis, sed tecti et aquæ et ignis interdictione faciebant. » Alors les condamnés à l'exil pouvaient choisir une autre ville pour leur séjour, et ils ne cessaient même d'être citoyens romains, que lorsque leur domicile était fixé dans la nouvelle patrie qu'ils avaient adoptée. C'est encore Cicéron qui nous l'apprend : « Qui erant rerum capitalium condemnati, non prius hanc civitatem amittebant, quam erant in eam recepti, quo vertendi, hoc est mutandi, soli causa venerant. » Mais, dans la suite, Auguste voulut que ceux auxquels on avait interdit l'eau et le feu fussent transportés dans quelque île ; et c'est de là que l'on trouve dans les lois romaines cette interdiction, jointe presque toujours à la déportation.

Les lois romaines nous apprennent aussi que la nouvelle épouse était reçue *avec le feu et l'eau*. « Virgini in hortos deductæ... prius quam ad eum (*virum*) transiret, et *priusquam aqua et igni acciperetur, id est nuptiæ celebrentur, etc.* »

Tous les auteurs parlent de cet usage. Ovide dit :

    Quos fecit justos ignis et aqua viros.

Dans Valerius Flaccus :

    .... Ignem Pollux undamque jugalem
    Prætulit..............................

La cinquième conjecture est que ces feux servent à perpétuer le souvenir de la première étincelle que des bergers découvrirent, en frappant caillou sur caillou. On connaît ces vers de Virgile :

> Ac primum silici scintillam excudit Achates
> Suscepitque ignem foliis..............
> Et silicis venis abstrusum excuderet ignem.

Valerius Flaccus dit aussi :

> ...... Citum tritis alius de cautibus ignem
> Excudit, foliisque et sulfure pascit amico.

Qui croirait que des commentateurs ont voulu qu'on lût, dans les vers d'Ovide qui nous occupent, *pistores* au lieu de *pastores*, et qu'on y vît des boulangers-meûniers faisant jaillir des étincelles par le froissement des deux meules ? *O commentatores, servum...!*

Une autre conjecture, proposée par Ovide, fait du moins honneur à son âme : il veut que les feux des Palilies rappellent le souvenir d'Énée sauvé des flammes avec son père ; et certes les dieux devaient ce prodige à sa piété filiale. Nous ne pouvons résister au désir de citer les vers de sentiment que Virgile met dans la bouche de ce héros pour peindre son inquiétude et son effroi, lorsqu'il sauvait des flammes les plus chers objets de sa tendresse :

> Et me, quem dudum non ulla injecta movebant
> Tela, neque adverso glomerati ex agmine Graii,
> Nunc omnes terrent auræ, sonus excitat omnis
> Suspensum, et pariter comitique onerique timentem.
>
> (*Æneid*. lib. II, v. 726.)

Stace parle aussi du respect des Romains pour la piété d'Énée :

> Felix cui magna patrem cervice ferenti
> Sacra Mycenææ patuit reverentia flammæ.
>
> (*Sylv*. lib. III.)

On connaît ce trait de deux jeunes gens qui sauvèrent leurs parens dans une éruption de l'Etna, et virent les flammes s'écarter devant eux.

Enfin une dernière conjecture, et c'est celle qui plaît le plus à notre poète, c'est que les feux des Palilies représentent l'embrasement des antiques cabanes des premiers habitans de Rome.

Mais, pour adopter cette conjecture, il faudrait que les Palilies ne fussent pas plus anciennes que la fondation de Rome, et nous avons vu que long-temps auparavant elles étaient célébrées par les peuples du Latium ; à moins que l'on ne dise que la circonstance des feux fût ajoutée, sous Romulus, à l'ancien rit : mais d'ailleurs nous ne voyons nulle part que les Romains aient mis le feu à leurs antiques cabanes, avant de passer dans des maisons plus commodes. Il est bien présumable, au contraire, qu'ils n'eurent pas d'autres habitations pendant long-temps, puisque Romulus lui-même continua d'habiter une cabane couverte de chaume, qui fut respectée et conservée pendant plusieurs siècles, ainsi que nous l'apprend Vitruve, liv. II, ch. 1.

C'est une question encore, de savoir si Ovide nous donne ici des étymologies véritables, qu'il doit à de longues recherches d'érudition, ou si plutôt il ne les invente pas, pour faire briller la fécondité inépuisable de son facile génie.

50. *Et troupeaux et colons sautèrent à travers les flammes. C'est ce qui se fait encore aujourd'hui au jour natal de Rome* (p. 59). On dansait et sautait par dessus un feu de chaumes disposés en trois monceaux ; puis on jetait la cendre au vent, afin qu'il emportât comme cette cendre les fléaux qui nuisent à la prospérité des biens de la terre. Cet usage, de la plus haute antiquité, se renouvelle encore parmi nous, aux feux de joie de la Saint-Jean.

Roucher, dans son poème des *Mois*, a célébré cette époque religieuse et champêtre :

> Vers un espace libre où s'élève un bûcher,
> Le flageolet encor les presse de marcher :
> A ce joyeux signal ils y volent ensemble.
> Près du bûcher la troupe en cercle se rassemble,
> Et, pour en dévouer la flamme aux Immortels,
> Attend l'homme sacré qui préside aux autels.
> Il paraît dans l'éclat de sa parure sainte,
> De ce temple sans murs parcourt trois fois l'enceinte ;
> Et, tandis que les voix d'un cortège pieux
> Font retentir les airs de chants religieux,
> Seul des flancs du bûcher il s'approche en silence,

D'une torche le frappe, et la flamme s'élance.
Il s'éloigne : les ris, qu'effrayaient son aspect,
Prennent sur tous les fronts la place du respect;
Sa retraite a donné le signal de la danse.
Un aimable délire en trouble la cadence.
....
Le feu baisse, et l'enfant, qui n'osait approcher,
D'un pied hardi s'enlève, et franchit le bûcher.

Roucher n'a pas eu le temps de devenir poète; il y a ici quelque dureté dans le style, et on cherche en vain ces détails gracieux qui distinguent particulièrement Ovide.

51. *Les deux frères conviennent de réunir ces hommes sauvages, et de poser les remparts d'une ville; mais lequel des deux posera ces remparts* (p. 61)? Ovide n'est pas toujours d'accord avec les historiens, dans les détails qu'il donne sur la fondation de la ville éternelle. Peut-être a-t-il puisé à des sources qui nous sont inconnues. On sait, au reste, que Beaufort, Niébuhr, et récemment M. Michelet, ont fait bon marché des premiers temps de Rome. Toutefois, il peut n'être pas sans intérêt de comparer l'opinion d'Ovide avec celle des principaux historiens latins.

Si l'on en croit Denys d'Halicarnasse (liv. I), la division entre les deux frères avait commencé dès le moment même où il s'agissait de fixer l'assiette de la ville. Romulus voulait que ce fût sur le Palatin, et Rémus à l'endroit appelé *Remuria,* sur le bord du Tibre, à environ trente stades de la ville; Plutarque dit que c'était une partie de l'Aventin, appelée de son temps *Rignarium.* Ils consultèrent, sur ce différent, leur aïeul Numitor, qui leur conseilla de s'en rapporter aux dieux ; mais la lance de Romulus, jetée de l'Aventin sur le Palatin, et changée tout à coup en un arbuste verdoyant, y fixa pour jamais la situation de Rome.

Ovide s'éloigne encore du récit des historiens dans la manière dont Romulus obtint le droit de donner son nom à la nouvelle ville. Denys d'Halicarnasse (liv. I, ch. 78) prétend qu'il fit une supercherie à son frère.

Plutarque (*Vie de Romulus*) dit aussi : « D'autres prétendent que Rémus vit véritablement ses vautours, et que Romulus usa d'abord de supercherie et de mensonge, et qu'il ne fit effectivement paraître les douze vautours que quand Rémus se fut approché de lui. Quoi qu'il en soit, ajoute l'historien, de là vient que les Romains se servent particulièrement des vautours dans leurs augures; » et il en donne des raisons telles quelles.

Ovide n'est pas encore très-fidèle à l'histoire, lorsque, dans le dessein d'écarter de Romulus toute espèce de crime, afin qu'on ne vît pas dans Rome une ville dont l'origine avait été souillée d'un fratricide, il feint que ce fut à l'insu de ce prince que Céler tua son frère. Écoutons encore Plutarque (*Vie de Romulus*) : « Quand Rémus sut la tromperie qu'on lui avait faite, il en fut fort irrité; et comme Romulus faisait creuser les fondemens des murailles dont il voulait environner sa ville, il se moqua du travail, empêcha les travailleurs, et ajoutant enfin l'insulte à la raillerie, il sauta le fossé par mépris. Romulus, piqué de cette injure, le tua sur-le-champ : d'autres disent que ce fut un de ses gardes appelé Céler qui le frappa... Céler s'enfuit dans la Toscane, etc. »

Denys d'Halicarnasse (liv. I, ch. 79) semble se rapprocher davantage du récit d'Ovide.

Cependant tous les auteurs s'accordent à présenter Romulus lui-même comme l'assassin de son frère. C'est d'après cette opinion qu'Horace dit, au sujet des guerres civiles :

> Quo, quo, scelesti, ruitis? Ecquid dexteris
>   Aptantur enses conditi?
> . . . .
> Furorne cæcus, an rapit vis acrior,
>   An culpa? responsum date.....
> Tacent; et ora pallor albus inficit,
>   Mentesque perculsæ stupent.
> Sic est : acerba fata Romanos agunt,
>   Scelusque fraternæ necis,
> Ut immerentis fluxit in terram Remi
>   Sacer nepotibus cruor.
>   (*Epod.* vii.)

Au reste, il faut observer que, chez les Romains, on traita toujours en ennemi de l'état quiconque avait franchi ou escaladé les murs de la ville, qui étaient regardés comme *saints*. (*L.* I, 8, 9, § 2. *ff. de Divis. rer.*)

Écoutons le jurisconsulte Pomponius : « Si quis violaverit muros, capite punitur : sicuti si quis transcendet scalis admotis, vel alia qualibet ratione : nam cives Romanos alia, quam per portas egredi non licet; quum illud hostile et abominandum sit, nam et Romuli frater Remus occisus traditur ob id, quod murum transcendere voluerit. » (*L. ult. ff. de Divis. rer.*)

Tous ces souvenirs des premiers temps de Rome, empreints dans les usages et dans la législation des Romains, forment peut-être une objection de quelque poids contre le système qui attaque la certitude historique des premiers temps de Rome. *Voyez*, au reste, la défense de l'ancienne opinion présentée avec beaucoup de science et d'habileté, dans la préface de l'*Histoire romaine* de M. Poirson.

52. *La ville naît, alors qui l'aurait cru ? la ville qui devait tenir l'univers sous son pied vainqueur* (p. 63). Ovide, parlant sans cesse des monumens et des usages de Rome, devait être appelé souvent à chanter sa grandeur. Il se plaît surtout à opposer le tableau de son origine obscure à la gloire du rang que les siècles lui réservaient. Le poète le fait avec une magnificence d'expression digne de l'orgueil romain.

53. *J'ai chanté Palès ; je chanterai les Vinales... Courtisanes, à vous de célébrer la puissance de Vénus* (p. 63). Le polythéisme ne pouvait oublier le culte des sens. Les prêtresses de l'amour vulgaire avaient donc aussi leur fête, qui était probablement la même que celle de Vénus Érycine. Ovide donne aux courtisanes le nom de *professæ*, parce qu'avant de pouvoir se consacrer aux plaisirs publics, elles devaient obtenir l'agrément du préteur, et lui faire leur déclaration, *professio*. (LIPS. *ad Annal. Tacit.*) On sait, en effet, qu'il y avait à Rome, et dans les autres villes de l'Italie, des lieux tolérés où l'on vendait les jouissances de l'amour, ou plutôt celles du libertinage, et Cicéron (*pro Cœl.*, c. XX) regarde cet usage comme ayant existé de tout temps : on a même découvert, dans les ruines de Pompéies, une maison qui semblait avoir été destinée à cet usage, si l'on en juge par le *phallus* sculpté dans le mur, qui lui servait d'enseigne. Martial parle aussi des chambres de ces maisons, avec l'étiquette indicative des femmes qui les habitaient et du prix auquel on avait mis leurs

charmes : *Inscripta cella* (lib. II, epigr. 46) ; comme Juvénal a dit aussi : *Titulum mentita Lyciscœ*, etc. (sat. VI, v. 123). Écoutons encore Sènèque le père : « Deducta es in lupanar, » dit-il à une vestale qui voulait rentrer dans son état religieux, « accepisti locum, pretium constitutum est, inscriptus est titulus... Meretrix vocata es, in communi loco stetisti, superpositus est cellæ tuæ titulus... Nomen tuum pependit in fronte (cellæ), pretia stupri accepisti. » (*Controv.* II, lib. I.) Térence fait mention aussi d'une de ces maisons dans lesquelles on voyait un tableau de Jupiter et de Danaé ; sur quoi le commentateur Donat fait cette réflexion : « Quæ aptior pictura domui meretricis?... Nonne videtur meretrix dicere adolescentulis illam corporis partem, auctore Jove, velut auratam fuisse? » (*In Eunuch.*) C'est peut-être pour une pareille maison qu'était fait le tableau de *la Marchande d'Amours*, trouvé à Herculanum. Mais ce qui doit causer quelque étonnement, c'est que nous voyons dans les lois romaines que des personnages très-distingués louaient leurs maisons pour de pareils usages : « Pensiones licet a *Lupanario* perceptæ sint ; nam et in multorum honestorum virorum prædiis *Lupanaria* exercentur. » (Lib. XXVII, § I. *ff. de Hœred. petit.*)

Ces lieux étaient sous la direction d'un homme appelé *leno*. C'est lui qui mettait un prix à la prostitution des viles créatures dont il trafiquait, et qui en tenait registre : « Da mihi lenonis rationes, dit Sénèque (*loco citato*) captura convenit, etc. » Cependant il paraît que la police se mêlait de fixer ce prix : « Quæ adversum legem accepisti a plurimis pecuniam. » (PLAUT., *Trinum.*, act. 4, sc. 2.)

Le chef du *bouge* indiquait aussi avec une cloche l'heure à laquelle il ouvrait son honteux lycée. (PAUL DIAC., liv. XIII, ch. 2 ; MARTIAL.) Mais il y eut un temps où la police défendait que ce fût avant la neuvième heure, c'est-à-dire avant trois heures après midi : *Ne mane omissa exercitatione*, dit un vieil interprète de Perse, *illo irent juvenes*. (*Ad sat.* I, v. 133.) De là le surnom de *nonaria* donné à ces femmes. Elles habitaient assez communément autour du Cirque et des théâtres, dans la rue Suburre, derrière les anciens murs de la ville (*summœnianœ*), dans les faubourgs, parmi les tombeaux (*bustuariœ*). L'empereur Héliogabale les rassembla dans des maisons publiques (LAMPRIDE, ch. XXVI), etc. Dès long-temps auparavant, Caligula avait imposé un tribut sur leur gain : *Quantum uno concubitu mereret* (SUETON.). Ce tribut exista pendant toute la durée de l'empire romain, et s'est même perpétué sous l'empire saint et religieux qui a succédé à celui des Césars.

Au reste, on distinguait très-scrupuleusement deux classes parmi ces femmes publiques : les unes, appelées *meretrices*, et les autres *prostibula*. On reconnaît encore parmi nous cette double classe dans ces définitions de Nonius : « Inter *meretricem* et *prostibulum* hoc interest ; quod meretrix honestioris loci est et quæstus... prostibula, quod ante stabulum stent quæstus diurni et nocturni causa. »

Ne terminons point ce qui concerne ces femmes consacrées à Vénus, sans rapporter ce qu'en dit un ancien poète dans Athénée : « D'abord elles se font une étude unique de piller et de ruiner tous ceux qui s'attachent à elles, occupées qu'elles sont à tendre sans cesse leurs filets. Ensuite, devenues riches, elles forment dans leur art de jeunes amies encore neuves, et les façonnent en peu de temps, au point qu'elles ne conservent plus rien ni de leurs mœurs ni de leur figure. Une d'elles est-elle petite, on met du liège dans sa chaussure ; est-elle grande, elle porte des souliers très-bas, ou marche la tête enfoncée dans les épaules. *Est-elle privée des charmes qui valurent à Vénus le surnom de Callipyge*, on lui en coud de postiches, pour que ceux qui la voient admirent en elle cette partie d'un beau corps. Elles serrent, avec force bandelettes, celles qui ont le ventre trop gros, et un *corset à baleines* redresse celles dont la taille est difforme.

« S'il arrive que celle-ci ait les sourcils dégarnis, on les peint en noir ; celle-là est brune, on la plâtre de céruse ; une autre a la peau très-blanche, on la frotte avec une herbe colorante. Celle qui a quelque partie du corps remarquable par sa beauté, elle la laisse à nu ; celle qui a belles dents, il faut qu'elle rie et les fasse voir... Voyez-les en plein jour dans des attitudes voluptueuses, presque nues, et couvertes seulement de quelques légers voiles, transparens comme les eaux limpides dont le Pô couvre les fleurs de ses rives. On peut choisir à son gré ou la mince ou la grasse, ou la grande ou la petite, ou la vieille ou la jeune. Vous n'avez pas besoin, pour remplir vos vœux, d'escalader des murs, ou de pénétrer par un trou sous le toit, ou de vous introduire porté furtivement dans une botte de paille; elles vous forcent elles-mêmes, elles vous entraînent : elles prient et séduisent par leurs douceurs et les vieux et les jeunes. *Mon petit papa*, disent-elles à ceux-là! *Mon tendre ami*, disent-elles à ceux-ci! On peut les avoir en toute sûreté pendant le jour entier, etc. » (Liv. XIII, ch. 2.)

Nous avons cru pouvoir entrer dans ces détails, parce que, indépendamment de ce qu'ils nous apprennent des mœurs des anciens et des traits de ressemblance qu'ils offrent avec nos mœurs, ils nous préparent à l'idée qu'il faut prendre de la fête de Vénus dont parle Ovide. Il paraît qu'au milieu des scènes licencieuses par lesquelles on célébrait la déesse, on lui présentait des guirlandes de myrte, de menthe et de roses. Ses prêtresses comptaient aussi, par des couronnes, le nombre des offrandes qu'elles avaient faites à son fils pendant la voluptueuse solennité :

Quæ quot nocte viros peregit una,
Tot verpas tibi (*Priape*) dedicat salignas.

(*Ad Priap.*, v. 34.)

Plutarque (*Quest. rom.*, XLV) nous dit qu'on répandait ensuite devant la déesse une grande quantité de vin, en mémoire de ce qu'Énée, vainqueur de Mezence, fit hommage à sa mère de tout le vin de la récolte. Mais sans doute cette circonstance tenait moins à la fête de Vénus qu'aux Vinales en elles-mêmes.

54. *Quand Claudius eut emporté d'assaut Syracuse.... Vénus fut transportée à Rome, car elle préférait être adorée dans la ville de ses enfans* (p. 65). Le temple de Vénus Érycine était fort célèbre. Les Romains, toujours disposés à ouvrir leurs temples aux divinités étrangères, devaient accueillir avec empressement une déesse qui leur appartenait à tant de titres.

Mais le poète commet une double erreur, lorsqu'il dit que ce temple fut élevé à Rome, conformément à l'oracle de la Sibylle, et aussitôt après la prise de Syracuse.

D'abord le temple dont il s'agit fut l'effet d'un vœu libre de

L. Porcius, dans la guerre de Ligurie, et fut dédié (Tite-Live, liv. XL) l'an de Rome 572.

Celui qui fut voué sur les ordres de la Sibylle, le fut par Q. Fabius Maximus (*id.*, liv. XXII), qui le dédia. Mais il y avait trente-quatre ans qu'il était élevé, puisqu'il l'avait été l'an de R. 538 (*id.*, liv. XXIII); et, d'un autre côté, il était sur le Capitole (*ibid.*).

En second lieu, d'après ces dates fixées par l'histoire, on ne voit pas que la dédicace de l'un ou de l'autre de ces temples ait pu suivre immédiatement la prise de Syracuse, arrivée l'an de Rome 541, puisque celle de l'un l'eût précédée de trois ans, et que celle de l'autre eût été postérieure de trente et un.

Ce temple était probablement construit sur le modèle de celui que les habitans du mont Éryx avaient consacré à Vénus.

« Le mont Éryx en Sicile, dit Strabon (liv. VI), tout élevé qu'il soit, a des habitans. On y voit un temple de Vénus, de la plus grande célébrité; il était autrefois rempli de femmes consacrées au service de la déesse, non-seulement par les Siciliens, mais par beaucoup d'autres peuples. »

55. *Mézence était illustre, et redoutable les armes à la main* (p. 65). Le nom de Mezence rappelle les beaux vers de Virgile :

.... Tyrrhenis asper ab oris
Contemptor Divum Mezentius........
....
Imperio et sævis.... Mezentius armis.....
Mortua quin etiam jungebat corpora vivis,
Componens manibusque manus atque oribus ora,
Tormenti genus ! Et sanie taboque fluentes
Complexu in misero longa sic morte necabat.
(*Æneid.* lib. VII et VIII.)

56. *Cependant l'Automne est arrivé tout barbouillé de raisins que son pied a foulés...* (p. 65). Némésien, dans sa troisième églogue, a décrit les vendanges des ministres de Bacchus avec une élégance qu'on ne trouve pas toujours dans ses ouvrages :

Tum Deus, « O Satyri, maturos carpite fructus;
Dixit, et ignotos, pueri, *calcate* racemos. »
Vix hæc ediderat, decerpunt vitibus uvas.

Et portant calathis, celerique illidere planta
Concava saxa super properant ; vindemia fervet
Collibus in summis ; *crebro pede rumpitur uva*,
Nudaque purpureo sparguntur pectora musto.

57. *Les astres donnent des pluies, et le Chien céleste se lève* (p. 67). On a soupçonné qu'il y avait ici une faute dans le texte. On ne voit pas, en effet, que le Chien se lève après le coucher du Bélier, ni même après le lever du Taureau. Quelques-uns ont voulu qu'on lût *exoritur Capra*, parce qu'en effet les Chevreaux se lèvent cosmiquement avec le Taureau, le 7 des calendes de mai. Mais ce ne peut-être là la vraie leçon, car les Robigales suivent immédiatement, et elles se célèbrent au coucher héliaque du Chien, qui, en effet, se couchait alors. (PLINE, liv. XVIII, ch. 29.)

Virgile dit :

Candidus auratis aperit quum cornibus annum
Taurus, et adverso cedens Canis occidit astro.
(*Georg.*, lib. 1, v. 218.)

Ce qui indique un ancien équinoxe du printemps. Il est donc vraisemblable qu'il faut lire :

................Effugietque Canis.

Cependant, comme la première leçon se trouve dans tous les manuscrits, nous avons cru devoir la laisser subsister, quoiqu'elle semble présenter une erreur en astronomie.

58. *A pareil jour, comme je revenais de Nomente à Rome, je rencontrai au milieu de la route une procession vêtue de blanc* (p. 67). Ovide, qui imagine les formules de narration les plus simples, et qui cause presque toujours avec ses lecteurs, suppose qu'il rencontra la procession des Robigales sur le chemin de Nomente, et leur raconte la cérémonie dont il eut la curiosité d'être témoin. C'est un tour sans recherche, et qu'il n'avait pas encore mis en usage.

Nomente (aujourd'hui *Lamentano*) était une ville de l'ancien Latium, à dix milles de Rome ; elle avait donné son nom à une des portes de cette ville, et à l'une des voies qui en partaient. Le territoire de cette ville, très-aride par lui-même et entouré de marais, était parvenu, à force de culture, à produire un vin renommé. Ce vin a été chanté par Martial, qui avait une maison de campagne dans les environs. Le bois et le temple de la déesse Robigo étaient sur la voie Nomentane, d'abord appelée *Figulensis*, à cause des nombreuses boutiques de potiers qui se trouvaient à l'entrée de cette voie.

59. *Apre déesse, ô Robigo, épargne les herbes de Cérès, et laisse leur tige polie se balancer sur la terre* (p. 67). « On craignait pour les fruits de la terre, dit Pline (liv. XVIII, ch. 19), trois saisons pour lesquelles on a établi des féries et des jours de fête, les *Robigales*, les *Florales* et les *Vinales*. Numa institua les Robigales l'onzième année de son règne ; elles se célèbrent le 7 des calendes de mai. »

Deux opinions se présentent au sujet de la déesse Robigo. Les Romains honoraient-ils la Rouille comme une divinité malfaisante, de même qu'ils honoraient la Peste, la Fièvre, etc., pour détourner ces fléaux ? ou bien cette divinité était-elle une intelligence bienfaisante dont on invoquait la protection contre les ravages de la rouille ? La première explication nous semble la plus naturelle et la plus conforme aux idées de l'antiquité. M. Bayeux s'est prononcé pour la seconde.

Quant à l'épithète de *candida* donnée au cortège des prêtres, elle se rapporte à la blancheur de leurs vêtemens.

Ovide a dit :

> More patrum sancto velatæ vestibus albis,
> Tradita supposito vertice sacra ferunt.
> (*Amor.* lib. III.)

L'*aube* de nos prêtres, *alba*, rappelle, ainsi qu'une foule d'autres noms et cérémonies, que le christianisme n'a pas craint de se revêtir des dépouilles d'une religion vaincue.

Dans les sacrifices de ce jour, le prêtre immolait une brebis et une chienne. On voit, dans Ovide même, pourquoi cette dernière victime était offerte à Robigo ; c'était, dit-il, à cause du Chien céleste qui se couchait alors. Pline en parle ainsi :

« Hoc tempus Varro determinat sole Tauri partem decimam obtinente, sicut tunc ferebat ratio. Sed vera causa est quod post dies undevigenti ab æquinoctio verno, per id quatriduum, varia gentium observatione, in quartum calendas Maii Canis occidit, sidus et per se vehemens, et cui præoccidere Caniculam necesse sit. » (Voyez *Antiq. d'Hercul.*)

On immolait alors un chien roux, et c'était aussi la victime consacrée à la Canicule, par analogie avec la couleur des feux dont le soleil embrase alors la terre : « Canarium quor utilæ canes, id est non procul a rubro colore, immolabantur pro frugibus deprecandæ sævitiæ, causa sideris Caniculæ. — Catularia porta, dit le même auteur, Romæ dicta est, quia non longe ab ea, ad placandum Caniculæ sidus, frugibus inimicum, rufæ canes immolabantur, ut fruges flavescentes ad maturitatem perducerentur. » Mais Ovide ne fait-il pas une confusion, lorsqu'il attribue à la Canicule, qu'il caractérise même particulièrement, le choix de cette victime dans les Robigales? Il est possible cependant que l'on eût immolé un chien au Chien céleste, aux deux périodes où il désignait l'équinoxe et le solstice, à cause de la ressemblance de l'animal avec la constellation.

Ovide, au surplus, jouit des privilèges de la poésie, *quælibet audendi*...... On ne doit pas exiger de lui l'exactitude sévère d'un glossateur.

60. *Il est au ciel un chien nommé Icarius* (p. 69). On sait qu'Icarius, père d'Érigone, ayant reçu chez lui Bacchus, ce dieu, pour le récompenser, lui donna une outre pleine de vin. Icarius en fit boire à quelques bergers de l'Attique, qui, s'étant enivrés et croyant qu'il leur avait fait avaler du poison, le tuèrent et le jetèrent dans un puits. Sa chienne Méra découvrit à Érigone le corps de son père, et celle-ci se pendit de désespoir. Les dieux les placèrent dans le ciel, où Icarius forma la constellation de Bootès, et Érigone le signe de la Vierge. La chienne Méra, appelée Icarius ou *Icari Canis*, fut aussi placée dans les cieux, où elle forme la constellation du Chien et de la Canicule. (APOLLOD., liv. III, ch. 28.)

61. *Vesta réclame ce jour; Vesta fut reçue dans un palais allié* (p. 69). Il ne s'agit pas ici des fêtes de Vesta, mais de la translation du feu sur le Palatin. La loi ordonnait que le grand pontife occupât un édifice public près du temple de Vesta. Auguste, vou-

lant habiter sur le Palatin, transféra dans son palais le sanctuaire de la déesse.

Ovide appelle Auguste l'allié de Vesta, parce qu'Énée avait apporté son culte en Italie, et que la famille des Césars descendait d'Iule.

62. *Vivez, lauriers du Palatin; vive à jamais ce palais couronné de chêne! seul il renferme trois dieux immortels* (p. 69). Sur le mont Palatin se trouvaient les temples d'Apollon et de Vesta. Le troisième Immortel était Auguste, dont le palais était enrichi d'une magnifique bibliothèque.

LIVRE CINQUIÈME.

1. *L'on me demande d'où le mois de Mai a pris son nom... Éclairez-moi, ô vous qui habitez les sources de l'Hippocrène...* (p. 71). On ne saurait trop admirer la richesse inépuisable de l'imagination d'Ovide, qui sait couvrir de fleurs les chemins les plus arides. Entre ses mains tout métal devient or. Quoi de plus difficile et de plus repoussant pour l'harmonie poétique, que cette nécessité de dérouler en vers cinq ou six étymologies différentes du nom du mois de mai? Mais voilà que, par un art merveilleux, ce sont les déesses mêmes de l'harmonie, dans un conseil animé, qui se chargent de la tâche du poète. Voilà du drame, de l'intérêt, des tableaux, à la place des froids détails de l'érudition.

2. *Après le chaos, quand trois corps distincts composèrent le monde..., la terre se précipita en bas.... et entraîna les eaux avec elle: mais le ciel fut porté par sa légèreté vers les régions supérieures* (p. 71). Malgré le sentiment particulier d'Ovide sur le nombre des élémens, on sait que l'antiquité presque tout entière en reconnaissait quatre, la terre, l'eau, l'air et le feu. Ovide lui-même adopte l'opinion générale dans ses *Métamorphoses*. Mais il faut observer que le feu était considéré moins comme un élément particulier que comme un principe universel répandu dans

les trois autres. C'est ce qui explique comment Ovide a pu varier sans se contredire. Peut-être aussi Ovide ne parle-t-il que de trois élémens, parce qu'il leur donne le nom de corps, et que le feu n'était pas regardé comme un corps. On ne le considérait en effet que comme la partie de l'air qui est la plus voisine des sphères célestes, et c'était le sentiment d'Aristote. Mélanchton, théologien et commentateur illustre, explique ce passage de la même manière : « Aqua, terra, cœlum. Porro conjungit illa, quia cœli natura est cognatum quiddam igni aeri ; id Græci vocant *œthera*, quod flagrans aliquid significat. »

Ajoutons que les platoniciens observaient aussi très-strictement le nombre de trois dans les élémens, pour désigner les intervalles qui les séparaient, l'un de la terre à l'eau, l'autre de l'eau à l'air, et le troisième de l'air au feu. « Ex quatuor igitur elementis, et tribus eorum interstitiis, absolutionem corporum constare manifestum est. » (MACROB., *in Somn. Scip.*, lib. I, cap. 6.)

3. *Mais la terre ne reconnut pas long-temps la suprématie du ciel, ni les autres astres celle de Phébus : l'égalité confondit les rangs* (p. 73). Le chaos n'a pas fui tout entier. Il subsiste encore au sein même de l'Olympe par l'anarchie. Ovide maintenant le représente dans les conditions, dans les rangs divers, comme il le représente ailleurs (*Métam.*, liv. I, v. 6) dans la lutte des élémens :

>Unus erat toto Naturæ vultus in orbe,
>Quem dixere Chaos, rudis indigestaque moles ;
>Nec quidquam, nisi pondus iners ; congestaque eodem
>Non bene junctarum discordia semina rerum.
>Nullus adhuc mundo præbebat lumina Titan ;
>Nec nova crescendo reparabat cornua Phœbe ;
>Nec circumfuso pendebat in aere Tellus
>Ponderibus librata suis : nec brachia longo
>Margine terrarum porrexerat Amphitrite ;
>Quaque fuit tellus, illic et pontus et aer :
>Sic erat instabilis tellus, innabilis unda,
>Lucis egens aer : nulli sua forma manebat,
>Obstabatque aliis aliud : quia corpore in uno
>Frigida pugnabant calidis, humentia siccis,
>Mollia cum duris, sine pondere habentia pondus.

4. *Cette confusion dura jusqu'à ce que l'Honneur et la décente Révé-*

rence, *au visage paisible, se soient unis par des liens légitimes. De leur union naquit la Majesté* (p. 73). Cette idée est sublime, dit M. Bayeux, et s'élève à la hauteur de ce que l'épopée a de plus grand. Quelle noble et touchante fiction! la Majesté qui soutient et affermit le trône de Jupiter, qui préside à la cour céleste, qui réfléchit sa splendeur sur la pourpre des rois, recommande le magistrat, relève la gloire du triomphateur, imprime le respect sur le front des pères, commande la circonspection aux enfans, et la décence à la vierge timide, que sa pudeur embellit encore!

Cette fable, que raconte Polymnie, est la première explication étymologique du mois de mai. C'est un magnifique commentaire d'un passage de Macrobe, qui nous apprend que le nom de mai vient de ce que Jupiter était appelé « deus Maius, a magnitudine scilicet ac majestate. »

Au reste, ce passage de Macrobe est le seul dans les historiens de l'antiquité qui se rapporte à l'opinion d'Ovide, et cette étymologie, la plus poétique peut-être, n'est pas la plus vraisemblable.

Liv. Meyer avait sans doute sous les yeux la magnifique description d'Ovide, lorsqu'il traçait le portrait de la Majesté. On peut regretter cependant, au milieu des beautés du morceau que nous allons reproduire, que l'auteur se soit trop abandonné au penchant qui le porte à imiter les grands maîtres de l'antiquité :

> Prima nitens oculis et lata fronte decora
> Majestas graditur, genus ipso a numine ducens.
> Sceptrum dextra tenet, fulgentem læva coronam.
> Tantaque sublimes crescens consurgit in auras,
> Ut pedibus terras, et Olympum vertice pulset.
> Ipse venustatem miror, formosaque magnæ
> Ora Deæ : quo vertat iter? cui dona parentur?
> Tum natura mihi dedit hæc responsa roganti :
> « Hæc sedes petit augustas, hæc pignora regum
> Format agens, primisque decus vagitibus afflat.
> Luminibusque faces, et amicos fulguris ignes
> Implicat, et blandum terrori miscet amorem.
> Puro deinde leves irrorans nectare cunas,
> Magnam animam plenamque sui diffundit, onusque
> Ferre docet mundi, sceptrique laboribus æquat.
> Marmor uti Pariis decisum rupibus olim

> Cui manus artificis decus addidit, accipit ora
> Vera Dei; stat forma Jovis, fulmenque coruscat:
> Haud secus effingit regalem ad grandia mentem
> Nympharum princeps Majestas. Nec mora cœpto
> Ulla operi, requiesque datur : fugat otia virgo,
> Maturans virtutem, et dignos principe mores.
> Tum proceres, cunas longo circum ordine stantes,
> Obsequium puero, et meritos impendere honores
> Diva docet, celsisque iterum se nubibus abdit.
> (*De Institutione principis*, lib. 1.)

5. *La Terre enfanta une race farouche, les Géans, monstres énormes, dont l'audace devait s'attaquer au palais de Jupiter ; elle leur donna mille bras, et, au lieu de jambes, des serpens* (p. 73). Les Géans et les Titans, souvent confondus, doivent être distingués soigneusement ; ils jouent différens rôles dans les diverses théogonies. Écoutons Hésiode : « La Terre et Ouranos donnèrent aussi naissance aux Titans Cottus, Briarée et Gygès, race terrible..... Ils étaient, ainsi que leurs frères, odieux au Ciel, leur père. A mesure qu'ils naissaient, il les cachait dans les entrailles de leur mère, et ne leur laissait point voir le jour.... La Terre en gémissait. Le ressentiment lui suggéra un trait de vengeance également adroit et cruel... Elle fit une faux tranchante, et dit à ses enfans : « Vous voyez la conduite de votre père, vengeons-« nous de ses outrages. » La crainte les retient ; mais Saturne prit la faux tranchante. Sur le soir, le Ciel répandit les ténèbres sur la Terre, et, lorsqu'il s'étendait pour s'approcher de son épouse, Saturne le mutila, et jeta derrière lui ce qu'il avait coupé..... Du sang qui tomba sur la terre naquirent les Furies, les Géans, et, de la portion amputée et jetée au milieu des flots, naquit la belle Vénus... Le Ciel, irrité contre son propre sang, donna alors à ses enfans le nom odieux de Titans, les menaçant du châtiment qu'ils recevraient de leur révolte, *dont la vengeance devait retomber sur toutes les races futures, etc.* »

Tous les poètes représentent les Géans avec des pieds de serpens. Ovide a dit ailleurs :

> Non ego pro mundi regno magis anxius illa
> Tempestate, fui, qua centum quisque parabat
> Injicere anguipedum captivo brachia cœlo.

Et ailleurs encore :

> Sphyngaque et Harpyias serpentipedesque Gigantas

Manilius donne à Typhon des pieds de serpens :

> Anguipedem alatis humeris Thyphona furentem.

Enfin Sidoine Apollinaire les décrit ainsi :

> Non hic terrigenam loquar cohortem
> Admixto mage vividam veneno;
> Cui præter speciem modo carentem,
> Angues corporibus voluminosis
> Alte squamea crura porrigentes,
> In vestigia fauce desinebant.

Winckelman prétend que, par cet attribut, on voulait rappeler leur origine fabuleuse : en effet, n'étaient-ils pas nés de la terre comme les reptiles? Phérécyde, ajoute-t-il, croit que l'on représentait ainsi les dieux pour exprimer la rapidité et la vélocité de leurs mouvemens ; et peut-être est-ce de la même opinion que dérive l'étymologie que Varron donne de Proserpine, de sa marche tantôt à droite, tantôt à gauche, comme celle des serpens. Telle avait été aussi sans doute l'idée de l'ancien sculpteur du coffre dans lequel fut enfermé Cypselus, lorsqu'il avait donné à Borée des queues de serpent au lieu de jambes.

Suivant M. Bayeux, grand partisan des explications astronomiques, si les Grecs donnèrent aux enfans de la Terre des jambes de serpens, la raison en est simple : ce furent le Serpent et le Dragon célestes qui long-temps annoncèrent l'entrée du soleil au Scorpion, ou au règne du mauvais génie de l'hiver. Ce génie fut donc représenté sous la forme d'un serpent ou d'un monstre hérissé de serpens. Avec cette donnée, tout prouve, tout établit clairement dans l'antiquité, que les combats des Géans aux jambes de serpens ne sont autre chose que les ravages de l'hiver commençant au lever du Serpent céleste, le combat de la lumière et des ténèbres, ou des génies qui y présidaient. Aussi Nonnus, après avoir chanté la guerre de Jupiter et de Typhon, ce dernier agitant la nature par les plus violentes secousses, entassant montagnes sur montagnes, écrasé enfin par le maître des dieux et enseveli sous les rochers de la Sicile (fable sur laquelle a été visiblement brodée celle des Titans), ajoute-t-il : « et le combat finit avec l'hiver. » Rien sans doute n'est plus clair que cette allégorie. Ce que dit Hésiode du lieu où sont précipités les Titans, semble fournir le dernier trait de lumière. Cet endroit désigne sensiblement, en effet, la position du Dragon dans la sphère, de ce signe circumpolaire placé précisément au point où se réunissent la lumière et les ténèbres, et d'où la révolution des sphères les amène pour éclairer ou obscurcir la nature. Atlas, ou l'Hercule céleste, qui soutient les cieux sur sa tête, est en effet placé près du pôle et du Dragon céleste.

Nous ne prenons point pour notre compte ce que M. Bayeux trouve dans cette allégorie de simple, de clair et de lumineux. Qui peut se flatter à une telle distance de soulever le voile des symboles primitifs ?

6. *Polymnie s'est tu; elle est applaudie par Clio et par Thalie, qui sait toucher la lyre* (p. 75). Ovide seul donne à Thalie l'attribut de la lyre. Cet honneur doit appartenir à Terpsichore, d'après le témoignage de toute l'antiquité. Ausone a dit :

Terpsichore affectus citharis movet, imperat, auget.

Horace, il est vrai, met tour-à-tour la lyre entre les mains de Polymnie, de Clio, de Melpomène, de Calliope. On peut donc croire que la lyre était l'attribut commun des Muses, comme déesses de l'harmonie.

7. *Autrefois une tête chenue inspirait un grand respect, et les rides de la vieillesse étaient en honneur* (p. 75). Dans l'ancienne Rome, dit M. Desaintange, la naissance et les richesses avaient moins de prérogatives que la vieillesse.

Ce bel endroit d'Ovide a été imité par M. Damin, et ce fragment ne nous a pas paru indigne d'être recueilli :

Où trouver parmi nous l'hommage et les égards
Qu'en tous lieux les mortels ont rendus aux vieillards ?
Aux siècles glorieux de la Grèce et de Rome,
De quel front eût-on vu l'impertinent jeune homme
Qui, devant un front chauve indécemment assis,
Eût osé d'un vieillard interrompre l'avis ?
Au Cirque, à l'Hippodrome, au Sénat, au Portique,

Dans les temples sacrés, sur la place publique,
Un vieillard paraît-il ? son vénérable aspect
Imprime aux citoyens un sublime respect;
La foule, en s'inclinant, s'ouvre sur son passage;
Et la place d'honneur est offerte au grand âge.
Chez ces peuples, un père est un objet sacré;
Au sein de sa famille en tout temps révéré,
De ses enfans soumis les soins et la tendresse
Sèment encor de fleurs les jours de sa vieillesse.
Ses leçons, ses conseils, sont pour eux des arrêts.
Dans le fond des déserts, au milieu des forêts,
Le farouche Africain, l'Américain sauvage,
A l'auteur de leurs jours rendent un pur hommage.
On a vu dans ses camps l'intrépide Gaulois,
Plus près de la nature, obéir à ces lois.
Mais le Français léger, que gouverne la mode,
A secoué le joug d'un respect incommode.
. . . .
Les vieillards ne sont plus qu'un objet de mépris.

8. *La vieillesse plus faible, incapable de porter les armes, servait souvent la patrie par ses conseils* (p. 75). On peut voir dans Cicéron (*de Senectute*), l'éloge et la défense de la vieillesse. Ce morceau est trop connu pour le rappeler ici.

Nous citerons un portrait moins flatté de Const. Pulcharelli :

> Quid ? illa quanto sunt majora ! ira impotens,
> Tenax cupido lucri, fœneratio,
> Artes fallendi, promptus ad quæstum dolus,
> Amor vitæ insatiabilis, mortis metus
> Nimis sollicitus : insolens jactatio
> Anteactæ vitæ, ementiens confessio
> Annorum quos exegerint, vel munerum
> Quæ quondam obierint vana gloriatio,
> Contentio, morositas, amentia,
> Loquacitas clamosa, querula, pertinax,
> Cedendi difficultas, obstinatio
> Ad litigandum, ad obsequendum tarditas,
> Ingrata, suspiciosa, tristis, aspera
> Severitas, fastidium rerum omnium,
> Mos obtrectandi, ferreus mentis rigor
> Ad pœnitendum, insolita menti pravitas,
> Sententiæ tenacitas : odium rei
> Alienæ et nimium pervicax amor suæ,

>   Libertas increpandi, illiberalitas,
>   Illa insolens asperitas ad juvenum preces
>   Exaudiendas, indulgendi duritas,
>   Simulatio pietatis, imperium ferox
>   In juvenes. Hæc sunt quæ miseros torquent senes
>   Mala, nec levari remediis ullis queunt.
>   (*De Vitiis senectutis dialogus.*)

9. *De là, je crois que les vieillards* (majores) *ont donné leur nom au mois de Mai, pour honorer leur âge* (p. 75). La seconde étymologie du nom de ce mois vient donc des vieillards, des anciens. On lit à ce sujet dans Macrobe : « Fulvius nobilior, in fastis quos in æde Herculis posuit, Romulum dicit, postquam in *majores junioresque* divisit, ut altera pars consilio, altera armis rempublicam tueretur, in honorem utriusque partis hunc Maium, sequentem Junium vocasse. » (*Saturn.*, lib. I, cap. 12.)

Ovide, qui se pique d'érudition, nous donne en passant l'étymologie du mot sénat, *a senibus*. Romulus, en effet, n'avait reçu que des vieillards dans le grand conseil de la république. Mais on ne conserva pas long-temps cet usage, et on pouvait entrer au sénat dès l'âge de trente ans sous les derniers temps de la république. Néanmoins, pour respecter au moins dans les mots l'intention du fondateur, on ne donnait le nom de sénateurs qu'à ceux qui le méritaient par leur âge. C'est du moins ce que rapporte Festus : « Senatores a senectute dici satis constat, quos initio Romulus legit centum, quorum consilio rempublicam administrabat. Itaque etiam patres appellati sunt. Et nunc, quum senatores adesse jubentur, additur, quibusque in senatu sententiam dicere licet : quia ii qui post lustrum conditum ex junioribus magistratum ceperunt, in senatu sententiam dicunt, sed non vocantur senatores, antequam in senioribus sunt censi. »

Dans son énumération des prérogatives de la vieillesse, Ovide dit :

> .... Censuram longa senecta dabat.

La pensée d'Ovide n'est pas d'affirmer qu'on ne prenait les censeurs que parmi les vieillards. Il ne paraît pas qu'il y eût d'âge fixe pour exercer cette magistrature, *l'antique maîtresse de la pudeur et de la modestie.* Il est à croire cependant que la gravité de ces fonctions faisait presque toujours choisir des hommes d'un âge mûr. Mais un vieillard vertueux, sans l'appareil de l'autorité, exerçait la censure par sa seule présence. On pouvait dire de lui ce que tous les citoyens de Rome disaient de Valerius, lorsqu'ils l'élevèrent à cette dignité, qui était la perfection et le couronnement de toutes les autres, suivant l'expression de Plutarque :

« Son exemple est la véritable censure : celui-là doit être juge sur tous, qui est le plus vertueux de tous. Il doit juger le sénat, celui qui est pur de toute accusation... Dès son enfance, il fut censeur; il le fut toute sa vie. Sénateur prudent, sénateur modeste, sénateur grave ; ami des bons, redoutable aux oppresseurs, vengeur du crime.... Tous, nous prenons pour censeur celui que nous voulons imiter. »

10. *Alors prend la parole la première du chœur des Muses, Calliope, dont les cheveux épars sont couronnés de lierre* (p. 77). La muse de la poésie, Calliope, orne son front du lierre. C'était la couronne ordinaire des poètes.

> Me doctarum hederæ præmia frontium
> Dis miscent superis................

dit Horace, liv. I, *Od.* 1.

Virgile parle de la couronne des poètes bucoliques :

> Inter victrices hederam tibi serpere lauros.
> (*Eclog.* VIII, v. 12.)

Et dans un autre endroit :

> Pastores, hedera crescentem ornate poetam.
> (*Eclog.* VII, v. 25.)

Sans multiplier davantage les citations poétiques, nous demanderons à Festus la raison de cet usage : *Hedera coronantur poetæ*, dit-il, *quod semper virent hederæ sicut carmina æternitatem merentur.*

Peut-être aussi, comme Bacchus était le dieu de l'enthousiasme, les poètes, en donnant à Calliope le lierre consacré au dieu des raisins, voulaient-ils signifier l'inspiration. On trouve dans les poètes lyriques de fréquentes invocations à Bacchus.

Pour ne citer qu'un exemple, Horace a dit :

> Quo me, Bacche, rapis tui
> Plenum? quæ nemora aut quos agor in specus
> Velox mente novâ?......
> ....
> .... O Naiadum potens
> Baccharumque valentium
> Proceras manibus vertere fraxinos!
> Nil parvum, aut humili modo,
> Nil mortale loquar. Dulce periculum est,
> O Lenæe, sequi Deum
> Cingentem viridi tempora pampino.
>
> (Lib. III, *Od.* 25.)

Quant au rang qu'Ovide assigne à Calliope, nous voyons le témoignage de notre poète confirmé par Hésiode :

« Voilà ce que chantent les neuf filles de Jupiter dans le céleste palais, Clio, Polymnie, Érato, Euterpe, Terpsichore, Uranie, Melpomène, Thalie, Calliope : celle-ci est la plus puissante de toutes ; elle doit toujours accompagner les rois. » (*Théog.*, v. 75-80.)

11. *On rapporte qu'entre ces sœurs, Maïa fut la plus belle, et reçut dans son lit le grand Jupiter... Mais toi, inventeur de la lyre, patron des voleurs, tu as doté ce mois du nom de ta mère* (p. 77). Telle est la troisième étymologie du nom de *Mai*. Macrobe rapporte la même étymologie, mais avec quelques différences relativement à Maïa, que les uns ont prise pour l'épouse de Vulcain, d'autres pour la Terre et la Bonne-Déesse, célébrée en mai, comme nous le verrons plus particulièrement en parlant de cette dernière. Ovide est le seul auteur qui dise qu'Évandre transporta dans le Latium le culte de Mercure. Denys d'Halicarnasse ne parle que de celui de Pan, du temple de la Victoire, de celui de Cérès, des fêtes de Neptune ; et il ajoute seulement ensuite cette phrase générale : « Les Arcadiens érigèrent à d'autres dieux des temples, des autels et des statues. »

Cependant il paraît certain que le culte de Mercure fut très-ancien dans le Latium, comme le prouve un grand nombre de deniers romains sur lesquels on voit la tête de ce dieu. Des médailles de familles romaines ont aussi la tête de Mercure : telles sont celles des familles Aburia, Pomponia et Rubria. On ne doit pas en être étonné, si l'on réfléchit que plusieurs colonies arcadiennes vinrent peupler le Latium.

12. *L'astre pluvieux de la Chèvre d'Olénie se lève : elle a sa place au ciel pour prix de son lait nourricier* (p. 79). La Chèvre avait son lever héliaque aux calendes de mai. Columelle le place au même jour. Mais, suivant Ptolémée, il arrivait après les calendes.

« Ægium (dit Strabon, liv. VIII.) est une ville d'Achaïe, où l'on dit que Jupiter fut allaité par une chèvre. » Aratus dit : « On assure que Jupiter fut nourri dans ce lieu par une chèvre sacrée. » Puis il ajoute : « Les poètes ont appelé Olénienne la chèvre de Jupiter. » Ce poète indique ainsi la situation d'Ægium, qui est voisine d'Olenia.

C'est là qu'on voit Jupiter, suivant la forte expression de Manilius,

    Lacte fero crescens ad fulmina, vimque tonandi.

13. *La Nymphe ramassa cette corne brisée, et la présenta aux lèvres de Jupiter pleine de fruits et entourée d'herbe fraîche.... Jupiter mit au rang des astres et sa nourrice et sa corne féconde* (p. 79). La fameuse corne d'abondance, *cornu copia*, source de tous les biens, était remise avec raison aux mains de la Fortune, qui les donne et les ôte à son gré. Ovide, et un grand nombre d'autres, disent que c'était une des cornes de la chèvre Amalthée. Cette allégorie a quelque chose d'ingénieux. C'est en effet au lever de la Chèvre que le printemps, alors dans toute sa parure, nous offre dans les fleurs naissantes la promesse de tous les trésors de l'automne.

Quelques mythologues prétendent que cette corne fut celle qu'Hercule, après sa victoire, arracha au fleuve Achéloüs changé en taureau.

« Le vrai de cette fable, dit à son tour Moréri, est qu'il y a en Libye un terroir de la figure d'une corne de bœuf, fort fertile en vins et en fruits exquis, qui fut donné par le roi Ammon à sa fille Amalthée, que les poètes ont feint avoir été nourrice de Jupiter. » (*Gr. dict. hist.*, tome III, page 23.)

14. *Les calendes de Mai ont vu élever un autel aux Lares Prestides.... partout présens, portant secours.... Pourquoi ce chien avec le Lare?.....* (p. 79-81). Nous ne reviendrons pas sur les étymologies que donne Ovide du mot *Præstites;* elles sont claires et exprimées en peu de mots, mais avec élégance.

La statue des Lares adorés au foyer domestique et dans les carrefours, était gémelle. Il ne s'agit pas ici de la fête des Lares, mais seulement de la commémoration d'un autel élevé à ces divinités. La fête véritable se célébrait au mois d'août; c'était celle des *Compitales*, ou fête des carrefours.

Beaucoup de monumens nous représentent un chien à côté des Lares, comme nous le voyons dans Ovide. Le poète en donne pour raison la vigilance de ces deux espèces de gardiens domestiques. Quelques savans ont cru y voir aussi une allégorie astronomique. Comme la fête des Lares se trouvait sous le signe des Gémeaux, on leur aura donné le chien pour compagnon, parce qu'en effet le coucher héliaque du Chien arrive lorsque le soleil entre au signe des Gémeaux.

15. *Mais où me laissé-je emporter? C'est un sujet que le mois d'Auguste me donnera le droit de traiter* (p. 81).

...... Augustus mensis mihi carminis hujus
Jus dabit............................

Malgré ce qu'il y a, ce semble, de décisif dans ce passage, on a soutenu sans trop de contradiction l'opinion qu'Ovide n'avait jamais composé plus de six livres des *Fastes*. En effet l'auteur ne peut-il pas, après avoir embrassé d'abord toute l'étendue de son sujet dans sa pensée, après avoir travaillé dans l'intention de le mener à fin, s'être arrêté pour une raison ou pour une autre?

Revenons au passage qui a fourni matière à cette réflexion.

L'empereur Auguste, restaurateur des temples et du culte public, avait réparé le vieil autel que Curius avait autrefois dédié aux dieux Lares, comme nous l'apprend Ovide. Mais nous ignorons quel fut ce Curius, et dans quelles circonstances il fit cette dédicace, dont la commémoration se célébrait aux calendes de mai.

Les Lares étaient des génies tutélaires. On invoquait avec eux le génie du prince. Ovide annonce qu'il se réserve de chanter le génie d'Auguste au mois qui lui était consacré.

16. *En attendant, je dois chanter la Bonne-Déesse... Nos pères ont bâti un temple interdit aux regards des hommes* (p. 81). C'est ici le lieu d'éclaircir quelques-uns des mystères qui enveloppent le culte de la Bonne-Déesse et la divinité elle-même; laissons d'abord parler Macrobe, qui fournit le plus de détails : « Cornelius Labéon rapporte qu'aux calendes de mai on dédia un temple à Maïa (mère de Mercure) sous le nom de Bonne-Déesse, et que cette Bonne-Déesse est la même que la Terre, comme on peut l'apprendre du rit très-secret de ses mystères ; il dit aussi que les livres des pontifes apprennent que la même déesse s'appelait encore Fauna, Ops et Fatua : Bonne, parce qu'elle est la nourrice des hommes; Fauna, parce qu'elle favorise (*favet*) tous les êtres de la nature ; Ops, parce que c'est par son secours (*ope*) que la vie subsiste ; Fatua, de l'usage de la parole (*a fando*), parce que les enfans qui viennent de naître ne font entendre aucuns cris, avant d'avoir touché la terre. Il y a des auteurs qui disent que cette déesse a le même pouvoir que Junon, et que c'est pour cela qu'on lui a mis un sceptre dans la main gauche. D'autres prétendent que c'est la même que Proserpine, et qu'on lui sacrifiait la truie, parce que cet animal avait ravagé les grains que Cérès avait donnés aux hommes. Quelques-uns l'appellent *Hécate terrestre* (χθόνιαν Ἑκάτην). Les Béotiens croient que c'est Semela, qu'ils font aussi fille de Fauna. Ils racontent qu'elle résista à l'amour que son père avait conçu pour elle, et qu'il la frappa à coups de branches de myrte, piqué de ce qu'elle n'avait pas voulu céder à ses désirs, même au milieu de l'ivresse dans laquelle il l'avait plongée. On croit cependant que ce père amoureux se transforma en serpent, et s'unit enfin ainsi à sa fille. On donne encore pour indices de ces traditions la défense d'introduire dans son temple aucune branche de myrte ; la vigne qui s'étend sur sa tête, image du vin employé par son père pour la séduire ; le vin que l'on ne sert jamais dans ses sacrifices sous ce nom, puisque le vase dans lequel il est contenu se nomme vase à miel (*mellarium*), et que la liqueur elle-même est appelée *lait*; enfin les serpens que l'on voit dans son temple,

qui ne sont point épouvantés, et ne causent eux-mêmes aucun effroi. Quelques-uns prennent cette déesse pour Médée, parce que l'on voit dans son temple des plantes de tout genre, dont les prêtres se servent le plus souvent pour donner des médecines; et parce qu'il n'est pas permis à un homme d'entrer dans son temple, ce qu'on attribue à son ressentiment de l'outrage qu'elle reçut de Jason, son ingrat époux. Cette déesse était appelée, chez les Grecs, la déesse du Gynécée, parce que Varron dit que cette fille de Faune était si pudique, qu'elle ne sortit jamais du Gynécée (ou *appartement des femmes*), que son nom ne fut jamais entendu en public, qu'elle ne vit jamais aucun homme, et ne fut vue par aucun, raisons qui interdisaient aux hommes l'entrée de son temple. C'est pour le même motif que les femmes, en Italie, ne peuvent assister aux sacrifices d'Hercule, parce que ce dieu, ayant eu soif lorsqu'il conduisait les bœufs de Géryon à travers les campagnes de l'Italie, une femme lui répondit qu'elle ne pouvait lui donner de l'eau, parce qu'on célébrait le jour de la déesse des femmes, et que les hommes ne pouvaient goûter de tout ce qui devait servir à la cérémonie. Hercule, indigné de ce procédé, et se disposant à faire un sacrifice, prit en aversion la présence des femmes, et défendit à Potius et à Pinarius, conservateurs de son culte, de permettre qu'aucune femme y assistât jamais. Voilà comme, à propos du nom sous lequel nous avons dit que Maïa est la même que la Terre et la Bonne-Déesse, nous en sommes venus à rapporter tout ce que nous avons pu découvrir sur cette *Bonne-Déesse.* »

C'était la nuit que se célébrait la fête de la Bonne-Déesse, dans la maison du consul ou du préteur, en présence des Vestales. La mère ou la femme de ce magistrat y présidait, et avait l'intendance des sacrifices qu'on y faisait pour le salut du peuple romain: c'est pourquoi cette prêtresse était appelée Damiatrix.

On sait que Clodius fut le premier qui en viola la pureté et le secret. Il était en intrigue avec Pompéia, femme de César, qui, cette année, célébrait dans sa maison les mystères d'Éleusis.

Il se déguisa en femme, et, avec le secours d'une esclave qu'il avait gagnée, il crut pouvoir s'introduire dans la maison; mais il prit un chemin pour l'autre, et fut contraint de faire quelques demandes qui le trahirent. Les esclaves poussèrent des cris qui alarmèrent toute l'assemblée. Clodius eut néanmoins le bonheur d'échapper à la vengeance des femmes indignées de cette impiété, et se sauva à la faveur du désordre. Cette scène scandaleuse donna lieu à une affaire du plus grand éclat; mais la commission nommée pour juger Clodius se laissa corrompre à force d'argent, et le coupable fut absous. Pompéia fut répudiée. On connaît le mot de Jules César en cette occasion : « La femme de César, dit-il, ne doit pas même être soupçonnée. »

Il paraît que depuis cette aventure, la pudeur cessa d'être respectée dans ces mystères nocturnes. Cette corruption s'introduisit particulièrement lorsque le culte de Cotytto fut réuni à celui de la Bonne-Déesse, et que leur divinité même fut confondue.

Le nom seul de Cotytto en annonce l'origine étrangère : c'est dans la Thrace qu'il faut la chercher. De là le culte de cette divinité, assez ressemblant aux Bacchanales, passa dans la Grèce, et s'établit à Athènes et à Corinthe. Il fut tellement en honneur dans cette dernière ville, qu'on y regarda Cotys ou Cotytto, comme une déesse tutélaire. A Épidaure, elle avait un portique qui lui était consacré. Les Chiotes l'ayant reçue directement de Thrace, confondirent sa fête avec celle des Ithyphalles, et la décence en fut bannie de même.

Cette divinité, transférée en Italie, changea son nom thrace en ceux de Fatua, Fauna et Bonne-Déesse, et leurs cultes se mêlèrent tellement, qu'ils ne furent plus distingués. Ils entrèrent aussi dans les fêtes de Cybèle.

Juvénal a peint avec sa vigueur ordinaire le dégoûtant spectacle que présentaient les mystères dégénérés de la Bonne-Déesse :

« On sait ce qui se passe aux mystères de la Bonne-Déesse, lorsque la trompette anime ces Ménades, lorsque, dans la double ivresse de la musique et du vin, elles abandonnent au vent leur chevelure éparse, et hurlent à l'envi le nom de Priape. Quelle fureur ! quels transports ! Sauféia, la couronne en main, provoque les plus viles courtisanes, et remporte le prix offert à la lubricité. Mais à son tour elle rend hommage aux ardeurs de Médulline.... Là, rien n'est voilé. Les attitudes sont d'une vérité si crue, qu'elles auraient enflammé le vieux Priam et l'infirme Nestor. Déjà chaque femme reconnaît qu'elle ne tient dans ses bras qu'une femme, et l'antre retentit de ces cris unanimes : « Il est « temps d'introduire les hommes. Mon amant serait-il livré au « sommeil ? qu'il soit éveillé. Point d'amant ? je me livre aux « esclaves. Point d'esclaves ? qu'on appelle un goujat. » A son défaut, l'approche d'une brute ne la ferait pas reculer. »

Le privilège de ces mystères et des horreurs qui s'y passaient n'appartint pas toujours exclusivement aux femmes. Les hommes en voulurent leur part, et ils ne présentaient pas des tableaux moins nus à la verve cynique de Juvénal :

« Tu te laisseras insensiblement entraîner dans la secte de ces prêtres qui... prétendent se concilier la Bonne-Déesse par le sacrifice d'une jeune truie et par de copieuses libations. Renversant les anciennes coutumes, ils ont chassé les femmes du sanctuaire ; le temple ne s'ouvre plus que pour les hommes.........
.... Dans ce repaire, toute bienséance et toute pudeur sont bannies des conversations et des festins ; on n'y entend que des paroles obscènes, balbutiées d'un ton efféminé. On y voit les mêmes turpitudes qu'aux mystères de Cybèle, et ces hommes impurs ont à leur tête, en qualité de sacrificateur, un fanatique à cheveux blancs, recommandable par la vigueur de ses poumons; vieillard digne de récompense pour former des élèves. Que tardent-ils à se façonner comme le veut le rit phrygien ? Pourquoi la pierre tranchante ne les a-t-elle pas encore délivrés d'un fardeau superflu ? »

M. de Sainte-Croix (*Rech. sur les myst.*) a remarqué que la dépravation des mystères de la Bonne-Déesse jeta le plus grand discrédit sur tous les mystères de l'antiquité, et contribua beaucoup à leur chute.

On nous pardonnera la longueur de cette note, si l'on réfléchit que le seul moyen de répandre un peu d'intérêt sur des sujets pareils, c'est de les faire servir, par les détails que l'on y rencontre, à l'histoire si curieuse des mœurs d'un peuple tel que les Romains.

17. *Quand la prochaine Aurore, chassant les astres de la Nuit, élèvera son flambeau de rose..., le souffle frais de l'Argeste inclinera*

la tige des blés... Alors paraît le cortège des Hyades (p. 81). « Le vent qui souffle du couchant équinoxial, dit Pline (liv. II, ch. 47), est appelé *Favonius*, et celui qui souffle du couchant solstitial, *Chorus*, qu'on nomme aussi Zéphyr et *Argestes*. » C'est un mot tiré du grec. On peut, au reste, voir dans Macrobe les noms divers des vents.

Pline place le lever des Hyades le 6 des nones de mai. On n'est pas d'accord sur l'histoire des Hyades.

Suivant les uns, elles étaient filles d'Atlas, roi de Mauritanie, et sœurs d'Hyas. D'autres veulent qu'elles aient eu aussi un Hyas pour père, et pour mère Éthra, une des Océanides. Elles étaient au nombre de sept ou de cinq, suivant Hésiode, et elles eurent sept autres sœurs, placées aussi parmi les astres sous le nom de Pléiades. La fable de l'enlèvement d'Hyas, et des larmes qu'il fit verser à ses sœurs, ne fut sans doute imaginée que pour rendre raison des pluies qu'amène ordinairement cette constellation. C'est le sentiment d'Ovide; c'était aussi celui de Cicéron. « La tête du Taureau, dit-il, brille d'un grand nombre d'étoiles. Les Grecs ont coutume de les appeler Hyades, de la pluie qu'elles occasionent, car ὕειν signifie *pleuvoir*. Parmi nous, on les appelle improprement *Suculæ*, comme si elles tiraient leur nom *a suibus* au lieu de le tirer des *pluies*. » On peut voir encore, sur cette étymologie, Pline le Naturaliste et Aulu-Gelle, avec les notes de Gronovius.

L'imagination féconde des Grecs avait personnifié toutes les puissances de la nature. C'est là qu'il faut chercher la principale raison de ces fables ingénieuses.

> Écho n'est plus un son qui dans l'air retentisse,
> C'est une nymphe en pleurs qui se plaint de Narcisse.

18. *Tu parais, mère des fleurs, toi qui veux être célébrée par des spectacles joyeux, etc.* (p. 83). Les Florales commençaient le 4 des calendes de mai, et se continuaient le 6 des nones du même mois. Si nous en croyons le témoignage de Pline, c'est à la première époque que remonte leur institution :

« Itaque iidem Floralia IV Kal. ejusdem Maii instituerunt, Urbis anno 516 (*vel potius* 513), ex oraculis Sibyllæ, ut omnia bene deflorescerent. »

Quelques savans ont cru que ces fêtes avaient été d'abord fixées en avril, et que, quand on les transporta en mai, on voulut du moins conserver un souvenir de leur ancienne célébration au premier de ces mois. D'autres ont pensé qu'il y avait deux fêtes différentes ; mais tout porte à croire que le sentiment d'Ovide est encore le plus conforme à la vérité, et que les Florales étaient réellement une seule et même fête commencée à la fin d'un mois, et continuée dans les premiers jours du mois suivant.

19. *Toi-même, apprends-nous qui tu es ; car l'opinion des hommes est trompeuse* (p. 83). Lactance, dont l'opinion est combattue par Bayle (*Dict. hist. et crit.*, art. FLORE), fait de Flore une courtisane fort riche, qui, en mourant, institua le peuple romain son héritier, à condition que l'on célébrerait tous les ans le jour de sa naissance par des jeux publics. Le sénat romain, par pudeur ou par reconnaissance, fit son apothéose. « Mais ne sachant trop quel domaine lui assigner, il lui donna celui des fleurs, qui était alors vacant, et la maria au Zéphire, époux sans conséquence, qui convenait parfaitement au caractère variable de la nouvelle déesse. » (DEMOUSTIER, *Lettr. sur la Mythol.*, lettre XLIX.)

Le nom de cette courtisane, selon quelques auteurs, était Acca Laurentia. Laissons parler Plutarque par l'organe de son naïf interprète :

« Le *sacristain* du temple d'Hercule, ne sachant un jour à quoi passer son temps, comme il est vraisemblable, convia de gaîté de cœur le dieu à jouer aux dés avec lui, sous condition que, s'il gagnait, Hercule serait tenu de lui envoyer quelque bonheur ; et, s'il perdait aussi, il lui amènerait une belle femme pour coucher avec lui. Les conditions du jeu ainsi articulées, le sacristain jeta les dés pour Hercule, et puis après pour soi-même. Il advint qu'Hercule gagna, et le sacristain reconnaissant de bonne foi, et estimant être raisonnable qu'il accomplît la paction que lui-même avait faite, apprêta un beau souper, et loua cette Laurentia, courtisane, laquelle était bien belle, mais non encore guère renommée ; et l'ayant bien festoyée dedans le temple, y fit dresser un lit, et après le souper l'enferma dedans, comme si

Hercule eût dû venir coucher avec elle, et, dit-on, que véritablement il y vint, et qu'il lui commanda qu'elle s'en allât le matin sur la place, et y saluât le premier homme qu'elle y rencontrerait, en le retenant pour son ami. Ce qu'elle fit, et trouva le premier un nommé Tarrutius. » Tel est le récit de Plutarque.

Il est bien difficile de décider en pareilles matières. Les Romains eux-mêmes n'ont pu nous transmettre que des conjectures vagues. On sait pourtant que le culte de Flore, très-ancien parmi les habitans du Latium, fut introduit à Rome par Tatius, roi des Sabins. Ce qu'il y a de plus probable dans l'histoire de la courtisane Flora, c'est que, pour récompenser sa libéralité, on aura introduit en son honneur quelques nouveaux rites aux fêtes de la déesse, rites parfaitement conformes à son ancien état, comme nous aurons occasion de le faire remarquer.

20. « *J'étais Chloris, moi qu'on appelle Flore : c'est ainsi que mon nom d'origine grecque a été corrompu par la prononciation latine* » (p. 85). C'est bien ici le lieu de répéter : Quel sujet pour la poésie! et quelle poésie pour un pareil sujet! Cette étymologie d'Ovide a encore le mérite d'une grande exactitude : $\chi\lambda\omega\rho\iota\varsigma$, en grec, signifie herbe, plante, fleur. Le changement du X en F est assez fréquent pour ne pas surprendre ici.

« Cet endroit d'Ovide, dit M. Desaintange, a été imité de très-près par un poète qui, malgré nos dédaigneux et nos détracteurs, sera toujours cher aux amateurs de la poésie érotique et galante. Je parle de Dorat. Je me fais un devoir de mettre sous les yeux des lecteurs son imitation élégante et assez fidèle. Voici ce fragment :

> Autrefois, me dit-elle, on me nommait Chloris.
> Heureuse dans les champs où commande Cypris,
> Je n'avais d'autres biens que leurs simples largesses.
> Le siècle d'or est né du mépris des richesses.
> Mais je dus au hasard, peut-être à ma beauté,
> Et le rang de déesse, et l'immortalité.
> Mai venait de fleurir : j'errais dans un bocage ;
> Je rêvais. En rêvant, j'avançais sous l'ombrage.
> Zéphyre m'aperçoit ; mon cœur palpite et craint.
> Je l'évite, il me suit ; je veux fuir, il m'atteint.
> Eh! comment éluder, dans ces frayeurs mortelles,

Un dieu, lorsqu'il est jeune et lorsqu'il a des ailes ?
Zéphyre est le plus fort, je cède, et mon amant
De l'hymen à l'amour joint encor le serment.
Il m'a donné pour dot ce jardin où l'Aurore
Versa ses premiers pleurs, et que ma main décore.
Cette source l'arrose ; un printemps immortel
De festons toujours verts entretient mon autel.
Dans ces lieux enchantés je survis à Pomone ;
Et l'hiver, qui la chasse, embellit ma couronne.
Dans cet heureux séjour, que j'ai rendu sacré,
Les Heures quelquefois, en habit chamarré,
Pour enchaîner l'Amour au moment qu'il sommeille,
Viennent choisir des nœuds tressés dans ma corbeille.
Les Grâces, à leur tour, des paniers à la main,
Pour l'autel de Vénus emportent leur butin.
C'est moi seule, c'est moi qui semai la première
Les différentes fleurs qui nuancent la terre.
Sous une teinte égale elles couvraient les champs ;
C'est moi qui leur donnai ces divers ornemens.
J'ai fait naître une fleur du beau sang d'Hyacinthe ;
Phébus, inconsolable, y trace encor sa plainte.
Narcisse, en s'adorant, mourut au bord des flots,
Et fleur, il semble encor se chercher dans les eaux.
. . . .
Elle fuit à ces mots : on connaît l'immortelle
Au céleste parfum qui s'exhale après elle.

« Cette citation est tirée du *Mois de Mai*, un des plus agréables ouvrages de l'auteur de la *Déclamation théâtrale*. Ce poëme est la base la plus solide de sa réputation. Des tableaux séduisans par un coloris qui est le sien, et qui rachètent ce que d'autres peintures ont de commun, de factice, de vague et de louche ; des vers bien travaillés, d'excellens détails didactiques, qui devraient être cités tous les jours par les rédacteurs des articles de spectacle, ont placé ce poëme au rang des bons ouvrages du dix-huitième siècle. Ses pièces fugitives, esquisses riantes et légères des mœurs et des travers qu'il avait sous les yeux, sont assaisonnées d'un esprit qui les rend infiniment piquantes ; et il s'est rendu justice, quand il a dit de lui, dans l'épître à M. Clément, intitulée *Mon Réveil* :

  Et moi-même, si mal mené
  Dans vos officieux libelles,

> J'ai de temps en temps griffonné
> D'assez plaisantes bagatelles.

On prend à tâche aujourd'hui de fermer les yeux sur son mérite, et d'exagérer ses défauts : après avoir joui d'une célébrité éclatante, il est presque tombé dans l'oubli. C'est une double injustice : à mon sens, il mérite encore moins les dédains affectés d'aujourd'hui que les éloges outrés qu'on lui prodigua long-temps. Son grand malheur est d'avoir trop écrit, et d'avoir la prétention de s'élever à des genres de poésie trop étrangers à ses études superficielles, et trop au dessus de son talent ; mais il en avait un véritable, et, selon l'expression de Despréaux, il avait reçu *l'influence secrète*. »

Le fond de ce jugement, écrit par un homme du dix-huitième siècle, reste vrai pour l'époque actuelle. Il y a une foule de pièces charmantes enfouies dans les recueils de ces auteurs fades et musqués, qu'on n'oserait plus lire aujourd'hui, parce qu'ils sont sous l'anathème de quelques épithètes insultantes.

21. « *J'étais Chloris, nymphe de cette heureuse contrée, où tu as appris qu'autrefois les hommes coulèrent des jours fortunés* » (p. 85). Ce passage, trop peu remarqué, est cependant bien digne de fixer l'attention des esprits sérieux. Il y eut donc aussi un paradis terrestre dans les légendes du paganisme ! Strabon, Pline le Jeune parlent des îles Fortunées. On connaît la peinture que l'illustre disciple de Socrate a faite de l'Atlantide, cette île fameuse, dont l'existence et la situation sont des problèmes à jamais insolubles. Aucune contrée de la terre ne présenta avec tant d'abondance tout ce qui était nécessaire aux besoins et aux plaisirs de la vie: Platon l'appelle fertile, belle, sainte et merveilleuse. On peut voir, dans le dialogue de ce philosophe-poète, la description magnifique du palais des rois, du temple de Neptune, recouvert d'or, dont les voûtes étaient d'ivoire ciselé et le pavé d'argent et d'*orichalque*, métal perdu, mais alors le plus précieux après l'or, etc., etc. Les mœurs des peuples de cette île les rendaient dignes du bonheur de l'habiter. « Religieux et sages, ils obéissaient aux lois, et n'avaient que des pensées vraies et élevées..... Méprisant tout, excepté la vertu, ils regardaient les choses de la vie comme frivoles, les richesses comme un fardeau : l'abondance

des délices ne troublait point leur raison. Ils étaient assez prudens, assez heureux pour connaître que la sobriété, l'union réciproque, la vertu, fondent la véritable volupté, augmentent les richesses; au lieu que l'empressement qu'on a pour elles, le prix qu'on y attache, semblent les diminuer, les flétrir par l'usage : les admirateurs des choses périssables, périssent comme elles. » Hélas ! ce peuple heureux et sage a péri lui-même ; sa mémoire existe à peine ! et il est malheureusement trop probable que cette réunion du bonheur et de la vertu n'a jamais eu de réalité que dans les créations philanthropiques d'un Platon, d'un Fénelon, d'un Jean-Jacques !

22. « *J'errais au hasard: Zéphyre m'aperçoit, je m'éloigne... Borée avait donné à son frère droit de rapt, lui qui osa porter dans son palais la fille ravie d'Érechthée.* » (p. 85). Ovide, au livre VI des *Métamorphoses*, a peint avec des traits énergiques cet enlèvement d'Orythie par Borée. Nous empruntons l'élégante traduction de M. Desaintange :

> Il dit ; et, furieux de colère et d'amour,
> De torrens de poussière il obscurcit le jour;
> Et, par le battement de ses ailes bruyantes,
> Il balaie, en sifflant, les feuilles tournoyantes.
> Sa robe à plis flottans traîne dans les sillons,
> Et dans les champs poudreux roule des tourbillons.
> Au milieu d'un nuage il enlève Orythie ;
> Tremblante entre ses bras, il l'emporte en Scythie.

Quel contraste entre la vigueur et la violence de ce tableau, et les couleurs gracieuses et délicates dont il peint la fuite de Flore et la poursuite de Zéphyre ! il ne lui fallut que voler après elle, et il fut plus fort : *Fortior ille fuit*.

23. « *Pour moi l'année toujours est brillante d'éclat, l'arbre toujours conserve son feuillage, la terre sa verdure... etc.* » (p. 85). Ces tableaux ne le cèdent point aux fleurs elles-mêmes pour la fraîcheur du coloris. Chaque trait est achevé, et, ce qui contribue encore à la perfection de ce morceau, c'est qu'Ovide a su y conserver une sobriété qui ne lui est pas ordinaire.

Malfilâtre, dont l'aurore poétique fut aussi brillante que fugitive, a fait quelques emprunts à notre poète, dans sa gracieuse *Description de l'île de Vénus :*

> Là, les étés n'embrasent point les airs;
> On n'y craint point la rigueur des hivers :
> Mais on y voit, assises sur un trône,
> Flore et Cérès, à côté de Pomone.
> Par leurs bienfaits, d'elle-même, en tout temps
> L'île féconde à la fois se couronne
> D'épis dorés, des fruits mûrs de l'automne,
> Et de l'émail dont brille le printemps.

On peut croire aussi que la muse d'Ovide inspirait Buchanan, lorsqu'il chantait les charmes du mois de mai, malgré les idées chrétiennes qui se trouvent, on ne sait comment, dans une pièce où l'on invoque la Volupté :

> Salvete, sacris deliciis sacræ
> Maiæ Kalendæ, Lætitiæ et Mero
>   Ludisque dicatæ, Jocisque,
>   Et teneris Charitum choreis.
> Salve, Voluptas, et nitidum decus
> Anni recurrens perpetua vice,
>   Et flos renascentis juventæ
>   In senium properantis ævi.
> Quum blanda veris temperies novo
> Illuxit orbi, primaque sæcula
>   Fulsere flaventi metallo,
>   Sponte sua sine lege justa,
> Talis per omnes continuus tenor
> Annos tepenti rura Favonio
>   Mulcebat, et nullis feraces
>   Seminibus recreabat agros.
> Talis beatis incubat insulis
> Felicis auræ perpetuus tepor,
>   Et nesciis campis senectæ
>   Difficilis, querulique morbi.
> Talis silentum per tacitum nemus
> Levi susurrat murmure spiritus,
>   Lethenque juxta obliviosam
>   Funereas agitat cupressos.
> Forsan supremis quum Deus ignibus
> Piabit orbem, lætaque sæcula
>   Mundo reducet, talis aura

> Æthereos animos fovebit.
> Salve fugacis gloria sæculi
> Salve, secunda digna dies nota,
> Salve, vetustæ vitæ imago,
> Et specimen venientis ævi.

24. « *La première, j'ai fait une fleur du sang d'Hyacinthe, et sur les feuilles sa plainte est demeurée gravée. Et toi aussi, Narcisse* » (p. 87). Ovide met dans la bouche de Flore tous les prodiges qu'elle a opérés. Il paraît que la déesse, qui s'est excusée de parler de sa beauté, n'est pas aussi modeste sur sa puissance. Plus loin, elle fait des aveux peu dignes de sa divinité; elle convient que l'Olympe est peuplé d'une foule ambitieuse.

Le premier de ces prodiges est la fleur née du sang thérapnéen, c'est-à-dire du sang d'un habitant de Laconie, dont Thérapné était une des villes. Il est évident que cette épithète désigne le jeune Hyacinthe de Sparte, ville de Laconie, et non Ajax, qui fut également changé en la même fleur. On sait qu'Apollon, meurtrier involontaire de son ami, « voulut que la fleur née de son sang attestât à jamais son infortune, et qu'il y attacha l'expression et les signes de sa douleur, en y traçant ces lettres *A I*, *ai*, » qui peuvent également signifier le cri plaintif d'un mourant. Ces mêmes caractères, lorsque l'hyacinthe représentait Ajax, donnaient les premières lettres de son nom, et c'est alors cette fleur qui fait l'objet de ce défi si connu : « Dis dans quelle contrée naissent des fleurs sur lesquelles sont écrits les noms de rois, et je te cède Phyllis. » (Virg., *Bucol.*) « Le temps viendra, dit Apollon à son ami expirant, où un héros retrouvera sur cette même fleur le commencement de son nom. » Narcisse ne fut pas moins célèbre qu'Hyacinthe par sa métamorphose. Un poète dont les vers ont quelquefois orné ces notes, Malfilâtre, a composé sur cette fable un poëme qui, tout imparfait qu'il est, offre de vraies beautés.

Ovide a peint d'un trait la cause de la mort de Narcisse; c'est qu'il ne put être un autre lui-même, comme a traduit tout bonnement l'abbé de Marolles. Une tradition répandue chez le peuple de Thespis, et que Pausanias nous a transmise, fournit une raison de plus en faveur de l'interprétation que nous avons donnée à la pensée d'Ovide. « On dit, rapporte-t-il, que Narcisse avait une sœur jumelle qui lui ressemblait parfaitement ; c'était même air de visage, même chevelure, très-souvent même habillement, et ils chassaient souvent ensemble. Narcisse devint amoureux de sa sœur, mais il eut le malheur de la perdre. Après cette affliction, il venait sur le bord d'une fontaine, dont l'eau était comme un miroir, où il prenait plaisir à se contempler, non qu'il ne sût bien que c'était son ombre qu'il voyait ; mais, en la voyant, il croyait voir sa sœur, et c'était une consolation pour lui. » Narcisse fut changé en la fleur de son nom ; « les Nymphes ne trouvèrent à sa place qu'une fleur jaune dans le milieu, et environnée de feuilles blanches. »

Crocus, Atys, Adonis, devinrent aussi des fleurs. Le premier, amant de la jeune Smilax, fut changé en la fleur du safran, et s'enlaça sous cette forme à sa maîtresse devenue le liseron. Le deuxième, en perdant les marques caractéristiques de son sexe, vit de son sang naître la violette pourprée. Le troisième, l'amant de la déesse de la beauté, n'eut pas plutôt expiré sous la dent du sanglier qui lui ôta la vie, que Vénus versa du nectar sur son sang, et que ce sang fut aussitôt changé en une fleur rouge, qui ressemble à la grenade. Pline a cru que c'était l'anémone.

25. « *Quand Minerve fut née sans mère, la chaste Junon vit avec douleur que Jupiter n'eût pas eu besoin de sa participation. Elle allait se plaindre... Dès que je l'aperçus, etc.* » (p. 87). Nous ne pouvons mieux faire que de citer ici une note fort curieuse de M. Desainlange sur ce passage d'Ovide :

« Quelle est cette fleur des campagnes d'Olénie, qui, par sa vertu prolifique, donna naissance au dieu de la guerre ? la science de la botanique ne nous en a rien appris. Si nous étions tentés de nous moquer de cette fable légendaire, qu'Ovide nous a transmise dans une narration poétique et ingénieuse, rappelons-nous qu'un grave docteur anglais, membre de la société royale de Londres, publia, au dix-huitième siècle, une brochure intitulée : *Lucina sine concubitu* (*Lucine affranchie des lois du concours*), dans laquelle il cherche à prouver qu'une femme peut concevoir et accoucher sans avoir de commerce avec aucun homme, comme les jumens des *Géorgiques* (liv. III, v. 271) de Virgile, devenues fécondes sans autre étalon que le Zéphyr ou vent du couchant.

> Continuoque, avidis ubi subdita flamma medullis,
> Vere magis, quia vere calor redit ossibus, illæ
> Ore omnes versæ in Zephyrum stant rupibus altis,
> Exceptantque leves auras : et sæpe sine ullis
> Conjugiis vento gravidæ, mirabile dictu !
> Saxa per et scopulos et depressas convalles
> Diffugiunt, non, Eure, tuos, neque solis ad ortus ;
> In Boream Caurumque, aut unde nigerrimus Auster
> Nascitur, et pluvio contristat frigore cœlum.

> L'impérieux Amour conduit leurs pas errans
> Sur le sommet des monts, à travers les torrens :
> Surtout, lorsqu'aux beaux jours leur fureur se ranime,
> D'un rocher solitaire elles gagnent la cime.
> Là, leur bouche brûlante, ouverte aux doux zéphyrs,
> Reçoit avidement leurs amoureux soupirs :
> O prodige inouï ! le Zéphyr les féconde.
> Soudain du haut des rocs leur troupe vagabonde
> Bondit, se précipite, et fuit dans les vallons ;
> Non vers ces lieux blanchis par les premiers rayons,
> Mais vers les champs du Nord, mais vers ces tristes plages
> Où l'Autan pluvieux entasse les orages.

« Voilà précisément le charme qu'opère le Zéphyr sur les femmes qui préfèrent ses baisers à un plaisir vulgaire : témoin la dame d'Aiguemère, accouchée en l'absence de son mari d'un fils déclaré légitime par un arrêt du parlement de Grenoble, en date du 13 février 1637. Cette dame, une belle nuit d'été que sa fenêtre était ouverte, son lit exposé au couchant et sa couverture en désordre, s'était imaginé que son mari était de retour d'Allemagne, et qu'elle avait reçu ses caresses. Elle avait pris l'air du couchant : c'est cet air qu'elle avait respiré. Incrédules ! doutez à présent, si vous l'osez, de la naissance de Mars par la vertu d'une plante. »

Nous n'oserions revenir sur l'arrêt burlesque du parlement de Grenoble. Il y a certainement dans la nature des forces occultes et mystérieuses que la science n'a point encore soumises à son empire. Il y a dans l'imagination une puissance que les miracles du magnétisme ont fait éclater.

26. « *Les campagnes aussi relèvent de ma divinité... Le miel est un de mes présens* » (p. 89). M. Castel, botaniste instruit et poète aimable, expose comme Ovide les attributs de Flore, dans l'invocation de son poëme :

> C'est toi qui pour l'abeille as, dans le sein des fleurs,
> D'une manne secrète épanché les douceurs ;
> C'est toi qui, préparant une essence choisie,
> A la table des dieux présentes l'ambroisie.
> D'un jus brillant et doux tu gonfles les raisins,
> Et l'épi nourricier est un don de tes mains.
> Sans toi, l'arbre, déchu de son noble partage,
> N'offrirait aux humains qu'un stérile feuillage.
> Ta présence embellit l'eau, la terre et les airs,
> Et ton souffle divin parfume l'univers.
> Salut, charme des yeux, rire de la nature !
> Déroule à mes regards ta naissante verdure ;
> Et, comme dans le cours d'un ruisseau pur et frais,
> De tes fleurs en mes chants réfléchis les attraits.

Ces vers ont de l'élégance, de l'harmonie. On s'arrête volontiers sur les idées riantes qu'ils expriment ; mais cependant on ne peut s'empêcher de sourire au cri d'admiration qu'arrache ce morceau à M. Desaintange :

« Combien l'oreille de Racine, de Despréaux ou de La Fontaine eût été enchantée, s'ils eussent entendu de pareils vers ! Quel coloris suave ! c'est la fraîcheur et la vérité de la nature. »

Au reste, M. Desaintange nous donne avec bonne foi l'explication de son enthousiasme. M. Castel était son ami ; c'est à lui qu'il avait adressé la pièce suivante :

> Février ramène ta fête :
> Quel bouquet t'offrir en ce jour ?
> Des fleurs que tu chantas, pour en ceindre ta tête,
> En vain par mes désirs je hâte le retour.
> Si par Flore ma voix pouvait être exaucée,
> Je t'offrirais un don plus choisi que brillant ;
> Dans ma guirlande, en couronne tressée,
> La violette et la pensée
> Peindraient, par un emblème agréable et parlant,
> L'une ta modestie, et l'autre ton talent.
> Vains souhaits ! l'Aquilon, qui ravage la terre,
> A défleuri son sein, que la glace resserre.
> Quand Flore a déserté nos stériles bosquets,

Je n'y chercherai point de fragiles bouquets;
Je trouve en ton poëme un jardin didactique :
J'aime mieux y cueillir un bouquet poétique.
Je ne crains pour les fleurs, ornemens de tes vers,
Ni l'injure du temps, ni le froid des hivers.

On aimerait à ne pas voir dans ces couplets fleuris le *jardin didactique*.

27. *Dis-moi, Déesse, quelle est l'origine des jeux* (p. 91)? Il faut distinguer dans les Florales le culte de Flore et ces jeux, comme le remarque aussi Macrobe : « Non ludos Florales, sed ipsum Festum Floralia significaret. » Le premier existait déjà sous Romulus et sous Numa ; mais en était-il de même des jeux établis en l'honneur de cette divinité? L'abbé Bannier soutient l'affirmative, en s'appuyant du sentiment de Varron, qui ne parle peut-être que du culte. Bayle soutient, au contraire, que leur origine ne remonte pas plus haut que l'an de Rome 513, que l'abbé Bannier prend pour l'époque de leur rétablissement, et il en argumente pour prouver que ce ne fut donc point en exécution du testament d'Acca Laurentia qu'ils furent établis. Il est certain qu'Ovide lui-même semble donner une origine plus récente aux jeux Floraux, puisque, sur la demande qu'il fait à la déesse, relativement à l'origine de ces jeux, elle la rapporte à l'édilité plébéienne de L. et de M. Publicius Malleolus, vers l'an de Rome 513. On connaît les médailles qui consacrèrent cet évènement. C'est aussi ce que dit Tacite, qui attribue à ces deux édiles la fondation du temple de Flore. Pline fixe l'époque à l'an 516, ou 514 suivant la correction de P. Hardouin, qui n'est pas encore la vraie. Il ne parle point de cette institution comme d'un renouvellement ; il dit tout simplement : *Floralia... instituerunt.* Velleius Paterculus, en marquant aussi la même époque, se sert du terme absolu *initium*. Le savant Spanheim ne connaît également que deux époques des jeux Floraux, celle de leur établissement l'an 513, et celle de leur renouvellement l'an 580. Il paraît donc constant que ce ne fut que l'an 513 que commencèrent à Rome les jeux Floraux.

Ovide donne à la palme remportée dans ces jeux l'épithète de *clamata*. Ce mot fait allusion à un usage assez singulier.

Le privilège exclusif des applaudissemens était donné à une compagnie dont les directeurs, *les chefs de claque*, étaient rétribués jusqu'à 40 mille sesterces sous Néron. Le véritable public n'avait pas le droit de manifester lui-même ses impressions. Ces hommes avaient réduit en art la manière d'applaudir, et l'avaient poussé fort loin. On peut voir des détails à ce sujet dans Suétone, *Vie de Néron*, et dans Sénèque, *Questions naturelles*, liv. II, ch. 28.

L'origine de ces jeux, telle que la donne Ovide, est confirmée par le témoignage des historiens. Au temps de la république, il y avait des prés communs, formés des terres enlevées aux ennemis, où les citoyens indigens faisaient paître leurs troupeaux en payant une légère redevance aux questeurs. Cette redevance fut long-temps l'unique impôt perçu sur le peuple. On appelait ces communes *saltus* et *scripturarii agri*. Il y avait également des terres labourables que l'on affermait au profit du fisc, et que l'on appelait *agri vectigales*. Ces pâturages et ces terres étaient abandonnés aux pauvres citoyens, qui en payaient la redevance aux fermiers-généraux.

Dans tous les temps, le peuple fut victime des grands ; dans tous les temps, la propriété publique et particulière fut exposée au fléau des concessionnaires !

On usurpa les communes de la république ; les riches offraient un cens plus considérable, et ces funestes enchères, dont l'état ne profitait pas, dépouillaient le peuple tant des pâturages que des terres qui servaient à sa subsistance.

« Le peuple vainqueur des nations, a dit Florus, le maître de l'univers, était expulsé de ses champs, exilé de ses pénates et de ses foyers. » A la longue, les possesseurs de ces biens communs cessaient de payer le cens, et, couvrant leurs usurpations d'une longue prescription, ils convertissaient en leur propre patrimoine les terres précaires. Cassius tâcha de remédier à ces abus, vers l'an de Rome 268, et il porta la première de ces lois agraires qui agitèrent la république par tant de secousses et de révolutions, et dont les tribuns firent dans la suite une arme si terrible contre l'aristocratie : mais le mal reprit le dessus. Les riches éludaient la loi en se faisant affermer les terres sous des noms empruntés ; de sorte que chez une nation uniquement agricole et guerrière, le peuple, privé de terres, était sans subsistance.

Après plusieurs tentatives inutiles, Tiberius Gracchus vint, et voulut être le vengeur du peuple. Chaque jour des placards affichés sur les portiques, les murs et les tombeaux, exhortaient à faire rendre aux pauvres les terres de la république. Il renouvela donc la loi du partage des terres, et la scella de son sang, comme il était arrivé à son premier auteur. Cette époque fut celle de la ruine de la république et de la liberté. Le pouvoir des grands écrasa le peuple, et l'équilibre fut rompu.

L'usurpation dont parle Ovide, née des mêmes principes et vers le même temps, c'est-à-dire avant l'établissement de tribuns (an de Rome 372), fut réprimée beaucoup plus tôt. Il paraît qu'elle consistait dans le dépouillement que tout le monde se permettait de faire arbitrairement des bois et pâturages de l'état, cédés à quelques particuliers, moyennant un cens : Festus appelle en effet tout simplement *pascuarii* ces usurpateurs. Ce n'étaient pas encore ces avides concessionnaires que nous avons vu parvenir par l'intrigue et par l'or, à obtenir légalement le droit vexatoire de troubler les propriétés et de les envahir. Cependant les tribuns, vengeurs du peuple, les punirent de leur entreprise par une amende, et rendirent aux vrais censitaires leur possession libre et exclusive. Cet évènement arriva vers l'an 513, c'est-à-dire quelques années avant le temps où le patriotisme des Gracques devait faire renaître les lois agraires. Il tenait de près à ces lois, en ce qu'il tendait comme elles à réintégrer le peuple dans ses droits territoriaux. Or, depuis l'abolition de la loi Licinia, les esprits n'avaient cessé d'être fixés sur ce grand objet d'intérêt public ; et l'on avait toujours saisi avec empressement les occasions qui pouvaient faire revivre les lois du partage des terres. On fut donc flatté de trouver une circonstance propre à amener la révolution, en punissant d'abord les usurpateurs de l'usufruit, pour en venir ensuite à attaquer ceux de la propriété.

Cet évènement commença à réveiller les esprits, et à les diriger de nouveau vers le rétablissement des lois agraires. Nous apprenons, en effet, de Polybe, qu'il se fit vers le même temps (en 521) un partage des terres du Picenum, conquis sur les Gaulois, et que ce fut Flaminius, qui, pour capter la bienveillance du peuple, introduisit cette loi agraire.

L'amende dont nous avons parlé ne fut pas consacrée tout entière aux jeux de Flore : une partie, comme le dit Ovide, servit à construire la voie appelée la pente Publicienne.

« Publicius clivus appellatur, quem duo fratres Publicii, ædiles plebeii, pascuariis damnatis, ex pecunia quam ceperant, munierunt, ut in Aventinum vehicula venire possent. » (FESTUS.)

28. « *Le sénat s'assembla, et fit vœu de fêtes annuelles à ma divinité, si l'année était heureuse dans la floraison.... Le consul Lénas et son collègue Postumius célébrèrent les jeux en mon honneur* » (p. 93). Sous le consulat de L. Postumius Albinus et de M. Popilius Lénas, les jeux Floraux, après une longue interruption, dont la déesse se plaint à notre poète, furent renouvelés l'an de Rome 580, pour être désormais célébrés tous les ans. Des temps contraires à la floraison des grains et des fruits provoquèrent sans doute ce rétablissement. Ce ne fut point l'effet d'une amende sur les concessionnaires comme la première fondation ; car on sait que Popilius était l'ennemi ardent des lois agraires et de Tiberius Gracchus. Comme le soin des jeux rentrait dans les attributions des édiles, C. Servilius Casca, édile cette année, présida les jeux Floraux : cet évènement est attesté par une médaille de la famille Servilia.

29. *Ce n'est point le front couronné, que l'on traite les affaires sérieuses ; l'eau n'est point le breuvage de ceux qui se parent de fleurs* (p. 95). Il y avait une profusion de fleurs dans les repas des anciens ; les esclaves même en étaient couronnés. Horace a dit :

> Persicos odi, puer, apparatus ;
> Displicent nexæ philyra coronæ :
> Mitte sectari rosa quo locorum
>   Sera moretur.
> Simplici myrto nihil allabores
> Sedulus curo ; neque te ministrum
> Dedecet myrtus, neque me sub arcta
>   Vite bibentem.
>   (Lib. 1, *Od.* 38.)

On poussa le raffinement jusqu'à les faire tomber du plafond comme une pluie odorante. Suétone nous apprend que Néron avait fait construire une mécanique ingénieuse pour cet usage. L'histoire rapporte aussi que le volupteux Héliogabale se fit une fête barbare d'étouffer sous un déluge de fleurs et de parfums ses *pâles adulateurs* qu'il avait invités à une orgie. Le jésuite Le Jay a composé sur cette anecdote une pièce de vers charmante, que les amateurs de la latinité nous sauront gré de leur faire connaître :

INSIDIOSÆ HELIOGABALIS DELICIÆ.

Non solis inimica nocet rosa sentibus : ipsum
(Quis credat?) quod purpureus flos mollius offert,
Pertentatque avidos blanda dulcedine sensus,
Letiferum inspirat secreta fraude venenum.
Vos ego, vos lecti testor, pars magna senatus,
Quos olim Idaliis, media inter gaudia cœnæ,
Floribus oppressit vis insidiosa tyranni.
Scilicet imprudens dapibus dum turba paratis
Lætius indulget, dulcique undantia Baccho
Pocula certatim exhaurit, laquearibus aureis
Ecce tibi roseus paulatim depluit imber,
Convivasque hilares verno perfundit odore.
Hic nova lætitiæ venit seges, hinc novus ardor
Festivum celebrare diem, cunctique vicissim
Insolitas mirati artes plausere tyranno.
Interea crescit nimbus, mensasque torosque
Complet odora lues, et iniqua mole fatigat.
Quum patuit demum vis exitiosa tyranni :
Sed vitare dolos non jam datur : obruit omnes
Florea tempestas, tumuloque involvit eodem.

30. *Mais pourquoi la foule des courtisanes célèbre-t-elle ces jeux ? il est facile d'en indiquer la cause. Flore n'est pas une de ces divinités moroses...* (p. 95). La licence de ces jeux confirmerait l'opinion que la déesse Flore n'était en effet qu'une courtisane enrichie. Dans les pièces qui se donnaient à cette occasion sur le théâtre, devant le peuple romain, les femmes publiques remplissaient les rôles indécens, et réalisaient sur le théâtre la prostitution dont elles faisaient l'éloge. Tous les auteurs s'accordent à représenter les jeux de Flore comme des scènes de scandale et d'impudicité. Juvénal veut-il peindre une femme tout-à-fait perdue, *elle est*

digne de présider aux jeux Floraux. (Sat. VI.) Les gestes, les postures répondaient à l'indécence des paroles. On avait tellement abjuré toute pudeur, que, sur la demande du peuple, demande qu'il ne manquait jamais de former, les courtisanes se dépouillaient de leurs vêtemens, et venaient, dans toute la nudité de la nature, enflammer la lubricité par les attitudes les plus voluptueuses. Écoutons deux auteurs chrétiens, dont le témoignage est confirmé par celui de tous les auteurs profanes : « Existimatur tractari se honorifice Flora, si suis in ludis, flagitiosas conspexerit res agi et migratum a Lupanaribus in theatra. » (ARNOB., lib. VII.) « Celebrantur illi ludi cum omni lascivia, dit Lactance, convenientes memoriæ meretricis. Nam præter verborum licentiam, quibus obscenitas omnis effunditur, exuuntur etiam vestibus, populo flagitante, meretrices quæ tunc mimorum funguntur officio, et in conspectu populi usque ad satietatem impudicorum luminum cum pudendis motibus detinentur. » (*De Fals. relig.*, lib. I, cap. 20.) A ces autorités on pourrait joindre celle de saint Augustin, *epist.* CCII.

On sait que Caton, ce sévère censeur, sortit du théâtre parce qu'il s'aperçut que le peuple eût rougi de demander en sa présence ces danses voluptueuses dont la nudité faisait tout le charme. C'est à quoi M. de La Harpe a fait allusion dans les vers suivans, où il s'élève à la fois contre la barbarie des combats des gladiateurs et contre l'obscénité des jeux scéniques :

> O vous, peuples polis, ces plaisirs sont les vôtres.
> A la honte des hommes, il en exista d'autres
> Que souillaient le scandale, et l'horreur, et la mort.
> Rome, avide de sang, cruelle sans remords,
> Fit du crime un spectacle, et du meurtre une fête.
> Dans ces jeux, qui du monde étalaient la conquête,
> On s'efforçait, au gré de ce peuple tyran,
> D'expirer avec grâce, et de plaire en mourant.
> Sur des tréteaux impurs, appelant la licence,
> La pantomime obscène effrayait l'innocence.
> Il fallait que Caton, s'éloignant de ces jeux,
> Dispensât les Romains de rougir sous ses yeux.

Valère-Maxime fait ressortir ce qu'il y avait de glorieux pour Caton dans cet hommage tacite du peuple. » Ainsi donc le peuple romain respectait plus un seul homme qu'il ne se respectait lui-même. » Mais le génie sceptique de Bayle trouve le côté faible de la conduite du vertueux censeur : « Que ne restait-il, puisqu'il observait que sa présence était si utile pour corriger une mauvaise coutume? » Ce jugement rappelle l'épigramme de Martial, que Caton ne semblait être venu au spectacle que pour en sortir.

Au reste, M. Desaintange, fidèle à la galanterie du dix-huitième siècle, se montre assez indulgent pour ces excès :

« Le culte solennel de Flore prouve, ce me semble, que, grâce à l'élégance des mœurs, le sexe le plus aimable exerçait la séduction de son empire dans Rome belliqueuse. Ovide a observé que Vénus avait plus de temples à Rome que dans aucun lieu du monde. Si l'on se rappelle tous ceux de Junon, de Minerve, de Cérès, de Diane, de la Fortune, de la Concorde, on trouvera que les déesses y étaient encore plus honorées que les dieux. Les fêtes de Minerve, de Vénus et de Flore, se célébraient pendant plusieurs jours successifs. Si ces réjouissances allaient quelquefois jusqu'à la licence, ne la condamnons pas avec trop de rigorisme : « Les fêtes, a dit un écrivain très-mo-
« ral, M. Bernardin de Saint-Pierre, sont dans la navigation de
« la vie ce que sont les îles au milieu de la mer, des lieux de ra-
« fraîchissement et de repos. »

Il y a sans doute quelque différence entre les lieux de rafraîchissement, de repos, et les lieux de prostitution.

31. *Elle nous invite à jouir de la beauté de l'âge, tant qu'il est dans sa fleur; car après la chute des roses, on dédaigne l'épine* (p. 95). Cette image, reproduite tant de fois, n'a jamais été peut-être ornée de couleurs plus gracieuses. La morale facile, qui rappelle au plaisir par la brièveté de la vie, texte de leçons si différentes dans le christianisme, est familière à tous les poètes de l'antiquité. Horace est un des plus aimables apôtres de cette doctrine. Pour ne par citer la moitié de ses ouvrages, nous choisirons la fin de l'ode à Sestius, et la petite pièce adressée à Leuconoé, liv. Ier des *Odes :*

Pallida Mors æquo pulsat pede pauperum tabernas
    Regumque turres. O beate Sesti,
  Vitæ summa brevis spem nos vetat inchoare longam :

Jam te premet nox, fabulæque Manes,
Et domus exilis Plutonia : quo simul mearis,
Non regna vini sortiere talis.

Tu ne quæsieris, scire nefas, quem mihi, quem tibi
Finem Di dederint, Leuconoe; nec Babylonios
Tentaris numeros. Ut melius quidquid erit, pati !
Seu plures hiemes, seu tribuit Jupiter ultimam,
Quæ nunc oppositis debilitat pumicibus mare
Tyrrhenum. Sapias, vina liques, et spatio brevi
Spem longam reseces. Dum loquimur, fugerit invida
Ætas: carpe diem, quam minimum credula postero.

Malherbe a dit, en rappelant des souvenirs plus mélancoliques:

Et rose, elle a vécu ce que vivent les roses,
L'espace d'un matin.

Juvénal s'éloigne aussi des traditions de l'école épicurienne dans les vers suivans :

.....Festinat enim decurrere velox
Flosculus, angustæ miseræque brevissima vitæ
Portio : dum bibimus, dum serta, unguenta, puellas
Poscimus, obrepit non intellecta senectus.
(Sat. IX, v. 127.)

Juvénal avait donc oublié que les anciens ne craignaient pas d'introduire des images de mort au sein de leurs festins, pour exciter les convives à jouir d'une existence fugitive.

32. *Pourquoi convient-il de porter à ces fêtes un costume de diverses couleurs, comme aux Céréales des vêtemens blancs* (p. 95)? La raison que donne Ovide de cet usage a semblé plus spécieuse que réelle à des antiquaires distingués. La véritable, suivant M. Bayeux, c'est que les vêtemens de diverses couleurs étaient particulièrement ceux des courtisanes, des danseuses et des actrices, dont les Floréales étaient la fête. Donat dit du manteau d'un chef de bouge introduit sur la scène : *Leno pallio varii coloris utitur.* C'est ce qu'on appelait aussi *vestis anthina* ou *vestis florida.* On lit dans Athénée, que Phylarque dit, au livre XXV de ses *Histoires,* qu'il y avait une loi chez les Syracusains qui défen-

dait aux femmes de porter des ornemens en or, et de s'habiller de vêtemens de diverses couleurs, ou de ceux auxquels on ajoute une bordure de pourpre, à moins que ce soit une femme qui ne se donne publiquement pour une courtisane et une prostituée. On sait que la fameuse loi Oppia avait aussi défendu à Rome, « Ne qua mulier plus semiuncia auri haberet, nec vestimento versicolori uteretur. » Il n'y eut donc dans la suite que les courtisanes ou les femmes riches, qui, dans tous les siècles, ont su s'affranchir d'une trop sévère étiquette, qui portassent de ces sortes de vêtemens : « Mulieri florida, dit Artémidore, et varia vestis conducit, maxime meretrici et opulentæ. Illa enim ob quæstum, hæc ob delicias floridis vestibus utitur. » L'épithète de *floridæ*, donnée à ces vêtemens, ne veut pas dire qu'ils fussent ornés de fleurs peintes, car l'autre épithète de *variæ et versicolores* qu'on leur donne également, exclut cette idée ; mais elle put conduire ensuite à en faire le costume propre des fêtes de Flore. Il est vraisemblable que ces vêtemens n'étaient que des étoffes changeantes. Ovide, d'un autre côté, ne recommande aux courtisanes, pour lesquelles il dit avoir écrit son *Art d'aimer*, que des robes d'une seule couleur ; mais il semble indiquer aussi quelque analogie entre leur variété et les différentes nuances des fleurs.

Quoi qu'il en soit, observons que, dans certaines solennités, les prêtres prenaient un vêtement peint de couleurs diverses. Tel était celui dont fut revêtu Apulée, lors de son initiation.

Ce n'était donc point l'habillement tout-à-fait exclusif des courtisanes et des actrices. On peut remarquer encore que les vêtemens de femme, dans les tableaux trouvés à Herculanum, étaient de couleurs changeantes entre le vert et le jaune, le bleu et le rouge, etc.

33. *Restaient les illuminations dont j'ignorais la cause* (p. 95). Puisqu'Ovide s'arrête sur la cause des illuminations de cette fête, il faut bien qu'il eût en vue autre chose que l'usage des lumières, employées dans toutes les solennités religieuses. Il en donne d'abord des raisons fort gracieuses ; mais il en indique une dernière qu'il juge lui-même plus conforme à la vérité. Ces illuminations avaient lieu par toute la ville pour éclairer les danses,

les festins, les orgies, en un mot toute *la licence nocturne* de la fête.

34. *La troisième nuit, Chiron montrera sa constellation... Le Pélion... était le séjour du fils de Phillyre... On croit qu'il instruisit à toucher la lyre les mains qui devaient un jour arracher la vie à Hector* (p. 97). C'est le 3 des nones, 5 du mois, que se lève le Sagittaire, la dixième des quinze constellations méridionales connues des anciens.

Le centaure Chiron, dont la fable a fait un personnage illustre par sa sagesse et ses connaissances en tout genre, naquit des amours de Phillyre et de Saturne, qui prit la forme d'un cheval pour cacher son amour à la jalousie de sa femme Rhéa.

Chiron, dans un siècle à moitié barbare, cultiva les lettres, l'astronomie, la médecine. On le regarde comme l'inventeur de la botanique et de l'art vétérinaire ; il n'est pas moins célèbre comme chasseur.

Il eut pour disciples tous les héros et les demi-dieux de ces temps reculés, Esculape, Pelée, Jason, Hercule et Achille. Il apprit au premier la médecine, l'astronomie au troisième, et au quatrième l'art de tirer de la lyre des sons harmonieux. On a prétendu aussi, mais a tort, qu'il avait dressé un calendrier pour les Argonautes.

C'est surtout par l'éducation qu'il donna à Achille que Chiron est devenu célèbre. Un des plus beaux tableaux trouvés dans les ruines d'Herculanum représente ce centaure tenant le jeune Achille dans ses bras, et lui apprenant à toucher la lyre. Horace fait aussi de Chiron le précepteur d'Achille, et c'est dans sa bouche qu'il met ces préceptes agréables :

> ...... Omne malum vino cantuque levato,
> Deformis ægrimoniæ,
> Dulcibus alloquiis.
>
> (*Epod.* xiii.)

La mort de Chiron, racontée ici par Ovide, l'est également par le même poète dans ses *Métamorphoses*, liv. ii, et par tous les mythologues, quoique quelques auteurs prétendent qu'il dut sa guérison à la plante appelée *centaurée*. (*Voyez* PLINE LE NAT.,

liv. XXV, ch. 6.) Son antre est peint aussi des mêmes couleurs par Stace, *Achilléide*, liv. I, v. 106, etc.

L'impuissance de son art le força à prier les dieux de le priver de l'immortalité et de terminer ses jours. Il fut placé au ciel, où il forma le signe du Sagittaire, composé de quatorze étoiles suivant Ovide, de vingt suivant le Scholiaste de Germanicus, et de vingt-quatre suivant Hygin.

Plusieurs tableaux et monumens de l'antiquité nous représentent les centaures sous les mêmes traits que leur prête Ovide.

Quant à l'histoire de Chiron, on a voulu y voir encore une allégorie astronomique. Quelle que soit notre défiance pour les conjectures des érudits en pareille matière, nous citerons les raisons sur lesquelles se fonde cette opinion.

« Quant à la fable de Chiron, dit M. Bayeux d'après M. Dupuis, elle put venir tout simplement de sa position dans la sphère, et de ses influences dans le climat qui fut le berceau de l'astronomie. Ce centaure est grand chasseur; il semble en effet diriger sa flèche sur le Loup céleste qui le précède. Il eut la connaissance des plantes et des fleurs, parce qu'il a sous lui la Couronne australe. Il fut le précepteur de plusieurs guerriers et d'Hercule. Emblème du soleil solstitial, parce que l'on voulait exprimer les ravages des vents qui soufflent en Égypte avant le solstice, et la nature des travaux de l'homme à cette époque (M. DUPUIS, *Mémoires sur l'origine des Constell.*).

« Aussi la constellation du Sagittaire était-elle celle de guerriers (MANIL., liv. IV, v. 559). Il était particulièrement le précepteur d'Hercule, parce qu'effectivement le lever héliaque de l'Hercule céleste ou du génie solaire, sa naissance ou son apparition entière, n'a lieu que lorsque le soleil arrive aux étoiles du Sagittaire (M. DUPUIS, ouvrage cité). Il savait toucher la lyre, parce que le solstice d'été, vers lequel se levait le Sagittaire en Égypte, berceau de l'astronomie, est le dernier mode de l'harmonie céleste. Quant à sa figure, on sait que malgré ce qu'a pu dire M. de Gébelin pour prouver que les centaures étaient l'image des laboureurs (*Allégories*, p. 211, etc.), on en a toujours fait l'emblème de la rapidité des vents et des nuages orageux. Aussi quelques légendes faisaient-elles naître Chiron de l'union d'Ixion avec une nue (NATAL. COM.). D'autres traditions faisaient naître les centaures des embrassemens de ce fils de la nue et d'une jument (DIOD. DE SICILE, liv. IV, ch. 69-70 ; PINDARE, *Pyth.*). Ce furent toujours des êtres malfaisans, espèces de géans, qui représentaient quelques-unes des catastrophes de la nature, des intempéries de l'air et des pluies qui troublent l'atmosphère vers l'automne. La mort de Chiron, que quelques traditions attribuaient à Hercule, dans son combat contre les Centaures (troisième travail), s'explique par l'état du ciel : lorsque le soleil est dans les étoiles de la Balance, le Sagittaire se précipite dans les rayons solaires ; et cette apparence astronomique avait lieu vers le milieu de septembre, le commencement des pluies et le retour des nuages. Quant au nom de *Chiron*, on le fait venir tout simplement du grec χείρ, *main*, ou signe de la Main, parce que, dans les anciens zodiaques, on peignait dans ce signe, pour abréger, une main armée d'un trait (M. DUPUIS, ouvrage cité). »

35. *Là, vous eussiez vu réunies deux destinées fatales à Troie* (p. 97). L'antre de Chiron renfermait alors Hercule, fils de Jupiter, et Achille, descendant d'Éaque.

Hercule lui-même saccagea la ville de Troie sous Laomédon. Ses flèches devaient aussi contribuer à la prise de cette ville, à l'époque du fameux siège entrepris par les Grecs.

On sait que la présence d'Achille était également nécessaire au succès du siège, et qu'il contribua puissamment à la destruction de Troie par la mort d'Hector et de tant d'autres guerriers troyens.

36. *Souvent de ses mains amies il presse les mains malades, douce récompense des soins donnés par le maître à l'éducation de son élève* (p. 99). Ce vers,

Morum, quos fecit, præmia doctor habet,

paraît interpolé à Heinsius, qui le trouve indigne d'Ovide : « Quia nihil spirat præter merum frigus et latinitatem semibarbaram. »

37. *Lorsque..... les astres vaincus auront trois fois cédé la place à Phébus, on célèbrera l'antique cérémonie des nocturnes Lemures* (p. 99). La solennité des *Lemurales* commençait le 7 des ides, 9 du mois, et durait trois nuits. Ces expiations furent insti-

tuées par l'opinion commune à tous les peuples et à tous les siècles, que la félicité des morts dépend des vœux et des prières des vivans :

> Les malheureux humains, près de faire à leur tour
> Ce voyage effrayant qui n'a point de retour,
> Comptant sur ces honneurs dont la mort est suivie,
> Ne croiront pas sortir tout entiers de la vie ;
> Et, par ce doux espoir en mourant ranimés,
> Se sentiront renaître aux cœurs qu'ils ont aimés.
> C'est le juste tribut où nos mânes prétendent :
> C'est le culte du cœur que surtout ils attendent.

Au reste, la fête des *Revenans* avait chez les anciens quelque chose de plus sombre. On distinguait, parmi les morts, des âmes paisibles et des âmes malfaisantes. Ces dernières s'appelaient *Lemures*, *Larves*; c'étaient celles qui apparaissaient et venaient tourmenter les vivans : « Lares, si meriti sunt Lemures, sive Larvæ, si mali. » On apaisait les âmes en général par les sacrifices appelés *Feralia*, et les Lemures par la solennité appelée *Lemuria*. Il paraît, par ce passage d'Ovide, qu'originairement ces deux parties de la même fête funèbre se célébraient au mois de mai, et que ce ne fut que pour rappeler l'ancien usage qu'on les partagea ensuite, et qu'on en mit une au mois de mai, au lieu de les mettre toutes deux en février, lorsqu'il fut ajouté à l'année. Les avait-on placées originairement en mai, comme dernier mois de l'année? Cela serait possible à cause des changemens que subit le commencement de l'année romaine ; il se pourrait cependant que cela fût ainsi, parce que l'on apaisait les âmes des aïeux, que ce mois était celui des aïeux (*majorum*) : c'est une conjecture qu'Ovide semble avoir eu en vue.

On entrevoit par là que nous ne croyons guère que cette institution des Lemurales ait eu lieu pour Rémus. La ressemblance des noms aura fait tirer une étymologie après coup : aussi cette solennité, établie soi-disant pour Rémus, était-elle cependant générale pour tous les défunts. Quoi qu'il en soit, il est certain que les Lemurales furent instituées par l'opinion que les âmes venaient apparaître aux vivans. Cette opinion, qui a donné lieu à tant de rêveries, tant de superstitions, a été la croyance de toute l'antiquité. De là les apparitions et les évocations des ombres qui jouent un si grand rôle dans les poètes. Il s'est trouvé aussi parmi nous des auteurs qui ont prétendu en prouver la possibilité par le système de la palingénésie, par le procédé chimique qui, avec les cendres des fleurs, reproduit leur image dans toute sa sévérité ; d'où l'on a conclu que les âmes des trépassés qu'on voit souvent paraître dans les cimetières sont naturelles, étant la forme des corps enterrés en ces lieux, ou leur figure extérieure.

Heureusement ces illusions se sont dissipées avec les ténèbres de l'ignorance qui les avaient enfantées, et nous pouvons répéter à peu près ce que Sénèque disait : « Nemo tam puer est ut Cerberum timeat, et tenebras et larvalem habitum nudis ossibus cohaerentium. » Comme on le voit, les hommes éclairés dans tous les siècles ont su combattre ces chimères, et saint Augustin y opposait cet argument de sentiment : « Me ipsum pia mater nulla nocte desereret, quæ terra marique sequuta est, ut mecum viveret. » Mais le peuple, toujours le même chez toutes les nations et dans tous les siècles, parce que les raisons de son ignorance subsistent toujours, se plaisait à croire que les morts venaient visiter les vivans. Il croyait surtout qu'il en était ainsi de ceux qui étaient sortis de la vie inopinément, et de ceux qui n'avaient pas reçu de sépulture. Leurs âmes erraient, les unes jusqu'à ce que le temps qu'elles eussent dû animer leur corps fût écoulé, les autres jusqu'à ce qu'elles eussent reçu la sépulture. On lit ces vers dans Plaute sur les premières :

> Nec in Acherontem recipere voluit,
> Quia præmature vita careo.

Quand à la seconde cause qui faisait errer les mânes, nous la trouvons clairement exprimée dans Virgile :

> ....Hæc omnis inops inhumataque turba est....

C'est cette opinion qui avait rendu la sépulture un devoir si sacré. On connaît aussi l'aventure du philosophe Athénodore. Le fantôme enchaîné qui lui apparut ne troubla plus le repos de la maison dès qu'on lui eut rendu les derniers honneurs.

38. *Lorsque la Nuit déjà au milieu de sa course a ramené le silence favorable au sommeil.... l'observateur du rit antique, l'homme qui craint les dieux se lève, aucune chaussure n'enveloppe ses pieds* (p. 101). Suivons avec détail les cérémonies superstitieuses que la crainte inspirait pour éloigner l'apparition de vains fantômes.

L'observateur de ce rite funèbre se lève au milieu de la nuit, et les commentateurs ne manquent pas d'observer à cet égard que la nuit est le temps convenable aux opérations magiques de nécromancie, etc.

Il n'a point de chaussure. Tel était en effet le costume de ceux qui faisaient quelque cérémonie funèbre ou magique; au moins ils avaient un pied nu. Ainsi, lorsque Didon (*Én.*, liv. IV, v. 518) abandonnée fait élever son bûcher, prépare un philtre, et va, prête à mourir, invoquer les divinités infernales (s'il est quelques divinités qui prennent soin des amans infortunés!), elle se présente aux autels, le gâteau dans les mains, *un pied nu*, et la robe relevée. Horace (liv. I, *Sat.* 8) représente aussi Canidie *pieds nus et cheveux épars*. Dans Sénèque (acte IV, sc. 2), la fameuse magicienne Médée *parcourt pieds nus le secret asile des forêts;* et dans Ovide (*Métam.*, liv. VII), lorsqu'elle va composer le charme qui doit rajeunir OEson, elle retrousse sa robe, laisse flotter ses cheveux, *et a un pied nu.* Nous verrons aussi ailleurs (liv. VI) la nudité des pieds nécessaire pour approcher des temples.

Ensuite, pour éloigner de lui l'ombre errante dans l'appartement, l'homme superstitieux fait craquer ses doigts, en joignant celui du milieu avec le pouce. Ovide est le seul auteur qui parle de cette particularité. Nous voyons bien que ce signe était employé chez les anciens, mais c'était pour un usage qui n'était rien moins que religieux ou magique.

Digiti crepantis signa novit eunuchus,
Et delicatæ sciscitator urinæ, etc.
(MARTIAL., lib. III, epigr. 82.)

Quum peteret seram media jam nocte matellam
Arguto madidus *pollice* Panaretus, etc.
(Lib. VI, epigr. 89.)

Dum poscor (matella) *crepitu digitorum*, etc.
(Lib. XXIV, epigr. 229.)

Il lève ensuite trois fois ses mains, puis il met des fèves noires dans sa bouche, et les jette derrière lui. On croyait qu'elles renfermaient les âmes des morts, et présentaient l'image des portes des enfers, et que c'était, selon quelques-uns, la raison qui en avait fait défendre l'usage par Pythagore. Lucien (*Dial. des Morts*, dial. XX) lui fait dire dans les enfers : « J'ai appris ici qu'il n'y avait aucune ressemblance entre les fèves et la tête de nos parens. » D'autres disent que c'était parce que ce légume cause des insomnies, et que, par conséquent, il était contraire aux oracles donnés en songe (PLUT., *Sympos.*, liv. VIII, quest. 10); ou comme l'interprète Cicéron, parce qu'il est contraire à la tranquillité de l'esprit propre à la méditation et à la recherche de la vérité (*de la Divin.*, liv. I, ch. 30). Selon ceux-ci, c'est parce qu'il cause la stérilité (CLEM. ALEX., *Stram.* III); selon ceux-là, parce qu'une fève enfermée verte, dans une boîte de cuivre, s'y change en sang (ACRON, *sur Horace*, liv. II, *Sat.* 6): enfin, des auteurs moins superstitieux ont prétendu que la défense de Pythagore n'est rapportée aux fèves que par une équivoque de nom, et que ce qu'il a défendu n'est pas l'usage de ce légume, mais celui des plaisirs de l'amour, parce qu'en effet κύαμων signifie en grec *legumentum et testiculum*. Aulu-Gelle (*Nuits att.*, liv. IV, ch. 11), qui rapporte cette explication, dit en effet, d'après un ancien disciple d'Aristote, que la fève était le légume dont Pythagore faisait le plus fréquent usage. Quoi qu'il en soit, il est certain qu'il était regardé comme funeste, et que le flamine diale, dont la personne devait être si pure, ne pouvait ni le toucher, ni le nommer (FESTUS et PLINE); il était défendu aussi d'en prononcer le nom dans les mystères d'Éleusis (PAUSAN.). *Voyez* SAUMAISE, *sur Solin*, p. 751; CŒL. RHODIGIN., *Antiq. Lect.*, lib. XVII, c. 17. Cette idée pouvait venir de l'égyptianisme, suivant les principes duquel les prêtres ne pouvaient, ni voir des fèves, ni en manger, parce qu'on les regardait comme une production impure (HÉRODOTE, liv. II). Toutes ces rêveries superstitieuses réunies avaient pu faire introduire dans les opérations magiques et funèbres ce légume banni des cérémonies religieuses. Le P. Carmeli (*Hist. des divers usages sacrés et profanes*) atteste qu'en Italie on est encore dans l'usage de manger et de distribuer des fèves le jour des *Morts*, et il soupçonne que cet usage vient des Lemurales — Voyez *Journal étranger*, 1754, avril, p. 112, etc.

Il les jette par derrière lui ; c'est ainsi qu'on en usait dans les opérations magiques et dans les pratiques expiatoires. Dans Virgile (*Égl.* VIII), Amaryllis préparant un charme pour ramener son amant volage, « jette les cendres par derrière, et ne regarde pas. » *Transque caput jace, ne respexeris.* Dans les *Coëphores* (acte II, sc. 1) d'Eschyle, Électre délibère, si prête à faire des libations sur le tombeau d'Agamemnon, elle ne doit pas jeter le vase, détourner les yeux et s'enfuir. Apulée dit aussi : « Luna decrescente lavato eum, et te ipsum qui facis, ante limen extra domum prima nocte : et herbam incende aristolochiam, et suffigimato eum. Redite ad domum, *et ne post vos respiciatis, resolvistis eum.* — *Voyez* encore HOMÈRE, *Odyss.*, liv. X ; et THÉOCRITE, idylle XIV.

L'observateur des Lemurales récite neuf fois sa formule. On sait que ce nombre était consacré aux incantations, et Ovide dit ailleurs (*Métam.*, liv. XIII) que les dieux prononcèrent neuf fois les paroles mystérieuses qui devaient purger Glaucus de ce qu'il avait de mortel. Lorsque Tiresias va sacrifier aux dieux infernaux, il creuse neuf ouvertures dans la terre (STACE, *Théb.*, liv. IV).

Enfin, après s'être de nouveau lavé les mains, il fait retentir des vases d'airain, et l'ombre a ramassé les fèves ; elle est satisfaite ; elle a disparu : la cérémonie est achevée.

C'est cet amas bizarre de pratiques superstitieuses qui doit nourrir l'inspiration poétique du chantre des *Mois*. En vérité, ceux qui ne connaissent d'Ovide que ses *Métamorphoses* n'ont pas l'idée de la patience de son génie.

39. *Instruis-moi, fils de la Pléiade, dont la verge puissante inspire le respect ; tu as souvent visité le palais du monarque du Styx* (p. 101). Les fonctions de Mercure l'appelaient tantôt dans l'Olympe, tantôt dans les enfers. Dieu de l'éloquence, des poètes, des voleurs, conducteur des ombres, ses nombreux attributs ont été célébrés par Horace (liv. I, *Od.* 10) :

> Mercuri, facunde nepos Atlantis,
> Qui feros cultus hominum recentum
> Voce formasti catus et decoræ
> More palæstræ !

DU LIVRE CINQUIÈME.

Te canam, magni Jovis et Deorum
Nuntium, curvæque lyræ parentem,
Callidum, quidquid placuit, jocoso
    Condere furto.

Te, boves olim nisi reddidisses
Per dolum amotas, puerum minaci
Voce dum terret, viduus pharetra,
    Risit Apollo.

Quin et Atridas, duce te, superbos
Ilio dives Priamus relicto,
Thessalosque ignes, et iniqua Trojæ
    Castra fefellit.

Tu pias lætis animas reponis
Sedibus, virgaque levem coerces
Aurea turbam, superis Deorum
    Gratus et imis.

40. « *Alors leur apparaît l'ombre ensanglantée de Rémus* » (p. 103). L'origine qu'Ovide donne aux Lemurales, d'après laquelle elles auraient été instituées par Romulus en l'honneur de son frère Rémus, et nommées d'abord, pour cette raison, *Rémurales*, est peu vraisemblable ; mais elle amène l'apparition de l'ombre de Rémus, épisode très-poétique, plein de cet intérêt lugubre et mélancolique que réveille le souvenir des derniers devoirs rendus à des parens morts.

41. *Ce n'est point une époque favorable aux veuves ni aux vierges pour allumer les flambeaux de l'hymen* (p. 105). Les méchantes femmes se marient en mai, dit le proverbe. En effet, les fêtes des Lemures, comme les Férales, consacrées aux morts et aux cultes des tombeaux, étaient des jours lugubres que ne devaient point profaner les joies brillantes des noces.

42. *Au milieu de ces fêtes, en vain chercheriez-vous le Béotien Orion ; je vais chanter l'origine de cet astre* (p. 105). En effet, le coucher d'Orion tombait le second jour des Lemurales. Ce distique, qui s'explique ainsi naturellement, a exercé en pure perte l'imagination aventureuse des commentateurs.

Tout le monde connaît l'histoire mythologique d'Orion, et il n'est pas difficile de donner le sens de toutes ces fables, qui sont relatives aux différens aspects de la constellation, à son in-fluence, aux constellations qui l'environnent : un globe à la main, tout peut s'expliquer. Ainsi, par exemple, on sait qu'Orion est la plus grande des constellations de l'hémisphère australe. Manille le peint : « Près des Gémeaux on voit Orion embrassant de ses bras la plus grande partie du ciel, et s'élevant vers les astres à pas de géant. » Il est également la plus belle et la plus brillante des constellations. Cependant ce géant si beau porte partout le ravage, parce qu'en effet sa constellation amène les tempêtes, les pluies, les orages, *nimbosus Orion*. Il naît d'une peau de taureau, il poursuit les Pléiades qui brillent sur le dos du Taureau; car il se lève à la suite du Taureau. Il est amoureux de Mérope, qui est une des Pléiades. Il poursuit *Ænopion*, qui n'est que le Bootès, Icare, *le buveur de vin*, οἰνοποτήρ. Il marche sur les eaux, parce que l'Éridan est sous ses pieds. Il est grand chasseur, parce que les chiens célestes semblent le suivre. S'il recouvre la vue en approchant du soleil levant, ou si, au contraire, l'aurore le tue, c'est une allusion à son lever et à son coucher héliaque; s'il est tué par le Scorpion, c'est parce que cette constellation se lève à son coucher, au premier jour du printemps. Le sang de ses filles, changé en couronne dans les cieux, est encore relatif au lever de la Couronne boréale, lors du coucher d'Orion, etc., etc. *Voyez* aussi M. DE GÉBELIN, *Génie allégorique*, p. 14, etc.

43. *Jupiter voyageait de compagnie avec son frère le roi des vastes mers et Mercure* (p. 105). Ovide n'a été surpassé que par lui-même : cet épisode d'Hyriée rappelle, sans la faire oublier, la fable charmante de Philémon et Baucis. Nous rapprochons les endroits qui peuvent fournir le sujet d'une comparaison intéressante :

>Jupiter huc, specie mortali, cumque parente
>Venit Atlantiades positis caducifer alis.
>Mille domos adiere, locum requiemque petentes :
>Mille domos clausere seræ; tamen una recepit,
>Parva quidem, stipulis et canna tecta palustri :
>Sed pia Baucis anus, parilique ætate Philemon
>Illa sunt annis juncti juvenilibus; illa
>Consenuere casa : paupertatemque fatendo
>Effecere levem, nec iniqua mente ferendam.
>Nec refert, dominos illic, famulosne requiras;
>Tota domus, duo sunt : idem parentque jubentque.
>Ergo ubi Cœlicolæ parvos tetigere penates;

Submissoque humiles intrarunt vertice postes ;
Membra senex posito jussit relevare sedili ;
Quo superinjecit textum rude sedula Baucis.
Inde foco tepidum cinerem dimovit : et ignes
Suscitat hesternos ; foliisque et cortice sicco
Nutrit ; et ad flammas anima producit anili :
Multifidasque faces, ramaliaque arida tecto
Detulit, et minuit, parvoque admovit aheno.
Quodque suus conjux riguo collegerat horto,
Truncat olus foliis ; furca levat ille bicorni
Sordida terga suis, nigro pendentia tigno :
Servatoque diu resecat de tergore partem
Exiguam, sectamque domat ferventibus undis.
Interea medias fallunt sermonibus horas :
Sentirique moram prohibent ; erat alveus illic
Fagineus, curva clavo suspensus ab ansa :
Is tepidis impletur aquis ; artusque fovendos
Accipit ; in medio torus est de mollibus ulvis
Impositus lecto, sponda pedibusque salignis.
Vestibus hunc velant, quas non nisi tempore festo
Sternere consuerant ; sed et hæc vilisque vetusque
Vestis erat, lecto non indignanda saligno.
Accubuere Dei ; mensam succincta tremensque
Ponit anus ; mensæ sed erat pes tertius impar :
Testa parem fecit ; quæ postquam subdita clivum
Sustulit ; æquatam menta tersere virenti.
Ponitur hic bicolor sinceræ bacca Minervæ,
Conditaque in liquida corna autumnalia fæce,
Intubaque, et radix, et lactis massa coacti ;
Ovaque, non acri leviter versata favilla ;
Omnia fictilibus ; post hæc cælatus eadem
Sistitur argilla crates ; fabricataque fago
Pocula, qua cava sunt flaventibus illita ceris.
Parva mora est ; epulasque foci misere calentes :
Nec longæ rursus referuntur vina senectæ ;
Dantque locum mensis paulum seducta secundis ;
Hic nux, hic mixta est rugosis carica palmis,
Prunaque, et in patulis redolentia mala canistris,
Et de purpureis collectæ vitibus uvæ.
Candidus in medio favus est ; super omnia vultus
Accessere boni : nec iners pauperque voluntas.
Interea, quoties haustum cratera repleri
Sponte sua, per seque vident succrescere vina :
Attoniti novitate pavent, manibusque supinis

> Concipiunt Baucisque preces, timidusque Philemon :
> Et veniam dapibus, nullisque paratibus orant.
> Unicus anser erat, minimæ custodia villæ :
> Quem Dis hospitibus domini mactare parabant :
> Ille celer penna tardos ætate fatigat ;
> Eluditque diu : tandemque est visus ad ipsos
> Confugisse Deos. Superi vetuere necari.
>
> (*Metam.* lib. VIII, v. 626.)

Notre La Fontaine s'est montré le digne rival d'Ovide, mais en devenant son imitateur ; il a joint aux détails champêtres de son modèle ces leçons d'une douce sagesse qui font le principal charme de ses écrits. On ne saurait craindre de fatiguer en citant La Fontaine, et d'ailleurs il peut être utile de juger en quoi sa manière se rapproche de celle d'Ovide, en quoi elle s'en distingue. Après ces premiers vers si connus :

> Ni l'or ni la grandeur ne nous rendent heureux, etc.,

La Fontaine entre en matière sur les traces d'Ovide :

> Philémon et Baucis nous en offrent l'exemple....
> ....
> Ils habitaient un bourg plein de gens dont le cœur
> Joignait aux duretés un sentiment moqueur.
> Jupiter résolut d'abolir cette engeance.
> Il part avec son fils, le dieu de l'éloquence ;
> Tous deux en pèlerins vont visiter ces lieux.
> Mille logis y sont, un seul ne s'ouvre aux dieux.
> Prêts enfin à quitter un séjour si profane
> Ils virent à l'écart une étroite cabane,
> Demeure hospitalière, humble et chaste maison.
> Mercure frappe : on ouvre. Aussitôt Philémon
> Vient au devant des dieux, et leur tient ce langage :
> « Vous me semblez tous deux fatigués du voyage,
> Reposez-vous. Usez du peu que nous avons ;
> L'aide des dieux a fait que nous le conservons :
> Usez-en. Saluez ces pénates d'argile :
> Jamais le ciel ne fut aux humains plus facile,
> Que quand Jupiter même était de simple bois ;
> Depuis qu'on l'a fait d'or, il est sourd à nos voix.
> Baucis, ne tardez point, faites tiédir cette onde :
> Encor que le pouvoir au désir ne réponde,
> Nos hôtes agréeront les soins qui leur sont dus. »

Quelques restes de feu, sous la cendre épandus,
D'un souffle haletant par Baucis s'allumèrent :
Des branches de bois sec aussitôt s'enflammèrent.
L'onde tiède, on lava les pieds des voyageurs.
Philémon les pria d'excuser ces longueurs ;
Et, pour tromper l'ennui d'une attente importune,
Il entretint les dieux, non point sur la fortune,
Sur ses jeux, sur la pompe et la grandeur des rois ;
Mais sur ce que les champs, les vergers et les bois
Ont de plus innocent, de plus doux, de plus rare.
Cependant par Baucis le festin se prépare.
La table où l'on servit le champêtre repas
Fut d'ais non façonnés à l'aide du compas :
Encore assure-t-on, si l'histoire en est crue,
Qu'en un de ses supports le temps l'avait rompue.
Baucis en égala les appuis chancelans
Du débris d'un vieux vase, autre injure des ans.
Un tapis tout usé couvrit deux escabelles :
Il ne servait pourtant qu'aux fêtes solennelles.
Le linge orné de fleurs fut couvert, pour tous mets,
D'un peu de lait, de fruits, et des dons de Cérès.
Les divins voyageurs, altérés de leur course,
Mêlaient au vin grossier le cristal d'une source.
Plus le vase versait, moins il s'allait vidant.
Philémon reconnut ce miracle évident ;
Baucis n'en fit pas moins : tous deux s'agenouillèrent ;
A ce signe d'abord leurs yeux se dessillèrent.
Jupiter leur parut avec ces noirs sourcils
Qui font trembler les cieux sur leurs pôles assis.
« Grand dieu, dit Philémon, excusez notre faute :
Quels humains auraient cru recevoir un tel hôte ?
Ces mets, nous l'avouons, sont peu délicieux :
Mais, quand nous serions rois, que donner à des dieux ?
C'est le cœur qui fait tout : que la terre et que l'onde
Apprêtent un repas pour les maîtres du monde ;
Ils lui préféreront les seuls présens du cœur. »
Baucis sort à ces mots pour réparer l'erreur.
Dans le verger courait une perdrix privée,
Et par de tendres soins dès l'enfance élevée ;
Elle en veut faire un mets, et la poursuit en vain :
La volatille échappe à sa tremblante main ;
Entre les pieds des dieux elle cherche un asile.
Ce recours à l'oiseau ne fut point inutile :
Jupiter intercède...................

44. *Il tire d'un baril enfumé le vin qu'il y a enfermé jadis aux premiers ans de son enfance* (p. 107). Il y a dans le texte :

> Quæque puer quondam primis diffuderat annis,
> Promit fumoso condita vina cado.

Arrêtons-nous d'abord à cette expression, *vinum diffundere*. C'était un terme technique relatif à la manipulation des vendanges; c'était *mettre le vin* dans des vases propres à le conserver. Les lois romaines expliquent ce terme : « Illud verum esse puto, cui vinum cum vasis legatum erit, ei amphoras, cados, in quibus vina diffusa servamus legatos esse : vinum enim in amphoras et cados hac mente *diffundimus*, ut in his sit, *donec usus causa probetur*.... In dolia autem alia mente conjicimus, scilicet ut ex his postea vel in amphoras et cados diffundamus. » (Lib. xv, *ff. de Trit. vin.*, et *Ol. leg.*, *vid.* lib. vi, *ibid.*)

On sait que le vin le plus ancien était le plus estimé. Combien n'a-t-on pas trouvé d'amphores portant en écrit la date de l'époque à laquelle le vin y fut mis? nous nous contenterons ici de citer ce passage de Pétrone : « Statim allatæ sunt *amphoræ* vitreæ, diligenter gypsatæ, in quibus pictatia erant affixa cum hoc titulo :

VINUM OPIMIANUM CENTUM ANNORUM. »

Les jurisconsultes nous avertissent qu'il faut bien distinguer aussi *diffundere* de *defundere*. Ce dernier terme, relatif au négoce des cabaretiers, marchands de vin, etc., signifiait proprement mettre le vin en bouteille, tirer le vin dans des vases pour le débiter, pour en faire la consommation journalière. Cf. Cujac., lib. xxi, *Obs.* 22 ; Turneb., lib. i. *Adv.*; Sculting., *Jurisp. Vet. Just.*, etc. Quant à l'épithète de *fumosus*, donnée au *tonneau*, elle est particulièrement relative, sans doute, à ce que la cabane *enfumée* était en même temps et l'appartement et le *cellier*. Mais elle pouvait caractériser aussi un vin grossier, tel que celui de Marseille, accommodé et frelaté alors par des fumigations (Pline, *Hist. Nat.*, liv. xiv, ch. 6); ce qui le fait appeler par Martial, *musta cocta fumis Massilanis* (lib. iii, epigr. 82); *fumea Massiliæ vina* (lib. xiii, epigr. 123); *fumosa lagena* (lib. xii, epigr. 84) ; *improba Massiliæ fumaria* (lib. x, epigr. 36), etc. Cette préparation faisait paraître le vin plus vieux (*Ibid.*).

45. *Ils y consentent tous, et tous se placent près de la peau du bœuf ; la pudeur veut qu'on taise le reste... Un enfant vient au monde... Urion* (p. 107). « Car il ne faut pas lire Orion, dit l'abbé de Marólles, et ce mot vient d'*urina*, comme si Orion en eût été engendré de la sorte que raconte ici notre poète, pour donner un fils à Hyriée en la place de celui qu'il avait perdu. »

Cette conjecture est honnête ; mais ce n'est pas ce que dit Ovide, ce n'est même pas peut-être ce qu'il veut dire. Mais il est inutile de chercher une autre explication de cette singulière naissance.

Virgile parle d'un prodige de cette espèce, mais où la pudeur n'est pas intéressée :

« Quatuor eximios præstanti corpore tauros,
Qui tibi nunc viridis depascunt summa Lycæi,
Delige, et intacta totidem cervice juvencas.
Quatuor his aras alta ad delubra Dearum
Constitue, et sacrum jugulis demitte cruorem,
Corporaque ipsa boum frondoso desere luco.
Post, ubi nona suos aurora ostenderit ortus,
Inferias Orphei Lethæa papavera mittes,
Placatam Eurydicen vitula venerabere cæsa,
Et nigram mactabis ovem, locumque revises. »
Haud mora ; continuo matris præcepta facessit.
Ad delubra venit ; monstratas excitat aras ;
Quatuor eximios præstanti corpore tauros
Ducit, et intacta totidem cervice juvencas.
Post, ubi nona suos aurora induxerat ortus,
Inferias Orphei mittit, lucumque revisit.
Hic vero, subitum ac dictu mirabile monstrum !
Adspiciunt liquefacta boum per viscera toto
Stridere apes utero, et ruptis effervere costis,
Immensasque trahi nubes, jamque arbore summa
Confluere, et lentis uvam demittere ramis.
(*Georg.*, lib. iv, v. 538.)

46. *L'enfant devint d'une grandeur énorme ; Diane s'en fit un compagnon* (p. 109). M. Noël, dans son *Dictionnaire de la Fable*, a recueilli les différentes traditions sur le fils d'Hyriée.

Il se rendit célèbre par son amour pour l'astronomie, qu'il avait apprise d'Atlas, et par son goût pour la chasse, qu'il conserve encore dans l'Élysée, au dire des poètes. C'était un des plus beaux hommes de son temps. Homère (*Iliade*, liv. XVIII), parlant des deux fils de Neptune, Éphialte et Otus, dit que leur beauté ne le cédait qu'à celle d'Orion. Il était d'une taille si avantageuse, qu'on en a fait un géant qui dépassait les flots de toute la tête; ce qui veut dire, sans doute, qu'il était souvent en mer. Ce fut dans le temps qu'il la traversait ainsi, que Diane, voyant cette tête sans savoir ce que c'était, voulut faire preuve de son adresse en présence d'Apollon qui l'en avait défiée, et tira si juste, qu'Orion fut atteint d'une de ses flèches meurtrières; peut-être parce qu'il périt dans une de ses courses maritimes. Après la mort de Sidé, sa première femme, que la colère de Junon lui ravit, il voulut épouser Mérope, fille d'Œnopéus, de l'île de Chio. Celui-ci, qui ne voulait point d'un tel gendre, après l'avoir énivré, lui creva les yeux, et le laissa sur le bord de la mer. Orion, s'étant levé après que sa douleur fut apaisée, arriva près d'une forge, où rencontrant un jeune garçon, il le prit sur ses épaules, le priant de le guider vers les lieux où le soleil se lève. Il y recouvra la vue, et retourna se venger. Apollodore, qui conte cette fable, ajoute qu'Orion, devenu célèbre dans l'art de Vulcain, fit un palais souterrain pour Neptune son père, et que l'Aurore, que Vénus avait rendue amoureuse de lui, l'enleva, et le porta dans l'île de Délos. Il y perdit la vie par la jalousie, suivant Homère, et, selon d'autres, par la vengeance de Diane, qui fit sortir de terre un scorpion dont il reçut la mort, ou le fit périr à coups de flèches, parce qu'il avait voulu faire violence à Opis, ou parce qu'il avait voulu forcer la déesse à jouer au disque avec lui, ou pour avoir osé toucher son voile d'une main impure. Tout cela, dépouillé du merveilleux, peut signifier, qu'aimant passionnément la chasse, il se levait de grand matin; qu'il mourut dans l'île de Délos, pour s'être trop fatigué à cet exercice, ou d'une maladie contagieuse, mort qu'on attribuait ordinairement à Apollon, mais aussi quelquefois à Diane; et qu'il mourut dans le temps que le soleil parcourt le signe du Scorpion. Diane, fâchée d'avoir ôté la vie au bel Orion, obtint de Jupiter qu'il fût placé dans le ciel, où il forme la plus brillante des constellations; et, comme elle y occupe un très-grand espace, ce phénomène astronomique pourrait bien avoir fourni l'idée de cette taille monstrueuse qu'on lui donne, dont la moitié est dans la mer et l'autre sur la terre, parce qu'en effet cette constellation est moitié sous l'équateur et moitié au dessus.

47. *Mars paraît, et par des sons guerriers signale sa venue* (p. 109). Jules César était vengé. L'aristocratie avait péri aux champs de Philippes en criant, Liberté! Ce fut une bataille de géans, et, sans doute, si l'on pouvait retrouver les ossemens des guerriers, on verrait que la prophétie de Virgile s'est accomplie:

>Ergo inter sese paribus concurrere telis
>Romanas acies iterum videre Philippi;
>Nec fuit indignum Superis, bis sanguine nostro
>Emathiam et latos Hæmi pinguescere campos.
>Scilicet et tempus veniet, quum finibus illis
>Agricola, incurvo terram molitus aratro,
>Exesa inveniet scabra rubigine pila,
>Aut gravibus rastris galeas pulsabit inanes,
>Grandiaque effossis mirabitur ossa sepulcris.
>(*Georg.*, lib. 1, v. 488.)

Cet évènement célèbre méritait bien que les vainqueurs en perpétuassent le souvenir: un temple fut élevé à Mars Vengeur. Suétone dit comme Ovide: *Ædem Marti bello Philippensi, pro ultione paterna suscepto, voverat.* Il le place aussi dans le Forum *Augusti*: « Forum cum Æde Martis Ultoris (exstruxit). »

Ovide se plaît à décrire ce temple. C'était un superbe édifice. Peut-être Auguste ne lui donna-t-il cette magnificence que pour paraître accomplir le vœu de son père adoptif. César avait fait le vœu, bien digne de lui, de construire le plus beau temple de Mars que l'on eût jamais vu: « Imprimis Martis templum, quantum nusquam esset, exstruere, repleto et complaneto lacu, in quo naumachiæ spectaculum ediderat. »

Ovide indique ensuite quelques détails sur les ornemens extérieurs du temple. Le faîte était orné des statues des dieux invincibles. Quels étaient ces dieux? Jupiter, Apollon, des Victoires, Mars lui-même, sans doute. Tels étaient en effet les ornemens du faîte des temples. On les appelait en grec du nom générique d'*acroteria fastigia*. Vitruve dit très-positivement, « que l'on avait coutume d'orner les frontons (*fastigia*) de statues de poterie ou de cuivre doré, à la manière des Toscans, comme on le voit, ajoute-t-il, aux temples de Cérès et d'Hercule, près du grand Cirque et au Capitole, au palais des magistrats (*Curia*), qui est à Pompéies. »

Perrault observe qu'il traduit *fastigia* par fronton, parce que les statues ne se mettaient que sur les acrotères qui étaient sur les frontons, et non pas le long du faîte des temples. Il ajoute que Pline dit même que la partie des édifices appelés *fastigium* a été premièrement faite pour élever les statues, et qu'elle fut nommée *plastas*, à cause qu'on avait coutume de l'enrichir de sculptures. On ornait aussi assez communément le comble des temples et des autels même, avec des *apultres*, ornement des poupes de vaisseaux, comme on le voit sur les tableaux et sur les médailles; il est propable que c'est de cet ornement placé par Pompée au comble de sa maison, qu'elle fut appelée *Rostrata domus*, et non de vraies proues de vaisseaux, comme l'a dit Winckelman d'après Casaubon.

Au temple que décrit ici Ovide, on avait sculpté sur les portes des armes de toutes les nations, et il n'y avait pas en effet d'ornement plus digne du dieu.

Si Virgile eût été l'architecte de ce temple, quel esprit aurait présidé à sa construction! Il est permis d'en juger d'après le plan poétique qu'il nous a laissé, dans ses *Géorgiques*, d'un temple de César. Ce sera aussi un nouveau commentaire, et plus intéressant sans doute que le nôtre, sur les différens usages auxquels cette note est consacrée :

> Primus Idumæas referam tibi, Mantua, palmas;
> Et viridi in campo templum de marmore ponam
> Propter aquam, tardis ingens ubi flexibus errat
> Mincius, et tenera prætexit arundine ripas.
> In medio mihi Cæsar erit, templumque tenebit.
> Illi victor ego, et Tyrio conspectus in ostro,
> Centum quadrijugos agitabo ad flumina currus.
> Cuncta mihi, Alpheum linquens lucosque Molorchi,
> Cursibus et crudo decernet Græcia cæstu.
> Ipse, caput tonsæ foliis ornatus olivæ,
> Dona feram Jam nunc sollemnes ducere pompas

DU LIVRE CINQUIÈME. 357

Ad delubra juvat, cæsosque videre juvencos;
Vel scena ut versis discedat frontibus, utque
Purpurea intexti tollant aulæa Britanni.
In foribus pugnam ex auro solidoque elephanto
Gangaridum faciam, victorisque arma Quirini,
Atque hic undantem bello magnumque fluentem
Nilum, ac navali surgentes ære columnas.
Addam urbes Asiæ domitas, pulsumque Niphaten,
Fidentemque fuga Parthum versisque sagittis,
Et duo rapta manu diverso ex hoste tropæa,
Bisque triumphatas utroque ab litore gentes.
Stabunt et Parii lapides, spirantia signa,
Assaraci proles, demissæque ab Jove gentis
Nomina, Trosque parens, et Trojæ Cynthius auctor.
Invidia infelix Furias amnemque severum
Cocyti metuet, tortosque Ixionis angues,
Immanemque rotam, et non exsuperabile saxum.
(VIRG., *Georg.*, lib. III, v. 12.)

48. *Tu rapportes les aigles; tu rends aussi tes arcs vaincus; tu n'as plus aucun gage de notre honte* (p. 113). Nous ne nous étendrons pas sur ce qu'Ovide explique fort bien, la vengeance que tire Auguste des fiers vainqueurs de Crassus. Mais il emploie, ce semble, des expressions trop fortes:

.... Victos quoque porrigis arcus,

puisqu'en effet, d'après le témoignage positif de Dion, Auguste reçut des présens aussi riches que s'il eût vaincu les Parthes en bataille rangée, et dit « qu'il avait reconquis, sans coup férir, ce qui avait été perdu au milieu des combats. »

Au reste, Auguste mit tant de prix à cet évènement, qu'il fit faire des sacrifices publics, ordonna des fêtes, éleva un arc de triomphe, et fit frapper des médailles pour en perpétuer le souvenir : c'est ou un arc-de-triomphe, ou un Parthe à genoux présentant les enseignes romaines, ou livrant un arc, ou enfin un diadème parthe, un arc et un carquois.

Mais Auguste éleva-t-il un second temple à Mars Vengeur, pour y déposer les armes reconquises? C'est une question qui a paru embarrassante. Sur le fameux monument d'Ancyre, fait pour éterniser le souvenir du règne d'Auguste, il semble qu'il n'y ait eu à Rome qu'un seul temple de Mars Vengeur: « Parthos trium exercituum Romanorum spolia remittere mihi, supplicesque amicitiam populi Romani petere coegi.... ea autem in templo martis Ultoris reposui. » (*Tabul.* IV.) Suétone et Dion Cassius ne parlent aussi que d'un temple de Mars Vengeur, et ne paraissent pas avoir soupçonné qu'il y en ait eu deux. Cependant il n'est pas possible de douter raisonnablement de l'existence de deux temples élevés à Mars, avec le surnom de *Vengeur*, l'un après la bataille de Philippes, et l'autre après la soumission des Parthes. Ovide, qu'il en faut croire sur un fait de ce genre, distingue très-positivement ces deux temples. En parlant de la victoire de Philippes, il dit : *templaque in Augusto, etc.*; et après avoir rapporté l'autre évènement, il ajoute encore : *Rite Deo templumque datum*. Au reste, un passage de Suétone et un de Dion, rapprochés, achèvent d'éclaircir les vers d'Ovide. Le premier dit qu'Auguste construisit un forum de son nom avec un temple de Mars Vengeur : *Forum cum œde Martis Ultoris , etc.* Il est certain que ce temple était celui qui fut élevé après la bataille de Philippes, ce qui est conforme à ce que dit Ovide. Dion Cassius, de son côté, ne nous parle point de ce temple ; mais, après avoir raconté la soumission des Parthes, il ajoute : « Auguste fit élever un temple à Mars Vengeur au Capitole, pour y déposer les enseignes reprises sur les Parthes, sur le modèle du temple de Jupiter Férétrien. » On ne peut donc douter qu'il n'y ait eu deux temples en l'honneur de ce dieu, l'un dans le Forum d'Auguste, l'autre au Capitole.

49. *Vous apercevrez toutes les Pléiades, tout le groupe des sœurs, lorsqu'il ne restera plus qu'une nuit avant les ides* (p. 113). Il semble, par les vers d'Ovide, que le lever des Pléiades arrivait la veille des ides ; et cependant on le place communément au 3 des ides, c'est-à-dire deux jours auparavant : mais cela s'explique en ce qu'elles se levaient véritablement pendant la nuit qui précédait la veille des ides, ce qui laissait une nuit entière entre celle où elles se levaient et le jour des ides. Ovide n'est pas d'accord non plus avec tous les auteurs sur le commencement de l'été, qu'il fixe à ce jour. Columelle le place au 9 du mois, et Ptolémée au 15.

50. *Jupiter, sous la forme d'un taureau, prêta sa croupe à la jeune*

fille de Tyr, et couronna son front de cornes mensongères (p. 113). La fable de l'enlèvement d'Europe par Jupiter a été chantée par tous les poètes ; on la trouve reproduite sur tous les monumens de l'antiquité : elle a exercé aussi le talent des peintres modernes.

Ovide, dans ses *Métamorphoses*, exprime la même idée presque dans les mêmes termes :

> Tum Deus e terra, siccoque a litore sensim
> Falsa pedum primis vestigia ponit in undis :
> Inde abit ulterius, mediique per æquora ponti
> Fert prædam : pavet hæc, litusque ablata relictum
> Respicit, et dextra cornu tenet : altera dorso
> Imposita est : tremulæ sinuantur flamine vestes.

Nous citerons, sur ce sujet, une idylle de Moschus traduite par Chaussard en fort beaux vers français, et qui n'est pas indigne de figurer à côté du tableau d'Ovide :

> Europe cependant, en triomphe portée,
> Sur le divin Taureau s'appuie épouvantée ;
> Et tandis que le flot, timide et murmurant,
> Vient jouer à ses pieds, qu'il baise en expirant,
> Elle tient d'une main la corne menaçante,
> De l'autre ressaisit sa robe éblouissante,
> Dont la pourpre mobile, en ses plis inconstans,
> Semble une voile heureuse abandonnée aux vents.

51. *La vierge précipitée du pont de bois... les simulacres en jonc... Celui qui prétend qu'autrefois, après soixante années, les vieillards étaient mis à mort, porte contre nos aïeux l'accusation d'un crime* (p. 115). Le pont de bois dont il est question dans les vers d'Ovide est le pont Sublicien. Ce pont, construit sous Ancus Martius, est célèbre par la mémorable défense d'Horatius Coclès. Il fut réparé ensuite ; mais on ne voulut employer que du bois aux travaux. Cependant, lorsque Rome ne craignit plus les surprises d'une attaque soudaine, après la conquête du monde, Émilius Lepidus le fit reconstruire en pierre et lui donna le nom d'*Émilien*, sans lui faire perdre cependant son ancienne dénomination. Ce pont était sacré, et on ne pouvait y faire la moindre

réparation sans la permission des pontifes. C'est de cette circonstance même que Varron tire l'étymologie de leur nom : *Pontifices, quasi pontis factores*.

Ovide décrit ensuite la cérémonie des *Argées*. Il y avait à Rome des lieux appelés *Argœi*. Tite-Live, Varron et Festus en font mention, quoiqu'ils diffèrent sur les souvenirs attachés à ces lieux.

Mais les *Argées* dont il s'agit ici étaient trente simulacres d'osier que l'on précipitait avec solennité du haut du pont Sublicien dans le Tibre (VARRON). Il paraît que c'étaient les Vestales et les pontifes qui faisaient cette cérémonie, dont on ne sait rien autre chose. Denys d'Halicarnasse (livre I, n° 30) dit seulement: « Après l'équinoxe du printemps, aux ides du mois de mai, les pontifes, les vierges vestales, et les autres citoyens qui ont droit d'assister aux sacrifices, jettent, du pont sacré dans le courant du Tibre, trente simulacres de figure humaine, qu'ils appellent *Argées*. »

On peut voir quelques causes dans Plutarque (*Quest. rom.*, § 32). Mais les auteurs s'accordent à dire que cette cérémonie était une commémoration de ce qu'Hercule, étant venu en Italie, après la conquête des bœufs de Géryon, et y ayant trouvé des sacrifices de victimes humaines, établis en l'honneur de Saturne, changea cet usage barbare, et fit substituer à la place des hommes, des figures d'osier qui en avaient la ressemblance.

On sait combien ces substitutions étaient fréquentes dans l'antiquité; les prêtres égyptiens étaient même surnommés σφραγισ-ταὶ, parce qu'ils imprimaient, sur le front du bœuf qu'on allait immoler, un sceau représentant un homme, les mains liées derrière le dos et prêt à être égorgé. Cf. PLUTARQUE, *Isis et Osiris*.

Macrobe, qui cherche dans cette substitution une des causes de l'origine des Saturnales, dit aussi (*Saturn.*, liv. I, ch. 7) qu'Hercule, au retour de son expédition contre Géryon, conseilla aux peuples du Latium de substituer aux victimes humaines des cierges, des masques et des effigies. Mais ailleurs (liv. I, ch. 11), en parlant des *Argées* mêmes, il leur donne l'origine qu'Ovide feint d'avoir apprise du Tibre.

Quelle est donc la véritable origine de cette fête, et le sens qu'on doit y attacher? Si l'on en croit quelques auteurs, ce n'était autre chose qu'un symbole de l'ancienne année, jetée dans la rivière, sous la figure d'un vieillard décrépit, au commencement de la nouvelle année ouverte par Mercure, génie de l'astronomie.

La circonstance de l'arrivée d'Hercule en Italie avec les bœufs de Géryon, rapportée par Ovide en racontant l'origine des Argées, a fait soupçonner à M. Dupuis que cette cérémonie se rapportait au dixième travail d'Hercule, et était relative à l'arrivée du soleil au signe équinoxial du Taureau, qui, en effet, a été long-temps le signe du mois de mai. (*Mém. sur les constell.*, p. 144.)

52. *Ces tristes sacrifices s'accomplirent chaque année comme à Leucade.... Quelques-uns pensent que les jeunes gens, voulant porter seuls les suffrages, précipitaient des ponts les vieillards infirmes* (p. 115). L'île de Leucade (aujourd'hui *Sainte-Maure*), dans la mer Ionienne, avait un promontoire fameux d'où les amans malheureux se précipitaient dans la mer. Mais c'est à un autre usage qu'Ovide fait ici allusion. Au surplus, Strabon nous fournit le meilleur commentaire sur ce passage.

« Il y a sur le haut du rocher de Leucade un temple d'Apollon. C'est de là que se fait le saut que l'on croit propre à éteindre les feux de l'amour. On dit que Sapho fut la première qui s'y précipita.... D'autres font honneur de ce premier saut à Céphale, épris d'amour pour Ptaola, fille de Déjonée. Mais il y avait à Leucade un ancien usage par lequel, tous les ans, dans un sacrifice à Apollon, on précipitait du plus haut du rocher, pour détourner la colère des dieux, un coupable, auquel on attachait des plumes et des oiseaux de différentes espèces, pour le soutenir dans sa chute, et faire de son saut une espèce de vol. Une grande multitude de peuple entourait le rocher pour le recevoir dans des nacelles, et, l'ayant ainsi sauvé, l'envoyait hors des limites du pays. »

On ne peut douter que cette dernière coutume, quoique moins célèbre que la première, ne soit celle qu'Ovide avait en vue lorsqu'il parle de victimes à la manière de Leucade.

Le poète parle de vieillards infirmes précipités des ponts par les jeunes gens, pour des disputes dans les comices. Il est assez difficile de faire comprendre la pensée de notre auteur, qui n'est peut-être au fond qu'un jeu de mots, comme nous allons le voir.

En effet, il y avait dans le forum, où le peuple s'assemblait, des *ponts*, c'est-à-dire, suivant quelques auteurs, une espèce d'échafaud élevé dans le Champ-de-Mars, et qui communiquait au monticule Citorius ou Citatorius, situé à la droite de cette place. Pour éviter la confusion, les tribus montaient par ordre sur cet échafaud pour donner leur suffrage, et se retiraient ensuite sur le mont Citorius par ce même échafaud, qui faisait alors une espèce de pont dans le Champ-de-Mars.

Mais il paraît certain qu'il y avait plusieurs de ces ponts; car Cicéron (*Ad Herenn.*, lib. I, cap. 12), en parlant d'une émeute qui eut lieu lors de la promulgation d'une loi sur les grains, s'exprime ainsi : *Cum bonis viris impetum facit, pontes disturbat, cistas* (les boîtes, les urnes aux suffrages) *dejicit*, etc. On croit que le nombre de ces galeries ou ponts, était relatif à la nature des assemblées ; qu'il y en avait trente-cinq, par exemple, si le peuple était assemblé par tribus, et cent quatre-vingt-treize (DENYS D'HAL., liv. IV et VII), s'il l'était par centuries.

On n'allait pas en effet recueillir les suffrages dans chaque tribu assemblée. Mais les distributeurs ayant donné les billets ou bulletins (*tabellæ*), lorsque le peuple était aux *ponts*, ceux qui prenaient les suffrages par chaque division (*rogatores*), les recueillaient à mesure que le peuple passait; puis, après avoir compté les voix, ils fixaient l'opinion de leur division. Par ce moyen les suffrages se donnant sur un lieu élevé et distinct, et chaque tribu ou centurie les donnant sur un pont ou sur sa galerie, tout se passait sans supercherie et sans confusion. Cicéron semble jeter encore quelque lumière sur cette interprétation que nous devons à Pitiscus (*Lexic.*, verb. *Pons Suffrag.*), lorsqu'il dit que la loi de Marius sur les suffrages, ordonna *que les ponts seraient étroits* (*des Lois*, liv. III, ch. 17). Or, Marius ne fit les galeries ou les ponts étroits, que pour favoriser la liberté des suffrages, et empêcher que les candidats n'envoyassent leurs affidés pour examiner les bulletins, et ne commissent quelque violence. La manière dont on peut concevoir cette disposition, c'est qu'il y avait à la place des *Sepia*, un échafaud ou estrade où aboutissaient les différentes palissades qui partageaient cette place, pour chaque tribu ou centurie, et que dans chaque division était une espèce de galerie qui allait en montant jusqu'à l'échafaud, et se répétait en descendant, par l'autre côté. Ce centre des galeries s'appelait peut-être le *pont* par exellence; et ce serait là le moyen de concilier les passages de Suétone et de quelques autres auteurs, avec ceux de Cicéron que nous avons rapportés.

Au reste, au temps d'Ovide, *dejicere de ponte* signifiait seulement, interdire aux vieillards le droit de voter; Nonius Marcellus (ch. XII, n° 25) nous l'apprend. « Quum in quintum gradum pervenerant, atque habebant sexaginta annos, tum denique erant a publicis negotiis liberi atque expediti, et otiosi: ideo in proverbium quidam putant venisse, *sexagenarios de ponte dejici* oportere, id est, *quod suffragium non ferant, quod per pontem ferebant.* » Festus dit aussi : « Exploratissimum illud causæ est, quo tempore primum *per pontem cœperunt comitiis suffragium ferre.* Juniores conclamavere, *munere frungerentur;* ut ipsi potius sibi quam illis diligerent imperium. » Le même auteur dit encore : « Depontanei senes appellabantur, qui sexagenarii *de ponte* dejiciebantur. »

Sous cette érudition étalée par Ovide, il ne faut voir, sans doute, qu'une plaisanterie tout-à-fait dans les mœurs romaines: tous ces vieillards incapables, que les affaires abandonnaient plutôt qu'ils n'abandonnaient les affaires, pouvaient-ils être mieux représentés que par de vieux mannequins qu'on jette à l'eau? Nous avons vu que l'équivoque du mot *pontes* prêtait merveilleusement à la satire.

53. *Viens m'inspirer, illustre descendant d'Atlas...... Auprès de la porte Capène, est la fontaine de Mercure.... Là vient le marchand à la tunique ceinte....* (p. 117). Nous renvoyons à l'ode d'Horace déjà citée, où sont énumérés les emplois et les talens de Mercure.

On célébrait la fête de ce dieu aux ides de mai; ce fut en ce jour qu'on lui éleva un temple à Rome, l'an 258, entre le grand Cirque et l'Aventin, à peu près dans le même temps où les marchands furent érigés en collège ou corps de communauté. On en voit la figure sur des médailles. Mais ce n'était pas à cet endroit que se célébrait la fête du dieu : c'était près de la porte Capène que tous ceux qui faisaient quelque trafic se rassemblaient pour la religieuse purification que chante Ovide. Il paraît qu'il y avait en dehors de cette porte, sur la voie Appienne, une fontaine consacrée à Mercure : Ovide est le seul auteur, que nous sachions, qui en parle. On sait seulement que la porte Capène (aujourd'hui porte *Saint-Sébastien*) était surmontée d'un aqueduc, formé par un rameau de l'eau Martia. C'est pourquoi Martial et Juvénal parlent de la porte Capène, comme toujours humide, à cause, dit un ancien scholiaste, de l'eau qui filtrait de l'aqueduc supérieur. Corradini croit que cette eau de Mercure était dans la vallée d'Aricie, voisine de la porte Capène; et il dit que de son temps le peuple y allait encore, aux premiers jours de mai, danser sur l'herbe et faire des festins au bord des fontaines, sous des berceaux, le front orné de couronnes de fleurs, les mains chargées de rameaux, etc. Gudius, en rapportant l'inscription d'un autel dédié à Mercure, et trouvé sur le bord de l'Almon, aussi sur la voie Appienne, dit qu'on appelait Cyllara l'ancien autel élevé sur cette rive, et où les marchands allaient immoler un agneau, parce qu'on croyait qu'Almon, qui avait donné son nom au ruisseau, était le fruit des amours de Mercure et de Chloris.

Quoi qu'il en soit, on voit dans la singulière prière qu'Ovide prête aux marchands de Rome, une nouvelle preuve du ridicule que les anciens se permettaient de répandre sur leurs divinités, et de la manière leste avec laquelle ils traitaient certaines pratiques de religion. On y voit aussi quelle opinion on avait alors à Rome des marchands, négocians, etc., de leur probité, de leurs principes. C'est une satire très-fine et une leçon morale déguisée sous la forme piquante de l'ironie. L'homme s'abuse et *se pipe* lui-même au point de mettre le ciel dans la confidence de ses honteux désirs.

54. *A cette prière, Mercure sourit du haut des cieux : il se souvient d'avoir volé le troupeau d'Apollon* (p. 119). On peut voir, au second livre des *Métamorphoses*, le récit ingénieux qu'Ovide

fait de ce larcin, dans la fable de *Battus* changé en pierre de touche. L'épithète d'*Ortygiens*, qu'il donne aux bœufs dérobés par Mercure,

   Se memor Ortygias subripuisse boves,

signifie que ces bœufs étaient gardés par Apollon. L'île de Délos, berceau de ce dieu, s'appela d'abord Ortygie. Astérie, l'une des filles de Cœlus et de la Terre, pour échapper aux poursuites de Jupiter, se plongea dans la mer, où elle devint une île flottante, sous le nom d'Ortygie, qui ne fut appelée Délos qu'après être devenue stable.

 55. *Les deux frères, fils de Tyndare, l'un cavalier, l'autre lutteur, avaient enlevé Phébé et la sœur de Phébé; Idas et son frère prennent les armes* (p. 119). Le récit que fait Ovide des amours de Castor et de Pollux, et de la rivalité d'Idas et de Lyncée, est rapide et plein de chaleur; il a toujours été cité comme un chef-d'œuvre en ce genre. On trouve le même épisode dans la dixième ode de Pindare, pour les jeux Néméens. Lyncée y tue Castor, que son frère venge aussitôt. Idas est foudroyé comme ici. Théocrite (idylle XXII) décrit aussi l'enlèvement des deux filles de Leucippe par Castor et Pollux, et le combat du premier contre Lyncée, avec cette différence, que c'est celui-ci qui tombe sous les coups du fils de Léda. Théocrite a peint plus au long toutes les alternatives du combat: son tableau est peut-être plus riche; mais celui d'Ovide a plus de vivacité et plus d'effet.

 56. *Il est un lieu dégagé d'arbres, convenable champ de combats. Là s'arrêtèrent les rivaux : Aphidna est le nom de ce lieu* (p. 121). Étienne le géographe distingue deux villes du nom d'Aphidné ou Aphidna, l'une en Laconie, l'autre dans l'Attique. C'est d'Aphidna en Laconie qu'il est ici question.

 Hygin est ici d'accord avec Ovide. Mais Théocrite et Pindare placent le lieu du combat dans les plaines de Messène, près du tombeau d'Apharée.

 57. *La nuit suivante, paraît le chien d'Érigone; j'ai expliqué ailleurs l'origine de ce signe* (p. 121). Ovide, après avoir renvoyé au mois de Janus, c'est-à-dire à son premier livre des *Fastes,* pour trouver l'explication des *Agonales,* parle maintenant du lever

acronique de la Canicule, qu'il place le 11 des calendes, et se contente de dire qu'il a expliqué ailleurs l'origine de cette constellation. C'est au quatrième livre des *Fastes*. — *Voyez* la note sur ce passage.

58. *Le jour prochain appartient à Vulcain; on l'appelle* TUBILUSTRIA ; *on purifie les trompettes forgées par ce dieu* (p. 121). C'était l'usage, au 10 des calendes de juin, de purifier les trompettes qui devaient servir au culte des dieux; la cérémonie s'appelait *Tubilustrium*, la *Lustration des trompettes*, et se faisait avec le sacrifice d'une brebis, par les *tubicines* ou *trompettes* des temples, dans le vestibule appelé *Atrium sutorium*. « Tubilustria, quibus diebus adscriptum in Fastis est, quum in Atrio sutorio tubæ agna lustrantur, tubicines etiam ii appellantur, qui sacerdotes viri speciosi, publice sacra faciunt tubarum lustrandarum gratia. » (FESTUS.)

Cette cérémonie n'était pas la même que celle dont nous avons parlé au mois de mai. A cette dernière époque, la fête des trompettes était relative aux idées que l'on prenait de la déesse adorée alors, pendant les derniers jours, comme divinité guerrière. Ici on purifiait les trompettes, uniquement pour les préparer aux usages religieux, et l'on avait choisi le jour de la fête de Vulcain, regardé dans toutes les mythologies anciennes comme le grand fabricateur de tous les instrumens, le génie qui avait appris à travailler les métaux. Il pouvait aussi exister un rapport secret entre ces deux cérémonies, comme il en existait un allégorique entre Minerve et Vulcain son amant; l'un représentait le feu générateur et principe, et l'autre le feu en tant que lumineux.

Au reste, le jour de la purification des trompettes n'était qu'une fête particulière de Vulcain.

On sait que les Juifs (*Lévit.*, ch. XXIII, v. 24) célébraient aussi la fête des trompettes le premier jour du septième mois.

59. *Ensuite se présentent quatre signes, qui, lus par ordre, indiquent ou l'usage des sacrifices, ou la fuite du roi* (p. 121). Le lecteur sait déjà que ces caractères *Q. R. F. C.* que l'on trouve dans les calendriers, sous le 9 des calendes de juin, signifient : *Quod rex fugit comitiis*, ou bien, *Quod rex fugit civitate*. C'est donc une

allusion religieuse ou politique ; car nous ne pensons pas que personne ait aujourd'hui la fureur des allégories astronomiques, au point de voir ici la fuite du roi des astres, c'est-à-dire la fin de la révolution du soleil, comme s'il y avait : *Quod rex (astrorum) fugit cœlo.*

60. *Je ne te passerai pas non plus sous silence, Fortune Publique du peuple-roi, toi dont le jour suivant a vu consacrer le temple* (p. 121). La Fortune Publique dont le temple fut consacré au mois de mai, portait le surnom de *Primigenia.* Ce monument fut voué, l'an de Rome 549, par le consul P. Sempronius, à cette époque de la seconde guerre punique, où les armes des Romains, long-temps malheureuses, commencèrent à reprendre leur première illustration.

Quant au surnom de *Primigenia,* Dion (liv. XLII) cherche à en donner une explication qui nous paraît fort obscure. Il s'agit des prodiges qu'on aperçut à Rome après la bataille de Pharsale : « Du sang avait été répandu dans la boutique d'un boulanger ; de là il jaillit jusque sur un temple de la Fortune, appelée d'un nom qui désigne qu'elle voit tout ce qui est devant ses yeux et derrière elle, et qu'elle avertit que chacun doit se souvenir de quels parens il est né, et quel il est lui-même ; nom que l'on ne peut exprimer d'aucune manière dans la langue grecque. »

Mais il y avait déjà depuis long-temps à Rome des temples et des autels à la Fortune *Primigenia ;* on la voit même souvent unie, dans les inscriptions, à *Jupiter Enfant, Jupiter Croissant ;— Fortunæ Jovis Pueri Primigeniæ, Fortunæ Primigeniæ Jovi Puero ;* ce qui pourrait présenter une autre allégorie, relative au commencement de l'année. Au reste, il ne faut pas confondre ce temple de la Fortune *Primigenia* avec celui de la même divinité honorée du même surnom, bâti sur le Capitole, au rapport de Plutarque, qui en rend ainsi raison : « Parce que la Fortune a donné le commencement et la première origine à la ville de Rome et à son empire : ou bien la cause en est plus profonde, et il faut la rechercher dans les secrets les plus cachés de la nature et de la philosophie, parce que la Fortune est le principe de toutes choses ; tellement que la nature même consiste et procède de la Fortune ; quand, à certaines causes casuellement et fortuitement concurrentes, ordre et disposition est ajoutée. » (*Quest. rom.*, § 106, traduction d'Amyot.)

Cette déesse était honorée surtout à Préneste (aujourd'hui *Palestrina*). Cicéron nous a transmis des détails intéressans sur son culte, et en particulier sur les sorts par lesquels on demandait à la Fortune le secret des évènemens futurs.

LIVRE SIXIÈME.

1. *Ce mois aussi porte un nom auquel on attribue diverses origines* (p. 125). Le début nous annonce que l'érudition ne manquera pas dans ce sixième livre, et en effet c'est le plus rempli de détails théogoniques, historiques, géographiques et étymologiques. Le poète semble défier l'aridité de son sujet, et s'écrie avec fierté :

Est Deus in nobis : agitante calescimus illo.

Cette flamme divine ne sera point étouffée sous les recherches poudreuses, longues, patientes que demande une pareille matière.

2. *Mes chants seront un récit fidèle; mais quelques incrédules les traiteront sans doute de fictions, et ne voudront pas croire que jamais divinité soit apparue à un mortel* (p. 125). Ovide eut, comme tous les grands écrivains du siècle d'Auguste, une teinte assez prononcée de scepticisme en religion. Horace et Cicéron surtout en fourniraient de nouveaux exemples. Ces apparitions pour lesquelles notre poète affecte de craindre l'incrédulité de son siècle, remplissent pourtant les fastes de l'ancienne mythologie. Que de fois Jupiter, Apollon, Mercure prirent une forme humaine, pour être spectateurs de nos crimes et de nos vertus, ou pour partager nos terrestres jouissances ! On se rappelle la fable de Philémon et Baucis.

« Vous avez grand tort, dit un des amans de Pénélope à l'un de ses compagnons, qui maltraitait Ulysse déguisé en mendiant, d'outrager ce pauvre qui vous demande l'aumône. Que deviendrez-vous, malheureux, si c'est quelqu'un des Immortels ? car les dieux qui se revêtent, comme il leur plaît, de toutes sortes de formes, prennent souvent celle d'un étranger, et parcourent les villes et les contrées pour être témoins des violences qu'on y commet et de la justice qu'on y rend. » (HOMÈRE, *Odyss.*, liv. XVII.)

3. *Tout à coup j'aperçois des déesses, non celles qui apparurent au chantre de l'art aratoire, lorsqu'il suivait ses brebis d'Ascrée; ni celles dont le fils de Priam compara la beauté* (p. 125). Hésiode, de la petite ville d'Ascræa, fut avec Pindare un des Béotiens qui surent venger leur pays de la réputation de stupidité dont il jouissait généralement. Pélopidas et Épaminondas lui firent également honneur par des talens d'un autre genre.

Hésiode a composé, sur l'agriculture, un poëme intitulé *les Jours et les Travaux*. Il commence par ces vers, auxquels Ovide fait allusion :

> Filles du dieu puissant qui régit l'univers,
> Muses, que sa grandeur soit l'âme de nos vers !
> C'est par lui seul que l'homme est tout ce qu'il doit être,
> Obscur, illustre, libre, ou dépendant d'un maître.
>
> (*Traduction de* LEFRANC.)

4. *L'une d'elles pourtant était devant mes yeux.... la sœur de son époux, celle.... qui a sa place au Capitole* (p. 125). Ovide vient de parler des trois déesses qui disputèrent le prix de la beauté devant le berger Pâris. Elles appelèrent à leur aide toutes les ressources de la parure. Car, comme l'a dit un de nos poètes les plus aimables,

> L'art est un dieu qu'au ciel même on implore.

Mais leur juge, pour prononcer en connaissance de cause, voulut les voir sans voile. Vénus se montra nue, et la pomme lui fut adjugée.

Les deux autres prétendantes, Junon et Minerve, étaient honorées avec le père des dieux dans le fameux temple du Capitole. Tous les anciens auteurs en ont laissé de pompeuses descriptions. Nardini s'est efforcé de reconstruire ce temple, tel qu'il a dû exister, avec les données que lui fournissait l'érudition. Nous en empruntons la description à son *Trésor des Antiquités romaines*, tome IV :

Le temple de Jupiter Capitolin avait à l'extérieur deux rangs de colonnes qui faisaient un double portique à la manière des diptères. La façade, ornée également de ces deux rangs de colonnes, en avait en outre un troisième en avant, faisant le frontispice, mais n'ayant que huit colonnes, tandis que les autres en avaient douze, et n'occupant conséquemment que la largeur du temple, sans y comprendre celle des portiques. Ces portiques ne régnaient qu'aux deux côtés et sur la façade seulement. Le fond du temple était occupé par trois espèces de chapelles. Celle du milieu, qui était la plus grande, était consacrée à Jupiter, et celles des côtés à Junon et à Minerve, l'une à gauche et l'autre à droite. Deux rangs de colonnes, qui régnaient dans le temple, formaient trois allées, qui répondaient directement aux trois chapelles ; en sorte que celle du milieu, qui était la plus grande, était comme la grande nef qui répondait à la chapelle de Jupiter, et les deux autres comme les ailes ; c'est ce qu'on appelait le *vestibule* de chacune de ces chapelles. Il paraît vraisemblable qu'elles étaient séparées les unes des autres par des barreaux placés entre les colonnes. Chacun de ces vestibules était orné de tableaux et de statues.

5. *Il m'a tenu parole : je suis adorée sur cent autels* (p. 129). Junon avait à Rome des temples et des autels sous divers surnoms : Regina, Pronuba, Moneta, Lucina, Matuta, Mephitis, Juga, Sospita, Martialis, Ilithia, Caprotina, Unxia, Matrona, Populona, Lacinia, Domiduca, Natalis, Calendaris, Fluonia, Opigena, Novella *vel* Februa, Curis *vel* Quiris, Sororia, Julia, etc......

Dans le discours de Junon, il est encore dit que Rome fut jadis appelée Saturnie, du nom de Saturne. Ce nom fut même étendu à toute l'Italie. Mais il existe un passage de Varron qui se rapporte précisément à cet endroit des *Fastes* :

« Antiquum oppidum in hoc fuisse Saturniam scribitur. Ejus vestigia etiam nunc manent tria : quod Saturni fanum in faucibus ; quod Saturnia porta, quam Junius scribit, quam nunc vocant Pandanam ; quod post ædem Saturni in ædificiorum legibus parietes postici muri sunt scripti. » (Lib. IV.)

Suivant le témoignage de Justin (liv. XLIII), le Capitole fut d'abord appelé *mont Saturnius*.

Ce n'est pas à la lettre qu'il faut prendre ce surnom prétendu de Rome : la ville éternelle, depuis sa fondation, garda toujours le nom de Romulus ; Il ne s'agit ici que d'une première habitation, établie par des colons grecs sur l'une des collines que Rome enferma depuis dans son sein.

6. *Junon se tut ; je levai les yeux, et là je vis l'épouse d'Hercule dont le visage était brillant de jeunesse* (p 129). Hébé, déesse de la jeunesse, fille de Jupiter et de Junon, épousa Hercule, après son apothéose. Elle versait le nectar à la table des dieux. Emblème ingénieux de leur jeunesse immortelle.

7. *Elle dit ; la chaleur du débat les eût engagées dans une contestation sérieuse..... quand survint la Concorde* (p. 181). C'est ici qu'il faut admirer dans toute sa fécondité le beau génie d'Ovide. Quel était l'objet du poète ? de dire que les uns tirent l'étymologie du mois de mai *a Junone*, les autres *a Junioribus*, d'autres encore *a jungendo*. Voilà son idée première. Combien n'est pas admirable l'art par lequel il transforme une explication étymologique en une scène dramatique, où les prétentions réciproques des trois déesses mises en jeu, occasionent des débats animés et jettent le plus vif intérêt ! Et, un peu plus bas, voyez par quel tour heureux il laisse le choix entre ces trois explications. Il s'adresse aux déesses qu'il a introduites sur la scène, et les supplie de lui pardonner s'il ne prononce pas entre elles, en alléguant pour raison que la punition de Pâris est devant ses yeux. La science de la composition poétique peut-elle aller plus loin ?

Quand on lit de pareils morceaux, on ne trouve aucune exagération dans le magnifique éloge qu'a fait de notre poète le célèbre Heinsius. Le lecteur nous saura gré d'en enrichir ces notes.

« ..... Omnes transcendit Ovidius, sive falsa probabiliter, sive obscura perspicue, sive utraque ornate, sive omnia simpliciter exponendo : falsa, ut in Metamorphosi; obscura, ut mathematica et antiquitatis arcana; quæ ad mores pertinent, ubique. Etiam quum ludit et lascivit; idque verbis et oratione vulgari: ut et dicat quæ velit, et doceat quæ quisque intelligat. Tam admirabili felicitate, ut quum quivis idem posse videatur, nemo possit; nemo, nisi magni et excitati animi, tentare idem ausit, sapientes etiam desperent. Ubique sententiæ, ubique loci communes. Neque semper falsa narrat. Plurimas historias exponit. Quid autem cum simplicitate illa comparandum, quam indocti et rustici fastidiunt, urbani et ingenui sine ulla imitationis spe adorant? Numerorum autem tanta puritas, simplicitas, atque invidenda suavitas, ut quid magni viri velint, quum mutari quædam posse existiment, neque ipsi, ni fallor, neque nos intelligamus. Ubique latinitas vel inter prima : ut non temere Muretus, quo, post litteras renatas, nemo sine affectatione elegantius scripsit, quemdam qui auctori tanto hanc detraheret, prodigii instar, ovis ac sulphure lustrandum merito existimet. Sed natura ejus viri, candor, ingenuitas, quæ in narrationibus potissimum elucet, supra votum est. Proximum est ergo, ut de iis juste judicemus. Aiunt redundare critici. Et sit sane hoc verum. Idem Oceano quoque evenit; cui frustra ponas legem. Idem fluviis, quorum quisque quo generosior est, eo minus ripas agnoscit ac pontem. Fontes et stagna inter se constituunt. » (*De Tragœdiæ constitutione.*)

8. *J'ai dit les trois origines...* (p. 131). Macrobe (*Saturn.*, liv. 1, ch. 12) en propose encore une autre :

« Mensis dictus a Junio Bruto, qui primus Romæ consul factus est; quod hoc mense, id est Kalendis Juniis, pulso Tarquinio sacrum Carnæ Deæ in Cœlio monte voti reus fecerit. »

9. *Le premier jour t'est consacré*, Carna (p. 131). « Cette légende du Latium sur la déesse Carna, dit M. Bayeux, présente un vaste champ aux explications allégoriques; » et il se lance avec joie dans cette route, où nous ne le suivrons que de loin.

Carna ou *Crane*, ou *Grané*, était une des plus anciennes divinités de Rome. Elle présidait à la vie humaine, et de là venaient les offrandes qu'on lui faisait du cœur, des entrailles et des autres parties de l'intérieur du corps, pour qu'elle les conservât saines.

On en fit la femme de Janus, et on lui donna la surintendance des Gonds ; alors on l'appelait *Cardea* et *Cardinea*. Elle avait reçu de son époux le pouvoir d'éloigner, avec une branche d'aubépine, les oiseaux nocturnes appelés *striges*, qui venaient assaillir les enfans dans leurs berceaux ; et c'est ainsi qu'elle sauva le jeune Procas.

Mais ce n'est pas sans doute dans l'histoire qu'il faut chercher l'idée que l'on doit prendre de cette divinité. Son union avec un personnage tout entier de fiction, annonce que c'est aussi de l'allégorie qu'il faut apprendre ce qu'était Carna.

D'abord, il semble que l'on aperçoive quelques rapports entre cette déesse et Apollon, surnommé *Carneus*. On sait que ce dieu était honoré sous le nom de *Carnéen* et d'*Haguetor* ou *Heguetor, le Conducteur,* dans tout le Péloponnèse, et particulièrement dans la Laconie et la Messénie, mais surtout à Sparte. On sait aussi qu'il avait son sacerdoce héréditaire.

Quant à ce surnom, Pausanias l'a cherché dans l'histoire, et Macrobe dans l'essence même du soleil. « Quod quum omnia ardentia cousumantur, hic suo calore candens semper novus constat. » Les fêtes du dieu étaient d'abord champêtres et simples. On construisait neuf cabanes de branchages, sous chacune desquelles soupaient neuf convives ; la fête durait neuf jours, et l'on offrait neuf sacrifices au dieu. Bientôt les Spartiates ajoutèrent de nouveaux rits, tels que des jeux, dans lesquels on décernait un prix de musique. Dans le temple d'Apollon Carnéen, à Cyrène, on entretenait sur l'autel un feu perpétuel. Des chœurs de danse contribuaient aussi à la solennité.

Ces fêtes, appelées *Carnea* et *Haguétoria*, se célébraient, suivant quelques-uns, à la fin du printemps, et, suivant d'autres, à la fin de l'été ; si l'on prenait un terme moyen, on pourrait avoir le commencement de juin, qui est l'époque des fêtes de *Carna* dans le Latium.

Quoi qu'il en soit, il est à présumer que la ressemblance des noms a été puisée dans le même fonds d'allégorie, et que *Carna* aura été la femme de Janus ou du Génie solsticial, considéré, à l'époque du passage du printemps à l'été, comme Apollon Carnéen était l'image du soleil opérant la même révolution.

Il nous reste à parler des détails magiques, mêlés à l'histoire de *Carna*. Le destin des hommes étant attaché, par l'astrologie, au système des astres, la constellation qui présidait à quelqu'une de leurs révolutions, devait nécessairement être regardée comme ayant une influence directe sur le cours de la vie des hommes. La superstition, l'ignorance et l'amour du merveilleux ont bientôt accrédité cette idée, et l'ont revêtue de tout le prestige de la magie. De là les incantations, les cérémonies nocturnes, les offrandes à la Lune, etc. C'est ainsi que nous avons vu Carmente au rang des Parques, et Mania présidant à la vie des enfans, apaisées par des rits magiques, etc. Comme Mania reçoit des victimes de substitution, Carna en offre, et c'est Junius Brutus qui consacre dans Rome le culte de l'une et de l'autre. Mais la première était un génie destructeur, parce qu'elle annonçait une fin de période, celui de l'hiver; la seconde était un génie sauveur, parce qu'elle ouvrait l'année et commençait le période le plus intéressant de la nature. L'une était réellement une constellation, et l'autre un être purement allégorique et de fiction; car l'inspection de la sphère ne nous présente rien qui annonce que *Carna* fût le nom mythologique de quelque constellation.

Parce que cette fête était le premier jour de l'année, on y pratiquait diverses cérémonies expiatoires pour la conservation des enfans; et parce que c'était la fête d'un nouveau soleil ou celle des révolutions célestes, Brutus choisit ce jour-là pour offrir à la déesse qui y présidait, un sacrifice en mémoire de l'expulsion des rois : révolution politique qui se trouvait ainsi d'accord avec la célébration d'une révolution physique.

On voit que le *soleil de la liberté* est une métaphore qui n'est pas moderne. Nous sommes les plagiaires du vieux Brutus, lorsque nous nous écrions :

Au soleil de juillet, dont l'éclat fut si beau, etc.

10. *A ces mots, il lui donne une branche d'aubépine* (p. 133). L'aubépine et tous les arbustes épineux, tels que l'acanthe, l'oxiacanthe, le paliure, le leucoacanthe, jouissaient d'une vertu purificatoire : on s'en servait pour éloigner les accidens et les maléfices.

Nicandre (*sur la Thériaque*) en fait un préservatif contre le poison ; et nous trouvons dans Diogène-Laërce (*Vie de Bion*) qu'on garnissait, du feuillage de ces arbustes, les portes des maisons.

11. *Il existe des oiseaux avides.... Ils volent la nuit ; ils cherchent les enfans privés de nourrice, et déchirent leurs corps enlevés de leurs berceaux* (p. 135). Ces idées superstitieuses ont traversé les âges, et n'ont presque rien perdu de leur empire chez quelques nations. Voyons d'abord les détails que nous fournit à ce sujet l'antiquité.

Suivant Dion (*Hist. Libyc.*), la crédulité et l'amour du merveilleux avaient imaginé des êtres fantastiques, appelés *Lamiæ*, qui avaient le buste de femme, avec toutes les grâces de la jeunesse et de la beauté, le reste du corps couvert d'écailles et se terminant en serpent. Elles allaient la nuit offrir leur sein aux enfans, dont ensuite elles suçaient le sang. On racontait qu'une certaine reine d'Afrique, nommée *Lamia*, ayant perdu tous ses enfans, par la jalousie de Junon, en conçut une telle fureur, qu'elle fit prendre et tuer tous ceux des autres femmes du pays. On feignit qu'elle était aveugle, qu'elle cherchait partout les enfans pour les mettre à mort, que c'était un spectre hideux qui n'allait que la nuit. Il a été un temps, dit à ce sujet le P. Calmet, qu'on croyait sérieusement que certaines vieilles sorcières appelées *Lamiæ*, dévoraient les enfans et les morts, et c'est peut-être pour cette raison, ajoute-t-il, qu'on gardait les morts pendant la nuit. Les lois saliques ordonnent que si la sorcière a mangé un homme, et qu'elle en soit convaincue, elle paiera deux cents pièces d'argent.

Au reste, on a prétendu que ces *Lamies* étaient pour les Grecs ce que les *Striges* étaient pour les Latins. Isidore dit en effet : « Striges, mulieres volaticæ; vulgo Amma dicitur ab amando parvulos. » Et Festus : « Striges, maleficis mulieribus nomen inditum est, quas etiam volaticas dicunt. » C'est en faisant allusion à cette idée, qu'Ovide dit d'une vieille, dont il avait à se plaindre :

> Hanc ego nocturnas suetam volitare per umbras,
> Suspicor, et pluma corpus anile tegi.

Pline leur attribue le même instinct d'allaiter les enfans, pour les allicier et les détruire. Le *strix* des anciens était le nom générique des oiseaux de proie nocturnes, et désignait particulièrement le chat-huant, suivant plusieurs naturalistes. Buffon, cherchant dans les vers d'Ovide, qu'il cite, les caractères propres à cet oiseau, trouve qu'ils ne conviennent qu'à l'effraie. « La tête grosse, les yeux fixes, le bec propre à la rapine, les ongles en hameçons, dit-il, sont des caractères communs à tous ces oiseaux. Mais la blancheur du plumage, *canities pennis*, appartient plus à l'effraie qu'à aucun autre ; et ce qui détermine sur cela mon sentiment, ajoute-t-il, c'est que le mot *stridor*, qui signifie en latin un craquement, un grincement, un bruit désagréablement entrecoupé ; et semblable à celui d'une scie, est précisément le cri *gre! gre!* de l'effraie ; au lieu que le cri du chat-huant est plutôt une voix haute, un hôlement, qu'un grincement. »

Les idées qui firent regarder le *strix* comme un oiseau malfaisant ne sont pas effacées, et peuvent se retrouver dans ce qu'en dit le même historien de la nature, en parlant de l'effraie : « Elle pousse, en volant et en se reposant, différens sons aigres, tous si désagréables, que cela, joint à l'idée du voisinage des cimetières et des églises (où elle habite), et encore à l'obscurité de la nuit, inspire de l'horreur et de la crainte aux enfans, aux femmes et même aux hommes soumis aux mêmes préjugés, et qui croient aux revenans, aux sorciers, aux augures. Ils regardent l'effraie comme l'oiseau funèbre, comme le messager de la mort ; ils croient que quand il se fixe sur une maison, et qu'il y fait retentir une voix différente de ses cris ordinaires, c'est pour appeler quelqu'un au cimetière. » (*Hist. nat. des Oiseaux.*)

En Russie, en Hongrie, en Bohème, et dans plusieurs cantons de l'Allemagne, le peuple croit encore aux vampires ou stryges.

Voici ce qu'on lit à ce sujet dans Moreri :

« *Stryges* sont des corps morts qu'on trouve en Pologne, et principalement en Russie, et que l'on appelle en langue du pays *upiers*. Ils ont une certaine humeur, qu'on croit être du sang, lequel on prétend que le démon tire ou suce des corps de quelques personnes vivantes ou de quelques bestiaux. Il le porte dans ce corps mort, d'où l'on dit qu'il sort en certains temps, depuis midi jusqu'à minuit, après y avoir fait beaucoup de vexations; ensuite il retourne dans un cadavre, et y verse le sang qu'il a amassé. Il s'y trouve quelquefois de ce sang en si grande quantité, que, si l'on n'y met ordre, il sort par la bouche, par le nez, et principalement par les oreilles, en telle abondance, que ce cadavre nage dans son cercueil; et le cadavre a une telle faim, qu'il mange les linges qui sont autour de lui, et que l'on trouve en effet dans sa bouche. Ce démon qui sort du cadavre va la nuit représenter l'image du mort à ses amis ou à ses parens. Il les embrasse, les serre et les affaiblit de telle manière, qu'ils s'éveillent et crient au secours, auquel temps on dit que ce démon leur suce le sang pour le porter dans le cadavre. Ceux qui sont ainsi tourmentés deviennent maigres, atténués, et meurent à la fin. Cette persécution dure jusqu'à la dernière personne de la famille, à moins qu'on en interrompe le cours, en coupant la tête et en ouvrant le cœur aux cadavres dont on a vu les images durant la vexation. Quand on fait la visite de ces cadavres, on les trouve, dans leurs cercueils, mous, flexibles, enflés et rubiconds, quoiqu'il y ait long-temps qu'ils soient morts.

« Après leur avoir coupé la tête et ouvert le cœur, il en sort une grande abondance de sang qu'on ramasse pour en faire du pain avec de la farine, dont on mange pour se garantir de la vexation. Sitôt que cela est fait, l'esprit ne revient plus. » (*Gr. Dict.*, art. STRYGES.)

12. *Ils viennent s'abattre au berceau de Procas....... Le père et la mère pleuraient:* « *Plus de pleurs, dit-elle, je guérirai l'enfant* » (p. 135). Des commentateurs se sont amusés ici à relever un anachronisme, bien singulier selon eux. Copiant une remarque de Corradini (*Latium vetus*, lib. I, cap. 13), ils observent que Carna devait être morte au temps de Procas, puisque ce prince fut le treizième roi d'Albe, et que Carna était l'épouse de Janus, qui vivait long-temps avant qu'il n'y eût des rois à Albe.

Pour lever cette difficulté éminente, Corradini propose d'attribuer le salut de Procas, non pas à Carna elle-même, mais à une de ses prêtresses.

13. *Aussitôt, avec ordre, elle touche trois fois les portes d'un rameau.... puis elle y verse de l'eau, et cette eau renferme une vertu....* (p. 135). Écoutons la remarque du naïf abbé de Villeloin :

« Voyez, dit-il, la superstition au nombre de trois.

« Mais de quelle sorte étaient faits les caractères dont il est ici parlé? Ceux qui font des contes de sorciers en disent tout autant, et observent tout de même le nombre de trois, avec des aspersions, et se servent de signes de croix et d'eau-bénite; si ces beaux contes en doivent être crus, quoi qu'on dise d'ailleurs, et nos histoires ecclésiastiques en sont toutes pleines, que les signes de croix et l'eau-bénite chassent les démons. »

14. *On demande pourquoi, pendant ces calendes, l'on mange du lard gras, et une bouillie mélangée de farine et de fèves* (p. 137)? Ovide en donne la raison : c'est que Carna est une déesse antique, et que cette simplicité de vie rappelle les premiers temps. A cette coutume, Ovide oppose, par un contraste très-poétique, le luxe de la table dans son siècle, et l'excès de ces raffinemens poussés jusqu'à la bizarrerie. Horace s'élève aussi contre ce luxe absurde et ridicule :

................Quia veneat auro
Rara avis, et picta pandat spectacula cauda :
Tanquam ad rem attineat quicquam. Num vesceris ista
Quam laudas, pluma ?
(Lib. II, *Sat.* 2, v. 25.)

15. *Le Latium ne connaissait pas l'oiseau qui vient de la riche Ionie, ni celui qui savoure le sang du Pygmée* (p. 137). L'oiseau d'Ionie est l'*attagas* ou l'*attagène*, espèce de francolin, ainsi nommé à cause du cri qui lui est propre. Cet oiseau, d'un excellent goût, est de la grosseur du faisan : il est originaire de Barbarie, en Afrique. Pline dit que l'attagène, qui avait été fort rare, était devenu plus commun de son temps; qu'on en trouvait en Espagne, dans la Gaule et sur les Alpes, mais que ceux d'Ionie étaient les plus estimés. Clément d'Alexandrie nous apprend que ceux d'Égypte étaient ceux dont les gourmands faisaient le plus de cas; il y en avait aussi en Phrygie, selon Aulu-Gelle, qui dit que c'est un oiseau asiatique. Apicius donne la

manière d'apprêter le francolin, qu'il joint à la perdrix, et saint Jérôme en parle dans ses lettres comme d'un morceau fort recherché. Buffon observe, d'après Gesner, qu'encore aujourd'hui, à Rome, on appelle le *francolino* un morceau de cardinal.

Cet autre oiseau, qui savoure le sang du Pygmée, est la grue. Les combats des grues et des Pygmées sont trop célèbres pour n'en pas dire ici quelques mots. Buffon fournit à ce sujet les détails les plus intéressans :

« C'est aux sources du Nil que les anciens envoyaient les grues combattre les Pygmées, *sorte de petits hommes*, dit Aristote, *montés sur de petits chevaux, et qui habitent des cavernes.* Pline arme ces petits hommes de flèches : il les fait porter par des béliers, et descendre au printemps des montagnes de l'Inde, où ils habitent, sous un ciel pur, pour venir vers la mer orientale soutenir, trois mois durant, la guerre contre les grues, briser leurs œufs, enlever leurs petits; *sans quoi*, dit-il, *ils ne pourraient résister aux troupes toujours nombreuses de ces oiseaux;* qui même finirent par les accabler, à ce que pense Pline lui-même, puisque, parcourant des villes maintenant désertes et ruinées, et que d'anciens peuples habitèrent, il compte celle de Gérania, où vivait autrefois la race des Pygmées, qu'on croit en avoir été chassés par les grues.

« Ces fables anciennes, ajoute l'éloquent et philosophe historien de la nature, sont absurdes, dira-t-on, et j'en conviens; mais, accoutumés à trouver dans ces fables des vérités cachées et des faits qu'on n'a pu mieux connaître, nous devons être sobres à porter ce jugement, trop facile à la vanité et trop naturel à l'ignorance; nous aimons mieux croire que quelques particularités singulières dans l'histoire de ces oiseaux donnèrent lieu à une opinion si répandue dans une antiquité que, après l'avoir si souvent taxée de mensonges, nos nouvelles découvertes nous ont forcés de reconnaître instruite avant nous. On sait que les singes, qui vont en grandes troupes dans la plupart des régions de l'Afrique et de l'Inde, font une guerre continuelle aux oiseaux. Ils cherchent à surprendre leur nichée, et ne cessent de leur dresser des embûches. Les grues, à leur arrivée, trouvent ces ennemis, peut-être rassemblés en grand nombre pour attaquer cette nouvelle et riche proie avec plus d'avantage ; les grues, assez sûres de leurs propres forces, exercées même entre elles aux combats, et naturellement assez disposées à la lutte, comme il paraît par les attitudes où elles se jouent, les mouvemens qu'elles affectent, et à l'ordre des batailles, par celui même de leur vol et de leur départ, se défendent vivement : mais les singes, acharnés à enlever les œufs de leurs petits, reviennent sans cesse, et en troupe, au combat; et comme, par leurs stratagèmes, leurs mines et leurs postures, ils semblent imiter les actions humaines, ils parurent être une troupe de petits hommes à des gens peu instruits, ou qui n'aperçurent que de loin, ou qui, emportés par l'amour de l'extraordinaire, préférèrent mettre ce merveilleux dans leurs relations. Voilà l'origine et l'histoire de ces fables. »

16. *On raconte aussi qu'un temple a été consacré à Junon Moneta....., en exécution de ton vœu, ô Camille* (p. 137). Du pied du Capitole, où Sévère fit élever dans la suite un arc-de-triomphe, on montait quelques degrés pour arriver au temple de la Concorde, et de là on montait une autre suite de degrés qui conduisaient au temple de Junon Moneta, qui donnait perpendiculairement sur celui de la Concorde, et était situé sur le haut de la roche Tarpéienne, devant le temple de Jupiter Capitolin, et à sa droite. On croit que ce temple avait été bâti sur les ruines du palais de Tatius, roi des Sabins. Cicéron rapporte ainsi l'étymologie de ce surnom donné à Junon : « Plusieurs ont écrit qu'un grand tremblement de terre s'étant fait sentir, on entendit du temple de Junon une voix qui avertissait d'immoler, en expiation, une truie pleine, et que de là vint que ce temple fut appelé le temple de Junon *qui avertit* (Monetæ). » D'autres tirent ce surnom *a moneta*, de la monnaie, et Suidas croit que Junon le reçut parce que les Romains, étant embarrassés de trouver de l'argent pour soutenir la guerre contre Pyrrhus et les Tarentins, Junon les avertit que tant que la justice soutiendrait leurs armes, l'argent ne leur manquerait pas. Tite-Live dit, en effet, qu'il y avait près de ce temple un atelier de monnayeurs.

Quoi qu'il en soit, le temple dont parle Ovide, dédié aux calendes de juillet, comme le dit aussi Macrobe, avait été voué par Camille, et fut construit sur les ruines de la maison du dictateur Manlius, soit que ce fût le même que celui dont nous venons de parler, soit que c'en fût un second, ce que l'on ne peut bien assurer. « Les Auronciens ayant renouvelé la guerre par une subite incursion, dit Tite-Live, le dictateur Furius marcha contre eux...; mais il trouva moins une armée d'ennemis qu'une troupe de maraudeurs qu'il défit du premier abord. Cependant, comme ils avaient été assez hardis pour commencer la guerre et se présenter fièrement, le dictateur avait cru devoir intéresser les dieux à son expédition; et, dans cette vue, il avait voué un temple à Junon Moneta dès le commencement du combat. Obligé à l'accomplissement de ce vœu par la victoire qu'il avait remportée, il revint à Rome, où, s'étant démis de la dictature, le sénat ordonna qu'il serait nommé deux commissaires pour bâtir ce temple d'une manière convenable à la grandeur du peuple romain. On lui destina dans la citadelle l'emplacement de la maison de Manlius Capitolinus. »

Valère-Maxime donne le même surnom de Moneta à la Junon apportée par Camille de Véies à Rome, et qui eut un temple sur l'Aventin; ce qui semblerait annoncer que cette déesse eut deux temples à Rome sous le même surnom.

17. *Là s'élevait auparavant la maison de Manlius... Que n'est-il, grands dieux! tombé en défendant ton trône, puissant Jupiter* (p. 137)! Ovide parle ici en patricien des évènemens de l'histoire romaine. C'est l'esprit de Tite-Live. Le crime de Manlius fut d'avoir soutenu la cause populaire; il eut le sort des Gracques et de tous ceux qui osèrent toucher aux prérogatives de l'aristocratie romaine. Au reste, M. Michelet conteste la certitude historique des temps où il parut.

« Les auteurs des lois agraires, dit-il, se présentent à des époques différentes, mais sous des noms identiques qui font douter de leur individualité : Spurius Cassius, Spurius Melius, Spurius Mecilius, Spurius Metilius, et enfin Manlius (*Mallius, Mellius, Melius*). »

Puis l'auteur ajoute, dans une note :

« Les dates sont différentes (486, 437, 382), mais les évènemens ne le sont guère. Spurius Cassius est un patricien, Spurius Melius un très-riche chevalier avec beaucoup de cliens : tous deux sont accusés d'aspirer à la royauté.

« Spurius Melius, n'étant pas consul, ne peut proposer aucune loi; mais il distribue beaucoup de blé au peuple. Manlius demande la division des terres comme Cassius, et de plus, comme Melius, il soulage de sa bourse les pauvres plébéiens. Dans les discours que lui prête Tite-Live, il paraît favorable aux alliés : *Quos falsis criminibus in arma agunt.* C'est une ressemblance de plus avec Spurius Cassius. Au contraire, le sénat traite avec dureté les Latins et les Herniques. Si leurs actions sont semblables, leur supplice l'est aussi. Manlius est condamné à mort, et sa maison détruite; la maison de Spurius Melius est également démolie. Spurius est condamné par Titus Quintius Capitolinus; Manlius l'est par un dictateur dont le lieutenant se nomme Titus Quintius Capitolinus; le même Servilius Ahala qui tue Melius, nomme dictateur (en qualité de tribun militaire) Publius Cornelius; le dictateur qui condamne Manlius, se nomme Aulus Cornelius.

« Vingt-deux ans après Spurius Melius, deux tribuns, Spurius Mecilius et Spurius Metilius, proposent une loi agraire. Ce mot est tout ce que l'histoire nous apprend d'eux : ils ne reparaissent plus.

« Quant à Manlius, nous voyons dans Tite-Live, quelques pages après le récit de sa mort, une anecdote qui pourrait expliquer la haine des patriciens contre lui. Un Publius Manlius, dictateur, avait nommé pour général de la cavalerie un plébéien. Les patriciens auront chargé ce Manlius des crimes des Spurius Cassius, des Spurius Melius; en un mot, de tous les patriciens qui avaient trahi leur ordre en prenant en main les intérêts des plébéiens. » (*Hist. rom.*, tome I, p. 115 et suiv.)

18. *Et toi aussi, Tempête, tu as mérité un temple.* (p. 139). Ce temple était situé près de la porte Capène, dans le même lieu que le temple de Mars dont il a été question dans les vers précédens.

« On avait cru long-temps, dit M. Bayeux, qu'il s'agissait d'un vœu de Marcellus, lorsqu'il faisait voile contre la Corse et la Sardaigne; mais on sait aujourd'hui que dans ces vers il est ques-

tion de L. Scipion, qui attaqua aussi l'île de Corse vers l'an de
Rome 493. C'est ce que l'on a appris d'une inscription trouvée
près la porte Capène, la plus antique de toutes celles qui nous
restent après celle de Duillius. »

19. *Au second retour du matin, au second lever de Phébus...., fut
consacré le temple de Bellone.... Le fondateur est Appius....* (p. 139).
Le deuxième jour après le lever héliaque des Hyades, c'est-à-
dire la veille des nones, on célébrait la dédicace du temple de
Bellone. Ce temple servit à recevoir les ambassadeurs étrangers,
depuis que le Champ-de-Mars, où il était situé, eut été orné des
édifices qui en faisaient la plus belle place de Rome. Ce fut dans
la guerre des Romains contre Pyrrhus qu'Appius Cécus en fit
le vœu. La fermeté de ses avis ranima la vigueur du sénat, qui
penchait à faire la paix.

Ovide exalte à ce sujet la prévoyance et la sagesse d'Appius.
Cicéron, dans son traité *de la Vieillesse,* ne manque pas de citer
l'exemple de ce vieillard courageux, et Valère-Maxime s'exprime
à peu près dans les mêmes termes qu'Ovide :

« Accablé de vieillesse, Appius se fit porter au sénat dans une
litière, pour empêcher que Rome ne fît une paix honteuse avec
Pyrrhus. Appellerez-vous aveugle, ajoute-t-il, celui qui fit voir
à sa patrie ce qu'elle pouvait faire avec honneur, et ce que, sans
lui, elle n'eût jamais prévu ? »

Quelques auteurs, trompés par un passage de Pline, ont attribué la fondation du temple de Bellone à un autre Appius Claudius qui fut consul avec Caïus Servilius après l'entière expulsion
des Tarquins ; mais on ne peut douter qu'il ne se soit glissé une
erreur dans le texte de Pline.

20. *C'est de là que la main du fécial lance le javelot précurseur
de la guerre* (p. 139). Les féciaux, institués par Numa, étaient à
la fois des hérauts et des prêtres que Rome, dans ses démêlés
avec ses voisins, envoyait d'abord pour demander satisfaction.
S'ils ne l'obtenaient pas, ils lançaient un javelot sur le territoire
ennemi : c'était une déclaration de guerre.

Quand la république eut étendu ses conquêtes au delà de
l'Italie, l'éloignement des lieux ne permit plus d'employer des
féciaux pour déclarer la guerre aux nations ennemies. Alors on

se contenta, pour la forme, d'ériger sur la place dont nous venons de parler une petite colonne de marbre qui, pour cette raison, fut appelée *columna Bellica*. Là, le consul, accompagné d'un fécial, se rendait en cérémonie; et, après avoir prononcé une certaine formule, il élevait une pique au dessus de la colonne et lançait un javelot vers la partie du monde qui renfermait les provinces auxquelles on était résolu de porter la guerre. Ce premier acte, ou plutôt cette apparence d'hostilité, passait pour une déclaration faite au nom du peuple et du sénat. A la faveur de cette formalité, on se persuadait avoir satisfait aux devoirs de la justice.

Le prêtre de la déesse était désigné par le titre de *fanatique*. C'est ainsi que l'on désignait en effet les *bellonaires* ou ministres de Bellone. Lactance en parle en ces termes : « Eamdem Bellonam vocant in cujus sacris ipsi sacerdotes non alieno, sed suo cruore sacrificant; secti namque humeris, et utraque manu gladios exserentes, currunt, efferantur, insaniunt. »

Juvénal dit aussi :

>........Sed, ut fanaticus, œstro
>Percussus, Bellona, tuo, divinat...
>
>(Sat. IV, v. 123.)

Properce dit de même :

>Votivus et quum membra detruncat dolor,
>Cultrum in lacertis aperit fanaticus.

21. *L'autre extrémité du Cirque est sous la garde et la protection d'Hercule* (p. 139). L'autre extrémité du Cirque désigne ici l'entrée. Ce temple, consacré à Hercule Gardien (*Custos*), fut élevé par le sénat d'après un oracle des livres Sibyllins. C'est dans ce temple que les gladiateurs vétérans allaient déposer leurs armes, comme nous l'apprend Horace :

>..........Vejanius, armis
>Herculis ad postem fixis, latet abditus agro,
>Ne populum extrema toties exoret arena.

22. *Si vous cherchez l'inscription, Sylla reçut et approuva le*

monument (p. 139). Le fondateur du temple d'Hercule n'est pas mieux connu que sa vraie situation.

Malgré le vers d'Ovide,

> Si titulum quæris, Sylla probavit opus,

il ne faut pas croire qu'il s'agisse d'un temple dédié par Sylla : l'histoire ne nous apprend rien à ce sujet ; et nous voyons seulement, dans Plutarque, qu'il consacra à Hercule la dîme de tous ces biens. Sylla ne figure donc ici que comme duumvir, comme le magistrat sous la direction duquel le temple fut construit. *Titulum* signifie ici l'*inscription* mise sur le fronton du temple.

23. *Je me demandais à qui rapporter les nones, à Sancus, ou à Fidius, ou à toi, père Semon….* (p. 141). Fixons le vrai nom de cette divinité.

Ovide lui donne les trois noms de *Sancus, Fidius, Semo pater*. Quelques auteurs lisent *Sanctus*, et des commentateurs peu instruits ont pris ce mot pour le surnom, pour le titre d'honneur donné à la divinité que l'on voulait se rendre favorable. Quelques monumens portent *Semi Pater*, et on l'a pris quelquefois, comme *Semo*, pour la désignation d'une divinité du second ordre ; parce qu'en effet on appelait *Semones Dii*, les divinités qui tenaient le milieu entre les hommes et les dieux.

Mais le vrai nom de ce dieu est *Sancus*, écrit quelquefois *Sangus*, appelé aussi *Semo* et *Semo pater*; *Fidius, Dius Fidius, Medius Fidius*, n'était qu'un de ses attributs. Un grand nombre d'inscriptions placent ce surnom pour le troisième.

> SANGO SANCTO SEMONI, DEO FIDIO SACRUM….
> SEMONI SANCO, DEO FIDIO….
> SANCTO SANCO SEMONI, DEO FIDIO SACRUM….

D'autres en font la première qualité du dieu Sancus :

> DEO SUMMO FIDIO, SEMONI SANCO….
> SANCO FIDIO, SANCO INVICTO….
> MEDIO FIDIO, SEMONI DEO SANCTO INVICTO….

Mais quel était ce dieu *Sancus, Semo?* Il paraît qu'il était l'Hercule des Sabins. Varron dit : « Ælius Gallus, Dium Fidium dicebat Diovis filium, ut Græci Διόσκουρον Castorem, et putabat hunc esse *Sancum* ab Sabina lingua, etc., *Herculem* ab Græca. » Festus dit encore : « *Propter viam* (formule) fit sacrificium, quod est proficiscendi gratia, Herculi aut Sanco, qui scilicet idem est Deus. » Properce, dans son élégie sur Hercule Sancus, dit de même, en indiquant le rapport de *Sanctus* avec *Sancus* :

> Sancte pater, salve, cui jam favet aspera Juno ;
> Sancte, velis libro dexter inesse meo !
> Nunc quoniam manibus purgatum sanxerat orbem,
> Sic Sancum Tatii composuere Cures.
>
> (PROPERT., lib. IV, eleg. 9, v. 71.)

24. *J'ai une fille, puisse sa vie dépasser les bornes de la mienne! Mon bonheur*, etc. (p. 141). Ovide, dit M. Desaintange, veut avertir ici que les dix premiers jours de juin ne sont pas propices aux célébrations nuptiales. Remarquez comme il substitue l'onction d'un sentiment tendre à la sècheresse didactique. Il a laissé dans Rome une fille chérie; il se souvient que, lorsqu'il voulut la marier, sa sollicitude paternelle s'informa avec soin des jours plus ou moins heureux; et, en rapportant ce qu'il apprit alors de l'épouse d'un flamine diale, il expose par sa bouche ce qu'il avait à dire. Cette composition est si naturelle, que, sans cette remarque, peu de lecteurs peut-être auraient soupçonné combien elle est ingénieuse.

On ne trouve nulle part le nom de cette fille d'Ovide ; lui-même nous apprend qu'elle se maria deux fois, et Sénèque nomme l'un de ses maris, Fidus Cornelius, qui paraît avoir été sénateur.

25. *La sainte épouse du flamine diale me parla ainsi*, etc. (p. 141). A propos de ces observances contraires à la propreté, Aulu-Gelle rapporte une loi curieuse des anciens rituels :

« Que l'on enfouisse dans la terre qui nourrit un arbre heureux ce que le ciseau a fait tomber des ongles et de la chevelure du prêtre de Jupiter. »

Sur quoi M. Bayeux fait cette réflexion, qui sent bien son dix-huitième siècle, mais qui est d'une application perpétuelle :

« Que de choses l'éloignement des siècles permet de présenter avec leurs ridicules ! »

26. *J'ai appris que ces jeux étaient les tiens, Tibre paisible: c'est un jour de fête pour ceux qui traînent les filets humides* (p. 141). Voici ce que l'on trouve dans Festus, sur cette fête des pêcheurs du Tibre : « Piscatorii ludi vocantur, qui quotannis mense Junio trans Tiberim fieri solent a prætore urbano pro piscatoribus Tiberinis; quorum quæstus in macellum pervenit, sed fere in aream Volcani, quod id genus pisciculorum vivorum datur ei Deo pro animis humanis. » Comme on le voit, ces jeux, qu'il faut distinguer des *Tibérinales*, ou fêtes des mariniers du Tibre, qui se célébraient en août, étaient donc du nombre des grands spectacles, dont le préteur de la ville avait l'intendance. On n'entend pas trop ce que veut ensuite Festus. Il semble qu'il veuille dire que l'argent consacré à ces jeux ne provenait pas tant des profits faits au marché, que de ceux faits sur la place du temple de Vulcain, parce qu'on y vendait sans doute les petits poissons vivans qu'on offrait à ce dieu pour racheter la vie des hommes. Varron dit aussi qu'aux Vulcanales, en août, le peuple jetait des animaux dans le feu, pour y tenir lieu de victimes humaines.

On sait, au reste, que ces substitutions de victimes étaient très-fréquentes dans l'antiquité.

27. *L'Intelligence aussi a son culte; nous voyons un temple consacré à l'Intelligence par crainte de la guerre que tu avais recommencée; perfide Carthaginois* (p. 143). M. Desaintange traduit :

    Le Conseil a son culte. Il fut un temps d'alarmes
    Où du Carthaginois nous redoutions les armes.

Puis il ajoute :

« C'est une des difficultés particulières à la traduction de ce poëme, que dans plus d'un endroit l'intelligence du mot ne donne nullement l'intelligence de la chose. Quelle est ici la signification de *Mens*? c'est une énigme à deviner. Ce substantif latin a des acceptions si diverses, que vingt traducteurs peuvent l'entendre de vingt manières différentes. Ceux qui ont interprété ce mot par *Bon Sens*, semblent avoir pour eux ce passage de Lactance : « Mentem quoque inter Deas collocavit senatus; « quam profecto si habuisset, ejusmodi sacra numquam suscepis-

« set. » — « Le sénat déifia aussi le Bon Sens ; et, certes, s'il avait
« eu du bon sens, jamais il n'aurait institué un pareil culte. »
M. Bayeux a cru devoir rendre *Mens* par *Intelligence*. Son interprétation vaut moins que la précédente. J'en ai cherché une plus convenable. Le sens que j'ai adopté m'a paru déterminé par ces mots d'Ovide : *Et melior protinus illa venit*. Ce culte fut établi après la malheureuse journée du lac de Trasymène. Le préteur Otacilius s'engagea pour la construction du nouveau temple, et deux ans après il le dédia sur le Capitole. La fête de cette dédicace revenait chaque année le 6 des ides de juin. »

Il est curieux de voir M. Bayeux invoquer précisément le même passage pour soutenir l'opinion contraire :

« Les Romains, dit-il, avaient aussi déifié la faculté appelée *Mens*, mot que quelques-uns ont interprété par *Bon Sens*, et que nous avons cru devoir rendre par *Intelligence*, fondé sur ces mots d'Ovide, qui nous ont paru en déterminer le sens : *Et melior protinus illa venit*. Lactance a fait une espèce de calembourg à ce sujet : « Mentem quoque inter Deas collocavit senatus ; quam « profecto si habuisset, ejusmodi sacra numquam suscepisset. »

Pour nous, il nous a semblé qu'il y avait peu d'inconvéniens à choisir l'un ou l'autre de ces mots, puisqu'au fond ils expriment la même chose dans la circonstance donnée. De quoi, en effet, les Romains pouvaient-ils avoir besoin contre des ennemis perfides? de l'intelligence qui découvre les ruses, et des bons conseils qui les font avorter. Le mot *mens* exprime ces deux nuances d'idées, et le calembourg de Lactance ne fait rien à la chose.

28. *Cet espace étroit sur lequel repose le parvis de Vesta était alors le grand palais du chevelu Numa...... Vesta n'est autre chose que la terre; l'une et l'autre a son feu perpétuel* (p. 143). Ovide dit qu'on avait célébré quarante fois les Palilies, c'est-à-dire l'anniversaire du jour natal de Rome, avant que Numa y eût introduit le culte de Vesta. Son temple fut, dans l'origine, un modeste oratoire, de forme ronde, couvert de chaume, et faisant partie du palais de Numa, qui n'était pas d'une structure plus magnifique. Dans la suite des temps, on le rebâtit en grand sur le même plan : mais alors le marbre et le bronze remplacèrent l'argile et le chaume.

Nous hasarderons-nous maintenant, appuyés sur l'érudition résistante de M. Bayeux, à pénétrer dans les allégories mythiques touchant la divinité de Vesta? Il nous a semblé qu'on pouvait glaner plusieurs détails précieux dans sa longue dissertation.

De toutes les divinités de l'Olympe, deux seulement prirent la virginité sous leur protection, deux seulement exigèrent que des mains chastes élevassent vers elles les offrandes des mortels. Mais leur culte ne fut pas également sévère sous ce rapport. L'une n'admettait auprès d'elle que des vierges innocentes auxquelles il était défendu d'aimer ; elle ne punissait cependant pas très-gravement la coupable qui avait oublié ses sermens. Éprise elle-même autrefois des charmes d'Endymion et d'Hippolyte, elle bornait son ressentiment à bannir des chastes chœurs la nymphe trop sensible. D'ailleurs l'exercice de la chasse et les danses innocentes au fond des bois servaient à distraire la vierge folâtre et à l'étourdir sur les besoins du cœur. Mais l'autre, plus austère, dont aucun dieu, dont aucun mortel n'avait jamais détaché la ceinture, ordonnait la mort de l'infortunée qui avait oublié un instant le vœu barbare de l'ignorance et de la superstition. Encore ces tristes prêtresses, condamnées au perpétuel séjour du sanctuaire, n'avaient-elles d'autre distraction contre l'impulsion toujours active de la nature et du sentiment, que le soin ennuyeux d'entretenir le feu d'une lampe.

C'est de cette dernière divinité qu'Ovide chante ici la fête. Pénétrons dans son sanctuaire, et tâchons de découvrir son existence allégorique. L'opinion reçue, et qui, comme toutes celles qui sont trop communes, semble être dispensée d'être approfondie, c'est que Vesta était l'image du feu. Mais quel est ce feu? que signifie-t-il ?

Les savans de l'antiquité qui ont cherché à lever le voile allégorique qui enveloppe leurs divinités, se sont partagés en deux opinions sur Vesta. Les uns l'ont prise pour la terre, et les autres pour le feu.

Nous voyons en effet que l'on a souvent donné Vesta pour épouse à Uranus, et que dès-lors on l'a confondue avec Rhéa ou la Terre. Servius dit : « *Vesta*, quod variis *vestita* sit rebus. Ipsa enim dicitur esse Terra. » Varron, dans saint Augustin, dit de même en parlant de la Terre, surnommée Vesta : « *Vestam quod vestiatur* herbis. » Arnobe dit aussi : « Terram nonnulli Vestam pronuntiant, quod in mundo stet sola, ceteris ejus partibus in mobilitate perpetua constitutis. »

Suidas, en donnant le tympanum pour attribut à Vesta, s'exprime aussi de cette manière : « Terræ effigies. Mulierem forma Vestam, tanquam terram, tympanum præferentem : quoniam ventos terra intra se concludit. » Ovide dit de même, que Vesta n'est autre chose que la terre, et qu'elle tire son étymologie de ce qu'elle se soutient d'elle-même et par sa propre force, *vi stando*. Enfin, si le temple de cette déesse était rond et couvert d'un dôme, c'est parce qu'il devait représenter la terre, dont elle est l'image : « Rotundam ædem Vestæ, dit Festus Pompeius, Numa Pompilius rex Romanorum consecrasse videtur quod eamdam esse terram, qua vita hominum sustentaretur, crediderit, eique pilæ forma esse ; ut sui simili templo Dea coleretur. » C'est enfin à la même idée allégorique qu'il faut rapporter l'attitude donnée communément à Vesta, pour emblème de sa stabilité, de son immobilité; elle est représentée assise. C'est ainsi qu'on la voit sur les médailles.

Pausanias dit aussi que, près de Patras, en Achaïe, il y avait un temple de Cérès, où cette déesse et Proserpine étaient debout, mais où Vesta, la Terre, était assise. Pline parle de la Vesta *assise*, célèbre statue de Scopas, que l'on voyait à Rome dans les jardins Serviliens.

Le sentiment qui fait de Vesta la déesse du feu, le génie conservateur de cet élément, est infiniment plus accrédité et plus général que celui que nous venons d'exposer. Citons seulement Ovide, qui dit que Vesta n'est autre chose que la *flamme active et pure*, et ajoutons à son témoignage un passage remarquable de Plutarque, qui explique aussi, sous le rapport de cette allégorie, la forme ronde du temple de la déesse. « On assure, dit-il, que Numa fit le temple de Vesta rond, pour y garder le feu sacré, voulant représenter par là, non pas la figure de la terre comme si c'était Vesta, mais celle de l'univers, au milieu duquel les pythagoriciens placent le feu, qu'ils appellent *Vesta* et *Unité*; car pour la terre, ils disent qu'elle n'est ni immobile ni au centre du tourbillon, mais qu'elle tourne autour du feu, et qu'elle n'est pas du nombre des principaux élémens qui composent le monde. On dit même que Platon embrassa cette opinion dans sa vieillesse, et qu'il enseigna que la terre occupait une autre place, et laissait le milieu, comme la place honorable, à un plus noble élément. »

Telles sont les deux opinions que l'antiquité a consacrées sur Vesta. Faut-il choisir entre elles, et s'attacher à l'une plutôt qu'à l'autre? Mais comment se décider, lorsque des témoignages et des monumens également respectables les appuient toutes deux? Il paraît même que les anciens pensaient qu'il fallait les adopter ensemble, et c'est ce que l'on voit par les efforts qu'ils ont faits pour les concilier. Quelques-uns ont cru y parvenir au moyen des traditions mythologiques, et ils ont supposé deux Vesta. L'une, plus ancienne, fille de Saturne et de Rhée, et représentant la terre; l'autre, épouse d'Ouranos, ou le Ciel, et représentant l'élément du feu. D'autres ont cherché des rapports allégoriques pour concilier les deux attributs. Phurnutus a donné celui-ci : « Quod vis ignea quæ in mundo est, hinc nutriatur, ac per hanc subsistat : aut quod fecunda terra etiam animalium sit mater, quibus vis ignea vitæ causa est. » Denys d'Halicarnasse propose une autre conjecture : « Quod quum Vesta sit terra, atque medium mundi locum sortita accendat semetipsa superiores illos ignes. »

On sent combien de pareilles conjectures sont peu satisfaisantes. Cependant, ce qui en résulte de plus clair, c'est qu'il faut conserver les deux opinions qui font de Vesta et la terre et le feu. Cherchons donc un nouveau moyen de les concilier.

D'abord il est indubitable que Vesta est prise pour le globe de la terre.

Quant à Vesta, prise pour le feu, il est nécessaire d'en fixer plus particulièrement l'idée. De quel feu cette déesse était-elle le symbole? est-ce du feu élémentaire et principe de la fécondité de la nature? est-ce du feu matériel et servant aux usages de la vie? Cette première discussion mettra sur la voie. Saint Augustin, dont l'autorité est très-précieuse, parce qu'il travaillait d'après des monumens que nous n'avons plus, nous indique qu'il faut fixer cette distinction, et semble faire de Vesta le feu principe. « Vestam quoque ipsam præterea Dearum maximam putaverunt, quod ipsa sit terra; *quamvis ignem mundi leviorem qui pertinet ad usus hominum facilem, non violentiorem, qualis Vulcani est, deputandum esse crediderunt.* » Dans la théologie égyptienne et orientale, Vulcain, sous le nom de *Phtha*, était regardé comme le feu principe, ce feu éternel qui avait formé le monde, et qui était composé de deux substances : l'une, masculine, sous le nom de Vulcain, ou la chaleur active, qui répandait le mouvement et la vie dans la masse inerte de la matière qu'il organisait ; l'autre, féminine, sous le nom de Minerve, ou cette substance lumineuse qui circule autour du ciel, qu'elle enveloppe, et dont les astres sont une émanation. C'est ce dont on ne peut plus douter d'après les savantes explications de M. Dupuis, dont tout le système, à cet égard, se trouve renfermé dans ce peu de mots du lord Cherbury: « In igne masculum esse quod comburit, quod lucet vero feminam. »

Or, nous voyons de grands rapprochemens entre Vulcain, Minerve et Vesta.

Nous trouvons aussi que Vesta offre des traits de ressemblance avec le soleil ; c'est au feu de ses rayons que le feu sacré était rallumé ; et les inscriptions nous présentent le pontife du Soleil comme étant aussi celui de Vesta : *pontifici Vestæ, pontifici Solis.*

Or, voyons maintenant quel était précisément ce feu, et comment l'être allégorique qui le représentait pouvait en même temps être l'image de la terre. On voit que l'hypothèse la plus vraisemblable est celle du feu central, de cette chaleur interne dont on a soupçonné l'existence, par les volcans découverts sous la mer, par les sources d'eaux chaudes trouvées sous la zone glacée, par la fonte de la surface intérieure de la neige, tandis que sa croûte extérieure résiste à la chaleur du soleil, etc. Nous voulons rendre aussi à l'antiquité l'hommage qu'elle mérite, et prouver, par un nouvel exemple, que le génie de l'homme, indépendant de la succession des âges et de la transmission des connaissances, peut, à des époques différentes, saisir les mêmes vérités et enfanter les mêmes prodiges.

Suivons par degrés les notions et les autorités qui nous ont conduit à attribuer cette connaissance aux anciens, ou plutôt qui ont confirmé l'idée qu'en donne nécessairement la seule nécessité de considérer Vesta en même temps comme la terre et comme le feu.

Phurnutus avait cru que le feu était renfermé dans la terre; et Plotin le Philosophe regardait Vesta comme le *feu et l'âme de la terre.*

Ovide semble aussi indiquer, de la manière la moins équivoque, l'opinion que nous donnons de Vesta, lorsqu'il dit que Vesta est la terre, et que l'une et l'autre à son feu perpétuel: *Subest vigil ignis utrique.*

Il ne faut pas croire non plus que les pythagoriciens, en parlant du feu au milieu du monde, voulussent parler du soleil au milieu des sphères, mais réellement du feu occupant le centre de l'univers; c'est de cette manière qu'il faut entendre l'idée que Plutarque a donnée de Vesta. Le feu, dit-il, est la plus vive image de la puissance immortelle, qui arrange et conserve l'univers; c'est dans le feu qu'est le principe et le commencement de toutes choses. Le temple de Vesta, où on le conserve, est rond, parce qu'il est fait pour représenter l'univers: le feu est l'âme du monde.

On voit, par ce peu d'autorités, que les anciens philosophes, instruits du fond des allégories, considéraient vraiment Vesta comme la terre, renfermant dans son sein le feu qui organise et perpétue les êtres. Il est établi que les anciens avaient les mêmes notions que nous avons aujourd'hui sur la nature de ce feu central, c'est-à-dire qu'ils connaissaient tout le fond de l'hypothèse même que Buffon a si ingénieusement développée, *le monde créé par le feu, et le refroidissement du globe.* Pourra-t-on douter alors que lorsqu'ils ont adoré Vesta comme la terre et le feu à la fois, lorsqu'ils l'ont même considérée comme le feu principe mêlé à la terre, occupant le centre du monde; ils n'aient pas vu positivement en elle l'image de ce globe d'abord igné, puis finissant par renfermer dans son sein les restes du foyer que le refroidissement rétrécit et épuise?

Or, un passage de Justin, abréviateur de Trogue Pompée,

présente en toutes lettres l'exposition du système de Mairan, Buffon et Bailly. L'historien parle de la querelle des Égyptiens avec les Scythes, sur l'ancienneté de leur origine, et il fait raisonner ainsi ces derniers, dans l'hypothèse où la terre n'aura été d'abord qu'un globe de feu : « Sive ignis, qui et mundum genuit, cuncta possedit.... Sive igni prima possessio rerum fuit, qui paulatim exstinctus, sedem terris dedit : nullam prius quam septentrionalem partem hiemis rigore ab igne secretam ; adeo ut nunc quoque nulla magis rigeat frigoribus. Ægyptum vero et totum orientem, tardissime temperatum : quippe etiam nunc torrenti calore solis exæstuet. » Voilà sans doute, en peu de mots, le système de Buffon sur le réfroidissement du globe, et celui de Bailly sur le premier peuple de la terre sorti des glaces du Nord. Nous n'allons pas jusqu'à méconnaître la distance qui sépare une première et vague conjecture d'une théorie systématiquement formulée. Mais la première et la plus difficile notion à saisir, pour trouver le feu dans le centre de la terre, était de faire originairement de la terre un globe de feu réfroidi par degrés ; et nous ne pouvons plus douter que les anciens ne l'aient eue. Ce grand point une fois établi, on conçoit pourquoi ils ont adoré la même divinité sous le nom de la terre, sous celui du feu, et l'on entend ce qu'ils ont voulu dire, en supposant à la terre un principe igné, en mettant le feu dans le centre du monde, en regardant enfin cette divinité de la terre et du feu comme le *foyer de l'univers et le soutien de la nature.*

Telle était donc cette grande Vesta, adorée non pas seulement à Rome, mais dans tout l'univers.

Que de vérités profondes cachées sous les symboles de l'antiquité ! mais qu'il est difficile de les apercevoir, lorsqu'une éducation sèchement classique nous les a présentés comme travestis et rendus méconnaissables par une poésie sans intelligence et sans couleur !

29. *Dans la citadelle de Syracuse est un globe suspendu dans un air renfermé : petite, mais fidèle image de l'univers* (p. 145). Cette sphère merveilleuse pour l'antiquité était un ouvrage d'Archimède. Claudien l'a célébrée dans une pièce de vers fort jolie.

Nous donnons avec le texte la traduction ou, si l'on veut, l'imitation assez élégante qu'en a donnée M. Desaintange :

> Jupiter in parvo quum cerneret æthera vitro,
> Risit, et ad Superos talia verba dedit:
> Huccine mortalis progressa potentia curæ?
> Jam meus in fragili luditur orbe labor.
> Jura poli, rerumque fidem, legesque Deorum,
> Ecce Syracosius transtulit arte senex.
> Inclusus variis famulatur spiritus astris,
> Et vivum certis motibus urget opus.
> Percurrit proprium mentitus Signifer annum,
> Et simulata novo Cynthia mense redit.
> Jamque suum volvens audax industria mundum
> Gaudet, et humana sidera mente regit.
> Quid falso insontem tonitru Salmonea miror?
> Æmula naturæ parva reperta manus.

« Lorsque Jupiter eut vu les astres renfermés dans un globe de verre, il sourit, et parla ainsi aux habitans de l'Olympe : Jusqu'où ne va pas la puissance du génie de l'homme ? voilà qu'il se fait un jeu d'imiter dans un globe fragile le grand ouvrage de mes mains. Un vieillard de Syracuse y représente le mécanisme de la sphère, l'harmonie des corps célestes, et les lois des dieux qui les régissent. Une force secrète meut les astres divers, et, par des ressorts réglés, est l'âme agissante de tout l'ouvrage. Un soleil fictif parcourt son zodiaque, et une fausse Cynthie revient à chaque nouveau mois. Une science audacieuse triomphe de mouvoir un nouvel univers, et de soumettre le cours des astres à une intelligence humaine. Pardonnons à Salmonée d'avoir imité la foudre inimitable : une faible main fait plus ; elle est l'émule de la nature. »

On sait avec quels transports de joie Cicéron découvrit le tombeau d'Archimède, dont les ingrats Syracusains avaient perdu la trace.

30. *Vous demandez pourquoi la déesse a des vierges pour ministres de son culte* (p. 145)? Ovide s'adresse à la mythologie et à la physique pour en découvrir les causes. Plusieurs auteurs de l'antiquité conviennent avec Ovide que le feu, stérile de sa nature, ne pouvait avoir d'image plus sensible que la virginité ; Plutarque le dit positivement. Cependant, si l'on en croit Pline, qui a emprunté cette rêverie d'Aristote, qui l'avait déjà communiquée

à Sénèque, le feu ne laisse pas de produire certains animaux :
« En Chypre, dit-il, dans les fourneaux à fondre le bronze, on
voit voltiger au milieu du feu une sorte de grosse mouche à
quatre pieds, qui, de cet élément, est appelée *pyrale*. »

A toutes ces causes fabuleuses ou allégoriques, qui ne préfé‑
rerait la fiction que présente l'intéressant ouvrage intitulé *Numa?*
Numa aime la fille de Zoroastre, Anaïs, prêtresse du feu, qu'il
a perdue, qu'il retrouve et épouse ensuite sous le nom d'Égérie:
« C'est un tribut de respect et d'amour qu'il me sera bien doux
de rendre à mon Anaïs, dit-il; je veux instituer quatre prêtresses,
dont l'emploi sera d'entretenir le feu sacré sur un autel consacré
à Vesta.... Les quatres vestales seront vierges : il faudra qu'elles
prouvent, pour être admises, que leur vie est pure et intacte,
comme l'était celle d'Anaïs. »

31. *Long-temps, dans mon ignorance, j'ai cru qu'il existait des
statues de Vesta.... Ni Vesta ni le feu n'ont d'image* (p. 145). Ovide
n'est pas ici d'accord avec lui-même ni avec les historiens et cri‑
tiques de l'antiquité. Au livre III des *Fastes*, il nous est dit que
la statue de Vesta, pour ne pas voir l'accouchement de la prê‑
tresse Ilia, porta ses mains à ses yeux. Les médailles nous repré‑
sentent aussi la figure de Vesta : c'est une femme communément
assise, comme nous l'avons dit ailleurs, quelquefois debout,
tenant d'une main une patère ou une lampe ou le palladium, et
de l'autre une haste. Pausanias dit qu'à Phères, en Achaïe, il y
avait devant la statue de Mercure, une statue de Vesta, de mar‑
bre, entourée de lampes de bronze, attachées les unes aux autres.
Quelques-unes ne montrent, dans le temple de cette déesse,
qu'une espèce de foyer, fait en forme de chaise curule. Pausanias
dit aussi que, près des ruines de l'ancienne Hermione, on voyait
un temple où il n'y avait aucune statue, mais seulement un autel.
Telle était, en effet, la simplicité du culte primitif chez tous les
peuples. Numa, qui institua celui de Vesta, avait défendu que
l'on représentât aucune divinité sous la forme humaine, et nous
avons vu ailleurs que Rome fut long-temps sans simulacres. Il
se peut donc que, dans l'origine, Vesta n'eût aucune statue,
et que dans la suite elle en ait eu elle-même comme toutes les
autres divinités. On voit, en effet, que son temple ne conserva

pas toujours sa première simplicité. Si un grand nombre de médailles le représentent sans aucun ornement, d'autres le font voir surmonté d'une statue de femme, et ayant même deux autres statues sur des saillies, des deux côtés. Peut-être aussi Ovide ne veut-il parler que du sanctuaire, qui ne pouvait avoir d'autre image de Vesta que le feu, sans que pour cela son vestibule, la partie de son temple où il était permis de pénétrer, fût sans aucune statue.

32. *De là aussi est venu, je crois, le mot* VESTIBULE (p. 147). Ovide déploie son érudition ordinaire, en rapportant les étymologies du mot Vesta, puis les composés dans lesquels il entre.

Chaque maison avait dans son vestibule un foyer sacré, afin que les hôtes y fissent leurs prières et leurs libations. C'était un asile inviolable : le plus cruel ennemi y était en sûreté. Au sujet du vestibule de Vesta, Ovide parle du culte primitif des foyers, parce que cette déesse et les Pénates y présidaient. Il rappelle donc ces anciens festins faits autour des foyers, et l'usage d'être assis à table sur des bancs. Cet usage ne subsistait plus du temps d'Ovide, si ce n'est dans les banquets sacrés de Vacune, où l'on s'asseyait et où l'on se tenait debout successivement. Cette divinité, originaire du pays des Sabins, est une des moins connues de la religion romaine : ce fut Numa qui introduisit son culte à Rome. Elle était sans doute une allégorie du repos de la terre après les travaux de l'année, lorsque ceux qui l'ont cultivée se reposent aussi : *vacare*, vaquer, se reposer, est probablement l'étymologie de son nom.

Nous empruntons au Dictionnaire de la Fable, pour compléter ce qui concerne Vesta, quelques détails historiques sur l'ordre de ses prêtresses, qui nous ont semblé du plus haut intérêt.

Les Romains, dans l'établissement des vestales, imitèrent les Albains, qui n'étaient sans doute que les imitateurs des autres nations. Ils commencèrent par s'en écarter sur ce qui concernait la virginité, en lui donnant un terme moins long. Les vestales d'Albe devaient l'observer pendant cinquante ans. Les Romains ne demandèrent pas qu'elles fussent vierges plus de trente ans. Quand il s'agissait de remplacer une vestale, le grand-prêtre cherchait dans les familles de Rome vingt vierges entre six et dix ans. Il était défendu d'en admettre aucune ni au dessus ni au dessous. Elles devaient avoir leur père et leur mère. Il ne fallait pas qu'elles eussent le moindre défaut dans leur personne ; on exigeait au contraire qu'elles fussent aussi belles et aussi bien faites qu'il était possible de les trouver. Dès que ce nombre avait été choisi, le grand-prêtre les faisait tirer au sort. Il s'emparait aussitôt de celle sur laquelle le sort tombait, l'enlevait des bras de ses parens, dont l'autorité sur elle cessait dès cet instant. Il conduisait la nouvelle vierge dans le temple. On lui coupait les cheveux, qu'on suspendait à un arbre sacré : c'était une marque d'affranchissement. Dès ce moment, elle n'était plus occupée que de l'étude de ses devoirs.

Les vestales passaient leur vie à s'instruire, à servir la déesse, et à former de nouvelles prêtresses.

Lorsque ces filles avaient demeuré trente ans dans les emplois du sacerdoce, elles étaient libres de le quitter et de se marier. Il y eut des vestales qui profitèrent de cette liberté ; le plus grand nombre passa le reste de sa vie dans le célibat : quelques-unes restèrent dans le temple. On ne s'accorde pas sur les occupations qu'elles y avaient alors. La plus ancienne des vestales présidait au culte. C'était l'âge seul qui lui donnait cette prééminence : on l'appelait la grande-vestale.

L'occupation la plus importante et la plus essentielle des vestales, celle qui exigeait toute leur attention, était la garde du feu sacré. Ce feu devait être entretenu jour et nuit ; et la superstition avait attaché les conséquences les plus terribles à son extinction. La vestale qui, par sa négligence, avait causé un pareil désastre, était punie du fouet : elle recevait ce châtiment des mains du grand-prêtre. Si l'on en croit Festus, la cérémonie se faisait toujours dans un lieu obscur, et la vestale était couverte d'un grand voile fin. Denys d'Halicarnasse rapporte que quelques vestales évitèrent le fouet et des supplices plus terribles, par des mystères qui prouvèrent leur innocence. Cet historien raconte qu'une de ces prêtresses, nommée Émilie, s'endormit un soir, et se reposa, du soin de garder le feu sacré, sur une nouvelle vestale, qu'elle était obligée d'instruire. La jeune novice ne tarda pas aussi à succomber au sommeil. Pendant que les deux surveillantes dormaient, le feu sacré s'éteignit. Grand trouble dans Rome le lendemain. Les pontifes crurent voir dans cet accident plus que de la négligence. Ils s'imaginèrent qu'Émilie avait violé le vœu pénible que la déesse imposait à ses filles. Émilie, ne pouvant toucher par ses larmes des juges déterminés à la trouver criminelle, eut recours à Vesta, déchira un morceau de voile, le jeta sur les cendres du brasier sacré, en implorant l'appui de la déesse. Le feu se ralluma aussitôt, et ce prodige manifesta son innocence.

C'était avec de grandes cérémonies que l'on rallumait le feu sacré. Selon le récit de Festus, on perçait avec une espèce de tarière une table faite de bois facile à s'enflammer. Les vestales recevaient dans un vase le feu qui était produit par un frottement rapide, et l'allaient porter sur l'autel. Si l'on en croit Plutarque, ce n'était qu'avec le feu du Soleil qu'on pouvait rallumer celui de Vesta. On réunissait les rayons de cet astre, dans un vase d'airain, large à l'ouverture et étroit au fond. Sous ce vase, qui était percé, il y avait des matières combustibles sur lesquelles tombaient les rayons du soleil.

Les vestales qui avaient violé la virginité étaient beaucoup plus sévèrement punies que celles qui avaient laissé éteindre le feu sacré. Numa les condamna à être lapidées. Festus rapporte une autre loi postérieure, qui ordonnait qu'elles eussent la tête tranchée. On croit que ce fut Tarquin l'Ancien qui établit l'usage de les enterrer toutes vives : du moins c'est sous son règne que ce supplice fut employé pour la première fois ; et ce fut, depuis, la punition ordinaire des vestales infidèles à leur vœu.

Les pontifes avaient seuls le droit de connaître des accusations intentées contre les vestales. L'accusée pouvait se défendre par elle-même ou par un avocat. Elle paraissait devant le collège sacré, auquel présidait le grand-prêtre. Elle répondait aux interrogations qui lui étaient faites. On la confrontait avec ses accusateurs ; on l'entendait plusieurs fois. Quoique, dans le droit civil, il ne fût pas permis d'appliquer à la torture un esclave pour le contraindre à déposer contre son maître, la loi autorisait cette sévérité à l'égard des esclaves des vestales. Quelquefois elles étaient appliquées elles-mêmes à la torture. Lorsque les juges avaient suffisamment instruit le procès, on procédait au jugement, et l'on recueillait les voix. Chaque prêtre avait une tablette ou un bulletin sur lequel il traçait la lettre C, s'il voulait condamner la vestale, et la lettre A, s'il jugeait à propos de l'absoudre. Il le jetait ensuite dans une corbeille destinée à cet usage. Le grand-prêtre, après avoir pris et compté tous les bulletins, prononçait l'arrêt.

Lorsque le jour marqué pour le supplice était arrivé, le chef de la religion se rendait au temple, suivi de tous les pontifes. Il y dépouillait lui-même la coupable des habits et des ornemens de prêtresse, et lui ôtait les bandelettes sacrées qui ceignaient sa tête, lui présentait son voile à baiser, et la revêtait ensuite d'habits lugubres et conformes à sa situation présente; puis il la liait avec des cordes, et la faisait monter dans une litière exactement fermée de tous côtés, afin que ses cris ne pussent être entendus. On la conduisait ensuite au lieu du supplice. Les amis de la prêtresse la suivaient en pleurant. Plutarque observe que la ville entière était dans la tristesse. On regardait ce jour comme un jour malheureux. On se détournait du chemin que la vestale devait tenir. Cette marche se faisait en silence et avec lenteur. On arrivait enfin auprès de la porte Colline, dans l'endroit qu'on appela depuis *Campus Sceleratus*, à cause de ces funestes cérémonies. La litière s'arrêtait alors. Le pontife venait l'ouvrir en prononçant quelques prières à voix basse. Il ôtait à la vestale ses liens, lui donnait la main pour l'aider à descendre, la conduisait sur le tombeau, et la livrait lui-même aux exécuteurs. L'ouverture de ce tombeau était au sommet de cette levée prodigieuse que Tarquin fit faire pour l'écoulement des eaux. La vestale y descendait par le moyen d'une échelle. On la faisait entrer dans une petite cellule, creusée en voûte à une certaine profondeur, et dont la forme était celle d'un carré long. On l'asseyait sur un petit lit qui y était préparé. On mettait à côté d'elle une table sur laquelle était une lampe allumée, et une légère provision d'huile, de pain, de lait et d'eau. Aussitôt que la prêtresse était descendue, on fermait l'ouverture de la fosse, et on la comblait avec de la terre.

Ces exécutions terribles ne furent pas aussi fréquentes qu'on pourrait se l'imaginer. L'ordre des vestales dura environ onze cents ans. Pendant ce temps, on en compte vingt qui furent convaincues d'inceste. Treize seulement furent enterrées vives : les sept autres périrent par divers genres de supplices à leur choix.

Les vestales étaient dédommagées de la contrainte et des devoirs pénibles de leur état par des privilèges glorieux et des honneurs extraordinaires. Numa leur avait accordé le pouvoir de tester du vivant de leurs père et mère. Auguste les mit en possession de toutes les prérogatives dont jouissait dans Rome une femme qui avait donné trois citoyens à l'état. Leurs biens leur appartenaient en propre à chacune : elles en disposaient à leur volonté par vente, par donation ou autrement, sans l'entremise d'un curateur. Si elles rencontraient en chemin un criminel que l'on conduisait au supplice, elles avaient le privilège de pouvoir lui sauver la vie; seulement il fallait qu'elles affirmassent par serment que cette rencontre s'était faite par un pur hasard. Hors ce cas, elles ne juraient jamais en justice : leur déclaration pure et simple avait la force d'un serment. Quand elles marchaient par la ville, elles étaient précédées du licteur, qui servait en même temps et à les garantir de toute insulte et à leur faire honneur. Dans les commencemens de leur institution, elles n'avaient point de licteurs. On raconte qu'un soir une vestale, se retirant après souper, seule, sous des vêtemens communs, fut violée par un jeune homme, dans une rue écartée.

L'habillement de ces prêtresses, distingué de celui des autres femmes, n'avait rien de trop lugubre ni de trop austère. Leur coiffure, ainsi qu'on le voit dans quelques médailles, était composée de bandelettes qui faisaient plusieurs fois le tour de leur tête. Elles portaient des robes blanches avec une espèce de rochet de la même couleur. Leur manteau était couleur de pourpre; il leur tombait sur une épaule, et leur laissait l'autre bras demi nu. Leurs vêtemens furent très-simples dans les commencemens, parce que Numa, en les dotant des deniers publics, n'avait pu songer à les enrichir ; mais dans la suite elles acquirent d'immenses revenus, grâce aux pieuses libéralités de plusieurs illustres Romains, et alors tout changea de face : elles substituèrent à leur première simplicité le luxe le plus recherché ; elles employèrent, pour se faire des robes, les étoffes les plus précieuses. Elles laissèrent croître leurs cheveux, qu'elles avaient coupés d'abord, et leur donnèrent tous les ornemens de l'art. Leurs litières devinrent superbes. On les vit promener le faste dans les rues, marcher au Capitole dans un char magnifique, environnées d'une foule de femmes et d'esclaves.

Les spectacles ne leur étaient point interdits ; elles assistaient librement à tous les jeux : Auguste leur donna même un banc séparé au théâtre, en face de celui du préteur. Ce lieu était sans doute le plus distingué, puisque le sénat crut honorer Livie en lui assignant une place dans le banc des vestales.

Cet ordre célèbre se maintint long-temps dans un état de lustre et de splendeur. Il était à son plus haut degré d'élévation sous les empereurs. Il subsista quelque temps encore sous les princes chrétiens ; mais il touchait à sa décadence. Ce qu'il y a de remarquable, c'est qu'on ne voit point que le relâchement se soit glissé parmi les vestales, dans un temps où elles auraient pu manquer impunément à leurs devoirs, c'est-à-dire sous les empereurs chrétiens, qui n'auraient pas permis qu'on les eût fait périr aussi cruellement qu'autrefois. On demeura long-temps sans toucher à leurs privilèges et à leurs immunités. Gratien, plus hardi que ses prédécesseurs, ordonna que les biens qu'on leur lèguerait à l'avenir seraient dévolus au fisc, à l'exception cependant des effets mobiliers, dont elles auraient la libre jouissance. L'année suivante, Rome fut désolée par une horrible famine. Le peuple ne douta point que ce fléau ne fût un effet de la vengeance des dieux, irrités de l'outrage fait aux vestales ; mais la famine cessa dans le moment où les murmures allaient peut-être faire éclater une sédition.

Enfin, Théodose et Honorius ayant réuni à leur domaine tous les biens qui avaient été destinés à l'entretien des temples et des sacrifices, ceux des Vestales ne furent probablement pas épargnés. Les historiens ne marquent pas précisément le moment où cet ordre de prêtresses fut aboli. Il y a beaucoup d'apparence que ce fut dans le temps que Théodose fit fermer tous les temples. Tout concourt à prouver que le temple de Vesta ne fut pas plus épargné que celui de Jupiter et des autres dieux. Ses prêtresses eurent sans doute un sort pareil à celui des pontifes. Elles furent supprimées comme eux ; du moins n'en est-il plus fait ensuite aucune mention dans l'histoire. Depuis l'an 40 de Rome, époque de l'institution des vestales, jusqu'à l'an de grâce 389, temps auquel Théodose porta le dernier coup à l'idolâtrie, il s'écoula onze cent un an : c'est peut-être le temps qu'on doit fixer à la durée de leur ordre.

On représente ordinairement les vestales avec un voile sur la tête, tenant dans les mains une lampe allumée, ou un petit vase à deux anses rempli de feu ; quelquefois on place la prêtresse auprès d'un autel antique sur lequel est un brasier allumé.

Après ces détails d'érudition classique, on apprendra sans doute avec intérêt qu'un ordre presque pareil à celui de Vesta existait à Cusco, capitale du Pérou. Là aussi le feu avait paru avoir quelque ressemblance avec la virginité.

On ne recevait parmi les jeunes vierges consacrées au Soleil, que celles qui étaient du sang royal des Incas. Elles y entraient quelquefois dès l'enfance, dans un âge où l'on ne pouvait pas douter de leur virginité ; car c'était l'article essentiel, et on veillait avec tant de soin à la conservation de cette fleur précieuse, qu'il était presque impossible aux vierges de Cusco de manquer de fidélité au Soleil, leur époux. Cependant, malgré toutes ces précautions, « si, parmi un si grand nombre de religieuses, il s'en trouvait quelqu'une qui vînt à faillir contre son honneur, dit l'historien des Incas, il y avait une loi qui portait qu'elle fût enterrée toute vive, et son galant pendu. Mais, parce qu'on estimait peu de chose de faire mourir un seul homme pour une faute aussi grande que l'était celle de violer une fille dédiée au Soleil, leur dieu et le père de leurs rois, il était ordonné, par la même loi, qu'outre le coupable, sa femme, ses enfans, ses serviteurs, ses parens, et, de plus, tous les habitans de la ville où il demeurait, jusqu'aux enfans qui étaient à la mamelle, en portassent la peine tous ensemble. Pour cet effet, ils détruisaient la ville, et y semaient de la pierre ; de sorte que son étendue demeurait déserte, désolée, maudite et excommuniée, pour marquer que cette ville avait engendré un si détestable enfant. Ils essayaient encore d'empêcher que ce terroir ne fût foulé de personne, pas même des bêtes, s'il était possible. Cette loi ne fut pourtant jamais exécutée, parce qu'il n'y eut jamais de coupable de ce crime dans ce pays. » Le même historien en donne la véritable raison, lorsqu'il énumère les précautions sévères indiquées par la règle de l'ordre, pour interdire aux jeunes vierges tout entretien avec les personnes du dehors, sans distinction d'hommes ni de femmes.

33. *C'est pour cela que le foyer et la déesse du foyer sont fêtés par le boulanger, avec l'ânesse qui tourne les meules* (p. 147). Les boulangers prenaient avec raison leur part de la fête de la déesse du feu : en effet, anciennement le pain ne se cuisait pas dans les fours, mais sous la cendre des foyers. On posait sur l'âtre du feu un morceau de pâte aplati, on le couvrait de cendres chaudes, et on l'y laissait jusqu'à ce qu'il fût cuit. Ce fut de cette manière que Sara fit cuire le pain qu'Abraham présenta aux anges ; et c'est ainsi qu'en usent, même à présent, plusieurs peuples de l'Amérique : ils enveloppent leur pâte dans des feuilles, qu'ils commencent par couvrir de cendres chaudes, et ensuite de charbons allumés.

Revenons aux particularités de la fête qui se célébrait à Rome.

Les meules des moulins étaient ornées de guirlandes, et les ânesses qui les tournaient étaient promenées par la ville avec des cordons de pains disposés en colliers : une troupe joyeuse les suivait. Ces sortes de processions avaient lieu de même pour les chevaux, aux fêtes de Consus, ou de Neptune Cavalier, en août et en décembre.

Il ne faut pas juger avec trop de sévérité et d'orgueil ces puériles cérémonies de l'antiquité. Le christianisme n'a-t-il pas eu aussi ses fêtes des Anes et des Fous, où tous les excès du sensualisme antique étaient surpassés ? On trouve à ce sujet des détails bien curieux dans le *Glossarium latinitatis*, de Ducange ; dans le traité *des Jeux*, de Thiers, et dans une lettre de Naudé à Gassendi. C'est là que Moreri a puisé son article *Fête des Anes et fête des Fous*, que nous reproduirons en le complétant.

La *fête des Anes* était une procession où certains ecclésiastiques choisis représentaient les prophètes de l'Ancien-Testament, qui avaient prédit la naissance du Messie. Balaam y paraissait monté sur une ânesse, et c'est d'où vient le nom de cette cérémonie. On y voyait aussi Zacharie, sainte Élisabeth, saint Jean-Baptiste, Siméon, la Sibylle Érythrée, Virgile (à cause de son églogue, *Sicelides Musæ*, etc.), et le roi Nabuchodonosor avec les trois enfans de la fournaise : c'est pourquoi on la représentait au milieu de la nef. La procession qui sortait du cloître étant entrée dans l'église, s'arrêtait entre un nombre de personnes qui étaient rangées des deux côtés, pour figurer les Juifs et les Gentils. Alors les chantres, ayant dit quelques paroles aux Gentils et aux Juifs, appelaient les personnes l'une après l'autre, qui prononçaient chacune un passage touchant le Messie. Ceux qui représentaient les autres personnages, s'avançaient par ordre ; les chantres faisaient la demande, et chantaient ensuite différens versets. Après que Nabuchodonosor avait parlé, la Sibylle venait la dernière.

A la fin de la messe, le prêtre, se tournant vers le peuple, au lieu de l'*Ite, missa est,* imitait trois fois le chant de l'âne; et au lieu de *Deo gratias,* le peuple répondait trois fois : **Hinham! Hinham! Hinham!**

Puis tous les prophètes et le chœur chantaient la prose suivante :

>Orientis partibus
>Adventavit asinus
>Pulcher et fortissimus
>Sarcinis aptissimus.

>*Hez, sire asnes, car chantez,*
>*Belle bouche rechignez,*
>*Vous aurez du foin assez,*
>*Et de l'avoine à planter.*

>Lentus erat pedibus,
>Nisi foret baculus,
>Et eum in clunibus
>Pungeret aculeus.

>*Hez, sire asnes, etc.*

>Hic in collibus Sichem,
>Jam nutritus sub Ruben,

Transiit per Jordanem,
Saliit in Bethleem.

Hez, sire asnes, etc.

Ecce magnis auribus,
Subjugalis filius,
Asinus egregius,
Asinorum dominus.

Hez, sire asnes, etc.

Saltu vincit hinnulos,
Damas et capreolos,
Super dromedarios
Velox Madianeos.

Hez, sire asnes, etc.

Aurum de Arabia,
Thus et myrrham de Saba,
Tulit in ecclesia
Virtus asinaria.

Hez, sire asnes, etc.

Dum trahit vehicula,
Multa cum sarcinula,
Illius mandibula
Dura terit pabula.

Hez, sire asnes, etc.

Cum aristis hordeum,
Comedit et corduum,
Triticum e palea
Segregat in area.

Hez, sire asnes, etc.

Amen dicas asine (*hic genuflectebatur*),
Jam satur de gramine :
Amen, amen itera,
Aspernare vetera.

Hez va! hez va! hez va hez!
Biax, sire asnes, car allez,
Belle bouche, car chantez.

La *fête des Fous* était un jour de réjouissance que les clercs, les diacres et les prêtres même célébraient dans quelques églises, pendant l'office divin, en certain jour, depuis les fêtes de Noël jusqu'à celle des Rois, et principalement le premier jour de l'an: c'est pourquoi on l'appelait aussi la *fête des Calendes*. La lettre circulaire des docteurs en théologie de la faculté de Paris, envoyée, l'an 1444, à tous les prélats de France, pour abolir cette coutume, porte expressément que les clercs et les prêtres créaient un évêque ou un pape, et l'appelaient l'évêque et le pape des fous; qu'ils entraient dans l'église masqués, avec des habits de bouffons, de femmes; qu'ils dansaient dans la nef et dans le chœur, chantant des chansons dissolues; qu'ils mangeaient de la viande sur le bord de l'autel, auprès du prêtre qui offrait le sacrifice, y jouaient aux dés, et parfumaient l'autel de la fumée de vieux cuirs qu'ils faisaient brûler dans leurs encensoirs. Il se faisait quatre danses dans l'église après la fête de Noël; savoir: celle des lévites ou diacres, celle des prêtres, celle des enfans ou clercs, et celle des sous-diacres. Guillaume Durand, évêque de Mende, rapporte que le jour de Noël, immédiatement après vêpres, les diacres dansaient dans les églises, en chantant une antienne en l'honneur de saint Étienne; que les prêtres en faisaient autant le jour de saint Jean l'Évangéliste, en l'honneur des saints Innocens; et les sous-diacres le jour de la Circoncision ou de l'Épiphanie; et que ce que les sous-diacres faisaient dans les églises le jour de la Circoncision, s'appelait la fête des Sous-diacres ou la fête des Fous. Le père Théophile Raynaud témoigne qu'à la messe de cette fête, le jour de saint Étienne, on chantait une *prose de l'Ane*, qu'il a vue dans le Rituel d'une église métropolitaine qu'il ne nomme point; et que cette prose s'appelait aussi la *prose des Fous*. Il ajoute qu'il y en avait une autre, que l'on chantait à la messe, le jour de saint Jean l'Évangéliste, et que l'on nommait la *prose du Bœuf*. Il est dit dans le concile de Bâle, qu'en certaines fêtes de l'année, quelques-uns, revêtus d'habits pontificaux, avec la mitre et la crosse, donnaient la bénédiction, comme les évêques; que d'autres s'habillaient en rois et en ducs, et que d'autres se masquaient pour représenter des jeux de théâtre. Ce n'était pas seulement dans les églises cathédrales et collégiales que se faisait la fête des Fous; cet usage s'était glissé dans les monastères des religieux et des religieuses.

Ducange remarque que cette fête s'appelait, en France, la *fête des Sous-diacres*, non qu'il n'y eût qu'eux qui la célébrassent, mais par allusion à la débauche des diacres, qui s'abandonnaient à ces impiétés; comme qui dirait la fête des diacres fous et ivres. Belet rapporte aussi qu'il y avait de certaines églises où les évêques, vers la fin du mois de décembre, jouaient familièrement avec leur clergé et leurs diocésains, à la paume, à la boule et à d'autres jeux ; ce qui était une imitation des Saturnales des anciens, pendant lesquelles les maîtres faisaient des festins, et se divertissaient avec leurs esclaves, sans aucune différence de condition. Il dit ensuite que cette coutume se pratiquait dans l'archevêché de Rheims, et dans d'autres diocèses très-considérables; mais ce n'était pas là précisément ce qui caractérisait la fête des Fous. Cet abus se voyait encore en Angleterre, vers l'an 1530; car, dans un inventaire des ornemens de l'église d'York, qui se rapporte à ce temps-là, on y fait mention d'une petite mitre et d'un anneau pour l'évêque des enfans, etc. Tant les sens avaient su conserver d'empire au sein même de la plus spiritualiste des religions! Les doctrines ne changent point la nature de l'homme : il reste toujours ce qu'il est, actif et passionné, sensible et intelligent, *homo duplex*.

34. *Faut-il taire, ou raconter ta honte, rubicond Priape? l'aventure est fort gaie* (p. 147). Ovide dit :

........Est multi fabula plena joci.

Ces expressions rappellent une aventure presque semblable du même dieu, déjà racontée par notre poète, lorsqu'il a voulu expliquer l'usage du sacrifice d'un âne à Priape.

Quelle simplicité aimable et facile dans le récit d'Ovide! Quelle tournure heureusement imaginée, que la prétermission par laquelle le poète s'excuse de ne pas décrire un festin dont la peinture eût fait languir sa narration! Enfin quelle bienséance de style, quelle naïveté exquise dans le doute où il demeure si Vesta avait été ou non reconnue par Priape! Ovide semble avoir deviné La Fontaine.

35. *Je dirai ce que signifie, sur le mont du dieu tonnant, l'autel de Jupiter Pistor.... Le Capitole était serré de près par les féroces*

Gaulois (p. 149). Ovide, et après lui Lactance, sont les seuls auteurs de l'antiquité qui parlent de cet épisode du siège de Rome. Mais les embellissemens romanesques n'ont pas manqué non plus aux autres historiens. MM. Michelet et Poirson s'accordent à combattre les fables de Tite-Live. Nous rapporterons ce que dit M. Michelet sur cette importante époque :

« Selon la tradition, les Gaulois marchèrent sur Rome pour venger une violation du droit des gens ; les Fabius, envoyés par le sénat pour intercéder auprès des Barbares en faveur de Clusium, avaient combattu au lieu de négocier. Les Romains, frappés d'une terreur panique à la vue de leurs sauvages ennemis, furent dispersés à Allia, à Céré et à Véies. Quelques patriciens s'enfermèrent au Capitole, et la ville fut brûlée (388). Selon Tite-Live, ils furent glorieusement délivrés par une victoire de Camille, qui fit retomber sur eux le mot du brenn (ou chef) gaulois : *Malheur aux vaincus !* Selon Polybe, ils payèrent une rançon. Le témoignage de ce grave historien est confirmé par celui de Suétone, d'après lequel, bien des siècles après, Drusus retrouva et reconquit chez les Gaulois la rançon de Rome. Il est évident, d'ailleurs, que les Gaulois ne furent de long-temps chassés du pays. Tite-Live lui-même nous les montre toujours campés à Tibur, qu'il appelle *arcem Gallici belli*. Les Volsques, les Èques, les Étrusques, qui tous avaient repris les armes contre Rome, trouvaient dans les Gaulois des alliés naturels ; ou du moins tous ces peuples, trop occupés de leurs guerres, ne pouvaient empêcher les Barbares de pénétrer dans leur pays. La guerre des Gaulois dure quarante ans, et elle ne se termine (vers 350) qu'à l'époque où l'épuisement des Étrusques, des *Volsci Equi* et de tous les peuples latins, les replace sous l'alliance de la grande cité qu'ils avaient espéré détruire.

« Cette époque, peu glorieuse pour les Romains, avait grand besoin d'être ornée par la poésie. » (*Hist. rom.*, tome I, p. 137 et 138).

36. *Nous avons vu les attributs de la Troyenne Vesta forcés de déserter son temple* (p. 151). Après la bataille d'Allia, au bruit de la marche des Gaulois qui venaient à grandes journées pour mettre Rome à feu et à sang, les Romains se sauvaient en foule d'une

ville qu'ils ne pouvaient défendre. On chargea le prêtre de Quirinus et les vestales d'emporter à Céré les choses sacrées. Chargées de ce fardeau précieux, elles prirent le chemin du Janicule. Ce fut dans cette circonstance qu'un plébéien, nommé Albinus, qui, au milieu de la foule fugitive, se sauvait sur son char avec sa femme et ses enfans, les rencontra portant dans leurs mains les objets du culte de Rome. A leur vue, renonçant à suivre la route qu'il avait prise, il fit descendre sa famille, et plaça dans le char les vestales, qu'il conduisit au lieu où elles voulaient se rendre.

37. *Je revenais un jour des fêtes de Vesta, par l'endroit où la voie Nouvelle se joint maintenant au Forum romain. Là, je vis une matrone descendre pieds nus* (p. 153). Voulons-nous bien comprendre ici l'habileté du poète et les ressources de son imagination? demandons-nous quelle est son idée principale, et examinons les idées accessoires qui l'embellissent. Son but est, en rappelant un vieil usage pieux, de donner une description topographique du Vélabre. Comment s'y prend-il? Au sortir du temple de Vesta, il se met lui-même en scène dans le Vélabre, où il est témoin d'un usage singulier qui l'étonne. Une bonne vieille, témoin à son tour de sa surprise, l'invite à s'asseoir auprès d'elle, et, en conversant, il apprend d'elle l'origine de la coutume religieuse qu'il voulait consigner dans son poëme. Ainsi, une explication légendaire et topographique devient un entretien fortuit que les adieux du poète à la bonne vieille terminent d'une manière touchante.

38. « *Ici, au lieu du Forum que tu vois, étaient d'humides marais...; c'était le lac Curtius.... Le Velabrum... n'était qu'un champ de saules et d'inutiles roseaux* » (p. 153). Pour bien entendre ce passage, il faudrait avoir sous les yeux un plan de Rome ancienne. Nous allons, autant que possible, y suppléer par des explications topographiques.

Dans l'origine, toute la vallée qui s'étendait entre le Palatin, le Capitole, l'Aventin et le *Forum Romanum*, jusqu'au Tibre, n'était qu'un marais qui recevait les débordemens continuels du fleuve. Il arrivait souvent qu'on était obligé de passer en bateau dans cette partie de la ville. C'est ce que dit Varron :

« Olim ex urbe in Aventinum a reliqua urbe paludibus disclusum vehebantur. »

On appela d'abord cette vallée du nom général de Vélabre, suivant le témoignage du même auteur : « Itaque eo qui advehebantur ratibus, quadrantem solvebant ; cujus vestigia, quod ea, qua tum itur, *Velabrum* : et unde ascendebant ad imam novam viam locus est, et sacellum *Larum*. Velabrum *a vehendo*. »

C'est sur l'emplacement de ce marais desséché que furent pratiqués la rue Neuve, le *forum Boarium*, le *forum Piscatorium*, et alors le nom de Vélabre fut restreint à deux rues parallèles de cette vallée, que l'on appelait *Valabrum Majus* et *Velabrum Minus*; ce qui explique pourquoi Ovide dit *Velabra* au pluriel. Le Vélabre était donc circonscrit, par le *vicus Jugarius*, sous le Capitole, et le *forum Boarium*, sous le Palatin.

La rue Neuve prenait du *Forum Romanum*, près du temple de Vesta, et traversait le Vélabre pour aller gagner le *forum Boarium*. On conçoit alors pourquoi Ovide place la rue Neuve près le *Forum*, et pourquoi il revenait par cette rue des fêtes de Vesta.

On comprend aussi quels sont ces *forum*, qui n'avaient été originairement que des marécages : ce sont le *forum Boarium* et le *forum Piscatorium*, l'un placé au milieu du Palatin, et l'autre entre les deux Vélabres. C'est encore avec raison qu'Ovide parle à ce sujet du lac Curtius, quoique l'on sache qu'il fut placé au milieu du *Forum Romanum*, puisque cette place était aussi, dans l'origine, couverte des eaux du Tibre débordé, et faisait partie de la vallée appelée du nom générique de Vélabre.

Ovide caractérise aussi ce même emplacement de Vélabre, en disant que c'est par là que la pompe des spectacles se rendait au Cirque. En effet, le grand Cirque était, comme on sait, à la droite du Tibre, entre l'Aventin et le Palatin, et précisément sur le bord de la vallée de Vélabre. La pompe du Cirque ou celle des triomphes passait donc nécessairement par là pour aller du *Forum Romanum* au Cirque. On lit dans Tite-Live : « A porta (Carmentali) Jugario vico in Forum venere. In Foro pompa constitit; et per manus, reste data, virgines sonum vocis pulsu pedum modulantes incesserunt. Inde *vico Thusco*, *Velabroque per*

Boarium forum in clivum publicum atque ædem Junonis Reginæ perrectum. » Suétone dit aussi, en parlant d'un triomphe de César : « Gallici triumphi die, *Velabra* prætervehens pæne curru excussus est. » Enfin Plutarque, en rapportant l'étymologie du Vélabre, dit : « Larentia est enterrée dans l'endroit qu'on nomme présentement Vélabre, parce que, le Tibre étant fort sujet à se déborder, on passait souvent par là pour aller « à la place (le « *Forum Romanum*) ; et l'on appelle cette manière de passer « l'eau, *velatura*. D'autres disent que c'est parce que ceux qui « donnaient des jeux au peuple avaient soin de faire tendre des « toiles le long du chemin qui mène à la place ou Cirque, en « commençant par les Vélabres ; car les Romains appellent ces « toiles des voiles. »

39. « *Le dieu qui porte un nom si convenable à la diversité de ses formes, ne l'avait pas encore reçu du fleuve détourné dans son cours.* » (p. 153). Le poète veut parler du dieu Vertumne, l'époux de Pomone. Il avait une statue dans le *vicus Thuscus*, partie de l'ancien Vélabre.

Ovide semble dire que c'est au pouvoir de ce dieu que l'on dut le dessèchement de cette vallée, et il en tire de là l'étymologie de son nom. Properce a fait dire aussi à ce dieu : « Le Tibre passait autrefois par ces lieux, et la rame bruyante y agitait les eaux ; mais lorsque ce fleuve eut détourné son cours en faveur des Romains, ce prodige me fit donner le nom de *Vertumne*. »

Vertumnus *verso* dicor ab amne Deus.

Le même poète propose cependant une autre étymologie :

Seu quia *vertentis* fructum percepimus anni.

Peut-être aussi son nom vient-il de ses diverses métamorphoses :

...... Quod formas unus *vertebar* in omnes.

Asconius Pedianus croit que ce nom vient de ce qu'il présidait au commerce, soit à cause de la versatilité de ses formes, soit parce que le commerce n'est que l'échange des marchandises : « Vertumnus autem Deus *invertendarum* rerum est, id est, mercaturæ ; » et ce serait alors, pour cette raison, que la statue aurait été placée près d'une basilique, et dans le quartier de Rome le plus fréquenté par les marchands, à cause du voisinage du Tibre.

40. *On croit qu'une image de Pallas descendit des cieux sur les collines d'Ilion. J'eus la curiosité de visiter ces lieux* (p. 155). Ovide sait causer avec son lecteur et se mettre lui-même en scène, sans que le poëme perde rien de sa gravité. Cette ressource contribue à faire glisser sur les détails d'une érudition un peu aride.

Au reste, Ovide n'avait certainement pu voir que les ruines du temple de Minerve, puisqu'il avait été incendié par Fimbria long-temps avant lui. Cependant Fimbria n'avait pas pris l'ancien *Ilium*, mais la nouvelle Troie, située à quelque distance de l'emplacement de la première, et qu'on croit avoir été bâtie, ou du moins agrandie, par Alexandre-le-Grand et Lysimaque. Dès le temps de Strabon, on cherchait en vain cette fameuse Ilion, et Lucain rappelle qu'on fit la même tentative avec aussi peu de succès sous Jules César : « Il (César) gagne le côté de Sigée, et ces bords dont la renommée le remplit d'admiration. Il parcourt les rives du Simoïs, et le promontoire de Rheté, consacré par le tombeau d'Ajax. Il marche à travers ces arbres qui doivent tout au génie des poètes; il erre dans les champs de la fameuse Troie; il cherche les traces des murs élevés par Apollon. Quelques buissons stériles, quelques troncs de vieux chênes couvrent les débris des palais des rois et des temples des dieux. Troie entière est ensevelie sous des ronces; ses ruines même ont péri. »

Ovide parle de ses voyages en Asie, dans les élégies faites pendant son exil.

41. *J'ai vu le temple, seul et dernier vestige du passé; car Rome possède Pallas* (p. 155). Que veut dire le poète par ces derniers mots?

Le temple de Vesta renfermait quelques-uns des gages ou des symboles de la durée et de la prospérité de l'empire. Ces différens objets, appelés *fatalia*, étaient, suivant Servius, *acus matris Deorum, quadriga fictilis Veiorum, cineres Orestis, sceptrum Priami, velum Ilioneæ, Palladium, Ancilia*. Un jour, Héliogabale, voulant détruire le culte de tous les dieux pour établir le sien, entra de force dans le sanctuaire de Vesta, et y prit un des petits tonneaux où il croyait trouver le Palladium; il le jeta par terre et le mit en pièces, parce qu'il n'y avait rien trouvé. La première vestale l'avait trompé en effet, en lui montrant le faux tonneau pour le vrai.

Au reste, on observait le plus grand secret sur la nature des objets cachés dans le sanctuaire de Vesta, et Denys d'Halicarnasse dit : « On ne sait pas bien encore ce qui est gardé si secrètement dans l'intérieur du temple, et pourquoi on l'a confié à des vierges. » Cet objet si secret était particulièrement le *fatale*, le *pignus imperii*, la chose à laquelle était attaché le destin de l'empire, dont on n'osa long-temps révéler le nom, de peur que les nations ennemies ne l'évoquassent et ne lui fissent quitter Rome, comme les Romains avaient coutume de faire relativement aux divinités des villes qu'ils assiégeaient; mais qu'ils publièrent ensuite, quand ils virent leurs frontières assez reculées pour ne plus appréhender qu'on vînt évoquer leur divinité protectrice et dévouer leur ville. Macrobe, qui parle de cet usage des Romains de tenir caché le nom de leur divinité tutélaire, dit que les uns croyaient que c'était Jupiter, les autres que c'était la lune; quelques autres Angerona, déesse du silence, et d'autres *Opis Consiva*. Il y a bien des traditions sur le Palladium. La plus remarquable est celle que rapporte Denys d'Halicarnasse; il dit que Chrysès, fille de Pallas, mariée à Dardanus, lui apporta pour dot des statues de Pallas et celles des grands dieux; que Dardanus, ayant tué son frère et excité par là une sédition dans le Péloponnèse, se sauva dans l'île de Samothrace, et bâtit un temple où il cacha tous ces simulacres, qui de là furent transportés en Asie; qu'ensuite son petit-fils Ilus, bâtissant la ville d'Ilion, les y transporta. Quelques auteurs ont cru encore que le Palladium était fait des os de Pélops.

42. *Elle fut enlevée, dit-on, soit par le petit-fils d'Adraste, soit par Ulysse...., soit enfin par le pieux Énée* (p. 155). Les Grecs, regardant le Palladium comme un obstacle à la prise de Troie, entreprirent de l'enlever. Un ancien mythologue fait ici un conte qui a donné lieu à un proverbe. Lorsqu'Ulysse et Diomède, à qui les Grecs font honneur de cet enlèvement, furent arrivés au

pied du mur de la citadelle, Diomède monta sur les épaules d'Ulysse, le laissa là sans l'aider à son tour, pénétra dans la citadelle, trouva le Palladium, l'emporta, et revint rejoindre son compagnon. Celui-ci, piqué, affecta de marcher derrière lui, et, tirant son épée, allait le percer, lorsque Diomède, frappé de la lueur de l'épée, se retourna, arrêta le coup, et força Ulysse de marcher devant lui; de là le proverbe grec: *La loi de Diomède*, à propos de ceux que l'on oblige à faire quelque chose malgré eux. Suivant plusieurs traditions, Dardanus ne reçut de Jupiter qu'un Palladium; mais, sur ce modèle, il en fit faire un second exactement semblable, et le plaça dans le milieu de la basse-ville, dans un lieu ouvert à tout le monde, afin de tromper ceux qui auraient dessein d'enlever le véritable. Ce fut ce faux Palladium dont les Grecs se rendirent maîtres. Pour le véritable, Énée l'emporta avec les statues des grands dieux, et les fit passer avec lui en Italie. Les Romains étaient si persuadés qu'ils en étaient possesseurs, qu'à l'exemple de Dardanus, ils en firent faire plusieurs qui furent déposés dans le temple de Vesta, et l'original fut caché dans un lieu qui n'était connu que des prêtres. Plusieurs villes leur contestaient pourtant la gloire de posséder le véritable, telles qu'une ancienne ville de Lucanie, qu'on croyait être une colonie troyenne; Lavinium, Argos, Sparte et beaucoup d'autres: mais les Iliens revendiquaient cet avantage, et prétendaient n'avoir jamais perdu le Palladium. Et plusieurs auteurs racontent que Fimbria ayant brûlé Ilium, on trouva dans les cendres du temple de Minerve cette statue saine et entière, prodige dont les Iliens conservèrent long-temps le souvenir dans leurs médailles.

43. *Quelles ne furent point, hélas! les craintes du sénat, lorsque Vesta vit son temple s'embraser, et fut presque ensevelie sous la ruine de son sanctuaire* (p. 155)! Cet incendie arriva l'an de Rome 512, sous le consulat de Q. Lutatius et de A. Manlius. Valère-Maxime raconte en ces termes le dévoûment de Metellus: « Le grand-pontife Metellus, allant un jour à sa maison des champs de Tusculum, rencontra deux corbeaux qui traversaient si souvent son chemin et le pressaient de telle manière, qu'il fut forcé de retourner sur ses pas et de revenir à la ville. La nuit suivante, le

feu prit au temple de Vesta, et Metellus ne l'eut pas plutôt appris, qu'il se jeta parmi les flammes, d'où il sauva l'image de Pallas. » On sait que Metellus perdit la vue dans les flammes, et quelques esprits superstitieux attribuèrent cet accident à la punition d'avoir osé porter les yeux sur les objets sacrés. Cependant cette action héroïque le couvrit de gloire, comme on peut en juger par un passage de son éloge prononcé par son fils, que Pline le Naturaliste a rapporté, et que Gruter a mis aussi au rang des inscriptions, parce qu'il est conçu en style lapidaire. Gruter le rapporte cependant dans ce vrai style, que Pline semble avoir fondu dans sa narration, de sorte qu'il est présumable que, dans l'éloge rapporté par Pline, on avait employé les termes de quelque monument élevé à la gloire de Metellus. Nous traduisons ici l'inscription recueillie par Gruter, que l'on pourra rapprocher du texte de Pline : « Lucius Cécilius Metellus, fils de Lucius, grand-pontife, consul pour la seconde fois, dictateur, maître de la cavalerie, quindécemvir pour la distribution des terres, le premier qui ait conduit des éléphans dans un triomphe après la première guerre punique ; guerrier accompli, excellent orateur, très-brave général, fit les plus grandes choses sous ses auspices, jouit du plus grand honneur dans la plus grande sagesse, et le plus grand des sénateurs, laissa à chacun de ses enfans une grande fortune légitimement acquise. Il fut le citoyen le plus distingué de Rome. On lui permit, toutes les fois qu'il irait au sénat, de se faire porter sur un char, ce qui n'avait été accordé à personne depuis la fondation de Rome. »

44. *A pareil jour, Brutus.... teignit la terre d'Espagne du sang de l'ennemi vaincu* (p. 157). Le triomphe de Brutus sur les peuples de Galice, qui s'étaient armés pour secourir les Lusitaniens, occasiona dans Rome une joie d'autant plus vive, que les armes romaines avaient éprouvé plus d'un échec dans cette guerre. Cette victoire fut remportée le jour des Vestalies, quelques années avant le siège et la prise de Numance.

Ce fut aussi le même jour qu'arriva, l'année de Rome 699, c'est-à-dire soixante-dix-huit ans après, la fameuse défaite de Crassus par les Parthes.

45. *C'est là, en ce jour, que Servius, dit-on, de ses royales mains a*

consacré un temple à la mère Matuta (p. 159). La déesse Matuta était pour les Romains la même que Leucothoé ou Ino pour les Grecs. C'est en son honneur que se célébraient les Matralies. De là l'épithète de *mère* que lui donne Ovide.

Avant d'entrer dans les détails mythologiques sur Ino, nous recueillerons d'abord ce que l'histoire nous en apprend.

Ino, fille de Cadmus et d'Harmonie, épousa, en secondes noces, Athamas, roi de Thèbes, dont elle eut deux fils, Léarque et Mélicerte. Elle traita les enfans du premier lit en vraie marâtre, et chercha à les faire périr, parce que, par le droit de progéniture, ils devaient succéder à leur père, à l'exclusion des enfans d'Ino. Pour réussir plus sûrement dans son entreprise, elle en fit une affaire de religion. La ville de Thèbes était désolée par une cruelle famine, dont on prétend qu'elle était elle-même la cause, ayant empoisonné le grain qui avait été semé l'année précédente; ou, selon Hygin (f. 12, 14, 15), l'ayant fait mettre dans de l'eau bouillante pour en brûler le germe. On ne manquait jamais, dans les calamités publiques, d'aller à l'oracle. Les prêtres étaient gagnés par la reine; et leur réponse fut que, pour faire cesser la désolation, il fallait immoler aux dieux les enfans de Néphélé. Ceux-ci évitèrent, par une prompte fuite, le barbare sacrifice qu'on voulait faire de leurs personnes. Athamas, ayant découvert les cruels artifices de sa femme, fut si transporté de colère contre elle, qu'il tua Léarque, un de ses fils, et poursuivit Ino jusqu'à la mer, où elle se précipita avec Mélicerte, son autre fils. (*Odyss.*, liv. V; PAUS., liv. I; APOLL., liv. II, ch. 4).

Voilà ce que l'histoire, autant qu'on peut appliquer ce mot aux évènemens d'une époque aussi reculée, nous apprend sur l'existence d'Ino; on voit que son témoignage est accusateur. La mythologie s'est montrée plus indulgente pour cette mère infortunée. Les traditions n'étaient pas les mêmes dans la Grèce et dans le Latium.

Ovide a raconté, au IVe livre de ses *Métamorphoses*, ce que la mythologie grecque rapporte de la femme d'Athamas. Il n'est point entré dans le détail des légendes latines; il réservait ce sujet national pour son poëme des *Fastes*.

Ovide, après nous avoir représenté la vindicative Junon évoquant Tisiphone des enfers, continue ainsi :

> Nec mora ; Tisiphone madefactam sanguine sumit
> Importuna facem ; fluidoque cruore rubentem
> Induitur pallam, tortoque incingitur angue ;
> Egrediturque domo....................
> ....
> ....Monstris exterrita conjux,
> Territus est Athamas ; tectoque exire parabant.
> Obstitit infelix, aditumque obsedit Erinnys.
> ....
> Inde duos mediis abrumpit crinibus angues ;
> Pestiferaque manu raptos immisit : at illi
> Inoosque sinus, Athamanteosque pererrant ;
> Inspirantque graves animas : nec vulnera membris
> Ulla ferunt ; mens est, quæ diros sentiat ictus.
> Attulerat secum liquidi quoque monstra veneni,
> Oris Cerberei spumas, et virus Echidnæ ;
> Erroresque vagos, cæcæque oblivia mentis,
> Et scelus, et lacrymas, rabiemque, et cædis amorem.
> ....
> Dumque pavent illi, vertit furiale venenum
> Pectus in amborum ; præcordiaque intima movit.
> Tum face jactata per eumdem sæpius orbem,
> Consequitur motos velociter ignibus ignes.
> ....
> Protinus Æolides media furibundus in aula
> Clamat : « Io ! comites, his retia tendite silvis :
> Hic modo cum gemina visa est mihi prole leæna. »
> Utque feræ, sequitur vestigia conjugis amens,
> Deque sinu matris, ridentem et parva Learchum
> Brachia tendentem, rapit, et bis terque per auras
> More rotat fundæ ; rigidoque infantia saxo
> Discutit ossa ferox : tum denique concita mater,
> Seu dolor hoc fecit, seu sparsi causa veneni,
> Exululat, passisque fugit male sana capillis ;
> Teque ferens parvum nudis, Melicerta, lacertis,
> Evoe, Bacche ! sonat. Bacchi sub nomine Juno
> Risit : et, « Hos usus præstat tibi, dixit, alumnus. »
> Imminet æquoribus scopulus : pars ima cavatur
> Fluctibus, et tectas defendit ab imbribus undas :
> Summa riget, frontemque in apertum porrigit æquor.
> Occupat hunc, vires insania fecerat, Ino ;

Seque super pontum, nullo tardata timore,
Mittit, onusque suum : percussa recanduit unda.
At Venus immeritæ neptis miserata labores,
Sic patruo blandita suo est : « O numen aquarum,
Proxima cui cœlo cessit, Neptune, potestas ;
Magna quidem posco ; sed tu miserere meorum,
Jactari quos cernis in Ionio immenso ;
Et Dis adde tuis : aliqua et mihi gratia ponto est.
....

Adnuit oranti Neptunus ; et abstulit illis
Quod mortale fuit, majestatemque verendam
Imposuit ; nomenque simul faciemque novavit ;
Leucotheeque Deum cum matre Palæmona dixit.

Voyons maintenant ce qu'ajoutèrent à la fable grecque les légendes du Latium.

Elles supposent que les deux divinités de la mer viennent aborder à l'embouchure du Tibre. Alors se trouvent dans le Latium tous les personnages des temps fabuleux de ce pays : Évandre, Carmente et Hercule, que l'on voit toujours figurer dans les traditions de cette époque de la mythologie latine. Les Bacchantes de ce canton, excitées par la reine des dieux, voulaient se jeter sur Ino et sur son fils, lorsque Hercule, poursuivi comme elle par la jalousie de Junon, accourut à son secours ; alors Carmente lui donna un asile ; et, de ce moment, Ino prit le nom de Matuta, et son fils celui de Portunus ou Portumnus pour les peuples latins. Ces premières notions acquises, quelle est cette Ino, sœur de Sémélé, qui recevait et nourrissait Bacchus, qui avait poursuivi Phryxus, et qui finissait par se précipiter dans les flots avec son fils ? Il est certain que, chez les Grecs et dans les premières légendes du Latium, qui empruntèrent d'eux le culte et la fable de Matuta, cette déesse était prise pour l'Aurore, ou plutôt l'Aube du jour, qui la précède. Lucrèce dit :

Tempore item certo roseam Matuta per auras
Ætheris auroram defert et lumina pandit.

Telle est aussi l'étymologie de son nom chez les Latins : « *Manum* dicitur *clarum*; unde etiam post *Mane* tenebras noctis, dici pars prima : inde *Matuta*, quæ Græcis Leucothoe. » *Leucothoé* avait la même signification chez les Grecs, et voulait dire littéralement la *Blanche Déesse*. Mais il faut donner au mot λευκός l'acception secondaire qu'il a toujours eue, de *clair, lumineux;* comme dans Eschyle, λευκὸν ἧμαρ, le *blanc jour;* dans Homère, ἥλιος λευκός, le *blanc soleil*, c'est-à-dire le jour, le soleil brillant, lumineux. C'est ainsi qu'en confondant les deux acceptions de ce mot, pour faire image, les Latins disaient *albus Lucifer, albescere lucem, etc.* Cette idée, qui fut celle de l'antiquité, s'allie parfaitement avec l'allégorie des fables qui tiennent à celle de Leucothoé ou d'Ino. L'Aurore, qui annonce au monde le jour de l'équinoxe du printemps, cette grande révolution de la nature, dut devenir elle-même une divinité particulière. Ce fut Ino, sœur de Sémélé, puisqu'elle se lève avec elle, recevant et nourrissant Bacchus, ou le donnant à élever aux Hyades, suivant Phérécydes ; puisqu'elle précède le lever du Taureau et des Hyades.

Elle poursuit Phryxus, parce qu'en effet, lorsque le jour de l'équinoxe paraissait, le Bélier quittait les cieux. Elle était représentée sur un bas-relief à Corinthe, avec Bellérophon et le cheval Pégase, parce que Bellérophon ou le Cocher céleste se lève avec la constellation du Taureau.

Dans la suite, cette première, cette intéressante Aurore fut prise génériquement pour une des dénominations de la lumière qui, chaque jour, annonce le lever du soleil. On feignit aussi qu'elle se plongeait dans les flots avec le jour, son fils, et l'on en fit deux divinités marines, parce qu'en effet ils descendaient sous les eaux au coucher du soleil, pour reparaître ensuite; ce qui désigne bien évidemment la révolution diurnale. Les Romains, qui n'approfondissaient jamais les traditions étrangères et se contentaient de leur donner une teinte locale, prirent Matuta ou la *Blanche Déesse*, soit pour l'Aube du jour, soit pour une Néréide, parce qu'en effet Leucothoé était le surnom de toutes les Néréides ; et ne sachant que faire de son fils, ils en firent le dieu *Portumnus*, et lui donnèrent l'intendance des ports.

46. *Mais vous demandez pourquoi elle refuse tout accès aux servantes* (p. 165)? Revenons sur quelques circonstances du culte de Matuta ou d'Ino. Et d'abord, son temple fut consacré le troi-

sième jour des ides par Servius Tullius. Ce temple fut ensuite rétabli par Camille. Après la prise de Véies, nous trouvons qu'il fut encore rebâti l'an 541, sous le consulat de Fulvius Flaccus et d'Appius Claudius Pulcher. Les esclaves ne pouvaient entrer dans ce temple. Plutarque, pour prouver, par le culte, l'identité de cette déesse avec Leucothoé, dit que l'on faisait entrer dans le milieu de son temple une esclave, à laquelle on donnait quelques soufflets ; après quoi on la chassait. Il dit ailleurs, en effet, que l'on pratiquait la même chose à Chéronée, sa patrie, devant le temple de Leucothoé ; que le gardien du temple sortait armé d'un fouet, et criant qu'aucun esclave, qu'aucun Étolien ni Étolienne ne s'avisât d'entrer; et cela, ajoute-t-il, parce qu'on disait que l'esclave d'Ino était étolienne. Comme on le voit, la tradition commune avait puisé dans la Fable la raison de ce rit, et peut-être n'avait-il pas d'autre origine. Ces paroles d'Ovide : « Il vaut mieux lui recommander les enfans d'un autre, etc., » sont relatives aussi à une pratique également fondée sur l'histoire fabuleuse d'Ino, plus utile à Bacchus qu'à ses propres enfans ; Plutarque dit que les femmes venaient prier la déesse et lui offrir les enfans de leurs frères au lieu des leurs propres. Il ajoute qu'on représentait dans le sacrifice tout ce qui arriva aux nourrices de Bacchus, et ce qu'Ino souffrit de la jalousie de Junon, pour avoir nourri le fils de sa rivale.

Quant aux gâteaux que l'on offrait particulièrement à Matuta, Varron s'exprime ainsi : « Libum, quod libaretur ut erat, priusquam esset coctum. Testuatium, quod in testu caldo coquebatur, ut etiam nunc Matralibus faciunt Matronæ. »

Les gâteaux ordinaires étaient en effet présentés aux divinités avant que d'être cuits; mais on les offrait tout cuits à Matuta. Cette cuisson se faisait ordinairement sous une espèce de petit fourneau ou moule à pâtisserie, appelé *testus*. On imagine bien qu'il ne faut pas prendre à la lettre la raison que donne Ovide de cette particularité du culte de Matuta. Dans tous les autres sacrifices, les gâteaux crus représentaient les prémices des productions de la terre offertes aux dieux ; dans les fêtes de Matuta, déesse du période le plus intéressant, les gâteaux cuits étaient l'image de la nourriture des premiers hommes, comme la déesse était censée avoir présidé à la création du monde, parce qu'elle présidait à la grande révolution du renouvellement de la nature.

47. *Cependant, que la tendre mère n'invoque pas cette déesse pour ses enfans ; elle-même fut une mère malheureuse. Il vaut mieux lui recommander les enfans nés d'une autre* (p. 165). C'est ce que dit Plutarque. Suivant le témoignage de cet historien, les mères, au lieu de prier Matuta pour leurs propres enfans, ne venaient l'implorer que pour les enfans de leurs sœurs ou de leurs proches.

48. *Le fleuve de Tolène roula ses flots rougis de sang. L'année suivante, Didius réitéra le triomphe des ennemis* (p. 165). A l'époque de la république romaine, que le nom de Marius a rendue si célèbre, Rutile fut tué dans la guerre contre les Marses, sur les bords du *Tolène*.

Ce fleuve prenait sa source près de Carséoles, et traversait tout le pays des Marses, du midi au nord-ouest, pour aller se jeter dans le lac *Velinus*, chez les Sabins. Il se divisait en plusieurs branches, dont l'une prenait à Albe, près du lac Fucin, une autre à Foruli dans l'Apennin, une troisième au lac de Cutilies, etc. Quelle est cette défaite de Didius, dont parle Ovide? Il est souvent fait mention de Titus Didius dans la guerre des Marses. Ce fut un des préteurs attachés à L. Sextus César. Il fit quelques expéditions heureuses ; mais il n'en fut pas de même dans les trois premières actions de la guerre italique, où les armes romaines eurent toujours le dessous. C'est alors qu'il fut battu. Mais comment concilier l'époque de ces actions qui eurent lieu avant la mort de Rutilius, avec les paroles d'Ovide, qui place la défaite de Didius à l'année qui suivit cette mort? Néapolis soupçonne qu'il s'agit ici de la victoire de Sertorius sur Didius, près de Bœtis, en Espagne. Mais cette victoire se reporte à l'année 673, dix ans après l'époque que semble fixer Ovide ; ce qui porte Néapolis à penser, qu'au lieu de *proximus annus*, il faut lire *annus erat decimus*. D'autres interprètes, non moins incertains, veulent qu'au lieu de *Didius* on lise *Vidius, Tullius, Dilius, Julius* (L. Julius César), ou *Porcius*.

49. *Même jour, même fondateur, même lieu, tout cela, Fortune, est à toi* (p. 165). Le même jour où l'on célébrait les Matralies,

ou fêtes de Matuta, instituées par Servius, on célébrait aussi la dédicace du temple qu'il avait élevé à la Fortune, à laquelle il devait beaucoup, puisque, fils d'une esclave, il était devenu roi.

50. *Elle avait coutume d'entrer la nuit dans son palais par une petite fenêtre; d'où est venu le nom de la porte Fenestella* (p. 165). On voit que Servius était à la lettre le favori de la Fortune. Plutarque, qui rapporte la même étymologie de la porte Fenestella, en ajoute une autre plus rapprochée de la vraisemblance. Servius voulut annoncer que la Fortune lui était venue par la fenêtre d'où Tanaquil harangua le peuple, pour l'exhorter à l'élire roi, après la mort de Tarquin l'Ancien, qu'elle avait précédemment dissimulée. Sur une des portes de Rome, il fit sculpter en bas-relief une image de la Fortune s'introduisant chez lui par la fenêtre : de là vint la tradition fabuleuse racontée par Ovide.

51. *Tullie, dont le nouvel hymen avait été le prix du crime, stimulait sans cesse l'ambition de son époux* (p. 167). Ovide raconte la mort de Servius dans des pages très-éloquentes, mais sans entrer dans tous les détails historiques qui auraient ralenti la marche du récit. Rollin, dans son *Histoire romaine*, a raconté le même fait avec toutes ses circonstances tragiques.

« Servius eut deux filles de Tarquinie, fille de Tarquin l'Ancien. Quand elles furent en âge d'être mariées, il les fit épouser aux deux petits-fils de ce prince, cousins-germains de ses filles : la plus âgée à l'aîné, et la plus jeune au cadet. Ses deux gendres rencontrèrent chacun dans leurs épouses des caractères absolument éloignés de leur naturel et de leur humeur. Lucius, qui était l'aîné, homme hardi, fier et cruel, eut une femme d'un esprit doux, raisonnable, plein de tendresse et de respect pour son père. Aruns, qui était le cadet, beaucoup plus humain et plus traitable que son aîné, trouva dans la jeune Tullie une de ces femmes entreprenantes, audacieuses, et capables des crimes les plus noirs.

« Tullie, la jeune, violente et emportée, comme nous venons de le dire, ne trouvant ni ambition ni audace dans son mari, souffrait avec peine ce caractère paisible, qu'elle appelait indolence et lâcheté. Tournée entièrement vers l'autre Tarquin, elle

ne cessait de le louer, de l'admirer, de l'exalter comme un homme de cœur, comme un prince digne de sa naissance. Elle ne parlait qu'avec mépris de sa sœur, qui secondait si mal un tel mari. La ressemblance d'humeur et d'inclinations unit bientôt ensemble L. Tarquin et la jeune Tullie. Dans les entretiens secrets que celle-ci se ménageait souvent avec son beau-frère, il n'y a point de termes injurieux et outrageans dont elle ne se servît pour lui donner du mépris de son mari et de sa sœur. Elle lui disait « qu'ils
« auraient été bien plus heureux l'un et l'autre de demeurer dans
« le célibat, que de se voir unis à des caractères tout opposés aux
« leurs, et obligés, par la lâcheté d'autrui, à languir eux-mêmes
« dans un honteux repos : que, si les dieux lui avaient donné le
« mari qu'elle méritait, elle verrait au premier jour dans sa maison
« le sceptre qu'elle voyait dans celle de son père. » Elle n'eut pas de peine à inspirer ses sentimens au prince, et à le faire entrer dans ses vues. Ils complotent d'abord de se défaire, l'une de son mari, l'autre de sa femme ; et après avoir exécuté ce double parricide, ils joignirent ensemble leurs fortunes et leurs fureurs par un mariage, auquel Servius n'osa point s'opposer, quoiqu'il en craignît les funestes conséquences.

« Ce fut pour lors que, ne voyant plus que la vie de Servius qui fît obstacle à leur ambition, la fureur de régner les porta bientôt d'un premier crime à un autre encore plus horrible ; cette mégère, que Tarquin avait toujours à ses côtés, ne lui laissant de repos ni jour ni nuit, pour ne pas perdre le fruit de ses premiers parricides. Quel discours ne lui tenait-elle point !
« Qu'elle avait trouvé un homme à la vérité qui se disait son
« mari, et avec qui elle pouvait vivre dans une secrète et hon-
« teuse servitude ; non un prince qui se crût digne du trône,
« qui se souvînt qu'il était petit-fils de Tarquin l'Ancien, et qui
« aimât mieux prendre en main le sceptre que de l'attendre.

« Si vous êtes cet homme, lui disait-elle, que je prétendais
« trouver en vous, lorsque j'attachai mon sort au vôtre, je vous
« reconnais pour mon mari, mon seigneur et mon roi : sinon,
« le changement a rendu ma situation d'autant plus malheu-
« reuse, que je rencontre en vous le crime joint à la lâcheté.
« Osez seulement, et tout vous sera facile. Vous n'avez pas

« à traverser les mers comme votre grand-père, ni à venir
« de Corinthe et de Tarquinies à Rome, pour vous établir avec
« peine dans un royaume étranger. Vos dieux pénates, l'image
« de votre grand-père, ce palais que vous occupez, ce trône
« qui tous les jours y frappe vos yeux, le nom de Tarquin, tout
« vous crée et vous nomme roi. Si, pour remplir ces grandes
« destinées, le courage vous manque, pourquoi frustrer plus
« long-temps l'attente de la ville? pourquoi vous montrer avec
« éclat comme un prince qui s'attend à régner? Quittez ces
« lieux, et allez vous confiner à Tarquinies ou à Corinthe. Re-
« tournez à la bassesse de votre première origine, plus semblable
« à votre frère qu'à votre aïeul. »

« Elle l'animait sans cesse par de pareils reproches. Elle s'animait elle-même, en se comparant avec Tanaquil, laquelle, tout étrangère qu'elle était dans Rome, avait bien pu disposer deux fois de suite du sceptre, en le mettant entre les mains d'abord de son mari, puis de son gendre; pendant qu'elle, princesse du sang royal, ne pouvait rien pour décider de la couronne.

« Tarquin, excité par les discours de cette Furie domestique, ne garde plus de mesure, et marche résolument au crime. Il travaille à gagner les sénateurs, surtout ceux de la nouvelle création. Il les fait souvenir de ce que son grand-père avait fait pour eux, et les presse de lui en témoigner leur reconnaissance. Il s'attache la jeunesse à force de présens. Il grossit son parti de jour en jour, en se rendant affable à tout le monde, en promettant des merveilles de lui-même, surtout en décriant le roi par de noires calomnies.

« Quand il jugea que le moment était arrivé de faire éclore son dessein, environné d'une troupe de satellites, il entre brusquement dans la place publique. Tout le monde étant saisi d'épouvante, il avance jusqu'au sénat, prend sa place sur le trône, fait convoquer les sénateurs au nom du roi Tarquin. Ils s'y rendent aussitôt, les uns gagnés auparavant; d'autres, dans la crainte qu'on ne leur fît un crime de s'être absentés dans une pareille occasion ; la plupart surpris et troublés par un évènement si étrange et si peu attendu, et croyant que c'en était déjà fait de Servius. Alors Tarquin, prenant la parole, représente « qu'après

« la mort indigne de son aïeul, Servius, né d'une mère esclave, et
« esclave lui-même, s'était emparé de la royauté par l'intrigue
« d'une femme, sans qu'on eût observé d'interrègne, selon la
« coutume, ni qu'on eût convoqué d'assemblée, sans avoir pris
« les suffrages du peuple, ni avoir attendu le consentement du
« sénat : qu'outre la bassesse de sa naissance, et l'irrégularité
« de son élévation au trône, ce roi, protecteur déclaré de qui-
« conque était comme lui né dans la lie du peuple, avait pris
« en haine tous ceux qui étaient d'une honnête extraction ; qu'il
« avait enlevé aux premiers de la ville des terres qui leur ap-
« partenaient, pour les distribuer aux personnes de la plus vile
« condition ; que les charges et les impositions de l'état, qui
« auparavant étaient réparties également, il les avait toutes fait
« tomber uniquement sur la tête des citoyens les plus considé-
« rables ; enfin, que c'était pour cela qu'il avait établi le cens,
« dans la vue d'exposer à l'envie la fortune des riches en la ma-
« nifestant, et d'avoir toujours de quoi faire des largesses à ses
« créatures, c'est-à-dire à tout ce qu'il y avait de plus bas et
« de plus misérable dans la ville. »

« Servius, sur la nouvelle qu'il reçut de ce qui se passait dans
le sénat, étant survenu dans le même temps que Tarquin haran-
guait de la sorte : « Quoi donc ! s'écria-t-il du plus loin qu'il l'aper-
« çut sur le trône, quoi ! Tarquin, vous avez osé, de mon vivant,
« convoquer le sénat, et vous asseoir à ma place ? » Tarquin répondit d'un ton fier et assuré, « qu'il occupait la place de son
« aïeul, à laquelle un petit-fils avait plus de droit qu'un esclave ;
« que Servius avait assez long-temps insulté à ses maîtres et abusé
« de leur patience. « Leurs partisans, de côté et d'autre, firent
grand bruit ; le peuple en même temps accourut en foule dans
le sénat, et il paraissait que la querelle ne pourrait se décider
que par la force.

« Alors Tarquin voyant bien qu'il fallait nécessairement en
venir aux dernières extrémités, comme il était jeune et robuste,
saisit le vieillard par le milieu du corps, le transporte hors de
l'assemblée, et le précipite du haut des degrés qui donnaient
dans la place ; puis il retourne dans le sénat. Servius, le corps
tout froissé, et plus mort que vif, s'en retournait chez lui

avec le peu d'officiers que la crainte n'avait pas écartés de sa personne. A peine fut-il arrivé au haut de la rue appelée pour lors *Cyprienne*, que ceux qu'avait envoyés après lui Tarquin, l'atteignirent et le tuèrent. On crut, et la chose est assez vraisemblable, que ce fut par le conseil de Tullie qu'il avait donné cet ordre. Ce qui est certain, c'est qu'elle accourut au premier bruit, et ayant traversé sur son char la place publique, sans égard pour les bienséances de son sexe et des mœurs de ce temps-là, elle vint jusqu'au sénat, appela elle-même son mari, l'en fit sortir, et fut la première qui le salua roi. Il lui ordonna aussitôt de se retirer, et de ne point paraître dans un si grand tumulte. Lorsqu'en retournant à son logis, elle fut arrivée au haut de la rue Cyprienne, le cocher qui conduisait son char ayant tourné à droite pour aller à la colline des Esquilies, s'arrêta tout court, saisi d'horreur, et montra à sa maîtresse le corps de Servius tout sanglant. Cette vue ne fit qu'irriter et endurcir Tullie. Les Furies vengeresses de sa sœur et de son mari, dit Tite-Live, achevèrent d'aliéner en ce moment sa raison; de sorte qu'oubliant non-seulement les sentimens de la nature, mais même ceux de l'humanité, elle fit passer son char sur le corps de son père : ce qui fit donner à cette rue le nom de *Scélérate*. Elle rentra dans sa maison comme en triomphe, sûre désormais de régner, et se félicitant elle-même de l'heureux succès de ses crimes. »

Après ce long récit où se complaît le naïf et croyant Rollin, écoutons la critique moderne, hardie, aventureuse, incrédule et railleuse sous la plume de M. Michelet.

« Je ne sais ce que pensera le lecteur de cette opposition symétrique du bon et du mauvais Tarquin, de la bonne et de la mauvaise Tullia, de cet empoisonnement à contre-partie et de l'union des deux criminels, tolérée par le bonhomme Servius. Quant à moi, plutôt que d'admettre ce roman, j'aimerais mieux voir dans la mauvaise fille de Servius une partie des plébéiens, qui, quoique élevés à la vie politique par les institutions nouvelles, appellent les Tarquiniens à Rome, et s'unissent à eux pour tuer la liberté publique. Et ce n'est pas la première fois que Servius a été tué par les Tarquiniens. C'est toujours la même histoire de Rémus tué par son frère, de Romulus déchiré par les patriciens, de Tullus périssant pour avoir attenté aux droits des augures et des pontifes. Les plébéiens sont Rémus qui occupe l'Aventin, qui n'a pas les auspices, qui méprise l'enceinte sacrée du Pomérium ; ils sont Romulus, en tant qu'ils contribuent par leur admission successive dans la cité, à l'éternelle fondation de Rome, qui fut d'abord et toujours un asile. Mais ils ont été et seront toujours déchirés par les patriciens. Ils sont Tullus Hostilius, comme principe militaire de Rome, en opposition, en hostilité avec le principe religieux. Ils sont Servius, comme gens d'une naissance inférieure. Tués sous le nom de *Servius* (fils de l'esclave), ils ressuscitent deux fois sous le nom de *Brutus* (esclave révolté) ; d'abord à l'expulsion des Tarquiniens, qui donne lieu à l'établissement des consuls, et ensuite à la fondation du tribunat. Le premier consul, le premier tribun s'appellent également Brutus. Cette nécessité poétique d'individualiser les idées dans un langage incapable d'abstractions, obligea les Romains de personnifier la liberté naissante sous le nom d'un roi. Pour que ce roi soit populaire, on suppose qu'il eut l'intention d'abdiquer, et que plus tard, dans la fondation de la république, on suivit ses mémoires ; aussi le souvenir de Servius resta cher à ce peuple, tout ennemi qu'il était du nom de roi. Comme la tradition le faisait naître un jour de nones, sans qu'on sût de quel mois, les plébéiens célébraient sa naissance tous les jours de nones. Le sénat jugea même nécessaire d'ordonner que désormais les marchés ne seraient plus tenus les jours de nones, de crainte que le peuple des campagnes, se trouvant réuni, n'entreprît de rétablir par la violence les lois de Servius. »

52. *Le crime est une œuvre de roi* (p. 167). Nous avons épuisé les détails historiques ; mais il nous reste à régler un compte en matière de philologie. Citons d'abord la traduction de M. Desaintange et sa remarque, quoique nous n'ayons tenu compte ni de l'une ni de l'autre :

> Va, crois-moi, pour régner le meurtre est légitime :
> Heureux, il est vertu ; malheureux, il est crime.

L'auteur a besoin de deux vers pour rendre les deux mots

d'Ovide ; cependant, comme s'il eût craint de n'être pas compris, il ajoute, en parlant de M. Bayeux :

« Le traducteur en prose d'Ovide lui reproche cette maxime, qu'il met dans la bouche de Tullie : *Regia res scelus est;* maxime odieuse, dit-il, qui n'eût pu être proférée que par un républicain fanatique. Mais comment a-t-il pu voir du républicanisme dans cette maxime, sans s'apercevoir qu'il se mettait en contradiction avec lui-même, puisque, selon sa propre interprétation, pour écarter les scrupules de Tarquin, son épouse lui représente que tout est permis aux rois, ou pour mieux dire, comme je l'ai traduit, que « pour régner, le meurtre est légitime ? »

Voici l'endroit de M. Bayeux, qui est l'objet de cette critique :

« Le récit d'Ovide présente une de ces maximes odieuses qu'un républicain fanatique eût pu proférer, et qu'un esclave le plus absolu ne mit dans ses vers, que pour faire parler dignement un sujet séditieux et rebelle. »

Ce passage ne nous semble pas dicté par un goût très-pur ; mais il n'offre rien cependant qui s'éloigne du vrai sens d'Ovide.

Quelques traducteurs ont donné plus de force encore à cette pensée, *Regia res scelus est.* Martignac et Marolles ont traduit : « La royauté même est un crime ; — la royauté est déjà un crime. » Quel que soit le piquant de cette interprétation, nous n'avons pas cru devoir l'adopter.

Si elle n'est pas la plus ambitieuse, notre traduction du moins est la plus naturelle et à coup sûr la plus exacte, la plus littérale : *Regia res scelus est :* « Le crime est une œuvre de roi. »

Sénèque le Tragique se rapproche beaucoup d'Ovide, lorsqu'il fait dire à Thyeste :

............Sanctitas, pietas, fides
Privata bona sunt ; qua juvat reges eant.
(*Thyest.*, act. II.)

La vertu est roturière, *privata;* le crime est noble et royal, *regia res.* Il semble que Tullie veuille faire entendre à son mari que par son crime il sera digne de monter sur le trône, ou plutôt que le crime lui-même le fera roi, et que l'assassinat sera une consécration magnifique de sa royauté.

53. *Vulcain est le père de Tullius, et sa mère est la belle Ocresia de Corniculum* (p. 169). On sait que Servius était originaire de Cornicule, ville latine, conquise par Tarquin l'Ancien. Son père mourut en défendant sa patrie; sa mère Ocresia, alors enceinte, tomba en partage à Tarquin, qui la donna pour esclave à sa femme. Ocresia accoucha d'un fils, qui fut nommé Servius, pour marquer qu'il était né dans la servitude.

Ovide, selon la tradition légendaire, lui donne une origine plus merveilleuse. Selon la coutume d'offrir aux dieux des foyers les prémices des repas, au moment où l'esclave de Tanaquil venait de jeter dans le feu les gâteaux sacrés, elle vit sortir du milieu des flammes ces attributs dont une superstition scandaleuse orna la statue du dieu des jardins. Surprise de cette vision, la reine, présente à cette merveille, augura qu'un dieu avait jeté les yeux sur son esclave, et que de son commerce avec elle il naîtrait un homme d'un mérite extraordinaire. Ocresia, enfermée dans le foyer, conçut de Vulcain, et, arrivée à son terme, elle donna le jour à Servius. Ce qui ne contribua pas peu à confirmer sa naissance miraculeuse, c'est qu'un jour que cet enfant dormait, on crut voir une flamme voltiger autour de sa tête. Tanaquil, savante dans l'art des augures, en conclut qu'il serait un jour la lumière de sa famille. Comme il était de son honneur que cette prédiction s'accomplît, elle n'oublia rien pour cela, et fit donner à Servius une excellente éducation, dont il profita si bien, qu'il devint les délices du roi et du peuple.

54. *Sur l'ordre de sa maîtresse, la captive le reçoit en son sein* (p. 169). Presque tous les traducteurs précédens ont adopté la leçon :

>Jussa foco captiva sedet....

Là dessus, grand embarras pour comprendre dans quelle position la belle esclave a dû recevoir les faveurs singulières du dieu; grande dissertation sur les foyers des anciens pour le faire comprendre.

La leçon qui exigeait ces bizarres commentaires avait été cependant attaquée vivement, et on peut dire détrônée par Heinsius et Burmann.

Quant au vrai sens de *locus*, ce mot indique une certaine partie du corps qu'Arnobe s'est chargé de nous désigner plus particulièrement : « Feminam Divos inseruisse genitali. »

55. *Livie te dédia aussi un temple, ô Concorde.... Un seul palais avait coûté l'ouvrage d'une ville;.... il fut rasé* (p. 171). Voici encore un temple de la Concorde : c'est celui de la Concorde Virile Maritale. Il fut dédié par Livie le 4 des ides, près du portique ou dans le portique même qui portait son nom. Elle voulait attester par là sa bonne union avec Auguste, et lui faire sa cour. Dion Cassius n'a pas oublié de remarquer ces petits artifices qu'elle employa pour dominer cet empereur, devenu le plus faible des maris.

Ovide en prend occasion de parler du portique par lequel ce prince avait voulu, de son côté, consacrer son amour pour Livie. Quelques auteurs ont cru qu'Auguste avait fait détruire la maison que Jules César était venu occuper dans la rue Sacrée, après avoir quitté la rue Suburre, et qu'il avait élevé à la place le portique de Livie. C'est une erreur : il s'agit ici de la superbe maison que Vedius Pollion avait léguée à Auguste. Dion Cassius en parle ainsi : « Vedius Pollion mourut. Affranchi de naissance, il fut mis au rang des chevaliers sans l'avoir mérité par aucune action d'éclat. Il ne se rendit célèbre que par ses cruautés.... Il légua à Auguste la plus grande partie de ses biens, notamment sa terre de Pausilippe, entre Naples et Pouzzoles, en le chargeant d'ériger quelque monument public. Auguste, sous prétexte d'accomplir cette dernière volonté, fit raser la maison de Pollion; et, pour que tout souvenir de cet homme fût effacé à Rome, il fit élever autour de l'emplacement un portique auquel il donna le nom de Livie. »

Ces paroles rendent bien raison de ce que dit Ovide au sujet de ce portique. Auguste voulut exécuter un monument qui attestait, par le plus funeste exemple, jusqu'où pouvait être porté le luxe.

56. *Maintenant il me faut parler des petites Quinquatries* (p. 171). Nous avons vu les grandes fêtes de Minerve célébrées au mois de mars; les secondes se célébraient au mois de juin. Les musiciens, et particulièrement les tibicines ou joueurs de flûte, fê-

taient ce jour par des réjouissances publiques et des mascarades.

57. « *Au temps de nos antiques aïeux, le joueur de flûte était d'un grand emploi, et fut toujours en grand honneur* » (p. 171). Un passage de Censorin (*de Die nat.*, cap. XII) présente en peu de mots les fonctions du *tibicen* : « Nam nisi grata esset immortalibus Deis, qui constant ex anima divina..... profecto nec tibicen omnibus supplicationibus in sacris ædibus adhiberetur, non cum tibicine triumphus ageretur........ Non tibicinibus per quos numina placantur, esset permissum aut ludos publice facere, aut vesci in Capitolio, aut Quinquatribus minusculis, id est Idibus Juniis, urbem vestitu quo vellent personatis tumulentisque pervagari. »

Les musiciens avaient introduit dans Rome le goût immodéré des plaisirs, du luxe et de la mollesse. L'an de Rome 441, les censeurs Appius Claudius et Caïus Plautius leur interdirent la faculté d'être nourris dans le temple de Jupiter. Appius Claudius étant édile, remit en vigueur une loi qui restreignait la pompe des funérailles et réduisait à dix le nombre des tibicines. Ceux-ci, à qui ces règlemens enlevaient le droit de chanter et de faire bonne chère, *epulandi cantandique jus*, quittèrent Rome et se retirèrent à Tibur. Écoutons Tite-Live sur le reste de ce récit, où l'historien diffère en quelque chose du poète : « Il ne resta pas un seul tibicine à Rome, même pour les sacrifices. Ce motif de religion rendit leur absence sensible au sénat, qui députa aux Tiburtins pour demander les fugitifs. Les Tiburtins les exhortèrent à s'en retourner d'eux-mêmes, mais inutilement. Alors il s'avisèrent d'un expédient trop conforme au caractère de ces sortes de gens pour ne pas réussir. Ils convinrent entre eux de les inviter tous un jour de fête à des festins. Les musiciens sont amis du vin et de la table. On leur fit bonne chère, et le vin ne fut pas épargné. Quand on les eut bien assoupis, on les chargea pêle-mêle sur des chariots, qui les portèrent jusque dans Rome. Ils ne se reconnurent que le lendemain, lorsque, revenus de leur assoupissement, ils se trouvèrent au milieu de la place publique. Le peuple accourut en foule; et, après avoir fait promettre à toute la bande musicale qu'elle ne s'enfuirait plus, on leur permit de célébrer à perpétuité une fête annuelle, pendant laquelle on les voyait se promener en longues robes dans les rues, et chanter avec la même licence qu'ils pratiquent encore. »

Ovide suppose que le sénat ne voulait pas les recevoir, et que, pour éluder la défense de son collègue Appius, l'édile Plautius eut recours au déguisement qu'il leur fit prendre. Une médaille de la famille Plautia semble confirmer ce récit d'Ovide. Elle représente, d'un côté, l'Aurore sur son char, et de l'autre, un masque : l'Aurore désigne l'époque du retour des tibicines, et le masque, leur coutume.

58. « *Apprends encore que la troupe musicale me doit l'invention de son art* » (p. 175). On attribuait à Minerve l'invention de la flûte, et de là ses surnoms de *Salpiga*, d'*Andon* ou *Luscinia*. Le poète Telestres de Selinunte dit même, dans *Athénée*, qu'elle enseigna cet art à Bacchus. Aussi les monumens la représentent-ils quelquefois avec des flûtes ; Winckelmann cite à cet égard un bas-relief de Frascati.

59. « *Il ose même provoquer Phébus : Phébus, vainqueur, le pendit, et arracha la peau de ses membres écorchés* » (p. 175). L'aventure de Marsyas est trop connue pour la rapporter ici. On sait que les pleurs et le sang de cet infortuné musicien formèrent un fleuve auquel on donna son nom.

60. *Tombé de son char, embarrassé dans les rênes, Hippolyte avait eu le corps déchiré....* (p. 177). Ce personnage mystérieux, dont la seconde vie est si différente de la première, mérite de fixer un instant notre attention.

La résurrection d'Hippolyte ne tenait pas autant à la mythologie grecque que le reste de son histoire. Pausanias en parle comme d'une tradition particulière à Aricie. Au sujet d'une colonne du bois d'Esculape, au territoire d'Épidaure, sur laquelle on voyait qu'Hippolyte avait consacré un cheval de bronze au dieu, il dit qu'à Aricie on croyait que ce jeune héros, étant mort par l'effet des imprécations de son père, avait été ressuscité par Esculape ; qu'il ne put depuis pardonner à Thésée sa cruauté, et que, sans avoir égard à ses prières, il vint à Aricie et y bâtit un temple à Diane.

Au XVe livre des *Métamorphoses*, Ovide introduit Hippolyte racontant ses malheurs à Égérie, qui, comme nous l'avons dit ailleurs, habitait les bois d'Aricie. Après les premiers traits, il ajoute : « J'ai vu le royaume sombre et privé du jour; j'ai lavé dans les eaux du Phlégéthon mes membres déchirés. La vie ne m'eût point été rendue sans le secours puissant du fils d'Apollon. Je la reçus par ses remèdes et par ses herbes, en dépit de Pluton indigné. Diane alors me couvrit d'un nuage épais, de peur que mon aspect ne donnât de l'envie, à cause du présent que j'avais reçu. Pour faire ma sûreté, pour qu'on me vît impunément, elle augmenta mon âge, et ne me laissa plus de traits qu'on pût reconnaître. Elle balança long-temps si ce serait dans la Crète ou à Délos qu'elle m'exposerait; mais bientôt, quittant ses idées, elle me mit dans ces lieux, et m'ordonna de quitter mon nom, qui pourrait rappeler le souvenir de la fureur de mes coursiers. « Tu « fus Hippolyte, dit-elle; sois le même homme, et prends le « nom de Virbius. » Depuis ce temps, j'habite cette forêt, j'y vis caché par le secours de la déesse ; elle m'a mis au nombre des dieux inférieurs, et m'a fait son prêtre. »

Virgile raconte aussi la même fable, en ajoutant, comme Ovide le fait ici, que Jupiter, indigné de ce qu'Esculape eût rendu la vie à un mortel, le précipita dans les enfers. Il dit aussi que Diane cacha Hippolyte dans la forêt d'Égérie, où il passa une vie obscure sous le nom de Virbius, et que les chevaux, comme nous l'avons vu ailleurs, ne pénétraient point dans la forêt ni près du temple de Diane.

Mais quelle idée faut-il prendre de toute cette fable, ou de ces deux fables réunies? Toutes les légendes antiques sont remplies de ces histoires de personnages tués et ressuscités. En Égypte, Osiris, mis en pièces par Typhon, est rendu à la vie par Isis. En Grèce, Adonis, dont nous avons vu ailleurs la mort et la résurrection; Iacchus, mis en pièces par les Titans, et ressuscité aussi par Cérès, etc.

Pausanias a voulu lever le voile allégorique qui couvrait l'histoire d'Hippolyte. Il dit que le peuple de Trézène honorait Hippolyte comme un dieu, et croyait qu'on l'avait placé dans les cieux au nombre des constellations, et que c'est celle que l'on nomme le Conducteur du Chariot ou le Cocher. Il faut bien remarquer que la fable d'Hippolyte n'est rapportée ici que pour rendre raison de ce que le Serpentaire est placé parmi les astres, et non pour désigner le lever ou le coucher d'aucune autre constellation. Or, la tradition de Trézène se rapporterait parfaitement à la mythologie d'Hippolyte. Le Cocher est placé au dessus du Taureau, qui le fait également disparaître lorsqu'il se couche ; et l'on sait que le monstre qui fit périr le fils de Thésée avait la forme d'un taureau : *Cœrula taurus colla sublimis gerens*, *etc.* Au moment où il était ressuscité, Esculape serait écrasé par la foudre, et renaîtrait lui-même à son tour, parce qu'en effet, comme l'a remarqué Hygin, lorsque le Cocher se lève, le Serpentaire se couche et descend sur l'horizon, au milieu des feux solaires. Voilà probablement, en peu de mots, le sens caché de la fable d'Hippolyte, et de sa liaison avec Esculape.

61. *Crois-en Flaminius et les bords du Trasimène* (p. 179). Ce fut le 9 des calendes de juin que le consul Flaminius fut vaincu sur les bords du lac Trasimène. Au lieu de reconnaître la supériorité des talens stratégiques d'Annibal, les Romains annoncèrent que leur général avait combattu sous de mauvais auspices : le vol des oiseaux était contraire, et un porte-enseigne n'avait pu arracher son aigle de terre. Que dis-je? les poulets sacrés avaient repoussé toute nourriture !

62. *Nous vieillissons au cours silencieux des années, et les jours fuient, sans frein qui les arrête.....* (p. 179). Ces vers :

> Tempora labuntur, tacitisque senescimus annis ;
> Et fugiunt, freno non remorante, dies,

sont depuis long-temps cités comme l'expression la plus heureuse d'une pensée assez commune, la rapidité du temps et la brièveté de la vie. Le poète s'en sert avec art pour se ménager une transition inattendue, qui réveille la curiosité.

63. *Combien vite est venue la fête de la Fortune Forte* (p. 179)! Voici un nouveau temple de la Fortune, consacré à la déesse par Servius. Ce temple était situé au delà du Tibre ; ce qui fait dire à Ovide qu'on y allait, soit dans des nacelles, soit à pied,

c'est-à-dire par les ponts. Servius institua les fêtes Compitales, en l'honneur des dieux Lares. Ces fêtes prirent leur nom des carrefours où ces dieux avaient leurs autels. C'était un jour privilégié pour les esclaves. Servius ne rougissait point de rappeler l'état de servitude où il était né. Il introduisit la coutume de les affranchir ; et, malgré les réclamations des patriciens, il déclara que ces affranchis jouiraient des droits de citoyen.

64. « *Ta Ceinture se cache maintenant, Orion, et peut-être se cachera-t-elle demain ; mais ensuite je la verrai* » (p. 181). Ce détail astronomique se trouve placé dans la bouche d'un convive peu sobre, qui jette, en levant les yeux, cette réflexion aux étoiles. C'est par une foule d'inventions aussi ingénieuses, qu'Ovide défie sans cesse l'aride monotonie de son sujet.

Le lever héliaque d'Orion arrivait le 6 des calendes. Ce jour était aussi celui du solstice d'été.

65. *Demain est le jour des calendes juliennes* (p. 181). Le dernier jour de juin, la veille des calendes, on célébrait la réédification du temple d'Hercule Musagètes. Ce temple, dont le premier fondateur fut T. Nobilior, fut rétabli ensuite par M. Philippus, fils du consul du même nom. Il épousa Accia, fille d'Accius Balbus et de Julie, l'une des sœurs de Jules César, veuve, en premières noces, d'Octave, dont elle avait un jeune enfant, qui fut depuis l'empereur Auguste. De ce mariage naquit Marcia, dont Ovide parle ici, qui épousa Fabius Maximus, vécut dans une étroite intimité avec l'impératrice Livie, et honora de son amitié l'épouse de notre poète. C'est ce qu'il nous apprend dans ses *Pontiques* :

> Hanc probat, et primo dilectam semper ab ævo,
>   Est inter comites Marcia censa suas.
>   (Lib. I, eleg. 2, v. 139.)

66. *Philippe prit autrefois pour épouse la tante de César* (p. 183). Il y a ici une difficulté généalogique. On ne comprend guère de quel Philippe Ovide a voulu parler. Ce ne peut être du père, puisque celui-ci, ayant épousé Gellia, fille du consul Gellius, n'avait aucune parenté avec les Césars ; et, d'un autre côté, le fils avait épousé la nièce de Jules César et la mère d'Auguste.

67. *Ainsi chanta Clio ; ses doctes sœurs applaudirent, Alcide se joignit à elles, et fit résonner les cordes de sa lyre* (p. 183). On remarquera qu'Ovide met plus de soin à terminer ce livre que les précédens. Il n'indique pas qu'il doive reprendre sa tâche. Peut-être faudrait-il regarder ces frais inaccoutumés d'imagination comme un adieu poétique au lecteur.

FIN DU TOME HUITIÈME.

TABLE

DES MATIÈRES DU TOME HUITIÈME.

	Pages.
Sommaire du livre IV.....................	vj
du livre V.....................	jx
du livre VI.....................	xij
Livre IV...........................	1
Livre V............................	71
Livre VI...........................	125
SUPPLÉMENT AUX SIX DERNIERS LIVRES DES FASTES......	185
Avertissement........................	186
Livre VII. — Juillet....................	187
Livre VIII. — Août....................	204
Livre IX. — Septembre..................	218
Livre X. — Octobre....................	227
Livre XI. — Novembre..................	234
Livre XII. — Décembre..................	240
Notes du livre IV.....................	250
du livre V......................	303
du livre VI.....................	368

www.ingramcontent.com/pod-product-compliance
Lightning Source LLC
Chambersburg PA
CBHW051822230426
43671CB00008B/798